2025年度版

公立保育園&幼稚園をめざす！

保育士・幼稚園教諭

採用試験問題集

&

論作文・面接対策

保育士試験研究会 編

実務教育出版

はじめに

人生で最も成長が著しい乳幼児期の子どもたちの育ちを支える保育は、日々刺激に満ちたやりがいのある仕事です。仕事の成果は、目の前の子どもたちの笑顔、そして生き生きとした姿として現れます。同時に、保育は保育者が自分自身を育てることができる奥の深い仕事でもあります。よい保育を追求することは、自分を振り返り、感性を磨き、社会のあり方、家庭のあり方、そして人間について考えることにもつながるからです。

本書は、そんな保育士・幼稚園教諭の仕事に就こうとする方々の試験対策や就職活動を、教養・専門試験から論作文・面接試験対策まで、全面サポートするものです。保育士・幼稚園教諭を採用する自治体の試験対策はもちろん、民間法人の採用選考の傾向を詳しく調べ、次の3つの対策ができるようにまとめました。

① 教養試験、専門試験（択一式）の問題演習ができる。
② 論作文・面接の技術的なノウハウ、ルールなどを習得する。
③ 論作文・面接試験では、保育や子育て支援についての基本事項・課題への理解、それらに対する意欲を表現することが求められるため、そのための知識や情報を確認しつつ、表現方法を習得する。

教養試験・専門試験は、公立保育所・幼稚園等に採用されるために通らねばならない関門です。問題演習をしっかりやっておきましょう。

論作文試験対策と面接試験対策は、実は、根底の部分でつながっています。保育士・幼稚園教諭になるという意志をしっかりもち、求められる職務について自分の言葉で表現できるように、書いたり話したりしてみてください。そのとき、本書は強力な助っ人になると思います。

保育士・幼稚園教諭を目指すみなさんのお役に立てることを祈っております。

保育士試験研究会
普光院　亜紀

3

2025年度版 保育士・幼稚園教諭 採用試験問題集＆論作文・面接対策 目次

はじめに …… 3

第1章 就職へのガイダンス 9

第2章 教・養・試・験・編 29

第3章 専・門・試・験・編

165

第7章 面接試験のねらいと基本マナー 409

第8章 論作文と面接のためのヒントノート 429

第9章　論作文・面接対策で知っておきたい重要事項　437

①保育所や幼稚園の背景にある社会問題　438

ワーク・ライフ・バランス／M字カーブ／待機児童問題／幼保一体化／こども基本法・こども家庭庁／児童手当／地方分権／民営化／地域のつながり

②保育士と幼稚園教諭　443

幼保連携型認定こども園の役割・保有内容／保育所と保育士の役割・保育内容／幼稚園と幼稚園教諭の役割・保育内容／保育士と幼稚園教諭の違い

③子育て支援と児童福祉　446

子育て支援／児童虐待／ひとり親世帯の貧困／看護休暇

特別資料

合格体験記……453

♪カバーデザイン／マツヤマ チヒロ

第 1 章

就職へのガイダンス

第1章では

保育士・幼稚園教諭はどのように採用されているのか、活躍できる職場にはどんなところがあるのか、その仕事の魅力は何か、公務員採用から民間採用まで含めて解説します。

保育士・幼稚園教諭の
採用はこうなっている

保育士・幼稚園教諭の資格・免許を活かし、保育所や幼稚園、児童福祉施設などに採用されるためには、いくつかの道があります。全体像について理解し、チャンスを広げることが大切です。

1 公立か私立（民間立）かで 採用方法が違う

　保育士・幼稚園教諭の主な採用先となる保育所・幼稚園・認定こども園・児童福祉施設などは、公立か私立（民間立）かによって、採用の方法が大きく違っています。

公立の場合

　公立施設の場合、職員は市町村等の公務員になりますので、保育士・幼稚園教諭の正規職員として雇用されるためには、公務員試験・教員採用試験を受けなければなりません。たとえば、A市立の保育所に就職を希望する場合は、「A市職員採用試験」の「保育士」等の試験区分を受験します。A市立の幼稚園教諭の場合は、A市教育委員会が実施する「A市幼稚園教員採用選考」等の名称の試験を受けます。

　近年、幼稚園教諭も一般の職員採用試験の中で、保育士と同じ試験で採用する自治体も増えてきました。

　保育士も幼稚園教諭も、これらの試験に合格したあと、配属先が決まり、採用内定ということになります。

　次節に詳しく説明するように、公務員試験は、厳格な競争試験ですので、

採用試験・選考の特色（例）

公立施設	私立（民間立）施設

A市職員採用試験（保育士）	B法人	C法人
A市教員採用試験（幼稚園教諭）	⋮	⋮
＊両者を同じ試験で採用する自治体も増えている。	○○保育所職員採用選考	職員採用選考

- 教養試験
- 専門試験
- 論作文試験＊
- 面接、実技等＊

＊どちらか一方の実施が多い。

筆記試験が第一関門

- 書類選考
- 面接＊＊

＊＊書類持参で面接を受ける簡単な選考の場合もある。

人物重視

- 書類選考
- 面接
- 実技試験等

人物・技術重視

A市立○○保育所	A市立△△保育所	A市立□□認定こども園	A市立○○幼稚園	A市立△△幼稚園	B法人立○○保育所	C法人立○○保育所	C法人立児童養護施設	C法人立学童保育クラブ

・私立（民間立）で一つの保育所（幼稚園）についての職員採用であっても、書類選考から面接・実技試験まで行う場合もある。
・地域の私立の事業者団体が共同試験を実施している場合もある。

筆記試験の成績がまずモノを言います。第1次試験で幅広く一般知識や一般知能が問われる教養試験、専門知識が問われる専門試験などが課されますので、それなりに時間をかけて準備しなければ受かりません。

全国的には、保育所も幼稚園も公立施設は減少傾向にありますので、採用数はそれほど多くはなく、自治体にもよりますが、厳しい競争率になっている場合もあります。

私立の場合

これに対して、私立（保育所の場合は、社会福祉法人立、学校法人立、企業立、NPO法人立などさまざまな法人が設置しており、「民間立」という言い方もされる）は、大学・短大・専門学校などにくる求人票などで職員の募集がかかります。複数施設をもつ大手の法人の中には、採用内定後に配属先を決定するところもありますが、多くのところが、保育所や幼稚園などの施設ごとに採用を行っています。

次節に詳しく説明するように、応募者は、一般の就職活動と同じように、主に面接で選考されます。法人によっては、論作文試験や実技試験も課されています（論作文は提出書類に含まれる場合もある）。

教育実習や保育実習などで評価された人には法人の側から打診があるでしょう。また、学校と施設との信頼関係や人脈に後押しされることもありますが、どこの法人でも人物重視で決定しますので、面接や論作文などで意欲や資質をアピールできることが、非常に重要になります。

現在、保育士は不足しており、民間施設への就職は決まりやすくなっていますが、自分が本当に入りたい施設に入るためには、情報集めから志望動機の構築まで、準備を怠らずに就職活動に臨む必要があります。

なお、公立保育所のうち「**公設民営**」と呼ばれるところは、運営が社会福祉法人や企業などの民間法人に委託されています。「公設民営」の保育所で働く保育士は運営法人の職員になりますので、法人の採用選考を受けて採用されます。

そのほか、保育士・幼稚園教諭の派遣会社もあり、通年で募集を行ってい

ます。これらの人材派遣会社から「紹介予定派遣」として派遣され、勤務実績を見てもらって正規雇用になるという道もあります。

幼稚園・保育所以外の就職先については、次節でふれます。

2 公立施設の保育士・幼稚園教諭の選考方法

選考のプロセス

公立施設の採用試験は、おおむね次のようなプロセスで行われます。教養試験や専門試験は、いずれも幅広い出題がされ、それなりの準備が必要な内容になっています。

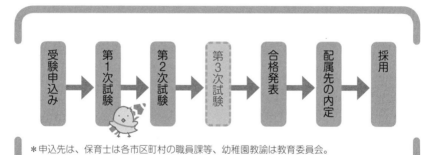

受験申込み → 第1次試験 → 第2次試験 → 第3次試験 → 合格発表 → 配属先の内定 → 採用

＊申込先は、保育士は各市区町村の職員課等、幼稚園教諭は教育委員会。

申込みの受付

自治体によって日程はかなりバラツキがありますが、比較的多数の秋試験型（9月中旬に第1次試験を行うところ）では、8月もしくはその前後に受験申込みの受付期間が設けられています。

多い例

●夏試験型：6〜7月ごろに受験申込み受付➡7〜8月に第1次試験。幼稚園教諭の選考はこちらが多い（受付は4月〜5月と早め）。

●秋試験型：7〜9月ごろに受験申込み受付➡9月に第1次試験。

試験内容

自治体によって異なりますが、次のような形が多くなっています。

第1次試験	▶ 教養試験（択一式）→第2章参照 ▶ 専門試験（択一式もしくは記述式）→第3章参照 ▶ 論作文試験（2次で実施のところも）→第4〜6・8・9章参照
第2次試験	▶ 実技試験 ▶ 面接試験→第7〜9章参照 ▶ 適性検査

試験のレベルを「短大卒程度」として実施する自治体が多数になっていますが、「大卒・短大卒程度」としている自治体、「大卒程度」「短大卒程度」「高卒程度」（「高卒程度」は少数）などに分けて試験を実施している自治体もあります。

筆記試験に通らなければ面接も受けられませんが、最近は1次の合格者数を多くして、面接で絞り込むという面接重視の傾向も見られます。

実技試験は、ピアノ演奏、弾き歌い、リズム表現、体力検査、読み聞かせなどが実施されています（東日本の保育士試験では少数）。実技試験、論作文試験を実施しているかどうかは、特に自治体によってのバラツキが大きいので、受験する自治体がどのような種目で実施しているのか調べ、あらかじめ準備しておくことが必要です。

なお、面接試験を集団と個別で2回実施するところや、第3次試験まである自治体もあります。

また、少数ですが、保育士について、専門試験がなく、教養試験と作文試験だけで選考している自治体もあります。

合格後

地方公務員試験の最終合格発表は、夏試験型では9月ごろ、秋試験型では11月ごろになります。

合格したあと、配属先の施設が決定されます。保育士は、保育所だけでは

なく、児童福祉施設（次節参照）に配属される場合があります。また、まれに学校教育課や子育て支援課などの事務部門に配属される場合もあります。配置については、面接のときに、本人の希望を聞く自治体が多いようです。

3 私立（民間立）施設の 保育士・幼稚園教諭の採用

選考のプロセス

私立（民間立）施設の採用選考は、一般企業の採用に近いものの、小規模な法人では、書類選考がなく簡素化されている場合もあります。選考方法は、法人によって異なりますが、おおむね、次のようなプロセスで行われます。

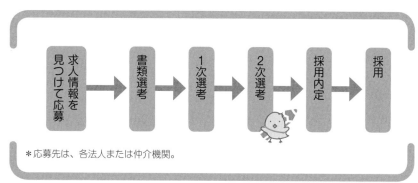

求人情報を見つけて応募 → 書類選考 → 1次選考 → 2次選考 → 採用内定 → 採用

＊応募先は、各法人または仲介機関。

応募

私立（民間立）の幼稚園、保育所の募集は、夏ごろから増えはじめ、9月～11月が最盛期ですが、通年で募集しているような法人もあります。

求人情報は次のようなものがあります。

▶ 養成校（学校）にくる求人票

▶ 各種事業者団体などが実施する説明会

▶ 各施設のホームページ

▶ ハローワーク

▶ インターネットの人材バンク検索

　新卒者に対しては、養成校への求人が中心になります。大学・短期大学・専門学校の養成課程に在学中の人は、学校の就職指導などで相談し、情報を得ておくことが大切です。

　また、応募前に園の見学をしておけば、志望動機をより明確にできます。

選考内容

　法人によって異なりますが、幅広く募集を行っている法人では、次のようなプロセスが多いようです。

1次選考	▶ 書類選考：履歴書、卒業（見込み）証明書、資格証・免許状の写しもしくは取得見込み証明書、成績証明書、健康診断書などを提出させ、書類選考を行う。 ＊このとき、指定された課題についての作文（レポート、論文等）を求められる場合もある。
2次選考	▶ 面接 ▶ 実技試験 ▶ 論作文試験

　2次選考で論作文試験が行われる場合は、公務員試験同様、その場で課題が出され、制限時間内に決まった字数を書きます。

　実技試験では、ピアノ演奏、弾き歌い、読み聞かせが多く見られますが、法人によりさまざまな内容が行われています。

　このほか、少数ですが、一般常識試験を実施するところもあります。

　民間法人の採用選考では、面接が最も重視されていますが、実習にきている場合は、実習での態度も比重の大きい評価項目になります。次いで、筆記試験（論作文）、実技試験がよく見られています。学校での成績も参考にはしますが、あまり重視されていません。

採用内定

　私立（民間立）の保育所・幼稚園への採用内定は10月〜12月ごろがピークになります。都市部の保育所や保育施設は、人材不足になっており、3月ぎりぎりまで採用活動を続けている法人もあります。

　多くは、勤務先施設を限定しての募集ですが、複数の施設をもっている法人の場合は、内定後に配属先が決まる場合もあります。この場合、本人の希望にそうように配慮されるのが一般的です。

　養成校では、採用してくれる法人との信頼関係を大切にしているため、学生にあらかじめ志望先の選択をしっかりさせ、複数の法人は志望しない、内定辞退はしないという方針で就職活動を指導しているところが多いでしょう。

受験資格・応募資格について

　保育士・幼稚園教諭の募集への受験申込みや応募は、資格・免許を取得しているか取得見込みであることが、まず条件になります。年齢については、上限が設けられている場合もあるし、特に制限がない場合もあります。

　自治体や法人によって、条件は異なりますので、それぞれ調べて、受験や応募の計画を立てましょう。

保育士・幼稚園教諭が活躍する舞台

保育士・幼稚園教諭は、どんな場所で活躍しているのでしょうか。採用試験や就職活動に臨む基礎知識として、専門性を活かせる代表的な勤務先について解説しておきましょう。

1 保育所・幼稚園・認定こども園・その他の保育施設

保育所と幼稚園の違い

保育士・幼稚園教諭の養成課程を卒業した学生の、最も一般的な就職先は、保育所と幼稚園です。両者とも、就学前の子どもの集団保育を行う機関であり、人格形成期の子どもの育ちを支える重要な役割を負っています。

保育所と幼稚園の制度は、ともに1947年に現在の制度がつくられて以来、就労家庭のための保育所、在宅子育て家庭のための幼稚園というように、対象となる家庭や子どものニーズに合わせてそれぞれに発展してきました。

行政機関との関係から言うと、保育所は厚生労働省（2023年4月からはこども家庭庁）が管轄する児童福祉施設であり、幼稚園は文部科学省が管轄する教育機関です。

次図のように、保育所は、０歳から就学前までの子どもを対象とし、夕方まで、園によっては延長保育で夜遅くまで子どもの保育を実施しています。原則として、保護者が就労などで、日中、家庭での保育ができない場合にのみ入園ができます。教育機関ではありませんが、保育所保育指針に基づいた

就学前教育を行っています。

　幼稚園は、3歳以上の子どもを対象に、お昼頃まで平均5時間程度の保育を実施しています。幼稚園は、学校教育法上の「学校」と位置づけられており、幼稚園教育要領に基づいた就学前教育を行っています。

　保育所保育指針と幼稚園教育要領の「教育」に関する内容はほぼ共通しています。どちらも、生活や遊びを通した教育を行うことになっていますが、保育所は保育時間が長いため、食事や午睡（お昼寝）など生活面も含めた、一日を通したカリキュラムが組まれています。

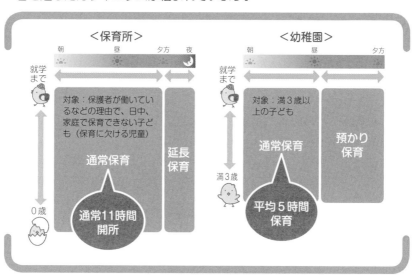

幼保一体化施設・幼保連携型認定こども園

　長く続いてきた保育所と幼稚園の制度ですが、2006年に両者を一体的に運営できる認定こども園制度がつくられました。2015年度からの子ども・子育て支援新制度では、これをリニューアルして、保育所・幼稚園の基準を満たす新しい認可制度として、幼保連携型認定こども園が創設されました。

　このような幼保一体化の流れの背景には、社会の変化とともに保育所・幼稚園の姿も変化してきたことがあります。共働き家庭の増加を受けて、幼稚園も「預かり保育」という形で長時間保育に取り組むようになり、また、満

３歳の誕生日以降から入園できるようになって低年齢での受入が進んできました。保育所不足が深刻な都市部では、幼稚園の長時間保育を利用して働く家庭もあります。一方、過疎地域では保育所と幼稚園を別々に設置すると、子どもが少なくなりすぎるという問題も発生しているのです。

こうして現在、保育所や幼稚園から幼保連携型認定こども園へ移行する園が増加しています。また、認定こども園には、保育所・幼稚園の両方の基準を満たせない園のために、保育所型、幼稚園型、地方裁量型（認可外）などの種類がつくられています。

幼保連携型認定こども園では、保育士と幼稚園教諭の両方の資格をもつ保育教諭が保育を行います。このような流れを見て、**保育所や幼稚園の採用選考では、両方の資格をもった人が有利になってきています**。特に、公立（市町村職員）は、特にその傾向が顕著といえます。

少子化の時代だからこそ、保育所も幼稚園も認定こども園も、子どもたちが心豊かに育つ場、保護者が子育てを支えられる場として、ますます重要な役割を担っていくことは変わりありません。

公立・私立の認可施設・事業

次ページの図を見てください。

公私立の保育所、幼稚園、認定こども園、小規模保育等は、どれも一定の基準を満たして自治体の認可を受ける「認可施設」です。

公立（公設公営）施設で働く正規雇用職員は、市町村等の職員、つまり地方公務員です。公務員は、給与などの労働条件が安定しており、継続して勤めやすい点が大きなメリットです。

一方で、人事異動がありますので、数年で域内の施設を異動しなくてはなりません。園長（施設長）が異動すると、保育の考え方も変化する場合があります。しかし、人事交流があるだけに、同じ自治体の公立施設同士は、保育手法や考え方に私立ほど大きな違いはないのが普通です。

なお、現在、公立（公設公営）施設では非正規雇用（臨時職員などの有期雇用や派遣）の職員が増えており、正規よりも採用されやすいのですが、給

認可施設

幼稚園	保育所	認定こども園	小規模保育 家庭的保育 事業所内保育 居宅訪問型保育
＊公立、学校法人立	＊公立、社会福祉法人立、学校法人立、企業立、その他	（幼保連携型） （幼稚園型） （保育所型） （地方裁量型） ＊幼保連携型は公立、学校法人立、社会福祉法人立。幼稚園型は幼稚園、保育所型は保育所と同じ。	＊社会福祉法人立、企業立、NPO法人立、個人立

認可外施設

準認可的な 認可外保育施設	企業主導型 保育事業	公的な補助金を受けない保育施設
＊自治体や国の助成を受ける認可外保育施設。企業立、個人立が多い。	＊国の助成を受ける認可外の事業所内保育事業。	＊企業立、個人立が多い。

<注>
　東京都の認証保育所や横浜市の横浜保育室なども、「準認可的な認可外保育施設」と言える。
国の助成を受ける企業主導型事業所内保育も2016年から開始した。

与や雇用の安定性はやや低くなると考えなければなりません。また、前節にも書きましたが、「公設民営」の公立の場合は、職員は民間法人の職員となります。

　私立（民間立）施設の場合は、法人による違いが大きくなります。

　給与などの待遇面、働きやすさなども法人の考え方が表れます。待遇がよ

い場合でも、退職金まで含めると、公立（公設公営）には及ばない場合が多いでしょう。

　公立に比べると保育の手法や理念に個性があり、子どもの自主性を尊重し、のびのびとした保育を行っているところもあれば、特別な一斉保育が多い教育手法を導入しているところもあります。

　公立のように人事異動がないので、その施設の気風が自分に合うかどうかが、職場環境として重要になります。高い法人理念のもとに職員が団結している法人で、自分の考え方に合うところに出会えれば、たいへん働きやすい職場になります。

　幼稚園や幼保連携型認定こども園は、国や自治体（公立）、学校法人（私立）のみが設置できますが（幼保連携型認定こども園は社会福祉法人も可）、保育所を含むその他の保育施設は、自治体・学校法人・社会福祉法人のほか、株式会社やNPO法人など、さまざまな事業者が設置できることになっています。運営者が社会福祉法人・学校法人などの非営利法人か、株式会社などの営利法人かによっても、運営方針などの傾向が違う部分もあります。

　小規模保育・家庭的保育（保育ママ）・事業所内保育・居宅訪問型保育は、2015年度から新設された認可の保育施設・事業です。小規模保育・家庭的保育は3歳未満児を対象にした保育で、小規模保育は定員が6〜19人、家庭的保育は1〜5人と決められています。これらは小規模で家庭的な保育をねらいとした認可事業ですが、保育者に必ずしも保育士資格が求められない場合があります。事業所内保育は、企業などが社員の福利厚生のために設ける保育施設、居宅訪問型保育は障害児などを対象とした訪問型保育です。

 ## 認可外保育施設・幼児教室

　認可外保育施設には、多様なものがあります。

　企業立のものが増えていますが、小規模な個人立やNPO法人立の施設もあります。認可外施設には公立はありません（例外的に、待機児童が多い自治体で自治体直営の認可外も見られるが、少数）。

　東京都の認証保育所、横浜市の横浜保育室なども、認可外保育施設です。これらのように、自治体の助成を受けて運営されているものと、まったく助成金を受けてないところでは、大きな違いがあります。そのため、前図では、認証保育所など自治体の助成を受けている施設を「準認可的な認可外保育施設」としました。

　自治体の助成を受けている場合には、当然、助成を受けるための基準があり、その基準を満たしているかどうかの監査もあり、安全・衛生面も自治体のチェックを受けていますので、働く立場としても安心です。

　また、保護者の払う保育料だけでは、職員の待遇面はおぼつかないものになりがちですが、助成があれば、ある程度の水準は確保できます。

　もちろん、助成を受けていない施設でも、献身的に地域のための保育を実施しているところもあり、待遇が低くても運営方針に共感できることを重視するのであれば、やりがいのある仕事ができるでしょう。

　なお、「預かり」を中心とする保育施設とは異なるものとして、各種の「幼児教室」があり、保育士や幼稚園教諭が働いています。このような施設では、早期教育、水泳、その他の教育的活動に特化して、短時間の保育が行われています。

　認可外の場合は、職員の待遇も、保育の質もさまざまなので、見極めが重要になります。

2 🐾 子育て支援センター ・・・・・・・・・・・・ 🌱

　国や自治体の子育て支援施策が進み、近年、在宅子育て家庭などを支援する子育て支援センターが各地に設けられるようになっています。

　子育て支援センターは、公私立の保育所・幼稚園、認定こども園、児童館などに併設されているものが多いのですが、公私立の単独施設となっている場合もあります。保育所併設型が増えている一方で、NPO法人などの民間団体、社会福祉協議会が運営しているものも増加していて、地域の子育てを支えています。

これらの職員は、本体の保育所・幼稚園・認定こども園の職員が人事異動で配置されたり、経験者が非常勤で採用されたりする場合が多いようですが、新卒者が配置される場合もあります。

3 社会的養護を担う児童福祉施設 ‥‥

保育所も児童福祉施設ですが、児童福祉施設には、社会的養護を担う施設があります。社会的養護とは、保護者が適切に育てられない状況となった子どもを社会の責任で保護・養育することです。

社会的養護を担う施設は入所施設（子どもがその場で継続して生活する）ですので、職員はローーテーション勤務などで生活をともにしながら、子どもたちに寄り添い、その育ちを支援します。

また、施設の種類によって、保育士だけではなく、福祉職、心理職、医療職などさまざまな専門職と一緒に働くことになります。

乳児院	保護者の養育を受けられない乳児等が入所し、養護を受け、生活する施設。
児童養護施設	保護者の養育を受けられない児童等が入所し、養護を受け、生活する。
母子生活支援施設	保護を必要とする母子が入所し、自立に向けての支援を受ける
児童自立支援施設	不良行為をした、あるいはその恐れがある児童、家庭環境などの理由により生活指導などが必要な児童、発達に課題をかかえる児童などが入所あるいは通所し、指導を受け、自立を支援される。
児童心理治療施設	心理的・情緒的・環境的に不適応を示している児童とその家族を対象とし、治療や生活指導を中心とした支援を行う。

＊どの施設も、退所後の相談や支援などのアフターケアも行う。

4 障害児を支援する児童福祉施設 ・・・・・

　保育士は、障害児を支援する児童福祉施設でも活躍しています。入所施設と通園施設があり、さまざまな他の専門職とともに働く職場である点では、社会的養護の施設と共通しています。

福祉型障害児入所施設	障害児を入所させて保護し、日常生活の指導及び独立自活に必要な知識技能取得のための訓練を行う。
医療型障害児医療施設	障害児を入所させて保護し、日常生活の指導及び独立自活に必要な知識技能取得のための訓練を行うとともに、治療を行う。
福祉型児童発達支援センター	障害児を保護者の下から通わせて、日常生活における基本的動作の指導、独立生活に必要な知識技能の付与又は集団生活への適応のための訓練を行う。
医療型児童発達支援センター	障害児を保護者の下から通わせて、日常生活における基本的動作の指導、独立生活に必要な知識技能の付与又は集団生活への適応のための訓練を行うとともに、治療を行う。

＊かつては、障害の種類別に分かれていたが、平成24年度の法改正により、入所施設と通所施設（通園施設）ごとに障害種別を一元化する制度体系になった。従来から専門としていた障害種別を主な対象とする施設もある。

5 病棟保育士を採用している 医療機関 ・・・・・・・・・

　入院する子どもが安心して過ごせるように、病棟保育士を採用している病院が増えてきました。病棟保育士の仕事は、入院している子どもの生活面のケア、病室環境や診療にかかわる補助や雑務、子どもの遊び相手、行事の実施などです。

保育士・幼稚園教諭の仕事のやり甲斐

保育士と幼稚園教諭の活躍の場は多様ですが、どの職場にも、子どもとふれあい、その育ちを支える喜びがあります。ここでは、主に保育所や幼稚園を想定して、その仕事の魅力を考えてみましょう。

　就職すれば、その組織の一員として、毎日、その仲間とともに働くことになります。生活していけるだけの給料をいただけることは、まず大切なことですが、同時に、仕事そのものにやり甲斐を感じられるものでなければ、続けていくことはできません。

　その点、保育士・幼稚園教諭は専門職ですので、勤務先を選ぶことによって比較的ブレることなく仕事内容を選べるという点が、一般企業等への就職とは大きく違っている部分です。

　ここでは、保育士・幼稚園教諭を「保育者」と呼んで、共通する魅力と課題について述べておきます。

1 子どもに寄り添い、育ちを支える喜び

　乳幼児期の子どもは、成長が著しく、それだけに日々育つ環境の影響を大きく受けます。子どもたちは、保育所や幼稚園、その他の施設で出会う環境や大人たちとのかかわりを原体験として、その後の人生を生きていきます。

　保育者は、子どもを単に職務の対象として見るのではなく、小さくても一人ひとりが人格をもち、尊重される権利をもち、成長しようとする存在であることを認識しなければなりません。そして、子どもが園で安心して生活し、自発的にのびのびと遊ぶことで心身が健やかに育まれるよう、環境を提

供する役割、自らが環境となる役割を、保育者は担っています。

こうして、よりよい保育、子どもへの対応を考えることは、人間性に対する深い考察につながり、保育者自身の生き方にも影響します。日々の業務は、忙しく、たいへんなこともありますが、子どもとふれあい、かかわる日常には、いつも発見や驚きがあり、かかわる側もその影響を受け、成長していきます。

多くの保育者が、「子どもから元気をもらっている」という言葉を発します。保育の仕事について、責任の重さや多忙さが強調されることは多いのですが、保育者が子どもから受ける刺激や喜びも、また大きなものであることを、この言葉は表していると思います。

2 保護者と共感し、子育てを支える喜び

保育所や幼稚園の保育者は子ども相手の仕事だから、大人の対人関係が苦手でも大丈夫、と考える人がいるようですが、それは見当違いです。

今、保育者には、子どもの保護者とのコミュニケーションをとっていく力が求められています。法令や保育所保育指針・幼稚園教育要領にも定められているように、保育者の役割には、子どもの保育（養護と教育）とともに、保護者に対する子育て支援も含まれるようになっているのです。

子育て支援とは、単に「保護者の負担を少なくする」というものではありません。保育者がパートナーとなって保護者とともに子育てをし、保護者の子育て力も育つようにするということです。

教育界では、「モンスターペアレント」（自己中心的で理不尽な要求をする保護者のこと）という言葉がつかわれるようになりましたが、そのように言われる事例の中には、学校や園の伝達不足、相互理解不足でもめ事に至ったものもあります。

保護者と意見が行き違っても、「子どものために」を中心にすえて、関係する大人たちがどのように考え行動するのが子ども（あるいは子どもたち全体）にとってよいのか、コミュニケーションを十分にとり、ともに解決を図

っていく姿勢が重要になっています。

　こういったことは、若い保育者の卵にとっては、たいへんなことのように思われるかもしれません。新人としてデビューするとき、子どもの保護者は、ほとんどが年上で、とても「支援」の対象とは見えないでしょう。しかし、先輩の保育者の助けを受けながら、専門職として最善をつくしていけば、やがて、保護者とのコミュニケーションにも自信をもてるようになります。

　保護者には、初めての子育て、仕事をしながらの子育てで、戸惑い、煮詰まって挫折しそうになる人も少なくありません。そんなとき、支えてくれた保育者には、感謝の気持ちをずっと持ち続けるものです。

③ 大きな社会的使命を果たすやり甲斐

　少子化という時代の流れから、子どもに関する仕事の将来性を危惧する人もいるかもしれません。しかし、保育という仕事の重要度はむしろ大きくなっていると言えます。待機児童問題は収束に向かっていますが、孤立により負担感が増している在宅子育て家庭にもっと保育を利用してもらい、負担軽減を図るとともに、子どもにもより良好な育成環境を提供しようという施策（「こども誰でも通園制度」など）も進められるようになっています。児童虐待相談対応件数の増加に対応して、支援が必要な家庭や子どもを保育所やこども園が見守り支援する役割も期待されています。

　今、これら政府の少子化対策・子育て支援策の障害となっているのが保育士不足です。そのため、国は保育士の待遇改善（賃金のアップ）を進めており、保育士の負担を軽減するための保育士配置の改善にも取り組んでいます。今後は、保育士がその職務に見合った報酬を受けながら、やりがいをもって保育に取り組み、保育の質を向上させていけるように体制を整えられていくはずです。次世代を育む保育は、それだけ大きな社会的使命を帯びた仕事なのです。

第2章

教・養・試・験・編

第2章では

採用試験の中で大きなウエートを占めるとともに、合否のカギでもある教養試験の問題を取り上げています。掲載問題は、過去問にのっとった出題傾向・形式で作られていますので、これらの問題を解けるようになることで合格力が身につきます。解けない問題は解説を読んで理解しておきましょう。

政治

No.1 日本国憲法の基本的人権に関する次の記述のうち，誤っているものはどれか。

1 何人も請願権の行使により，いかなる差別待遇もうけない。

2 公務員の選定・罷免は国民固有の権利である。

3 何人もいかなる場合でも本人の意に反する苦役に服させられない。

4 栄誉，勲章その他の栄典の授与には，いかなる特権も伴わない。

5 公務員の選挙については成年者による普通選挙を保障する。

No.2 日本国憲法の国会に関する次の記述のうち，最も適切なものはどれか。

1 国会の本会議を秘密会にすることはできない。

2 条約の国会承認については衆議院が先議する。

3 国会に議席を有しない国務大臣は議院よりの要請なしに議院に出席することができない。

4 国会の会期前に逮捕された国会議員は，その議院の要求があれば会期中釈放しなければならない。

5 参議院の緊急集会で採られた処置は，次の国会開会後20日以内に衆議院の同意がないとその効力を失う。

No.3 日本国憲法の内閣に関する次の記述のうち，誤っているものはどれか。

1 国務大臣は，その在任中，内閣総理大臣の同意がなければ訴追されない。

2 衆議院議員の総選挙の後に初めて国会の召集があったときは，内閣は総辞職しなければならない。

3 内閣総理大臣は任意に国務大臣を罷免することができる。

4 衆議院で内閣信任決議が否決されたときは，10日以内に衆議院が解散されない限り，内閣は総辞職しなければならない。

5 内閣総理大臣は衆議院議員の中から国務大臣を任命し，組閣を行う。

No.4 日本国憲法の裁判所に関する次の記述のうち，誤っているものはどれか。

1 下級裁判所の裁判官の任命は最高裁判所が行う。

2 下級裁判所の構成については法律で定められている。

3 行政機関が裁判官の懲戒処分を行うことはできない。

4 最高裁判所の裁判官の定年は法律で定められている。

5 行政機関は終審としての裁判を行うことができない。

No.5 衆議院の優越に関する次の記述のうち，最も適切なものはどれか。

1 参議院が衆議院の可決した法律案を受け取った後，国会休会中の期間を除いて60日以内に議決しないときには，衆議院は参議院がその法律案を可決したものとみなすことができる。

2 憲法改正の国会の発議についても，衆議院の優越が認められている。

3 内閣不信任決議については，衆議院のみが法的効果を伴う権限を有する。

4 予算の議決については，衆議院と参議院とで異なった議決をした場合には，ただちに衆議院の議決をもって国会の議決とされる。

5 条約の締結に必要な国会の承認については，衆議院と参議院で異なった議決をした場合には，ただちに衆議院の議決をもって国会の議決とされる。

No.6 政党に関する次のA～Eの記述を，二大政党制と多党制のそれぞれの特色として分類した組合せのうち，最も適切なものはどれか。

A 多様な意見を議会に反映する

B 連立政権となりやすく政権が不安定

C 有権者に政策の争点が明確

D 世論の変化に応じた政権交代が容易

E 政治的責任の所在が明確

	二大政党制の特色			多党制の特色	
1	A	B	C	D	E
2	B	C	D	A	E
3	C	D	E	A	B
4	A	D	E	B	C
5	A	B	E	C	D

No.7 違憲審査権に関する次の記述のうち，最も適切なものはどれか。

1 違憲審査権を行使できるのは，最高裁判所のみである。

2 最高裁判所が違憲と判断した法令は，それだけで直ちに無効となる。

3 国家の行為のみならず地方自治体の行為も，違憲審査の対象となる。

4 高度の政治性を有する条約は，違憲審査の対象にはならないと明定されている。

5 弾劾裁判所は，裁判官弾劾法などの弾劾手続監査の法令に限って，違憲審査権を行使できる。

No.8 憲法改正の手続きに関する次の記述のうち，最も適切なものはどれか。

1 衆・参両議院の総議員の過半数による賛成で内閣が改正案を発議・提案し，国民投票による3分の1以上の賛成で確定し，天皇が公布する。

2 衆・参両議院の総議員の3分の2以上による賛成で国会が改正案を発議・提案し，国民投票による過半数の賛成で確定し，天皇が公布する。

3 衆・参両議院の出席議員の3分の1以上による賛成で国会が改正案を発議・提案し，国民投票による3分の2以上の賛成で確定し，天皇が公布する。

4 国民により請願された改正案を国会で審議し，衆・参両議院の本会議で可決された後，天皇が公布する。

5 国会議員か内閣のどちらかが発議・提案した改正案を衆・参両議院が審議し，本会議で可決された後，天皇が公布する。

No.9 わが国の地方自治に関する次の記述のうち，最も適切なものはどれか。

1 地方公共団体における議会も国と同様，二院制がとられている。

2 地方公共団体における首長は，住民が選挙で選出した議会議員による選挙で選出される。

3 地方公共団体の首長は議会の解散権を有しておらず，議会の解散は住民が行う。

4 地方公共団体の議会は首長の不信任決議権を有しておらず，首長の解任は住民が行う。

5 住民は一定の直接請求権を有し，直接政治に参加する機会が与えられている。

No.10 国際連合に関する次の記述のうち，最も適切なものはどれか。

1 安全保障理事会は米国・英国・フランス・ドイツ・ロシアの常任理事国5カ国と，地域代表的に選出される10カ国の非常任理事国から構成される。

2 経済社会理事会には，予め登録して審議に参加することを認められているNGO（非政府組織）がある。

3 信託統治理事会は，独立間もない国の独立維持と国家としての成長をサポートするための機関で，現在も活動中である。

4 国連総会の表決方法は，主権の平等原則から1国1票の多数決制を原則とするが，重要事項は，分担金比率に応じた加重投票制が行われる。

5 国際司法裁判所はオランダのハーグに設置され，国際紛争を当事国の裁判付託の同意があるなしにかかわらず，国際法に基づいて扱うことができる。

政治の解説

No.1の解説　基本的人権
→問題はP.30　正答 **3**

1〇　憲法16条の規定である。

2〇　憲法15条の規定である。

3✕　（正答）憲法18条に「犯罪に因る処罰の場合を除いては，その意に反する苦役に服させられない」とある。

4〇　憲法14条3項の規定である。

5〇　憲法15条3項の規定である。

No.2の解説　国会
→問題はP.30　正答 **4**

1✕　出席議員の3分の2以上の多数で議決したときは，秘密会を開くことができる（憲法57条1項）。

2✕　条約の国会承認についての先議権に関する規定はない。

3✕　憲法63条参照。

4◎　正しい（憲法50条）。

5✕　10日以内である（憲法54条3項）。

No.3の解説　内閣
→問題はP.30　正答 **5**

1〇　憲法75条の規定である。

2〇　憲法70条の規定である。

3〇　憲法68条2項の規定である。

4〇　憲法69条の規定である。

5✕　（正答）内閣総理大臣は，国務大臣の過半数を国会議員の中から選ばなければならない（憲法68条1項）。

No.4の解説　裁判所
→問題はP.30　正答 **1**

1✕　（正答）下級裁判所の裁判官の任命は最高裁判所の指名した名簿によって，内閣が任命する（憲法80条1項）。

2〇　憲法76条1項の規定である。

3〇　憲法78条の規定である。

4〇　憲法79条5項の規定である。

5〇　憲法76条2項の規定である。

第2章 教養試験編

No.5の解説　衆議院の優越
→問題はP.31　正答　**3**

1×　この場合，衆議院は，参議院がその法律案を否決したものと見なすことができる（憲法59条4項）。

2×　憲法改正の発議については衆議院の優越はない（憲法96条1項）。

3◎　正しい（憲法69条）。

4,**5**×　共に両議院協議会を開く必要があり，そこで意見が一致しないときに，衆議院の議決が国会の議決となる（憲法60条2項，61条）。

No.6の解説　二大政党制と多党制の特色
→問題はP.31　正答　**3**

A　多様な意見の反映だから多党制

B　連立になりやすいは多党制

C　政策争点が明確は二大政党制

D　政権交代が容易なのは二大政党制

E　責任の所在明確は，二大政党制

　よって正答は**3**である。

No.7の解説　違憲審査権
→問題はP.31　正答　**3**

1×　違憲審査権は，最高裁判所の下にあるすべての通常裁判所がこれを行使できる。必ずしも高等裁判所や最高裁判所に限られない。家裁や簡易裁判所であっても，この権限を行使できる。

2×　違憲審査権は，具体的な事件の紛争解決の手段として行使されるものであり，その判断は，基本的に当該事件にしか及ばない。したがって，「その事件に適用される限りにおいて違憲」ということになり，違憲判決は法令を一般的に無効とする効力を有するものではない。

3◎　すべての公権力の行為が違憲審査の対象となる。

4×　条約が審査対象になるかについての解釈は対立しているが，それを否定する明文規定はない。

5×　違憲審査権を行使しうるのは，最高裁判所の下にある通常裁判所に限られる。弾劾裁判所のような特別裁判所には，違憲審査権は認められていない。

No.8の解説　憲法改正の手続き
→問題はP.32　正答　**2**

　日本国憲法96条に定められている改正の手続きは，**2**の通りだが，まだ一度も改正提案は行われていない。施行後半世紀を経て，内容的に現代社会にあわない部分も多くなり，世論調査でも憲法改正に賛成する意見が大半をしめるようになったことから，1997年に超党派で組織された憲法議連の活動で国会法が改正され，2000年1月に召集された国会から衆議院と参議院の両議院に憲法調査会が設けられた。

　よって正答は**2**である。

No.9の解説　地方自治　　　　　　　　　　→問題はP.32　正答　**5**

1✗　地方公共団体の議会については，国と異なり，一院制がとられている。

2✗　地方公共団体の首長については，議会議員の選挙と同様，住民による直接選挙で選出される。

3✗　首長は議会解散権を有する。

4✗　議会は首長の不信任決議権を有する。

5◎　直接請求することができるのは，条例の制定・改廃，議会の解散，首長・議員の解職などについてである。いずれも一定数以上の署名を集めることが要件とされている。

No.10の解説　国際連合　　　　　　　　　　→問題はP.32　正答　**2**

1✗　5常任理事国は，米国・英国・中国・フランス・ロシアである。

2◎　国連憲章に規定されている。

3✗　信託統治理事会は1994年から活動停止。

4✗　総会は1国1票の多数決制である。

5✗　国際司法裁判所は当事国の同意があって裁判が開始される。

No.1 市場経済という資本主義の特徴は残しながら，経済の調整を政府が行うという考え方を提唱した経済学者と代表的著書の組合せのうち，最も適切なものはどれか。

1 リカード　　　　　『経済学および課税の原理』

2 ケインズ　　　　　『雇用・利子および貨幣の一般理論』

3 マルクス　　　　　『資本論』

4 アダム・スミス　　『国富論』

5 マルサス　　　　　『人口論』

No.2 景気循環に関する次の文中の空欄A〜Cにあてはまる語句の組合せのうち，最も適切なものはどれか。

　景気循環はその周期によって類別され，周期が（　A　）のキチンの波，（　B　）を主因とするジュグラーの波，周期50〜60年の（　C　）の波などがある。

	A	B	C
1	3〜4年	設備投資	コンドラチェフ
2	10年	建設投資	クズネッツ
3	3〜4年	在庫変動	クズネッツ
4	10年	設備投資	クズネッツ
5	3〜4年	建設投資	コンドラチェフ

No.3 経済学説などに関する次の記述のうち，誤っているものはどれか。

1 フィリップス曲線は貨幣賃金上昇率と失業率のトレード・オフ関係を示している。

2 売上高最大化仮説とは，企業は企業信用の保持などの点から利潤極大化より売上高最大化を目指すというボーモルの説である。

3 ギッフェン財とは，その価格上昇とともにその財への需要量が増加する財のことである。

4 独占企業は価格＝限界費用の点で生産量を決定し，かつここにおいて利潤極大化が達成される。

5 貨幣数量説とは，貨幣の価値は物価の動きによって示され，貨幣の数量に比例するという説である。

No.4 日本の高度経済成長期に関する次の記述のうち，最も適切なものはどれか。

1 殖産興業をスローガンに政府が産業育成政策を進め，官営工場を設置し，順次民間に払い下げていったことから，経済が著しく発展した。

2 第二次世界大戦後，経済民主化のために財閥解体・農地改革・労働組合の育成などが行われると，諸改革の影響で経済が活気づいた。

3 朝鮮戦争による特需景気の後，海外からの新技術の導入や，政府の産業保護政策，消費需要の拡大などを背景に，経済は急速に発展した。

4 オイルショックの影響により，省エネルギー・省資源の産業への転換が進められ，第三次産業の比重が高まるにつれて経済が活気づいた。

5 プラザ合意をきっかけに円高が急速に進み，深刻な不況に陥ったため，政府が内需拡大の政策を進めたため，経済は回復し，長期間の好景気が持続した。

No.5 2国間あるいは多国間で，貿易に関する関税および非関税障壁などを撤廃し，自由貿易の促進を目指す協定を表す次の略称のうち，最も適切なものはどれか。

1 FTA

2 EPA

3 ODA

4 TPP

5 WTO

No.6 ビルト・イン・スタビライザーに関する次の記述のうち，最も適切なものはどれか。

1 ビルト・イン・スタビライザーは，裁量的政策であり，補正予算の実施により行われる。

2 ビルト・イン・スタビライザーは，裁量的政策ではなく，予算の厳格な実施により行われる。

3 ビルト・イン・スタビライザーは，裁量的政策ではなく，その実施においてタイム・ラグがない。

4 ビルト・イン・スタビライザーは，不況時には増税，好況時には減税を自動的に行う。

5 ビルト・イン・スタビライザーは，景気を微調整し完全雇用と物価安定をもたらすことを目的とする政策手段である。

No.7 ペイオフ制度に関する次の記述のうち，最も適切なものはどれか。

1 銀行が破綻した際に，整理回収機構が，継承銀行に譲渡されない不良権の回収を行うことをいう。

2 銀行や証券会社が経営破綻した際に，金融庁が公的資金を投入して，経営再建を支援することをいう。

3 ペイオフが発動されると，銀行の営業が停止するため，個人や企業の預金は一切払い戻されなくなる。

4 2001年に全面解禁され，2003年の足利銀行の経営破綻で初めて発動された。

5 2005年に全面解禁され，2010年の日本振興銀行の経営破綻で初めて発動された。

No.8 経済用語で，「債権者が契約上受け取れる利息や原本を受け取れなくなること」すなわち，債務不履行を表す語として，最も適切なものはどれか。

1 アノマリーズ

2 インカムゲイン

3 キャピタルロス

4 デフォルト

5 デット・ファイナンス

No.9 次の記述にあてはまるものとして，最も適切なものはどれか。

「政府による政府支出の増加が貨幣供給の変化を伴わずになされると，金融市場が逼迫して利子率が上昇し，民間投資が抑制される。つまり，一般に政府部門の肥大は民間投資を圧迫し，経済の生産性向上を阻害する要因となる」

1 等価定理

2 有効需要の理論

3 IS−LM分析

4 ピグー効果

5 クラウディング・アウト

No.10 マネーストックに関する次の記述のうち，最も適切なものはどれか。

1 企業や家計など民間の経済部門が保有している通貨量のこと。

2 市中銀行が預金の一定割合を準備金として中央銀行に預け入れること。

3 累進課税に代表される所得の再分配や，景気の安定効果のこと。

4 租税の直間比率によって行われる政府の支出構造の再検討のこと。

5 財政における国債依存度の比率のこと。

経済の解説

→問題はP.36
No.1の解説　ケインズ　　正答 **2**

　イギリスの経済学者ケインズである。彼は，アダム・スミス以来の自由放任経済では失業をなくし完全雇用を実現できないと考えて，政府が積極的に経済に介入して，公共投資などによって有効需要を増やすことが完全雇用につながると考えた。

→問題はP.36
No.2の解説　景気循環　　正答 **1**

　景気循環には，周期3～4年の在庫変動によるキチンの波（短期波動），10年前後の設備投資によるジュグラーの波（中期波動），20年前後の建設投資によるクズネッツの波，50～60年の技術革新などによるコンドラチェフの波（長期波動）などがある。

→問題はP.36
No.3の解説　経済学説　　正答 **4**

1○ 失業率が高いと貨幣賃金ないし物価水準の上昇率は低く，失業率が低いと逆に高くなり，両者の間にトレード・オフの関係があるとして，右下がり曲線を描いた。これをフィリップス曲線という。

2○ ボーモルが，従来の利潤最大化仮説に代わるものとして提唱した。

3○ ギッフェン財とは，その価格上昇とともにその財への需要量が増加する財のことである。

4✕ （正答）独占企業の利潤最大化条件は限界収入＝限界費用である。価格＝限界費用は完全競争企業の場合。

5○ 正しい。

→問題はP.37
No.4の解説　わが国の高度成長期　　正答 **3**

　高度経済成長期とは，1955年頃から石油危機が起こるまで（1973年まで）の日本の経済発展のことをいう。この間，日本は年平均約10％を超える経済成長をし，GNPが自由主義国でアメリカについで2位となり，経済大国となった。

1✕ 明治時代，富国強兵を目指した明治政府が取った政策。

2✕ これらの改革だけでは経済の再建は進まなかった。

3◎ このほか，新技術の導入に伴って積極的な設備投資が行われたことや，教育の普及により優秀な労働力が豊富であったこと，国民の貯蓄率が高く資本の供給がされやすかったことなども影響した。

4✕ 石油危機をきっかけに高度経済成長期は終わりを告げた。このとき重工業が痛手を受け，政府と企業の努力によって産業構造の転換が図られた。

5✕ プラザ合意は1985年。この記述は平成景気のことである。

No.5の解説　FTA　　　　　　　　　　　　　→問題はP.37　正答　**1**

1 ◎　Free Trade Agreement（自由貿易協定）の略。
2 ×　Economic Partnership Agreement（経済連携協定）の略。FTAが関税など貿易障壁の撤廃を目指すのに対し，EPAは投資金融，情報通信技術，知的財産権，人材養成，労働力移動など経済諸制度の調整を含み，より広汎な経済協力を目指している。
3 ×　Official Development Assistance（政府開発援助）の略。
4 ×　Trans-Pacific Partnership Agreement（環太平洋パートナーシップ協定）の略。
5 ×　World Trade Organization（世界貿易機関）の略。

No.6の解説　ビルト・イン・スタビライザー　　　→問題はP.37　正答　**3**

　ビルト・イン・スタビライザーは，自動安定化装置と訳され，不況時には課税額が抑制されたり失業保険給付がなされ，不況の進行を抑える。また，好況時には課税額が増え，景気過熱を抑制する。これらのことは，制度的に自動的に行われるので，その実施にタイム・ラグは生じない。
1 ×　予算による裁量的政策ではない。
2 ×　予算の厳格な実施によるものではない。
3 ◎　正しい。
4 ×　不況時には減税，好況時には増税を自動的に行なう。
5 ×　補正的財政政策のことであり，ビルト・イン・スタビライザーのことではない。

No.7の解説　ペイオフ制度　　　　　　　　　　→問題はP.38　正答　**5**

　金融機関が破綻した場合，預金保険機構に積み立てている保険金で預金者に一定額の払い戻しを行う制度。払い戻し額の上限は，預金者一人当たり元本1000万円とその利息。2005年に全面解禁され，2010年9月の日本振興銀行の破綻で初めて発動された。

No.8の解説　デフォルト　　　　　　　　　　　→問題はP.38　正答　**4**

1 ×　従来の理論では説明できない異常現象のことである。
2 ×　株式投資の配当金，利子収入のことである。
3 ×　株価の値下がりによる損失のことである。
4 ◎　正しい。
5 ×　銀行借り入れや社債発行など，負債となる，他人資本による資金調達のことである。

No.9の解説 **クラウディング・アウト**　　→問題はP.38　正答 **5**

1✕ リカード・バローの主張で，国債発行は償還時の増税を考えると，増税と経済効果には何ら変わりがないとするものである。

2✕ 不況時には，有効需要が不足しているため，拡張的財政・金融政策を行なうべきであるとする理論である。

3✕ 財市場と貨幣市場双方を考慮した，国民総生産と利子率の同時決定の理論である。

4✕ 賃金の下落が物価を引き下げ，実質貨幣供給や資産の実質価値を増加させ，消費を増加させ雇用量を増やすという内容が，ピグー効果である。

5◎ 正しい。

No.10の解説 **マネーストック**　　→問題はP.38　正答 **1**

1◎ 正しい。

2✕ 預金準備率を操作することによって，中央銀行はマネーストックを調節している。

3✕ 政府が行う財政政策で，消費支出の増減をある程度一定にさせる効果を持つとされている。

4✕ 租税の直間比率では，日本はアメリカ以外の他の先進国に比べて直接税の比率が高い。

5✕ 日本の財政における国債依存度は，2022年度では34.3％である。

No.1 日本の社会保障に関する次の記述のうち，最も適切なものはどれか。

1 日本の社会保障は，社会保険，公的扶助，社会福祉，公衆衛生，消費者行政の5分野からなる。

2 第二次世界大戦以前の日本では，社会保障に関連する制度は全く整備されていなかった。

3 社会保険には，医療保険，雇用保険，労働者災害補償保険，年金保険,介護保険の5部門があり，日本の社会保障制度の中心となっている。

4 公的扶助は，身体障害者，老人，単親家庭など，社会的に弱者の立場にある人々に対して必要なサービスを提供していくものである。

5 社会福祉は，生活困窮者に対して国家の責任において最低限の生活を保障するもので，その中心的な法律が生活保護法である。

No.2 アメリカの社会学者リースマンが大衆社会における人間の心理性格などについて述べた著書として，正しいものはどれか。

1 『孤独な群衆』

2 『自我同一性の問題』

3 『自由からの逃走』

4 『大衆の反逆』

5 『夜と霧』

No.3 世界と日本の人口（2022年）に関する次の記述のうち，最も適切なものはどれか。

1 国連によると，世界の人口は2022年に80億人を突破した。

2 地域別では，アジアが世界の人口の約8割を占めており，最も多い。

3 国別では，インドの人口が最も多く世界の人口の約5分の1を占めている。

4 2021年から2022年にかけての人口の推移を大陸別にみると，アジアの人口増加率が最も顕著である。

5 日本の総人口は約1億2千万人弱で，2005年をピークに毎年減少を続けている。

No.4 最近の生活にかかわる用語に関する次の記述のうち，最も適切なものはどれか。

1 ガスタービンやガスエンジン，燃料電池などの発電設備から出る排熱を回収して冷暖房や給湯などのエネルギーに利用するシステムをスマートグリッドとい

う。

2 コンピュータにより，電気の流れを常時監視して電力の需給を効率的に制御する次世代送電網のことをコージェネレーションという。

3 産業界で，一つの国や市場の中だけで技術や仕様が固有の発展をする現象をガラパゴス現象という。

4 商品の企画，部材の手配から始まり，製造・販売にいたるまでの商品と情報の流れ・プロセスのことをトレーサビリティという。

5 QOLとは，身体的な自立度を生活機能からみた指標で「日常生活動作」と訳される。

No.5 日本の労働・雇用の問題に関する次の記述のうち，最も適切なものはどれか。

1 終身雇用制や年功序列型賃金，産業別労働組合などが，日本的経営方式の特徴であったが，近年は賃金制度の見直しなどが進んでいる。

2 不況が長く続いたために，日本の労働組合は加入者が増加しており，労働争議の件数も増加傾向にある。

3 パートタイマーやアルバイトなどの非正規雇用労働者は正社員化が進み，減少している。

4 雇用形態の変化や不況などに伴う失業率の高さ，特に若年層の失業率が高いことが深刻な問題となっている。

5 労働時間の短縮が積極的に進められた結果，フランスやドイツと同程度にまで年間総労働時間は短くなった。

No.6 日本では，労働者の権利を守るためのさまざまな法律が定められている。それらの法律に関する次の記述のうち，誤っているものはどれか。

1 男女雇用機会均等法は，雇用や待遇面で男女の差別的な取り扱いをなくすことを雇い主に求めている。

2 労働基準法は，賃金や労働時間など，労働条件の最低基準を定めた法律である。

3 労働組合法は，団結権，団体交渉権，団体行動権の労働三権の行使を保障している。

4 労働安全衛生法は，労働者が被る労働災害に対して，必要な保険給付を行うための法律である。

5 労働関係調整法は，労働者と使用者の間の紛争を調整するための法律である。

No.7 福祉用語に関する次の記述のうち，最も適切なものはどれか。

1 ノーマライゼーションとは，障害者や高齢者が自立して日常生活を過ごせるように道路の段差をなくしたり，エレベーターを設置したりする活動のことである。

2 アドボカシーとは，ある国の国民の誰に対しても平等に保障される最低限の権利や保障のことである。

3 レスパイトケアとは，介護などを行っている家族を，一時的にその介護から解放することにより心身の疲れの回復を図ることを目的とした家族支援サービスのことである。

4 ADLとは「生活の質」と訳され，人々の生活を物質的・量的にとらえるのではなく精神的・質的にとらえようとする指標のことである。

5 QOLとは「日常生活動作」と訳され，日常動作がどの程度自分の力でできるかをとらえようとする指標のことである。

No.8 介護保険制度に関する次の記述のうち，最も適切なものはどれか。

1 急激な高齢化による介護ニーズの拡大を受け，家族だけではなく社会全体で介護の負担を支える制度として，2010年の4月から施行された。

2 介護保険の事業主体は都道府県であり，被保険者は，その都道府県に住んでいることが条件となる。

3 被保険者のうち65歳以上は第1号被保険者に分類され，保険料は全国一律である。

4 40歳以上65歳未満で医療保険加入者は第2号被保険者に分類され，介護保険への加入は任意である。

5 ケアマネジャー（介護支援専門員）は，介護保険制度導入とともに生まれた専門職で，要介護（要支援）認定を受けた高齢者の相談に応じて，ケアプランを策定する。

No.9 日本の年金に関する次の記述のうち，最も適切なものはどれか。

1 国民年金は，自営業者や学生などを含めた，日本に住所がある20歳以上60歳未満の人が全員加入することになっているが，2022年現在，加入対象者のうち約4人に1人は保険料を払っていない。

2 基礎年金給付の財源は，国民年金の保険料，被用者年金からの拠出金，国庫負担金によって賄われており，このうち国庫負担金の負担分は約3分の2である。

3 基礎年金制度では，専業主婦など被用者の妻は厚生年金などの被用者年金に加入している夫とは別に国民年金に加入し，保険料も独立して負担することになっている。

4 企業年金である規約型企業年金は2012年4月から税制適格年金に完全移行したもので，通称を401kという。

5 企業年金には，将来の給付額を決めている確定給付型と，掛け金が一定の確定拠出型があるが，厚生年金基金は後者の確定拠出型である。

No.10 環境に関する次の記述のうち，誤っているものはどれか。

1 ナショナル＝トラストは，開発や都市化で貴重な自然や歴史的建造物が破壊されるのを防ぐため，市民の寄付などにより土地や建物を買い取ったり，保全契約を結んで保管していこうとする運動である。

2 環境アセスメントは，大規模な開発がもたらした自然環境や社会環境の破壊の程度を調査し，政府の手で原状回復をはかることで，環境悪化を抑制する方法である。

3 汚染者負担の原則は，公害による損害は税金ではなく，公害を発生させた者に原状回復の費用や被害者救済のための費用を負担させるべきであるという原則である。

4 環境基準は，大気や水質などについて生活環境を保全し，人間の健康を保護する上で維持されることが望ましい基準を定めて，環境悪化を食い止めようとしている。

5 環境税は，地球温暖化のおもな原因とされている二酸化炭素の排出を抑制する目的で石油や石炭などの化石燃料に課税される税であるが，日本では「地球温暖化対策税（環境税）」が2012年10月から導入されている。

社会の 解 説

No.1の解説 日本の社会保障制度 　　　→問題はP.42　正答 **3**

1✕ 消費者行政を除いた4分野である。
2✕ 恤救規則（1874年）や健康保険（1922年）などがあった。
3◎ 正しい。
4✕ 説明は社会福祉についてである。
5✕ 説明は公的扶助についてである。

No.2の解説 リースマン 　　　→問題はP.42　正答 **1**

1◎ 正しい。個性や主体性を失った現代人を「孤独な群衆」と呼び，大衆社会における人間の心理性格を「他人指向型」と名づけた。
2✕ 心理学者エリクソンの主著。
3✕ 心理学者フロムの著書。
4✕ オルテガの主著。大衆社会論の先駆となった。
5✕ 精神医学者フランクルの主著。アウシュヴィッツ収容所の体験を記録した。

No.3の解説 世界の人口と日本 　　　→問題はP.42　正答 **1**

1◎ 正しい。世界の人口は2022年末で，80億人に達している。
2✕ 地域別では，アジアが世界の人口の約6割を占めており最も多い。
3✕ 2022年時点では，中国の人口のほうが多い。
4✕ アフリカの人口増加率が2.37％で最も高い。
5✕ 日本の総人口は約1億3千万人弱で，2008年以降減少に転じた。

No.4の解説 最近の生活にかかわる用語 　　　→問題はP.42　正答 **3**

1✕ コージェネレーションの説明。
2✕ スマートグリッドの説明。
3◎ 正しい。
4✕ トレーサビリティとは，農産物や加工食品などの食品が，どこから来て，どこへ行ったか「移動を把握できる」こと。説明はサプライチェーンについて。
5✕ ADL（Activities of Daily Living）の説明。QOLとは，生活の質（Quality of Life）のこと。

No.5の解説 近年のわが国の労働・雇用情勢 　　　→問題はP.43　正答 **4**

1✕ 日本の企業では，企業別労働組合が一般的である。
2✕ 労働組合の加入者は減少しており，現在，労働組合の組織率は2割弱。
3✕ 非正規雇用労働者は緩やかな増加傾向から，2020年には減少に転じた。
4◎ 正しい。
5✕ 労働時間の短縮は確かに進められたものの，フランスやドイツに比べると年間数百時間も労働時間が長い。

No.6の解説 労働関係法　　　　　→問題はP.43　正答　**4**

1◯　正しい。
2◯　正しい。
3◯　正しい。
4✕　（正答）労災保険法についての記述である。
5◯　正しい。

No.7の解説 福祉用語　　　　　　→問題はP.44　正答　**3**

1✕　ノーマライゼーションとは，障害のある人々に，障害のない人々と同じ生活条件を作り出そうとする考え方。肢はバリアフリーの解説。
2✕　アドボカシーとは障害などの理由で自己の要求や利益を主張できない場合，障害者に代わって代弁，弁護などを行う権利擁護活動のこと。肢はナショナルミニマムの解説。
3◎　正しい。
4✕　QOLの解説。
5✕　ADLの解説。

No.8の解説 介護保険制度　　　　→問題はP.44　正答　**5**

1✕　2000年から施行され，介護保険制度が開始された。
2✕　事業主体は市町村と特別区など，基礎自治体である。
3✕　保険料は各市町村ごとに決められ，全国一律ではない。
4✕　介護保険では40歳以上の全国民に加入を義務付けており，任意ではない。
5◎　正しい。

No.9の解説 年金制度　　　　　　→問題はP.45　正答　**1**

1◎　正しい。
2✕　基礎年金給付の財源のうち国庫負担金の負担分は約2分の1である。
3✕　基礎年金制度では，専業主婦など，被用者の妻は「第3号被保険者」となり，直接には保険料を負担しない。
4✕　税制適格年金が廃止されて，規約型企業年金に移行した。401kは確定拠出型年金。
5✕　厚生年金基金は確定給付型である。

No.10の解説 環境問題　　　　　　→問題はP.45　正答　**2**

　環境アセスメントは，開発計画を実施に移す前に環境破壊の程度を調査し，計画の適否を診断して最小限の環境保護をはかろうとする事前の評価制度である。

No.1 世界の地形に関する次の記述のうち，最も適切なものはどれか。

1 カールは氷河によって周囲をけずり取られてできたピラミッド状の岩峰で，アルプス山脈の山々などが代表例である。

2 ケスタは構造平野の一部に形成されることが多く，一方が急な崖で他方が緩やかな斜面をなす丘陵で，パリ盆地などが代表例である。

3 エスチュアリーは氷食谷に海水が侵入してできた入江で，良港であることが多く，南米のラプラタ川などが代表例である。

4 海岸平野は浅い海の堆積面が海水面の低下や地質の隆起などにより海面上に現れた平野で，アメリカ中央平原などが代表例である。

5 カルスト地形は玄武岩などが溶食されて形成された地形で，イタリアのクラス地方などが代表例である。

No.2 世界各地の気候的特徴に関する次の記述のうち，誤っているものはどれか。

1 アフリカ東部の高原地帯タンザニアは，国土の大半がサバナ気候にあたるため雨季と乾季の格差が大きく，耐乾性の疎林と背丈の高い草原が広く分布する。

2 北緯51度という高緯度に位置するロンドンは，冬の寒さが厳しい亜寒帯湿潤気候であるが，夏は緯度の割に高温となる。

3 ワシントンは東京と同じ温暖湿潤気候で，夏は高温で雨が多く，冬は比較的寒さが厳しい。ときおり熱帯性低気圧の通過による被害がみられる。

4 シンガポールは赤道直下に位置し，年中高温多雨で午後から夕方にかけて毎日のようにスコールが降る熱帯雨林気候の地域である。

5 ローマの気候は地中海性気候にあたり，夏は高温で草木が枯れるほど乾燥するが，冬は温暖で降雨がある穏やかな気候となる。

No.3 河川によって形成される地形に関する次の記述のうち，最も適切なものはどれか。

1 主に河川の中流部の谷幅の広い所で断続的に隆起がくり返されると，階段状の地形が形成され河岸段丘と呼ばれるが，その平坦部は集落・交通路・耕地などに利用されることが多い。

2 河川の中・下流域の流れのゆるやかな所では蛇行が進み，ときどき起こる大洪水によって氾濫し河道が変わることがあるが，旧河道となった所は水が得やすいので住宅地として適している。

3 河川が山地から平地へ出る所では洪水時に土砂を広範囲に堆積させて扇状地が

形成されるが，その中央部一帯は水の便がよいため集落が発達することが多い。

4　河川が浅い海に注ぐ所では，土砂を広範囲に堆積させて海岸平野が形成されるが，水はけが悪いため農耕地としては適さない所が多い。

5　河川の中・下流域で，大洪水による氾濫によってしばしば川の流れが変わる所では，旧河道の両側に帯状に微高地ができる。これは洪積台地と呼ばれ，水はけがよいので集落が発達することが多い。

No.4　東南アジアの３か国に関する次のＡ～Ｃの国名の組合せのうち，最も適切なものはどれか。

Ａ　第二次世界大戦後，独立をめぐって旧宗主国フランスと戦い，さらに南北分断の争いに外国が介入，統一後は「ドイモイ政策」で発展している。

Ｂ　隣国がイギリスから独立した際は，隣国に含まれていたが，その後住民構成や経済上から分離独立した。独立後は急成長を続けNIESの主要国となった。

Ｃ　19世紀まではスペイン，その後アメリカ合衆国の植民地であった。独立後もアメリカ合衆国との結びつきが強い。アジア唯一のキリスト教国である。

	Ａ	Ｂ	Ｃ
1	韓国	ホンコン	フィリピン
2	カンボジア	ホンコン	インドネシア
3	カンボジア	シンガポール	インドネシア
4	ベトナム	マレーシア	インドネシア
5	ベトナム	シンガポール	フィリピン

No.5　次の文中の空欄Ａ～Ｄに当てはまる中南米都市の公用語に関する語句の組合せのうち，最も適切なものはどれか。

　中南米諸国の多くは，（　Ａ　）を公用語としているが，例外的な国もあり，ブラジルは（　Ｂ　），ジャマイカは（　Ｃ　），2010年１月に大地震に見舞われたハイチは（　Ｄ　）を公用語としている。

	Ａ	Ｂ	Ｃ	Ｄ
1	スペイン語	ポルトガル語	フランス語	英語
2	スペイン語	ポルトガル語	フランス語	ドイツ語
3	スペイン語	ポルトガル語	英語	フランス語
4	ポルトガル語	スペイン語	フランス語	英語
5	ポルトガル語	スペイン語	英語	フランス語

No.6 ヨーロッパの地誌に関する次の記述のうち，最も適切なものはどれか。

1 ヨーロッパの大半は高緯度地方に位置するため，冬は日照時間が短く，日本と比べて寒さが非常に厳しい。

2 イギリスなどヨーロッパの北部は新しく形成された地形の多い地域で，山は高くて険しく，地震や火山なども非常に多い。

3 ヨーロッパは全体としてキリスト教の分布地域であるが，さらに分けると北西部のプロテスタント，南部のカトリック，東部のギリシア正教に分類される。

4 西ヨーロッパは世界に先がけて近代工業が発達したため，農業は早くから衰退し，現在はアメリカなど新大陸から大量に農産物を輸入している。

5 ヨーロッパでは河川が比較的小規模なので，北アメリカなど他の地域と比べると，内陸水運の利用はあまり活発ではない。

No.7 日本の気候に関する次の記述のうち，最も適切なものはどれか。

1 南海型は沖縄と小笠原の気候で，最寒月でも15〜17℃と暖かく，霜や雪などはほとんどみられない。

2 瀬戸内型は1年を通じて降水量が多い。特に6月と9月に多く，月300mmを上回っている。

3 中央高原型は気温の年較差が小さく，内陸性気候の特性をもっている。

4 北陸・山陰型は12月・1月に最も降水量が多いが，これは季節風降雪によるものである。

5 オホーツク型は1月・2月の気温は−3℃未満になり，夏季は10℃以上になるのでケッペンの気候区では寒帯である。また，年降水量は少なく，1000mm未満のところが多い。

地理の解説

No.1の解説 世界の地形 →問題はP.48 正答 **2**

1 ✕ カール（圏谷）は山腹が氷河による侵食を受けてできる椀形のくぼ地である。記述はホルンについてのもの。

2 ◎ 正しい。

3 ✕ ラプラタ川はエスチュアリーの代表例だが，説明はフィヨルドについてのものである。エスチュアリー（三角江）は，河川の河口部が沈水して形成されたラッパ状の入り江である。

4 ✕ 説明は正しいが，代表例が誤り。アメリカ中央平原は構造平野であり，海岸平野の代表例はアメリカ大西洋岸の平野などである。

5 ✕ カルスト地形は石灰岩などの炭酸塩岩が溶食されてできる地形で，名前はスロベニアのクラス地方に由来している。イタリアは誤り。

No.2の解説 世界各地の気候的特徴 →問題はP.48 正答 **2**

1 ◯ 雨季と乾季の差がみられるサバナ気候とステップ気候の植生の違いもはっきりさせておく。

2 ✕ （正答）ロンドンは西岸海洋性気候で，暖流の北大西洋海流と偏西風の影響で，高緯度の割には冬でも暖かい。

3 ◯ 温暖湿潤気候の分布地域と特徴をもう一度確認しておく。

4 ◯ 熱帯雨林気候は赤道直下に分布。赤道をはずれると，太陽の回帰により雨季と乾季が現れてくる。

5 ◯ 地中海性気候の特徴と主な分布地域もしっかり確認したい。

No.3の解説 河川によって形成される地形 →問題はP.48 正答 **1**

1 ◎ 正しい。

2 ✕ 旧河道は三日月湖として残ったり，水田として整備されることが多い。低湿地なので住宅地としては不適。

3 ✕ 扇状地の扇頂・扇央・扇端に分けて，一般的な特徴を整理すること。この場合，扇央は水の便が悪く，農耕地・宅地としては不適。

4 ✕ これは三角州であり，低湿地なので水田として利用。湾頭では都市の発達も多くみられる。

5 ✕ これは自然堤防で，耕地の場合は果樹園など畑地が多い。

No.4の解説 東南アジア3か国の地誌 →問題はP.49 正答 **5**

A 東南アジアでフランスから独立した国は，ベトナム，ラオス，カンボジアの3国。このうち南北分断，ドイモイ政策に関係するのはベトナムである。

B 第二次世界大戦直後にイギリスから独立したのは，ミャンマー（ビルマ），マレーシア。シンガポールはマレーシアから1965年分離独立，ブルネイはイギリスから1984年独立した。NIES（新興工業経済地域）といわれるのは，韓国，

台湾，（ホンコン），シンガポールなので，シンガポールである。

C　アメリカ合衆国から独立したのはフィリピン。フィリピンは国民の約88％が
キリスト教徒である。

よって正答は**5**である。

No.5の解説　中南米都市の公用語　　　　　→問題はP.49　正答　**3**

メキシコ・アルゼンチンなど中南米諸国の多くはスペインの植民地であったため
にスペイン語を公用語としている。しかし，ブラジルは1822年にポルトガルから，
ジャマイカは1962年にイギリスから，ハイチは1804年にフランスから独立した。

Aはスペイン語，Bはポルトガル語，Cは英語，Dはフランス語である。

よって正答は**3**である。

No.6の解説　ヨーロッパの地誌　　　　　→問題はP.50　正答　**3**

1×　ヨーロッパは大陸の西岸にあたるため，穏やかな海洋の影響を強く受け，高
緯度の割には非常に暖かく，51°Nのロンドンでも1月の平均気温は3.8℃
で，仙台（38°N）の1.0℃や水戸（36°N）の2.4℃より高い。

2×　ヨーロッパの中で新しい地形が多いのは南部の地中海沿岸で，中・北部は古
く，地殻活動はほとんどみられない。

3◎　正しい。

4×　1970年代前半までは西ヨーロッパは大量の農産物を輸入していたが，当時の
ECの共通農業政策の結果，農業生産は大幅に拡大し，1980年代には輸出す
るほどなっている。

5×　ヨーロッパは内陸水運が非常に発達している。ライン川・エルベ川・ドナウ
川などは国際河川として重要な内陸水路となっており，これらを中心に運河
も多く整備されている。

No.7の解説　日本の気候　　　　　→問題はP.50　正答　**4**

1×　南海型は房総半島南部から四国・九州までの太平洋沿岸地方の気候である。
1年を通じて降水量が多く，6月と9月に雨量極大を示す。記述は南日本
型。

2×　瀬戸内型は温暖で晴天に恵まれ，年降水量は少ない。記述は南海型。

3×　中央高原型は気温の年較差が大きく，内陸性気候の特性をもつ。年降水量は
他地域に比べ少ない。

4◎　正しい。

5×　最寒月の月平均気温が−3℃未満で，最暖月の月平均気温が10℃以上の気候
は亜寒帯（冷帯）気候である。降水量の記述は正しい。

日 本 史

No.1 次の古代から中世に建立されたわが国の代表的な寺院A～Cの組合せのうち，最も適切なものはどれか。

A　藤原氏の氏寺であるが，平安中期以降，強力な僧兵集団をかかえてしばしば京都に強訴するなど政治勢力化した。鎌倉～室町期には事実上の大和一国の守護として君臨した。たびたび戦火に遭ったが，天平期の阿修羅像や鎌倉期の無著・世親像などすぐれた彫刻を有する仏教美術の宝庫でもある。

B　最澄が開いて以来，日本仏教界の中心となり，鎌倉期には栄西・道元・親鸞などを輩出した。平安中期以降，強力な僧兵集団を有して独自の政治集団と化し，戦国時代の政局にも影響を与えた。織田信長の焼打ちにあって伽藍や美術品のほとんどを焼失するとともに政治的勢力も失った。

C　聖武天皇の発願で建立され，国家仏教の中心的役割をになうとともに広大な荘園を所有して大勢力を築いた。源平争乱の際に平家の焼打ちにあったが，焼失を免れた建物や彫刻・美術品も多く，鎌倉期に再建された建造物や彫刻と合わせて日本美術の一大宝庫となっている。

	A	B	C
1	延暦寺	薬師寺	東大寺
2	薬師寺	延暦寺	法隆寺
3	興福寺	延暦寺	東大寺
4	興福寺	法隆寺	延暦寺
5	東大寺	法隆寺	薬師寺

No.2 鎌倉時代の出来事に関する次の記述のうち，最も適切なものはどれか。

1 六波羅探題を設置して朝廷監視を強めた北条時政は，後鳥羽上皇が起こした承久の乱を鎮圧した。

2 連署や評定衆をおいて合議制を推進した北条泰時は，武家法の最初の法典である御成敗式目（貞永式目）を制定した。

3 北条時頼は，御家人の訴訟を専門に扱う雑訴決断所を新設し，裁判の公平と迅速化をはかった。

4 鎌倉時代の地頭の多くは，地頭請，下地中分，半済令などによって荘園侵略をすすめていった。

5 永仁の徳政令により御家人の窮乏を救った北条時宗は，二度にわたる蒙古の襲来（元寇）をふせいだ。

日本史

No.3 次のア～ウは，近世の各時期における政治・社会に関する記述である。ア～ウのそれぞれの時期の文化に関する記述とA～Cの記述の組合せのうち，最も適切なものはどれか。

ア　戦国の争乱をおさめ，楽市令や検地，兵農分離などの積極的な統一政策を進め，南蛮貿易などの海外交渉も活発に展開した。

イ　政治の安定と経済の発展を背景に，慶安の変以後儒教思想を重視したいわゆる文治主義にもとづく政治が幕府や諸藩ですすめられた。

ウ　幕藩体制の矛盾が表面化し，飢饉や凶作が頻発する中で寛政の改革や天保の改革が行われたが，根本的解決に至らずに幕府権力の衰退を招いた。

A　井原西鶴の浮世草子，人形浄瑠璃の竹本義太夫，画家・工芸家の尾形光琳らに代表される上方の町人を中心として栄えた。

B　豪華絢爛な城郭が建築され，内部には狩野永徳らの濃絵や水墨画の障壁画が描かれた。また，キリシタン版の刊行や南蛮屏風なども描かれた。

C　国学や蘭学が発達し，経世論や尊王論も活発になった。江戸を中心に歌舞伎も発達し，鶴屋南北の『東海道四谷怪談』なども上演された。

	ア	イ	ウ
1	A	B	C
2	A	C	B
3	B	A	C
4	B	C	A
5	C	A	B

No.4 平安時代から現代に至る歴史上の出来事に関する次の記述のうち，最も適切なものはどれか。

1 藤原良房は承和の変や応天門の変で有力な他氏を排斥するとともに，清和天皇の外戚として臣下で最初の関白となった。

2 応仁の乱後に南山城で国人たちが一向宗勢力を排除する山城の国一揆を起こした。

3 イエズス会の宣教師フランシスコ＝ザビエルが種子島に来航し，キリスト教の布教を始めた。

4 盧溝橋事件を機に泥沼の日中戦争が始まったため，近衛文麿内閣は国家総動員法を公布して戦時体制を固めた。

5 サンフランシスコ平和条約の調印を機に日本は，国際連合加盟と主権回復を同時に実現することが出来た。

No.5 江戸幕府の支配体制を一般に幕藩体制という。幕藩体制に関する次の記述のうち，最も適切なものはどれか。

1 大名とは将軍に臣従する武家で領地10万石以上を有し，独自の政治組織としての藩を構成して統治にあたった。

2 大名は将軍との親疎の関係で親藩・譜代・外様に類別されたが，このうちで幕府の要職につくのは原則として譜代大名に限られていた。

3 幕府と諸藩の領地以外にも天皇・公家の領地と寺社の領地がわずかに存在し，幕府はこれらについて京都所司代を設置して統制を加えた。

4 幕府は大名の領国支配について基本的には干渉しなかったが，年貢徴収については勘定奉行が統括した。

5 幕府の経済的基盤である直轄領は，大名の改易・減封・転封などによって次第に増加し，幕府には全国石高の約2分の1を占めるに至った。

No.6 幕末から大正時代に至るわが国の歴史に関する次の記述のうち，最も適切なものはどれか。

1 大政奉還の混乱からわが国の金貨が大量に海外に流出したため幕府は小判の品質を下げて万延小判を発行した。

2 輸出の中心となっていた綿糸の生産拡大のために岩崎弥太郎の尽力で官営模範工場の富岡製糸場が設けられた。

3 大蔵卿の松方正義は従来の中央銀行であった第一国立銀行を廃止し，日本銀行を設立した。

4 日露戦争後の軍備拡張路線をうけて官営の八幡製鉄所が設立された。

5 第一次世界大戦は空前の大戦景気をもたらし，とくに海運業・造船業ではいわゆる船成金が生まれた。

No.7 日清戦争以降のわが国の戦争・事変に関する次の記述のうち，最も適切なものはどれか。

1 日清戦争の結果，日本は下関条約により中国から台湾および山東半島の割譲を受け植民地とした。

2 日露戦争の結果，日本はポーツマス条約によりロシアから韓国および南満州の割譲を受け植民地とした。

3 第一次世界大戦の結果，日本はヴェルサイユ条約により山東省・膠州湾租借地の権益を承認された。

4 満州事変の結果，日本は日満議定書により中国から全満州を割譲され南満州鉄道株式会社を設立した。

5 日中戦争の結果，日本は日中平和友好条約により遼東半島の割譲と2億両（テール）の賠償金を得た。

No.8 わが国の戦後の主な出来事A～Eを年代の古い順に並べた組合せのうち，最も適切なものはどれか。

A　日ソ共同宣言によって両国の戦争状態が終結するとともに，ソ連の推薦により国際連合への加盟も認められた。

B　佐藤栄作内閣は，アメリカとの間で沖縄返還協定が締結され，翌年沖縄は日本に返還された。

C　自民党単独政権が倒れ，細川護煕を首班とする非自民8会派の連立政権が発足して55年体制が崩壊した。

D　OECDへの加盟やIMF8条国への移行などにより，日本は世界経済に責任を負う立場となった。

E　安保改定に反対する国民的闘争がくりひろげられ，争乱の責任をとって岸信介内閣が総辞職した。

1　E － A － D － C － B

2　D － B － C － A － E

3　C － A － E － D － B

4　B － C － A － E － D

5　A － E － D － B － C

日本史の解説

No.1の解説 古代から中世の代表的寺院 →問題はP.53 正答 **3**

　日本の代表的寺院に関する問題である。取り上げたのはA＝興福寺，B＝延暦寺，C＝東大寺である。これらはいずれも，現代の寺院とは異なり，広大な荘園を有する領主であり，国家権力と癒着あるいは対立する一大政治勢力であり，軍事的勢力でもあった。また，度重なる戦火で創建当時の大伽藍は焼失したとはいえ，再建，修復された堂塔や仏像などは日本の美術・建築史上きわめて重要な位置を占めている。

No.2の解説 鎌倉時代の出来事 →問題はP.53 正答 **2**

1✕ 承久の乱を鎮圧したのは北条時政の子で二代目執権となった北条義時である。また，六波羅探題は承久の乱後に従来の京都守護に代わって新設したものである。

2◎ 正しい。

3✕ 御家人の訴訟を専門に扱う機関は引付で，その構成メンバーが引付衆である。雑訴決断所は，建武の新政で鎌倉時代の引付を受け継いで新設されたものである。

4✕ 半済令は1352年に足利尊氏が戦費を得るために近江・美濃・尾張の荘園・公領の年貢の半分を徴発する権限を守護に与えたもので，以後守護は荘園・公領の侵略を強めていった。

5✕ 永仁の徳政令は，北条時宗の子の九代目執権北条貞時が出したもので蒙古襲来以後の御家人の窮乏を救済しようと出したが，効果は一時的であった。

No.3の解説 近世の各次期における政治・社会と文化 →問題はP.54 正答 **3**

　ア　Bが当てはまる。織豊政権の織田信長と豊臣秀吉の政策について述べた文章である。この時期の文化は桃山文化または安土・桃山文化と呼ばれている。

　イ　Aが当てはまる。四代将軍徳川家綱から七代徳川家継に至る時代について述べた文章である。この時期の文化は元禄時代前後の文化を意味する元禄文化である。井原西鶴は大坂の富裕な町人出身，竹本義太夫は摂津の天王寺の出身，尾形光琳は京都の有力な呉服商雁金屋の出身である。

　ウ　Cが当てはまる。18世紀後半以降の江戸後期について述べた文章である。寛政の改革（1787～93）と天保の改革（1841～43）が目安となる。この時期の文化を化政文化と呼んである。生世話物の代表である『東海道四谷怪談』は1825（文政8）年に初演されている。

　よって正答は**3**である。

日本史の 解説

No.4の解説 歴史上の出来事 →問題はP.54 正答 **4**

1✕ 清和天皇が9歳で即位したので，藤原良房が付いたのは摂政である。臣下で最初に関白となったのは養子の基経である。

2✕ 一向宗ではなく両畠山氏の軍勢の排除を求めたのである。

3✕ ザビエルが来航したのは鹿児島である。種子島はポルトガル人が漂着して鉄炮を伝えたところである。

4◎ 正しい。

5✕ サンフランシスコ平和条約は1951年であり，1956年の日ソ共同宣言で日ソの国交が回復し，その結果日本の国際連合加盟が実現されたのである。

No.5の解説 江戸時代の幕藩体制 →問題はP.55 正答 **2**

　幕藩体制とは将軍と大名が強力な領主権をもって全国の土地と人民を分割支配する体制で，中央権力の幕府は諸大名を武家諸法度などで統制したが，大名はその枠内において独自の領国経営を行う地方権力であった。この点で**4**は誤り。大名とは，将軍と直接の主従関係を持つ武家で封地1万石以上を領有するものをいう。この点で**1**は誤り。幕府の直轄領は次第に増加して元禄時代には天領が約400万石，旗本知行地が約300万石となり，合わせて約700万石に達し，全国石高の約4分の1を占めた。以後は一時期を除いてほぼこの水準で推移した。この点で**5**は誤り。

　なお，幕府，諸藩の領地以外に禁裏御料3万石，公家領7万石，寺社領40万石（数値は江戸中期頃のもの）があったが，天皇，公家は伝統的権威を保持していたもののその経済基盤は上記の通りごくわずかなものであったうえ，京都所司代の監視を受け，禁中並公家諸法度で厳しく統制されていた。寺社とその領地については寺社奉行が統制監視を行った。この点で**3**は不適切である。**2**が正しい。

No.6の解説 幕末から大正時代 →問題はP.55 正答 **5**

1✕ 開港の結果，日本と外国との金銀比価の相違（日本は金1対銀5，外国は金1対銀15）により多量の金貨（小判）が海外に流出した。それに対処するために幕府は1860（万延元）年に小判の金の含有量を3分の1に減じた万延小判を発行したのである。大政奉還は1867（慶応3）年である。

2✕ 輸出の中心は綿糸ではなく生糸である。岩崎弥太郎は海運業などを中心に三菱商会を創設した人物である。

3✕ 第一国立銀行は国立銀行条例（1872）により1873年に設立された最初の国立銀行であるが，民間銀行である。紙幣発行権を持っていたが，1882年の日本銀行設立に伴い国立銀行条例が改正され，1896年に第一銀行と改称し普通銀行となった。わが国の中央銀行は日本銀行が最初である。

4✕ 八幡製鉄所は日清戦争の賠償金の一部も建設資金に充てられ1897（明治30）年に設立され，1901年に操業を開始したのである。

5◎ 正しい。

No.7の解説 日清戦争以降の戦い　　　　　→問題はP.56　**正答 3**

1 × 下関条約（1895）では山東半島ではなく遼東半島の割譲を受けたのである。ただし，露・仏・独三国の干渉により遼東半島は清国に返還された。

2 × ポーツマス条約（1905）では韓国に関する指導・保護・監理権を認められ，長春以南の東清鉄道の支線および付属の権利，旅順・大連の租借権を得たが，領土的割譲を受けたわけではない。ただし樺太南半の割譲を得た。

3 ◎ 正しい。日本は大戦が始まると，アジアにおけるドイツの権益を奪取する目的で軍事行動を起こし，青島を拠点とする膠州湾租借地を占領し，次いで対華二十一カ条要求の大部分を中国に認めさせ，さらに大戦後のヴェルサイユ条約でもそれらの権益を承認されたのである。

4 × 日満議定書は日本と満州国（日本が勝手につくった政権）の取り決め。中国政府から満州を割譲されたわけではない。南満州鉄道株式会社は日露戦争後にポーツマス条約でロシアから譲渡された鉄道を経営するために設立された。

5 × 日中戦争は1937年に始まり，太平洋戦争とともに1945年に終わった。日中平和友好条約は1978年調印。遼東半島割譲と賠償金は下関条約の取り決め。

No.8の解説 わが国の戦後の主な出来事　　　　　→問題はP.56　**正答 5**

A　1956年。日本とソ連（現ロシア）は第二次世界大戦末期に短期間ではあるが千島・樺太，満州で交戦した。1951年のサンフランシスコ平和条約で日本は国際社会に復帰したが，ソ連は調印しなかった。そのため，両国は国際法上は戦争状態を続けていたのである。この関係を改善するため，この共同宣言が調印された。

B　1971年。1969年の当時の日本の佐藤総理とアメリカのニクソン大統領との会談で合意された。

C　1993年。1955年に左右社会党の統一と保守合同の結果，自民党の単独政権と保守革新の対立抗争が恒常的となった。この政治状況を55年体制という。

D　1964年。OECDは経済協力開発機構の略称で，西側先進国が加盟して世界経済の調整，相互協力，発展途上国への援助などを行う機関である。IMF（国際通貨基金）8条国とは，自国の国際収支を理由に為替管理をしてはいけない国，すなわち世界経済に責任を有する国ということである。

E　1960年。1951年に調印された日米安全保障条約が1960年に改定されることになり，日本が米国の従属国として固定されるとして国民各層が強く反対し，未曾有の政治的混乱となった。

よって正答は**5**である。

第2章 教養試験編

世界史

No.1 絶対主義に関する次の記述のうち，最も適切なものはどれか。

1 スペインの絶対主義の全盛期は，フェリペ5世の治世であり，1571年オスマン帝国をレパントの海戦で破りその脅威をも退けた。

2 ネーデルラント北部7州はハンザ同盟を結び，オラニエ公ウィレムのもと，スペインと戦い独立を勝ち取った。

3 イギリスは"囲い込み"による羊毛生産の増大を背景に，積極的な海外進出を果たし，チャールズ2世の治世において絶対主義の全盛期を現出した。

4 フランスのルイ14世は，宰相マザランがフロンドの乱を鎮定した後，親政を始め"太陽王"として国内産業を育成するなど絶対主義の強化を図った。

5 18世紀初めに起こったスペイン継承戦争は，結局ユトレヒト条約によりオーストリアとフランス両国が合同しないことを条件に終結した。

No.2 次のA～Dのインド史に関する説明文と関連の深い語句の組合せのうち，最も適切なものはどれか。

A 前3世紀のなかばごろ，マウリヤ朝の最盛期を現出した王で，ダルマ（法）に基づく政治を理想とした。

B 2世紀なかばごろ，クシャーナ朝の最盛期を現出した王で，中央アジアからガンジス川中流域にいたる貿易路を独占した。

C 7世紀のはじめ，北インドを再統一した王で，中国との交渉を活発化するなど積極的な外交活動を行った。

D サンスクリット文学の最高傑作である戯曲『シャクンタラー』を著した人物で，"インドのシェークスピア"などと称されている。

	A	B	C	D
1	チャンドラグプタ	チャンドラグプタ2世	ハルシャ＝ヴァルダナ	カーリダーサ
2	アショーカ王	チャンドラグプタ2世	ヴァルダマーナ	カーリダーサ
3	チャンドラグプタ	カニシカ王	ハルシャ＝ヴァルダナ	ナーガールジュナ
4	アショーカ王	カニシカ王	ハルシャ＝ヴァルダナ	カーリダーサ
5	アショーカ王	カニシカ王	ヴァルダマーナ	ナーガールジュナ

No.3 次の文中の（　A　）～（　C　）にあてはまる用語の組合せのうち，最も適切なものはどれか。

　今日のパレスティナをめぐるイスラエルとアラブとの対立の発端は，第一次世界大戦中の秘密外交にある。英・仏・露は（　A　）によって，大戦後のオスマン帝国領土を分割支配する取り決めをした。またイギリスは，（　B　）によってアラブ人のオスマン帝国からの独立を約束する一方，ユダヤ人には（　C　）によって，アラブ人の住むパレスティナ地方に民族的郷土をつくることを約束した。

	A	B	C
1	サイクス・ピコ協定	バルフォア宣言	フセイン・マクマホン協定
2	バルフォア宣言	フセイン・マクマホン協定	サイクス・ピコ協定
3	フセイン・マクマホン協定	バルフォア宣言	サイクス・ピコ協定
4	バルフォア宣言	サイクス・ピコ協定	フセイン・マクマホン協定
5	サイクス・ピコ協定	フセイン・マクマホン協定	バルフォア宣言

No.4 次の19世紀のフランスに起こった出来事A～Eを年代の古い順に並べた組合せのうち，最も適切なものはどれか。

　A　ワーテルローの戦いが起こった。
　B　第1回パリ万博が開かれた。
　C　パリ・コミューンが樹立された。
　D　二月革命が起こった。
　E　七月革命が起こった。

1　A － B － C － D － E
2　A － E － D － B － C
3　D － E － C － B － A
4　E － B － D － A － C
5　B － C － D － E － A

No.5 近代ヨーロッパの成立に関する次の記述のうち，最も適切なものはどれか。

1 ルネサンス発祥の地はイタリアのトスカーナ地方にあるフィレンツェであり，金融業で財をなしたフッガー家がルネサンス運動を保護，奨励した。

2 ルネサンス期最大のヒューマニストと呼ばれたエラスムスをはじめ，『ユートピア』のトマス＝モア，『ガルガンチュア物語』のラブレー等15世紀から16世紀にかけてルネサンス文芸が花開いていった。

3 宗教改革の発端は教皇ウルバヌス２世が，サン＝ピエトロ大聖堂改築のためドイツで免罪符を販売したことがきっかけであり，当時ドイツは教会から"ローマの牝牛"と呼ばれるほど教会の影響力の強い地域であった。

4 教会による免罪符販売はドイツ・ヴィッテンベルクのツヴィングリに教会制度の矛盾，神の福音への矛盾を自覚させ，聖書のドイツ語訳による普及等，結果的に宗教改革を押し進めるきっかけとなった。

5 カルヴァンはロンドンにおいて"魂の救済はあらかじめ神によって定められている"という予定説を説き，また労働に伴う利潤追求を認めたため，当時の中産市民に大きな影響を与えた。

No.6 アメリカ合衆国の成立・発展に関する次の記述のうち，最も適切なものはどれか。

1 アメリカ合衆国の発展は一方で西部開拓の歴史とも言えるが，カリフォルニア獲得は19世紀半ば，スペインとの戦争によって獲得したものである。

2 アメリカ合衆国第７代大統領ジャクソンは西部の軍人出身であり，彼の攻撃の的はインディアンと金権階級であった。

3 アメリカ合衆国のイギリスからの独立を助けた１つの要因として諸外国の武装中立同盟を挙げることができるが，これはプロシアのエカチェリーナ２世が提唱した同盟であった。

4 インディアンや黒人奴隷を労働力とした北米大陸の大農場制はジョージアから始まり当初はタバコ栽培のみであったが，18世紀以降，藍栽培も加わった。

5 1783年のパリ条約の結果，アメリカ合衆国はその独立を承認され，ミシシッピー川以西の地域を獲得した。

No.7 第二次世界大戦前夜の欧米諸国の動きに関する次の記述のうち，最も適切なものはどれか。

1 大恐慌への対処に失敗したアメリカの民主党は国民の信頼をなくし，1932年共和党のフランクリン＝ルーズベルトが大統領に当選した。

2 ドイツでは1933年，ヒトラー内閣が成立し全権委任法を通過させ，一党独裁体制を完成させた。

3 1936年，フランスではフランコ率いる右翼勢力の反乱が起こり，これは結果的にドイツ，イタリアの結束を強めることとなった。

4 イタリアではムッソリーニ率いるファシスト党による一党独裁体制のもと，1935年リビアに侵入しこれを征服した。

5 イギリス首相ネヴィル＝チェンバレンは，1938年のドイツのオーストリア併合に対して強硬な抗議を行い，その結果ドイツの企図を挫折させた。

No.8 国際連盟，国際連合に関する次の記述のうち，最も適切なものはどれか。

1 第一次世界大戦後成立した国際連盟は，敗戦国ドイツの復興の阻止，社会主義国として成立したソ連の封じ込めが意図に含まれていた。

2 国際連盟の問題点は，大国アメリカ・イギリスが参加せず，重要な会議などは実質的には連盟の外でアメリカを中心として行われることが多く，大きな権限を持てなかったことにある。

3 1918年，アメリカ大統領トルーマンが議会で発表した民族自決，門戸開放などを唱えたいわゆる14カ条が国際連盟の基本原則となった。

4 国際連合は第二次世界大戦後，国際連盟のさまざまな問題点を反省し，成立したものであるが，それは大戦中パリ郊外のヴェルサイユ，その後ヤルタでの連合国の首脳会議において具体化した産物である。

5 国際連盟の主要機関は，すべての構成国からの代表者で組織される総会，5大国（米，英，ソ，仏，中）が常任理事国となり，他の非常任理事国とともに組織される安全保障理事会などである。

世界史の 解説

No.1の解説 ヨーロッパ絶対主義 →問題はP.60 正答 **4**

1× スペインの絶対主義の全盛期といえばフェリペ2世であろう。

2× ネーデルラント南部10州が離脱しても最後まで結束を固めた北部7州の同盟はユトレヒト同盟であり，1581年，ネーデルラント連邦共和国として独立を宣言した。

3× エリザベス1世の治世である。

4◎ 正しい。

5× スペイン継承戦争は，スペインの後継者にルイ16世が孫のフィリップを推したことから始まった。最終的にはスペインとフランスが合同しないことでフィリップがフェリペ5世としてスペイン王となった。

No.2の解説 古代インド王朝史 →問題はP.60 正答 **4**

　Aはアショーカ王，Bはカニシカ王，Cはハルシャ=ヴァルダナ，Dはカーリダーサである。よって正答は**4**である

No.3の解説 パレスティナ問題 →問題はP.61 正答 **5**

A　サイクス・ピコ協定である。1916年，英・仏・露の間で，大戦後のオスマン帝国領をロシアは小アジアの黒海沿岸を，フランスはシリアを，イギリスはメソポタミを支配し，パレスティナは国際管理地域とすることを取り決めた協定であるが，アラブ人の独立国家建設を約束したフセイン・マクマホン協定（1915年）と矛盾する内容であった。1917年にロシアの革命政府によって暴露され，アラブ諸国の憤激をよんだ。

B　フセイン・マクマホン協定である。1915年，イギリスの駐エジプト公使のマクマホンとアラブ民族運動の指導者フセインとの間で，大戦後のアラブ人の独立国家建設を約束して，アラブ側のオスマン帝国に対する戦いを引き出した。

C　バルフォア宣言である。1917年，イギリス外相のバルフォアが，ユダヤ人のパレスティナにおける民族的郷土の建設を約束したもの。これもフセイン・マクマホン協定と矛盾するもので，アラブ諸国の憤激をよび，これが現在のパレスティナ問題の発端となった。

　よって正答は**5**である。

No.4の解説 　19世紀のフランス　　　　→問題はP.61　正答　**2**

A　1815年から16年にかけて起こった，ナポレオン1世とイギリス・オランダ・
　　プロセイン連合軍との戦い。ナポレオンは大敗し，セント－ヘレナ島に流され
　　た。

B　1852年に皇帝となったナポレオン3世の統治下で1855年に開催された。1851
　　年のロンドン万国博覧会を上回るべく産業宮が建設された。パリ万博は19世紀
　　に4回開催されている。

C　1871年である。プロイセン＝フランス戦争（普仏戦争）に敗れたフランス
　　で，ブルジョワ共和派の臨時政府がすすめる講和に反対するパリ民衆が蜂起
　　し，パリ＝コミューンの樹立を宣言した事件である。世界で最初の労働者によ
　　る自治政府といわれるが，2ヶ月で鎮圧された。

D　1848年である。中小ブルジョワジーが要求する選挙法改正を拒否されたこと
　　から革命が起こり，ルイ＝フィリップは亡命し，共和政の臨時政府が成立した
　　（第二共和政）。

E　1830年である。ブルボン家のシャルル10世による圧制に対して革命が起こ
　　り，オルレアン家のルイ＝フィリップが王に迎えられ七月王政が成立した。
　　よって正答は**2**である。

No.5の解説 　近代ヨーロッパの成立　　　　→問題はP.62　正答　**2**

1✕　コシモやその孫ロレンツォを出し，ルネサンス文芸の絶頂期を築いたメディ
　　チ家である。

2◎　正しい。

3✕　教皇はレオ10世である。

4✕　ルターに関する記述である。

5✕　カルヴァンはフランスからジュネーブに亡命し，そこを彼の宗教改革の拠点
　　とした。

No.6の解説 　アメリカ合衆国の成立・発展　　　　→問題はP.62　正答　**2**

1✕　カリフォルニアは結果的にゴールドラッシュを引き起こし人口の急激な西部
　　集中，それに伴う西部開拓を招くことになるのだが，その獲得は19世紀半ば
　　メキシコとの戦いであるアメリカ－メキシコ戦争（1846～1848年）の結果で
　　ある。

2◎　正しい。

3✕　ロシアの女帝エカチェリーナ2世である。

4✕　プランテーションはジョージアではなく，その始めはヴァージニアにおいて
　　である。

5✕　独立を決定したパリ条約で獲得したのはミシシッピー川以東のルイジアナで
　　ある。

No.7の解説　第二次世界大戦前夜の欧米諸国　　　→問題はP.63　正答 **2**

1 ✕　フランクリン＝ルーズベルトは民主党からの当選で，彼のもとで，大恐慌に対処するためのニューディール政策が行われた。またその国民の信頼をもとに，大統領4選を果たし，第二次世界大戦において，連合国側でのリーダー役を務めることとなる。

2 ◎　正しい。

3 ✕　スペイン内乱の説明である。これはフランコ率いる右翼勢力の，人民戦線内閣に対する反乱であり，いわば第二次世界大戦の序曲ともいうべきものであった。イギリス，フランスの不干渉主義は右翼勢力の拡大，ドイツ，イタリアの連帯を強めてしまう結果となった。

4 ✕　リビアはすでに1912年にイタリア領となっており，1935年の侵攻はエチオピアである。この時の国際連盟の対応は非常に不徹底でイギリス，フランスの対スペイン内乱不干渉主義と相まって全体主義勢力の膨脹政策の既成事実化，勢力拡大を認めてしまう結果となった。

5 ✕　事実は全く逆で，**4**に記した不干渉主義，国際連盟の制裁の不徹底に伴い，このドイツのオーストリア侵略に対するいわゆる宥和政策が，のちの第二次世界大戦の直接の要因となるのである。

No.8の解説　国際連盟，国際連合　　　→問題はP.63　正答 **1**

1 ◎　正しい。

2, 3 ✕　国際連盟の弱点は米英ではなく，米ソという大国が参加していなかったことである（ソ連の加盟は1934年）。第一次世界大戦後成立した国際連盟は，アメリカ大統領ウィルソンの14カ条を原則として創設されたが，アメリカは議会の反対により国際連盟に参加せず，実質的には英仏中心による議会運営であった。

4 ✕　1944年に国連憲章の草案が起草され，ワシントン郊外のダンバートン＝オークスで国際会議が開かれた。その後1945年ヤルタ会談を経て，国連憲章はサンフランシスコでの会議で採択され，1946年第1回の国連総会がロンドンで開かれた。

5 ✕　この組織説明は国際連合に関するものである。なお，ソ連は現ロシアに代わる。

数 学

No.1 不等式 $2x^2+10x+11<0$ を満たす整数 x は何個あるか。

1 1個

2 2個

3 3個

4 4個

5 0個

No.2 2次方程式 $x^2-5x+5=0$ の2つの解を α, β とするとき, $\dfrac{\beta}{\alpha^2}$, $\dfrac{\alpha}{\beta^2}$ を2

つの解とする2次方程式は次のうちどれか。

1 $x^2-5x+10=0$

2 $x^2-10x+5=0$

3 $5x^2-10x+1=0$

4 $5x^2-x+10=0$

5 $10x^2-x+5=0$

No.3 2点 $A(3, -2)$, $B(-1, 5)$ を通る直線の方程式を求めよ。

1 $y=-2x+3$

2 $y=-\dfrac{8}{3}x+\dfrac{10}{3}$

3 $y=-\dfrac{7}{4}x+\dfrac{13}{4}$

4 $y=-\dfrac{6}{5}x+\dfrac{12}{5}$

5 $y=-\dfrac{5}{6}x+\dfrac{7}{6}$

No.4 放物線 $y=a(x+p)^2+q$ (a, p, q は定数) を x 軸，y 軸に関して，それぞれ対称移動して得られる放物線の方程式の組合せとして，正しいものはどれか。

	x 軸	y 軸
1	$y=a(x-p)^2+q$	$y=-a(x+p)^2-q$
2	$y=a(x+p)^2-q$	$y=-a(x-p)^2+q$
3	$y=-a(x+p)^2-q$	$y=a(x+p)^2-q$
4	$y=-a(x+p)^2-q$	$y=a(x-p)^2+q$
5	$y=-a(x-p)^2+q$	$y=a(x+p)^2-q$

No.5 x の整式 $f(x)$ を $x-m$ で割ったときの商が $g(x)$ で余りが a のとき，$f(x)=(x-m)g(x)+a$ と表せる。x の整式 $f(x)$ を $x-3$ で割ったときの余りが a，$x-2$ で割ったときの余りが b のとき，$f(x)$ を $x-3$ で割り，更にその商を $x-2$ で割ったときの余りは次のうちどれか。

1 ab

2 $a-b$

3 $a+b$

4 $2a-3b$

5 $3a+2b$

No.6 放物線 $y=x^2$ と直線 $y=x+6$ が 2 点 A，B で交わっている。原点を O とすると，三角形 OAB の面積はいくらか。

1 14

2 15

3 16

4 17

5 18

No.7 次の図は，**AB＝8 cm，BC＝6 cm**の直角三角形を頂点 **A** が辺 **BC** 上に
くるように折り曲げたものである。**AE＝AD** のとき，△**DEF** の面積は何**cm²**か。

1 $6\ \text{cm}^2$

2 $\dfrac{13}{2}\ \text{cm}^2$

3 $\dfrac{17}{3}\ \text{cm}^2$

4 $\dfrac{52}{9}\ \text{cm}^2$

5 $\dfrac{160}{27}\ \text{cm}^2$

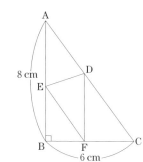

No.8 3辺の長さが15cm，16cm，17cmの三角形を底面とする三角柱の容器
がある。この容器に底面と3つの側面に内接する球を入れたところ，容器よりも高
さが**2 cm**上に出た。三角柱の高さは次のうちどれか。

1 $6-\sqrt{21}\,(\text{cm})$

2 $7-\sqrt{13}\,(\text{cm})$

3 $\sqrt{19}-2\,(\text{cm})$

4 $2\sqrt{21}-2\,(\text{cm})$

5 $3\sqrt{19}-2\,(\text{cm})$

数 学 の 解 説

No.1の解説 不等式を満たす整数　　　　　　　→問題はP.67　正答 **2**

まず2次不等式 $2x^2+10x+11<0$ を解くことから考える。左辺は有理数の範囲では，因数分解できそうもない。そこで，2次方程式 $2x^2+10x+11=0$ を解の公式を用いて解くと，

$$x=\frac{-5\pm\sqrt{(-5)^2-2\times11}}{2}=\frac{-5\pm\sqrt{3}}{2}$$

したがって不等式の解は

$$\frac{-5-\sqrt{3}}{2}<x<\frac{-5+\sqrt{3}}{2}$$

ここで，$\dfrac{-5-\sqrt{3}}{2}\fallingdotseq\dfrac{-5-1.7}{2}=-3.35$

$$\frac{-5+\sqrt{3}}{2}\fallingdotseq\frac{-5+1.7}{2}=-1.65$$

だから，$-3.35<x<-1.65$

よって，不等式を満たす整数 x は

　$x=-2,\ -3$ の2個である。

No.2の解説 2次方程式の2つの解　　　　　　　→問題はP.67　正答 **3**

2次方程式 $ax^2+bx+c=0$ の2つの解を $\alpha,\ \beta$ とすると，解と係数の関係より

　$\alpha+\beta=-\dfrac{b}{a},\ \ \alpha\beta=\dfrac{c}{a}$

また，2解の和が p，2解の積が q である2次方程式の1つは，

　$x^2-px+q=0$ である。

以上の知識を利用してこの問題を解けばよい。解と係数の関係より

　$\alpha+\beta=5,\ \ \alpha\beta=5$

このとき，求める方程式の2解の和を p，積を q とすると，

$$p=\frac{\beta}{\alpha^2}+\frac{\alpha}{\beta^2}=\frac{\alpha^3+\beta^3}{\alpha^2\beta^2}$$

$$=\frac{(\alpha+\beta)^3-3\alpha\beta(\alpha+\beta)}{(\alpha\beta)^2}$$

$$=\frac{5^3-3\cdot5\cdot5}{5^2}=2$$

$$q=\frac{\beta}{\alpha^2}\cdot\frac{\alpha}{\beta^2}=\frac{1}{\alpha\beta}=\frac{1}{5}$$

ゆえに，求める方程式は

　$x^2-2x+\dfrac{1}{5}=0$

　$\therefore\ \ 5x^2-10x+1=0$

No.3の解説　直線の方程式　　　　→問題はP.67　正答 **3**

求める方程式を $y = mx + n$ ……① とすると，①が2点 $A(3, -2)$，$B(-1, 5)$ を通ることから，

$$-2 = 3m + n \cdots\cdots ②$$
$$5 = -m + n \cdots\cdots\cdots ③$$

②－③ より，$-7 = 4m$ ゆえに，$m = -\dfrac{7}{4}$

②＋③×3 より，$13 = 4n$ ゆえに，$n = \dfrac{13}{4}$

よって求める方程式は，

$$y = -\frac{7}{4}x + \frac{13}{4}$$

No.4の解説　放物線の方程式の組合せ　　　　→問題はP.68　正答 **4**

放物線 $y = a(x+p)^2 + q$ の頂点は $(-p, q)$ で，x 軸に関して対称移動すると頂点は $(-p, -q)$ となり，2次の係数は $-a$ になるからその方程式は

$$y = -a(x+p)^2 - q$$

次に y 軸に関して対称移動すると，頂点は (p, q) となり2次の係数は変わらないからその方程式は

$$y = a(x-p)^2 + q \text{ となる}$$

よって正答は **4** である。

No.5の解説　因数定理　　　　→問題はP.68　正答 **2**

$$f(x) = (x-3)g(x) + a$$
$$g(x) = (x-2)h(x) + c \text{ とおくと，}$$
$$f(x) = (x-3)\{(x-2)h(x) + c\} + a$$
$$= (x-3)(x-2)h(x) + c(x-3) + a$$

よって，

$$f(2) = -c + a = b \text{ より，} c = a - b$$

No.6の解説　関数のグラフ　　　　→問題はP.68　正答 **2**

A，B の x 座標は，$x^2 = x + 6$ より，

$$(x-3)(x+2) = 0,$$
$$x = 3, -2,$$

直線 AB と y 軸の交点は点 $(0, 6)$

$$\frac{1}{2} \times 6 \times (3+2) = 15$$

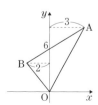

No.7の解説 平面図形 　　　　　　　　　　　　　→問題はP.69　正答 **5**

四角形 AEFD は，4 辺が等しいから，ひし形である。

したがって，

　AE//DF より，∠DFC = 90°

　AD//EF より，∠BEF = ∠BAC = ∠FDC

よって，△ABC∽△EBF∽△DFC

AE = $x$cm とすると，AC = 10cm より，$(8-x) : x = 4 : 5$

$$x = \frac{40}{9}$$

$$BF = \left(8 - \frac{40}{9}\right) \times \frac{3}{4} = \frac{8}{3}$$

$$\triangle DEF = \triangle AEF = \frac{1}{2} \times AE \times BF$$

$$= \frac{160}{27} \, \text{cm}^2$$

No.8の解説 立体図形 　　　　　　　　　　　　　→問題はP.69　正答 **4**

三角柱の底面の三角形の面積を S とすると，

$$\frac{1}{2} \times (15 + 16 + 17) = 24 \, \text{より，}$$

$$S = \sqrt{24 \times (24-15) \times (24-16) \times (24-17)}$$
$$= \sqrt{24 \times 9 \times 8 \times 7}$$
$$= 24\sqrt{21} \, (\text{cm}^2)$$

球の中心を O，半径を r とすると，

$$24\sqrt{21} = 24r$$
$$r = \sqrt{21} \, (\text{cm})$$

したがって，三角柱の高さは，

$$\sqrt{21} \times 2 - 2 = 2\sqrt{21} - 2 \, (\text{cm})$$

物理

No.1 図のように，水平面上に重さ1Nの物体を置き，ばね定数0.1N/cmのばねで水平面と30°の方向に引く。物体と面との間の静止摩擦係数を0.5とすると，物体が動き出すのはばねが何cm伸びたときになるか。

1 3.0cm

2 4.5cm

3 5.5cm

4 6.5cm

5 7.0cm

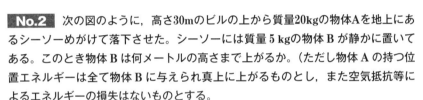

No.2 次の図のように，高さ30mのビルの上から質量20kgの物体Aを地上にあるシーソーめがけて落下させた。シーソーには質量5kgの物体Bが静かに置いてある。このとき物体Bは何メートルの高さまで上がるか。（ただし物体Aの持つ位置エネルギーは全て物体Bに与えられ真上に上がるものとし，また空気抵抗等によるエネルギーの損失はないものとする。

1 120m

2 90m

3 60m

4 30m

5 15m

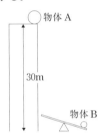

No.3 5.0Ωの抵抗と未知抵抗rを直列につなぎ，その両端を6.0Vの直流電源につないだところ，5.0Ωの抵抗に0.40Aの電流が流れた。未知抵抗rの抵抗値はいくらか。

1 1.6Ω

2 2.0Ω

3 5.0Ω

4 10Ω

5 15Ω

No.4 同じ質量の物体 A，B を同じ速さで基準面から A は鉛直上向きに，B は斜面に沿って投げ上げた。A が最高地点 $h(\mathrm{m})$ まで達したとすると，B が高さ $\frac{3}{4}h(\mathrm{m})$ の P 点を通過するときの速さは，投げ上げたときの初速の何倍か。ただし斜面の摩擦はないものとする。

1 $\dfrac{3}{4}$

2 $\dfrac{5}{8}$

3 $\dfrac{2}{3}$

4 $\dfrac{9}{16}$

5 $\dfrac{1}{2}$

No.5 次の図のように全く同じ種類（同体積，同質量）の金属の立方体をてんびんにつり下げたものを用意し，A と B それぞれのビーカーに「40%の砂糖水」，「水」を入れた。てんびんの傾きはどのようになるか。

1 同じ体積なので，A，B の浮力は同じである。だから「どちらにも傾かない」。

2 砂糖水は水より密度が高いので，同じ体積でも浮力が大きい。だから「A が上がり B が下がる」。

3 砂糖水は水より密度が低く，同じ体積でも浮力が小さい。だから「B が上がり A が下がる」。

4 浮力と関係なくその日の気温，気圧の影響を受け，どうなるか予測できない。

5 食塩水なら浮力は大きくなるが，砂糖水なので浮力は水より小さくなるため「A が下がり B が上がる」。

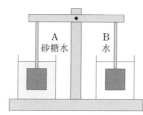

No.6 次の図のような回路がある。この回路の **AB** 間の抵抗は何Ωか。

1 2.0Ω

2 3.0Ω

3 4.5Ω

4 9.0Ω

5 15.0Ω

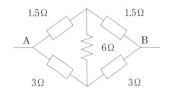

No.7 音に関する次の記述のうち，最も適切なものはどれか。

1 音源が止まっていて，風が吹いているとき，風下側では音は高く聞こえる。

2 音源が近づいても，聞く人が音源に近づいても全く相対的なので，聞こえる音の高さは同じである。

3 音源が近づいてくると音が高く聞こえるのは，音の波長が短くなるからである。

4 ドップラー効果には風の影響はほとんどない。

5 音源あるいは聞く人の動く速さがあまり遅くない限り，その速さは音の高さにはあまり影響はない。

No.8 放射線に関する次の記述のうち，誤っているものはどれか。

1 α線はヘリウムの原子核で，2個の陽子と2個の中性子とからなる正に帯電した粒子の流れである。

2 ある原子核がα崩壊をおこすと，原子番号が2つ小さく質量数が4つ小さい別の原子核になる。

3 α崩壊で出てくるα線のエネルギーは，その崩壊固有の値のものである。

4 α線は透過力が弱く，紙一枚でも止まってしまう。

5 α崩壊前の原子核の質量は，崩壊後の原子核の質量とヘリウム原子核の質量の和に等しい。

物理の⦅解⦆⦅説⦆

No.1の解説　力学
→問題はP.73　正答 **2**

本問のポイントは3つ。第1はフックの法則 $F = kx$。第2は最大摩擦力 $F = \mu N$。第3は力のつりあいについて，である。

ばねが物体を引く力を P，物体の重さを W，静止摩擦係数を μ，物体の抗力を N としたとき，水平方向のつりあいの式は，

$$P\cos30° = \mu N \cdots\cdots ①$$

鉛直方向のつりあいの式は，

$$N + P\sin30° = W \cdots\cdots ②$$

①，②より P を求めると，$P ≒ 0.45$

$F = kx$ より，$0.45 = 0.1x$

∴　$x = 4.5 (\text{cm})$

No.2の解説　位置エネルギー
→問題はP.73　正答 **1**

物体 A の位置エネルギーは $E_p = 20\text{kgw} × 30\text{m} = 600\text{kgw·m}$

このエネルギーが全て運動エネルギーに変わりそれが物体 B に全て与えられるので

$$600\text{kgw·m} = 5\text{kgw} × x$$

$$x = 600\text{kgw·m} ÷ 5\text{kgw}$$

$$= 120\text{m}$$

No.3の解説　電気回路
→問題はP.73　正答 **4**

抵抗を流れる電流 I ×抵抗値 R =抵抗の両端の電圧 V，というオームの法則は必ず頭にたたきこんでおこう。その法則とは別に，抵抗の直列接続，並列接続の場合に成り立つものも重要である。

直列接続　・2つの抵抗を流れる電流は等しい。

　　　　　・各抵抗の電圧の和は，全体にかかる電圧に等しい。

　　　　　・合成抵抗を r とすると，$R = R_1 + R_2$

並列接続　・2つの抵抗にかかる電圧は等しい。

　　　　　・各抵抗に流れる電流の和は，全体を流れる電流に等しい。

　　　　　・合成抵抗を r とすると，$\dfrac{1}{R} = \dfrac{1}{R_1} + \dfrac{1}{R_2}$

$5.0Ω$ の抵抗に 0.40A 流れているので，オームの法則より $0.40 × 5.0 = 2.0\text{V}$ の電圧がその抵抗にかかっている。したがって未知抵抗 R には，$6.0 - 2.0 = 4.0\text{V}$ の電圧がかかる。R にも 0.40A の電流が流れているので，

$$R = \frac{電圧}{電流} = \frac{4.0}{0.40} = 10Ω。$$

No.4の解説　落下運動　　　　　　　　　→問題はP.74　正答 **5**

　A，Bともに仕事をするのは重力エネルギーだけであるから，力学的エネルギー（運動エネルギー＋位置エネルギー）は保存される。A，Bともに同じ初速であるから，投げ上げたときに両物体に与えられた運動エネルギーは等しい。この運動エネルギーは力学的エネルギー保存の法則より，最高点ですべて位置エネルギーに変わったと考えると，Aの物体の最高点がh(m)ならば，Bの物体の最高点もh(m)のはずである。

　したがって位置エネルギーは基準面からの高さに比例するから，Bの物体のP点における位置エネルギーは全エネルギーの$\frac{3}{4}$であり，残りの$\frac{1}{4}$が運動エネルギーということになる。運動エネルギーは速さの2乗に比例するので，初速をV_0，P点における速さをVpとすると，$V_0^2 : Vp^2 = 1 : \frac{1}{4}$

　ゆえに，$V_0 : Vp = 2 : 1$

　よって，VpはV_0の$\frac{1}{2}$となる。

No.5の解説　浮力　　　　　　　　　　　→問題はP.74　正答 **2**

　A，Bが同体積ならば，密度の高い砂糖水のほうが浮力が大きいため，Aが上がる。

　よって正答は**2**である。

No.6の解説　電気回路　　　　　　　　　→問題はP.75　正答 **1**

$\frac{R_1}{R_3} = \frac{R_2}{R_4}$なので，$R_5$を除く4つの抵抗で，ホイートストンブリッジ回路になっている。よって，C点，D点の電位が等しく，R_5に電流は流れない。右中段の回路と同じ。直列回路の全抵抗は各抵抗の和なので，右下の回路と同じ。回路の全抵抗をRとすると並列回路なので，

$$\frac{1}{全体の抵抗 R} = \frac{1}{R_1} + \frac{1}{R_2} から，$$

$$\frac{1}{R} = \frac{1}{3} + \frac{1}{6} = \frac{1}{2}$$

$$R = 2（\Omega）$$

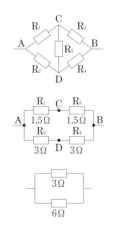

No.7の解説 音

→問題はP.75　正答　**3**

1 ✕　音源が止まっているときは，風の影響はない。それは音の圧縮（波長の変化）がないからである。

2 ✕　相対的のように見えるが，音の変化する原因は全く違う。音源が動くときは音の波長が短くなるが，聞く人が動くときは音速が変わるのが原因となる

（音源が聞く人に速さ u で近づくとき，$f = \dfrac{V}{V-u} f_0$

聞く人が音源に速さ u で近づくとき，$f = \dfrac{V+u}{V} f_0$

ただし V は音速，f_0 は音源の振動数）。

3 ◎　正しい。

4 ✕　音源や聞く人が動くときには，風の影響はある。

5 ✕　音源や聞く人の動く速さは，音の変化に影響がある。

No.8の解説 放射線

→問題はP.75　正答　**5**

　放射性崩壊によって原子核から出てくる粒子，電磁波を総称して放射線と呼ぶ。α線 $_2^4He$，β線（電子），γ線（電磁波），中性子線などいろいろな種類のものがある。

　問はα線・α崩壊についてである。$_2^4He$ の原子核は，2^+ の電荷を持つので，α線は他の原子と作用しやすく，電離作用が大きい。そのため透過力は弱くなる。したがって紙一枚でも止められるが，体内に放射性物質がとりこまれて体内でα崩壊がおきると被曝するので危険である。

　α崩壊では $_2^4He$ がとびだすので陽子が2個，中性子2個が減る。そのため崩壊前に比べて原子番号が2つ，質量数が4つ小さい原子核になる。

　　$_Z^A X \rightarrow _{Z-2}^{A-4} X' + _2^4 He \cdots$（1）

なおβ⁻崩壊では中性子が陽子に変換され，

　　$_Z^A X \rightarrow _{Z+1}^A X + e^- + \overline{\nu}$

のようになるので原子番号は1つ増し，質量数は変化しない。このとき反ニュートリノ（$\overline{\nu}$）がいろいろなエネルギーを持ち去るので，出てくるβ線（e^-）のエネルギーも色々で連続的である。

　α崩壊では（1）式において

　　$_Z^A X$の質量 $> (_{Z-2}^{A-4} X'$の質量$) + (_2^4 He$の質量$)$

であり質量保存則が成り立たない。その質量の減少分（Δm）がα線のエネルギーになる。このとき，アインシュタインの質量とエネルギーの等価式 $E = mc^2$（c は光速）より，決まった値のエネルギーが出てくる。よって正答は**5**である。

No.1 原子に関する次の記述のうち，最も適切なものはどれか。

1 炭素12（^{12}C）の質量を12として他の原子の相対質量を表したものを原子量という。

2 原子は正の電気を帯びた原子核と負の電気を帯びた電子からなり，陽子，中性子，電子の数は等しい。

3 ダイヤモンドと黒鉛のように，同じ種類の原子だけからなるのに異なる性質を持つものを同位体という。

4 酸素O_2のように原子が2つ以上結合して分子を作るものを化合物，アルゴンArのように原子1つで安定に存在するものを単体という。

5 陽子と電子の質量はほぼ等しいので，水素原子がイオン化して水素イオンになると質量は半分になる。

No.2 周期表17族のフッ素や塩素などはハロゲンと呼ばれていて，化学的性質が類似している。ハロゲンに関する次の記述のうち，最も適切なものはどれか。

1 無色で刺激臭のある気体である。

2 還元作用が強く，金属との反応性も大きい。

3 ハロゲン化水素の水溶液は，アルカリ性を示す。

4 電子親和力が大きく，2原子分子を作る。

5 1個の価電子を放出して，希ガスの電子配置になりやすい。

No.3 ろうを熱して融かし，その質量と体積を測る。そのろうが冷えて固まった後，再び質量と体積を測った。質量と体積は，液体のときと比べてどうなったか。

1 質量は増加，体積も増加

2 質量は増加，体積は減少

3 質量は不変，体積は増加

4 質量は不変，体積は減少

5 質量は不変，体積も不変

No.4 次のA～Dの物質を蒸発皿に入れ，それぞれの操作を行う。操作の前後で質量が増加するもののみを挙げているのはどれか。ただしCでは操作前の希硫酸の質量も加えておくものとする。

A スチールウール ――― スチールウールを大気中で加熱し，燃焼させる。
B 酸化銀 ――――――― 酸化銀を大気中で加熱する。
C 塩化バリウム水溶液 ―― 塩化バリウム水溶液に希硫酸を加える。
D 氷 ――――――――― 氷を加熱する。

1 A
2 A，B
3 A，C
4 B，D
5 C，D

No.5 水溶液に関する次の記述のうち，誤っているものはどれか。

1 砂糖が水に溶ける最大量は，水温が高くなるにつれて多くなる。

2 食塩は水に溶けるとナトリウムイオンと塩素イオンに分かれて，電気を流しやすくなる。

3 溶解度のあまり大きくない気体では，一定温度で一定量の水に溶ける気体の質量は，気体の圧力に比例する。

4 ブドウ糖を水に溶かすと，1気圧の下で沸騰する温度が，純粋な水の場合よりも下がる。

5 デンプンの薄い水溶液と純水をセロファンで仕切って放置すると，デンプン水溶液の液面が上昇する。

No.6 有機化合物に関する次の記述のうち，最も適切なものはどれか。

1 ガソリンや灯油は原油を精製して作られるので，性質が似ている。そのためどちらも石油ストーブの燃料に使われる。

2 重油は，比重の違いを利用して分離することができる。これを分留という。

3 常温・常圧でメタンは気体であるが，ブタンは液体である。

4 ナフサの熱分解によって得られるエチレンやプロピレンは，二重結合があるために反応性が高く，石油化学工業の原料になる。

5 ガソリンの需要に応じるため，原油から分留されたガス分を水素とともに触媒に通して化合させ，ガソリン留分を得ることをクラッキングという。

No.7 大理石に希塩酸をかけるとぶくぶくとある気体が発生する。これと同じ気体を発生させるものは，次のうちどれか。

1 炭化カルシウム（カーバイド）に水を加える。

2 希硫酸の中に亜鉛粒を入れる。

3 酸化マンガン（Ⅳ）（二酸化マンガン）に過酸化水素水を入れる。

4 塩化アンモニウムと水酸化カルシウム（消石灰）を混ぜて熱する。

5 炭酸水素ナトリウムを熱する。

No.8 アボガドロの法則に関する次の記述のうち，最も適切なものはどれか。

1 気体はいくつかの原子が結合した分子からなっており，同温・同圧で同体積のすべての気体は，同一粒子数を含む。

2 気体の反応において，各気体の体積の間には簡単な整数比が成り立つ。

3 ある化合質の成分元素の質量比は，その生成過程と無関係に常に一定である。

4 A，B2元素からなる化合物において，Aの一定量と化合するBの質量は，各化合物の間で簡単な整数比になる。

5 化学反応の前後で，反応前の物質の質量の総和は反応後の生成物の質量の総和に等しい。

No.1の解説　原子　　　　　　　　　　　　　　　　→問題はP.79　正答　**1**

元素記号の表し方 $_Z^A X$ の，Zは原子番号（陽子数），Aは質量数＝陽子数＋中性子数，つまり原子核を作る粒子の数。原子核のまわりは負の電荷を持つ電子（陽子の質量の $\frac{1}{1840}$ 倍の質量）が回っている。陽子だけでは正の電荷同士の反発のため原子核が構成できず，中性子が必要となる。陽子数が多くなってくると反発力が大きくなるため，中性子数は一層大きくなる。そのため一般的に，中性子数≧陽子数である。よって**2**，**5**は誤り。

陽子数は同じだが，中性子数が異なるもの，たとえば ^{12}C と ^{13}C（両方とも Z＝6，中性子数はそれぞれ6と7）は同位体（アイソトープ）という。ダイヤモンドと黒鉛（炭素からなる）や普通の酸素とオゾン（O_3）のように同一元素からなる（単体という）が，結晶構造や原子数が異なるために性質が違ってくるものは同素体というので，**3**も誤り。

2種以上の元素が化合している純物質を化合物というので，O_2 も Ar も単体である。O_2 は2原子分子，Ar は単原子分子である。よって**4**も誤り。

自然界には ^{12}C が98.89％，^{13}C が1.11％の（個数の）割合で存在する。^{13}C の相対質量は13.00であることが測定からわかっているので，炭素の平均の原子量は 12.00×0.9889＋13.00×0.0111＝12.01 となる。これが周期表に載る原子量の値になる。

よって正答は**1**である。

No.2の解説　ハロゲン　　　　　　　　　　　　　　→問題はP.79　正答　**4**

ハロゲンの単体は，常温でフッ素が淡黄色の気体，塩素が黄緑色の気体，臭素が赤褐色の液体，ヨウ素が昇華性のある黒紫の固体である。よって**1**は誤り。最外殻電子数が7であるので，他の原子から電子を1個奪って1価の陰イオンになり，希ガスの電子配置になりやすい。したがって電子親和力が大きく，酸化作用も強い（特にフッ素と塩素）。このことから**2**と**5**は誤り。**3**はアルカリ金属についての説明である。ハロゲン化水素（代表的なものは塩化水素 HCl。その水溶液が塩酸である）は極性のある2原子分子であるので水によく溶け，その性質は酸性を示す。

よって正答は**4**である。

No.3の解説　三態変化　　　　　　　　　　　　　　→問題はP.79　正答　**4**

三態変化（固体・液体・気体）に伴って質量・体積の変化を問う問題である。ろうの場合，加熱しても化学変化はおきない。したがって，原子の数が変わらないので質量の変化は生じない。よって**1**，**2**は誤り。

さて，一般に物質は，固体→液体→気体と状態を変えるにつれその体積が大きくなる。それは，固体のときには分子同士が結合してしっかり整列しているのに，加熱して融かしていくと，分子が激しく動いて，その結合を切って動き出し（液体），最後，ばらばらになって飛びまわる（気体）ということになるからである。したが

って固体→液体→気体になるにつれ，普通体積は増加する。特に液体→気体の場合は数百倍になる。よって冷えて固まるときは体積は減少するので**3**，**5**も誤り。

ただし水の場合，氷は融けて水になると体積は小さくなる。それは，氷は水素結合によって隙間の空いた状態で結合しているが，氷が融けると，水分子がその隙間に入り込むため体積が減るからである。よって正答は**4**である。

No.4の解説 化学変化　　　　　　　　　　　　　→問題はP.80　**正答 1**

化学変化は，物質それ自体の結合の仕方が変わって異なる物質になり，物理変化は，三態変化のように，物質は変化しないが，その状態が変わる現象である。したがって物理変化であるDは単に固体が液体になるだけなので，体積は変化するが，質量の変化はない。よって**4**，**5**は誤り。

また化学変化であっても，反応に関係する物質全部を考えれば質量に変化はない（質量保存則）。しかし反応に関与する一部の物質のみに注目すれば，当然質量の増減が生じてくる。Aは鉄が空気中の酸素と化合して酸化鉄になるので，固体部分だけを考えれば質量は増加する。$3Fe + 2O_2 \rightarrow Fe_3O_4$ より，Aは該当する。

酸化銀は，加熱すると分解して酸素を気体として放出し，銀になる。したがって固体部分に注目すれば，酸素の分だけ質量が減るので $2Ag_2O \rightarrow 4Ag + O_2$ よりBは該当しない。Cの反応では $BaCl_2 + H_2SO_4 \rightarrow BaSO_4 \downarrow + 2HCl$ で気体は発生しないので，水溶液の質量は変化しない。よって正答は**1**である。

No.5の解説 水溶液　　　　　　　　　　　　　　→問題はP.80　**正答 4**

1，**2**⭕ 普通，固体を水に溶かす場合，水温を上げたほうが溶質はよく溶けるが，なかには水酸化カルシウムのように溶解度が小さくなるものもある。固体が水に溶けるのは，固体を形づくる結合の間に水分子が入りこんで結合を切るためである。水分子は極性をもつので，極性のある物質のほうが溶けやすい。食塩では Na^+ と Cl^- のまわりに水分子がとりついて（水和），イオン結合を切ってしまう。

3⭕ 炭酸飲料の栓をあけると泡がサーッと出てくるのを経験している人は多いだろう。これは高圧で炭酸ガス（二酸化炭素）を水に溶かしたものが，開栓によって圧力が下がったので溶けきれなくなって出てきたのである。このことより圧力が高いほど水によく溶けるというのがわかる。これをヘンリーの法則と呼ぶ。

4❌ （正答） 純水に不揮発性物質を入れると，水溶液の蒸気圧が下がるため，沸騰（蒸気圧（蒸発しようとする圧力）＝大気圧）する温度は高くなる。この現象を沸点上昇という。逆に融点（凝固点）は下がる。これを凝固点降下という。道の凍結防止に塩化カルシウムをまくのもこの現象を利用している。

5⭕ 浸透圧を示す実験である。水分子は通しデンプン分子など大きな分子は通さないようなセロファン（半透膜）で境を作ると，均一な溶液になろうとして水が移動する。この圧力はデンプン水溶液の濃度と絶対温度に比例する。

化学の 解説

No.6の解説　有機化合物

→問題はP.80　正答 **4**

1 ✕　ガソリンのほうが沸点も高く引火性が極めて高いので，絶対に石油ストーブに入れてはならない。

2 ✕　原油にはいろいろな分子量の炭化水素が含まれている。これを沸点の違いを利用して分離（分留）する。沸点の低い（気体になりやすい）ほうから，ガス分，ナフサ（粗製ガソリン），灯油，軽油，重油等となっている。

3 ✕　メタン CH_4 は天然ガスの主成分であり，ブタン C_4H_{10} はライターの中に入っている液体の主成分である。ブタンは常温，常圧では気体であるが，圧力を加えると容易に液体になる。

4 ◎　正しい。

5 ✕　高沸点の炭化水素を触媒に通して低沸点の炭化水素を得ることをクラッキングという。

No.7の解説　気体

→問題はP.81　正答 **5**

　基本的な気体の発生方法・捕集方法や気体の性質，化学反応式，などについて復習しておこう。問で大理石（炭酸カルシウム $CaCO_3$）に希塩酸（HCl）をかけて発生する気体は，二酸化炭素（炭酸ガス CO_2）である。

$$CaCO_3 + 2HCl \rightarrow CaCl_2 + CO_2 \uparrow + H_2O$$

したがって CO_2 を発生させる方法を考えればよい。

1 ✕　アセチレン発生の基本的な方法である。
$$CaC_2 + 2H_2O \rightarrow Ca(OH)_2 + C_2H_2 \uparrow$$

2 ✕　水素が発生する。$Zn + H_2SO_4 \rightarrow ZnSO_4 + H_2 \uparrow$

3 ✕　酸素が発生する。$2H_2O_2 \rightarrow O_2 \uparrow + 2H_2O$

4 ✕　アンモニアが発生する。$2NH_4Cl + Ca(OH)_2 \rightarrow CaCl_2 + 2NH_3 \uparrow + 2H_2O$

5 ◎　正しい。

No.8の解説　アボガドロの法則

→問題はP.81　正答 **1**

1 ◎　正しい。

2 ✕　ゲー＝リュサックの気体反応の法則である。たとえば，水素と酸素が反応して水（水蒸気）ができるとき，その体積比は2：1：2となる。

3 ✕　プルーストの定比例の法則である。たとえば，水（H_2O）の場合は，水18g中水素が2g，酸素が16gなので，水素と酸素の比は2：16＝1：8で，水をどのように合成しようともこの比は変わらない。

4 ✕　ドルトンの倍数比例の法則である。たとえば，一酸化炭素（CO）と二酸化炭素（CO_2）で，炭素原子1に対し酸素は1：2の整数比でついている。

5 ✕　ラボアジエの質量保存の法則である。$2H_2 + O_2 \rightarrow 2H_2O$ の反応において，水素4.0gと酸素32.0gから，36.0gの水ができるということで，反応前後で原子が削減されたり生成されることはないことをいっている。

生物

No.1 光合成色素に関する次の記述のうち，最も適切なものはどれか。

1 褐藻植物のワカメ，コンブ，ヒジキには，クロロフィルは含まれていない。

2 クロロフィルは，ラグビーボール状の形が多い葉緑体のストロマに存在している。

3 植物に含まれるカロテンやキサントフィルは，光エネルギーを吸収しない。

4 光合成をする植物は，すべてクロロフィル a を含んでいる。

5 クロロフィルは，青紫色光と緑色光をよく吸収し，赤色光は吸収しない。

No.2 進化説に関する次の記述のうち，自然選択説に該当するものとして最も適切なものはどれか。

1 遺伝する変異である突然変異によって，進化は不連続に起こるものである。

2 よく使用する器官は発達し，その獲得した形質が子孫に伝わって進化が起こる。

3 環境への適応・不適応に関係なく，生物の進化は一定の方向性をもっている。

4 種の分化は，地理的や生殖的隔離によって，他の集団と切り離されることが進化の要因となる。

5 同種の個体間で生存競争に有利な変異をもっているものが適者生存で残り，子孫にその形質を伝えていく。

No.3 次の細胞の構造のうち，植物細胞に特徴的な構造の組合せとして最も適切なものはどれか。

1 ゴルジ体，中心体，細胞膜

2 核小体，染色糸，ミトコンドリア

3 細胞壁，色素体，液胞

4 細胞質基質，細胞含有物，色素体

5 ゴルジ体，ミトコンドリア，細胞含有物

No.4 ヒトの消化作用に関する次の記述のうち，最も適切なものはどれか。

1 胆液は胆のうでつくられ，脂肪を乳化し，リパーゼの作用を助ける。

2 タンパク質をペプシンに分解するのは，胃液に含まれるペプトンである。

3 脂肪を脂肪酸とグリセリンに分解するのは，すい液に含まれるリパーゼである。

4 麦芽糖をブドウ糖に分解するのは，胃液や腸液に含まれるアミラーゼである。

5 2対のだ液腺から出るだ液のマルターゼが，デンプンを果糖に分解する。

No.5 動物の行動に関する次の記述のうち，学習を示すものはどれか。

1 ミツバチが餌のありかをなかまに知らせるために，円形ダンスや8の字ダンスをする。

2 発情期のイトヨのオスは，メスが近づくと，卵でふくらんだメスの腹部に反応して求愛のジグザグダンスを始める。

3 ハツカネズミが迷路を通って目的地まで到着するまでに必要な時間は，何回も試すことによって短くなる。

4 ベルが鳴ると同時に餌を与えられたイヌは，やがてベルの音だけで唾液を分泌するようになる。

5 チンパンジーが手の届かぬところにあるバナナを，棒を使って引き寄せる。

No.6 次の図はエネルギー交代の仲立ちをする重要な物質ATPを模式的に示したものである。次のA～Cの化合物の組合せのうち，最も適切なものはどれか。

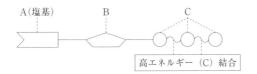

	A	B	C
1	アデニン	タンパク質	リン酸
2	グアニン	タンパク質	炭酸
3	アデニン	糖	リン酸
4	グアニン	糖	リン酸
5	アデニン	糖	炭酸

No.7 性の決定の型がXO型の場合，X染色体上に存在する劣性遺伝子の形質が雌親だけに現れているとき，この形質は，子の性に関連してどのように現れるか。

1 雌雄どちらにも現れない。

2 雌雄どちらにも現れる。

3 雌雄ともに25％の確率で現れる。

4 雌だけに現れる。

5 雄だけに現れる。

No.8 ヒトのABO式血液型は，遺伝子A，B，Oのうち2つの組合せで決まる。AとBの間には優劣関係がなく，Oに対してともに優性である。ある家系で，血液型が次の図のようであった。このときいえることとして最も適切なものはどれか。

1 子はすべてB型である。

2 子はすべてO型である。

3 子がO型となる確率は$\frac{1}{2}$である。

4 母の遺伝子型はBBである。

5 父方の祖父の遺伝子型はAAである。

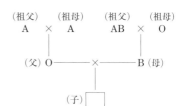

No.9 タンパク質などの分解産物であるアンモニアはそのままでは生体に有毒なので，両生類やほ乳類は，毒性の少ない尿素に変えて排出している。次のうち，この尿素を生成している器官として最も適切なものはどれか。

1 副腎

2 腎臓

3 ひ臓

4 肝臓

5 すい臓

No.10 1枚のスライドガラスにヒトの血液を少量つけ，それに1.2%の濃度の食塩水を1滴加え，カバーガラスをかけてから，顕微鏡で観察した場合，赤血球はどのように見えるか。

1 赤血球は破裂し，見られない。

2 赤血球は，ふくらんで見える。

3 赤血球には変化がない。

4 赤血球は，縮んで見える。

5 赤血球は，原形質分離をおこす。

生物の解説

No.1の解説　光合成色素
→問題はP.85　正答 **4**

1× 藻類のうち，褐藻はクロロフィル *a* とクロロフィル *c* を持っている。

2× 葉緑体の内部にはストロマとチラコイドがあり，クロロフィルやカロテノイドなどの光合成色素はチラコイドの膜に含まれている。

3× カロテンやキサントフィルはいずれも光合成補助色素であり，光エネルギーを吸収する。

4◎ エネルギーの変換は，植物の場合は葉緑素クロロフィル *a* によって行われ，この色素は全ての植物に存在する。

5× クロロフィルは，青紫色光と赤色光をよく吸収し，同じ光合成色素であるカロテノイドは青色光を強く吸収する。

No.2の解説　進化説
→問題はP.85　正答 **5**

1× ド・フリースの突然変異説で，オオマツヨイグサ等で研究した。自然選択のしくみを無視している説である。

2× ラマルクの用不用説で，「動物哲学」に発表，獲得形質は遺伝しないとする。

3× アイマーやコープの定向進化説で，オオツノシカの角など事実の説明だけで，説として不十分な内容である。

4× ワグナー他の隔離説で，特定地域の生物しか説明していないものである。

5◎ 正しい。ダーウィンが「種の起源」に発表した自然選択説で，環境変異は遺伝するとしている。

No.3の解説　植物細胞
→問題はP.85　正答 **3**

　動物細胞と植物細胞に共通に見られるのは，細胞膜（半透性・選択透過性の薄膜），核小体（核内，タンパク質とRNAを含む），染色糸（核内，タンパク質とDNAを含む），ミトコンドリア（酸素呼吸によるエネルギー発生），細胞質基質（特定の細胞構造をもたない部分），細胞含有物（デンプン粒，タンパク粒，脂肪粒等）である。

　動物細胞に特徴的なのは，ゴルジ体（物質の濃縮，細胞外への分泌，植物細胞では普通顕微鏡では見えない），中心体（細胞分裂に関係，藻類でも見られる）である。

　植物細胞に特徴的なのは，細胞壁（主成分はセルロース，全透性），色素体（葉緑体，有色体，白色体等），液胞（糖，無機塩類，有機酸を含む，成熟した植物細胞でよく発達），である。よって正答は **3** である。

No.4の解説　ヒトの消化作用
→問題はP.85　正答 **3**

1 ✕　胆のうが誤り。肝臓に関する記述である。胆液は肝臓でつくられ，胆のうは貯蔵所である。

2 ✕　ペプシンとペプトンの記述が逆である。アミノ酸はペプトンより低分子である。ペプトンは比較的長いポリペプチドであり，タンパク質を分解する酵素がペプシンである。

3 ◎　正しい。

4 ✕　麦芽糖をブドウ糖に分解するのはマルターゼである。またマルターゼは胃液には含まれていない。

5 ✕　それぞれ，果糖が麦芽糖，2対が3対，マルターゼがアミラーゼである。だ液腺は耳下・がく下・舌下腺の3対である。

No.5の解説　動物の行動
→問題はP.86　正答 **3**

動物の行動には，生まれつきのもの（先天的）と，生後の経験によって得られるもの（後天的）とがある。

1 ✕　先天的で「本能行動」である。

2 ✕　先天的で「本能行動」である。

3 ◎　正しい。後天的で「学習」である。

4 ✕　後天的で「条件反射」である。

5 ✕　後天的で「知能行動」である。

No.6の解説　ATP
→問題はP.86　正答 **3**

ATPはアデノシン3リン酸（Adenosine Tri・Phosphate）の略号であり，アデニンと糖が結合したものをアデノシンという。2個の高エネルギーリン酸結合をもち，この高エネルギーリン酸結合部位が1つ加水分解されることで約8kcalのエネルギーが得られる。広く生体に存在し，「エネルギーの通貨」とも呼ばれる。高エネルギーリン酸結合が1つとれたものをアデノシン2リン酸＝ADP（Adenosine・Di・Phosphate），2つとれたものをアデノシン1リン酸＝AMP（Adenosine・Mono・Phosphate）という。

よって正答は **3** である。

No.7の解説　性と遺伝
→問題はP.86　正答 **5**

X染色体にある劣性遺伝子を a として示すと，雌親はX^aX^aであり，雄親はXOである。雌の子はX^aXとなり，劣性遺伝子をもっていないXが優性のため，形質は出現せず，雄の子はX^aOのため出現する。

$$X^aX^a \times XO$$
$$X^aX \quad X^aO$$

生物の 解説

No.8の解説 血液型と遺伝 →問題はP.87 **正答 3**

　表現型A型の遺伝子型はAAとAO，B型はBBとBO，AB型はABのみ，O型はOOのみである。

1× 3の解説に同じ。

2× 3の解説に同じ。

3◎ 父はO型で遺伝子型はOO，母は祖母のOが必ず含まれるから遺伝子型はBOである。よってB型またはO型の子が$\frac{1}{2}$の確率で生まれることになる。

4× 先に説明したようにBOが正しい。

5× 祖父がAAと仮定するとO型（父）は絶対生まれない。すなわちO型が生まれるためには祖父，祖母ともに遺伝子型はAOでなければならない（複対立遺伝子）。

No.9の解説 肝臓 →問題はP.87 **正答 4**

1× 副腎は腎臓の上部に接し，血糖等の調節ホルモンを分泌する腺。

2× 腎臓は血液から尿素を含む尿をこしだす器官。

3× ひ臓はリンパ球の生成，免疫形成，赤血球・血小板の破壊，血液の貯蔵器官。

4◎ 正しい。肝臓はグリコーゲンの貯蔵，胆汁の生成，熱の発生，血流調節や解毒作用がある。不要になった酵素や赤血球のタンパク質のアミノ基からアンモニアができ，肝臓のオルニチン回路でCO_2と結合し尿素にかえられ，血液中に放出される。尿酸生成は陸生のは虫類や鳥類である。

5× すい臓は消化液であるすい液をつくり，血糖量に関するホルモンを分泌する。

No.10の解説 血液 →問題はP.87 **正答 4**

1× 低張液（例，蒸留水）に入れた場合におきる現象で，細胞に水が入り，細胞膜が破れる（溶血）。

2× 赤血球よりやや低張液の場合におきる現象である。

3× 等張液の場合，水の出入りはないので変化がない。1.2%の食塩水は等張液ではない。

4◎ 正しい。高張液に入れると，細胞から水が出るため収縮する。設問の食塩水は高張液である。

5× 原形質分離は植物細胞で見られる現象で，高張液に入れると原形質が細胞壁から離れて縮む。動物細胞の細胞膜は半透性で，細胞内液と外液の浸透圧の差で水の出入りが起こる。生理食塩水は動物細胞と等張な食塩水で，ヒトでは約0.9%，食塩のほか必要な塩類を加えた等張液はリンガー液という。

地学

No.1 天気に関する次の記述のうち，最も適切なものはどれか。

1 シベリア気団は冬に発生する高気圧で，冷たく乾燥した気団である。

2 日本付近は偏西風帯に属しているので，1年中西寄りの風が吹いている。

3 温暖前線の付近では，寒気が移動してきて暖気の下にもぐり込み，積乱雲を発生させて，にわか雨を降らせる。

4 寒冷前線通過前は，気温が急に下がり，晴れてくることが多い。

5 日本付近に南高北低型の気圧配置が現れるのは春に多い。

No.2 気象現象に関する次の記述のうち，最も適切なものはどれか。

1 上層の風は，等圧線に平行に吹く。これを傾度風という。

2 ジェット気流は，極を取り巻く循環である。これをロスビー循環という。

3 フェーン現象は，冬の太平洋側に特有に見られる現象である。

4 盛夏型の天気図の特徴は，北高南低型である。

5 台風は低気圧の一種なので，最盛期にはしばしば前線を伴う。

No.3 大気に関する次の記述のうち，最も適切なものはどれか。

1 大気中の二酸化炭素は赤外線をよく吸収するので，温室効果が発生する。

2 地球が自転しているために，北半球で運動する物体には，その進行方向に対して直角左向きの力がはたらく。

3 上空で吹く風のうち，摩擦を無視したときの風を地衡風といい，摩擦を考えに入れたときの風を傾度風という。

4 日本のフェーン現象としては「六甲おろし」が有名である。

5 貿易風は南北に波状にうねりながら地球を取り巻いて循環しており，これをエルニーニョともいう。

No.4 星の日周運動（時刻の変化に伴い，星の位置が変化して見えること）に関する次の記述のうち，誤っているものはどれか。ただし，日本での観測についてのこととする。

1 星の日周運動は，太陽の日周運動と同じ原理である。

2 星の日周運動は，地球の自転による見かけの運動である。

3 南の空の星の動きは，東から昇って西へ沈む。

4 北の空の星の動きは，西から昇って東へ沈む。

5 地球は24時間で1回転しているので，星は1時間に15度（360度÷24＝15）動いて見える。

No.5 恒星に関する次の記述のうち，最も適切なものはどれか。

1 オリオン座のベテルギウスは赤味をおびており，リゲルは青白く輝いている。したがって，表面温度はベテルギウスのほうが高い。

2 恒星の明るさは等級で示され，1等級は6等級の100倍の明るさと定められている。したがって，1等星は2等星の約2.5倍の明るさとなる。

3 恒星の明るさを比較するため，すべての恒星を1光年の距離において見たと仮定した等級を用いる。これを絶対等級という。

4 恒星の表面温度が同じなら，明るい星ほど半径が大きい。また，明るさが同じなら表面温度が高い星ほど半径が大きい。

5 恒星の明るさは質量が大きいものほど明るく，その明るさは質量の2乗に比例している。

No.6 火成岩に関する次の記述のうち，最も適切なものはどれか。

1 黒ウンモ，カクセン岩，カンラン岩などは，有色鉱物と呼ばれ，MgやFeを含む。

2 色指数の大きい岩石は，一般に白っぽく見える。

3 SiO_2の含有量の多い火成岩を塩基性岩と呼ぶ。

4 酸性岩にはカルシウムが，塩基性岩にはナトリウムが多く含まれる。

5 花こう岩は斑状組織をもつ。

No.7 地震に関する次の記述のうち，誤っているものはどれか。

1 地震は海洋プレートが大陸プレートの下にもぐり込み，その時のひずみが反発するときに起きるものもある。

2 地震によるゆれには2種類あり，その2つの波の到達時刻の差が短ければ震源から近いということになる。

3 地震によるゆれで，小刻みに上下にゆれる初期微動と左右にゆれる主要動とでは，小刻みにゆれる波のほうが先に伝わる。

4 地震のゆれ方の大きさを0～7に分けたものを「マグニチュード」という。

5 日本付近において，海洋プレートが沈み込むのは「日本海溝」である。

地学の解説

No.1の解説 天気　　→問題はP.91　正答 1

1 ◎ 正しい。

2 ✕ 日本は中緯度帯に属しているので，季節風が最も顕著に現れる地域であるとともに，時期によって消長を繰り返すいろいろな気団の接点になっているところなので，天気は1年を通じて様々に変化する。

3 ✕ 温暖前線の付近では暖気は寒気に比べて密度が小さいので，暖気は寒気の上へ滑昇し，乱層雲，高層雲，巻雲などを伴う。積乱雲は寒冷前線に伴って発生する。

4 ✕ 寒冷前線より発達した積乱雲は，ときにより激しい雷雨やひょうを降らせることがある。

5 ✕ 日本の春の天気は，移動性高気圧と低気圧が交互に現れる。南高北低型は夏の気圧配置。

No.2の解説 気象現象　　→問題はP.91　正答 2

1 ✕ 地衡風という。傾度風は等圧線が円形の場合をいう。

2 ◎ 正しい。

3 ✕ 冬の天気の特徴である，日本海側で雪，太平洋側で「からっ風」という現象はフェーン現象の一つであるが，冬に特有のものではない。強い南風で山形や日本海側でもよく見られる。

4 ✕ 盛夏型の気圧配置は南高北低型で安定した天気をもたらす。

5 ✕ 台風の特徴の一つは前線を伴わないことである。台風が前線を伴うようになるときは末期であることを示す。

No.3の解説 大気　　→問題はP.91　正答 1

1 ◎ 正しい。地表から放出される赤外線は空気中の二酸化炭素に吸収され，大気中に熱が残される。これが温室効果である。

2 ✕ 直角右向きに，転向力（コリオリの力ともいう）が働く。

3 ✕ 上空で吹く風のうち，直線上の等圧線に平行に吹く風が地衡風。円形状の等圧線の接線方向に吹く風が傾度風である。

4 ✕ フェーン現象の特徴は異常に気温が高く乾燥した風が吹くことである。「六甲おろし」は六甲山系から吹き降ろす冷たい風。

5 ✕ エルニーニョは，ペルー沖付近で海水温が上昇する現象。エルニーニョが発生すると，貿易風が弱まり，異常気象の原因となる。

No.4の解説 星の日周運動　　→問題はP.91　正答 4

4 ✕ 地球の自転は1回約23時間56分4秒である。

地学の 解説

No.5の解説　恒星
→問題はP.92　正答 **2**

1 ✕　恒星の色の違いは，恒星が出す光の波長別の強さの分布が異なるためであり，表面温度の高い星ほど波長の短い部分の放射エネルギーが強くなる。したがって，青白い星は，赤味をおびた星より表面温度が高い。

2 ◎　正しい。ギリシアのヒッパルコスは，最も明るい星を1等星，肉眼で見える限界の星を6等星とした。その明るさは，1等星の明るさが6等星の100倍の明るさと定めた。1等級の差は$\sqrt[5]{100}$倍（＝2.512倍）である。したがって1等星と2等星は1等級差であり，明るさは2.512である。

3 ✕　絶対等級とは，恒星を32.6光年の距離においた時の明るさである。太陽は，見かけの等級が−27等級であるが，絶対等級は4.8等級の標準的な恒星である。

4 ✕　恒星の表面温度が同じなら明るい星ほど半径が大きいが，明るさが同じであれば表面温度の高い星ほど半径が小さい。

5 ✕　太陽のような主系列星では，明るさは質量が大きいほど明るく，明るさは質量の約4乗に比例している。この関係を質量光度関係という。

No.6の解説　火成岩
→問題はP.92　正答 **1**

1 ◎　正しい。

2 ✕　色指数とは火成岩中の有色鉱物が占める割合の体積百分率であるので，一般に有色指数の大きい岩石は黒っぽく見える。

3 ✕　SiO_2の含有量の多い火成岩は酸性岩と呼ばれる。

4 ✕　酸性岩はNa_2O，K_2Oなどを多く含み，塩基性岩はCaO，FeO，MgOなどを多く含む。

5 ✕　花こう岩は代表的な深成岩であり，等粒状組織をもつ。

No.7の解説　地震
→問題はP.92　正答 **4**

1 ◎　正しい。

2 ◎　正しい。「初期微動」と「主要動」という2種類の地震波があり，「初期微動」は，「主要動」より速度が速く，その到達時刻の差を「初期微動継続時間」といい，震源からの距離に比例する。

3 ◎　正しい。

4 ✕　（正答）地震のゆれの大きさを0〜7に分けたものを「震度」といい，「マグニチュード」とは放出されたエネルギーの大小を表す単位。

5 ◎　正しい。

文章理解（現代文）

No.1 次の文章の要旨として最も適切なものはどれか。

　先天的な素質，後天的な訓練，与えられた位置と役割など，いろいろな条件によって，人間のなかには，容貌，体格，知能，運動能力を初めとして，さまざまな個人差がみられる。ある事柄に直面してそれを処理する能力にも，大きな個人差がある。人物とか，人間の器量やスケールなどと呼ばれるものである。

　事柄全体について広く立体的なイメージを作る能力，これからの変化の動向について深い見通しを立てる能力，長時間にわたる系統的な対策を立てる能力，具体的な処置を機動的かつ弾力的に推進する能力など，まことに，個人差が大きい。ことに，基本的なものと末梢的なものとを敏速により分け，的確に優先順位をつける判断力，また，この優先順位に従って沈着果断に事を処理する指導力には，非常に大きな個人差がある。

　人類の歴史は，一面では，事を処理してきた歴史である。その経験のなかから，洋の東西を問わず，人物の大小を尺度にして，人間を大人物と小人物に分ける慣例が成立した。人間の器量やスケールを，丁度，身長のように，一列に並べて，考えるわけである。この場合，大人物の心の動き方が，小人物の場合よりも，広く深く複雑で早いから，小人物には大人物の言行や処置が理解できない。「猫は虎の心を知らず」ということである。

（京極純一『文明の作法』より）

1 人間には，能力差による器量の違いがあり，小人物には大人物が理解できない。

2 人間の指導力，判断力はとくに個人差が大きく，それが器量の差になる。

3 人間の歴史は，大人物と小人物との争いであり，小人物は大人物に勝てない。

4 人間には，容貌，体格，知能などさまざまな個人差があり，その差は大きい。

5 「猫は虎の心を知らず」とは，人間のなかにも猫と虎の差があるということだ。

No.2 次の文章の要旨として最も適切なものはどれか。

　私もよく経験するのだが，たくさんの砂糖を入れた紅茶を出されたり，頭がぼうっとするほど暖房をきかせたJR線の車内に座っていたりすると，「日本はおくれた国だなあ」とつくづく思ってしまう。日本人は，このようなカンちがいの「ぜいたく」をサービスと受けとるのだ。しかし，そこから一歩前進するには，ある程度知的な思考過程を必要とする。自分が本当においしいと感じる紅茶には砂糖がどのくらい必要なのか。寒くもなく暑くもない冷暖房はどれくらいの効かせ方なのか。まず対象そのものに対する感じ方を冷静に判断する。多ければ，強ければ，高ければなんでもよいといった，おかしな判断に走らないようチェックする。そうしてはじめて，本来の自分の好みというものが手に入る。さらに自分の行為のひとつひとつが地球環境に影響を与えているのだから，そのために節約を心がける。こうなると，ものとの接し方そのものが，マナーや倫理へと高められるのだ。

（大前研一『世界の見方考え方』より）

1　日本人はカンちがいの「ぜいたく」をサービスと取り違えているから，マナーや倫理を高めるために，知的な思考過程や判断力を持つことが必要である。

2　日本人のカンちがいの「ぜいたく」感覚を改めるには，冷静な判断で自分の好みを知り，節約を心がける。それで，ものとの接し方がマナーや倫理にまで高まる。

3　カンちがいの「ぜいたく」で，日本はおくれた国であるとわかる。そこから一歩前進するために，知的な思考過程と冷静な判断力が必要である。

4　自分の行為が地球環境に影響を与えているのだから，日本人はカンちがいの「ぜいたく」をやめ，節約を心がける。それがマナーや倫理にまで高まる。

5　日本人のサービスへのカンちがいは，自分の好みを知らないことによるから，冷静な判断力を持ち，地球環境を考えれば，それがマナーや倫理にまで高まる。

No.3 次の文章の要旨として最も適切なものはどれか。

　博覧会は，その成立の端緒から，国家や資本によって演出され，人々の動員のされ方や受容のされ方が方向づけられた制度として存在したのだ。したがって，博覧会がもし上演される文化的テクストだとするならば，人々はこのテクストに，自由にみずからの意識を投影する物語の作者として参加しているわけではない。このテクストは，すでに別種の書き手によって構造化され，その上演のされ方までもが条件づけられている。その書き手とは，もちろんまずは近代国家そのものなのだが，同時に多数の企業家や興行師，マス・メディアや旅行代理店までを含み込んだ複合的な編成体である。しかも，博覧会における経験の構造は，これらの演出家たちによって一方的に決められているわけでもない。博覧会という場にみずからの身体をもって参加する人々が，この経験の最終的な演じ手としてやはり存在しているのである。

（吉見俊哉『博覧会の政治学——まなざしの近代』より）

1　博覧会は，その成立のときから国家や資本によって演出され，人々の動員のされかたや方向づけられた制度として存在した。

2　博覧会において入場者たちは，自由にみずからの意識を投影する物語の作者として参加しているわけではない。

3　博覧会における経験の構造は，博覧会の演出家たちによって一方的に決められているわけではない。

4　博覧会にみずから参加する入場者こそが，その博覧会における経験の最終的演じ手なのである。

5　博覧会とは，主催者・構成者によって条件づけられたテクストであるが，その最終的な演じ手が入場者たちである。

文章理解（現代文）

No.4 次の文章の内容と一致するものはどれか。

　日本は「ひたすら」な心，「ひたぶる」な精神をこよなく尊重して来た国である。それはコツコツとでもよい，全精神を集中してでもよい，ともかく目指すものに「ひた」と心を密着させ一途に歩みつづける精神だ。英語ではアーネストリ（熱心に），ファーベントリ（熱烈に），トゥールリ（心から）などと訳されているらしいが，それでは肝心のところが抜け落ちる。どうもはなはだ日本的な心情のようである。

　ヨーロッパの場合は何かを目指して邁進する場合，その集中持続力とか，高度な能力とか，要するにそれにそそぎこまれたエネルギーの量に重点を置いて考える。それこそが近代の精神なのである。

　しかし，日本の「ひたすら」とはエネルギーの量に重点を置くものではない。その質である。純粋さである。道はいろいろある。分岐点もある。そういうものにいささかも迷うこともなく「一途に」ということが大切なのだ。盲目的にという場合，私たちはそこに可憐さも見出すが，ヨーロッパでは危険さ，愚劣さしか考えない。

（会田雄次『日本人材論──指導者の条件』より）

1　日本の「ひたすら」とは，何かをめざして邁進するエネルギーの量に重点を置かず，めざすものに心を密着させる集中力，持続力に重点を置く。

2　めざす物事に対して，「一途に」，「盲目的」に取り組むことを，ヨーロッパでは「危険」「愚劣」なことと考える。

3　日本人の尊重する「ひたぶる」な精神は，ヨーロッパの近代の精神からみれば，盲目的で可憐な精神にすぎない。

4　ヨーロッパで，日本の「ひたすら」な心，「ひたぶる」な精神が評価されないのは，日本的な心情だからである。

5　近代の精神と，日本人の尊重する「ひたぶる」な精神との違いは，めざす物事に取り組む熱心さの度合いである。

No.5 次の文章の主旨として最も適切なものはどれか。

　開国以来，ことに明治維新以来，西洋から流れこんできたいわゆる近代的技術には，今だにその舶来の性質がのこっている。という意味は，かならずしも外来文化の消化不良ということではない。むしろ，それぞれの分野でほとんどすべての技術は，十分に消化され，たとえば日本の紡績機械はアジアの市場で英国製品と競争しているし，またたとえば憲法が「アメリカから押しつけられた」といくらいい張っても，容易に「改正」できないのは，それがよく消化されてもはや自分のものとなっているからであろう。しかし，それぞれの分野をつらぬく統一ある日本文化の実体は，そのものとして重く，実質的な，手ごたえのあるものとしては感じられない——ということのうちに，この文化の外来性の刻印があらわれている。

（加藤周一『日本人とは何か』より）

1　明治維新以来，西洋の近代的技術を十分に吸収消化したために，かえって日本の伝統文化に対する重さや手ごたえが感じられなくなった。

2　明治維新以来，西洋の近代的技術の吸収につとめてきはしたが，そのことが逆に日本の伝統文化の手ごたえと重さを感じさせることになった。

3　明治維新以来，西洋の近代的技術の消化につとめてきた努力の成果によって，日本の文化の実体はかえって保守的の傾向を帯びることになった。

4　明治維新以来，西洋の近代的技術をよく消化してはいるものの，現在の日本文化の実体は外来文化としての性質から脱皮しているわけではない。

5　明治維新以来，西洋の近代的技術を十分に消化することはできたが，その新しい文化にかならずしも満足できない人たちもまた大勢いる。

文章理解（現代文）

No.6 次の文章の直前に置かれる，この文章全体の主旨を表す文として最も適切なものはどれか。

シルバーシートに，それとは知らずに坐った若ものが居眠りをしていて，その前に立った老人を，いたずらに苛立たせてしまったりする場合である。老人は別に坐りたいわけではない。だから，若者が気付いて立ち上がり，「どうぞ」と席をすすめてくれたら，その時は「いや，結構です」と断るつもりでいる。それをしないから，老人は苛立つのである。いつまでもそんなことを続けていたら，周囲の人々は，むしろ老人の方が若ものを立たせるべくいやがらせをしているのだ，とも思いかねない。そのことが老人を，さらに苛立たせる。

（別役実『台詞の風景』より）

1 《傍観的な加害者》というのがある。どのような害をどのように及ぼしてしまったのか，知らないのである。

2 《偶然の加害者》というのがある。いつそのような害を及ぼしてしまったのか，わからないのである。

3 《善意の加害者》というのがある。どこで，どのような害を及ぼしてしまったのか，説明できないのである。

4 《無意識の加害者》というのがある。だれにどのような害を及ぼしつつあるのか，知らないのである。

5 《楽天的な加害者》というのがある。なぜそのような害を及ぼしてしまうのか，わからないのである。

No.7 次の文章の主旨として最も適切なものはどれか。

人間は生れると母親を中心とする周囲の人たちから言葉の教育を受ける。ところが，この新生児に対する言語教育をいかにすべきか，技術的に確信をもっているおかあさんは一万人に一人もいないであろう。学校の先生になるには，大学で教職の単位を取らなくてはならないが，最愛のわが子の三つ児の魂を決定する言葉の教育には，無資格，無免許のままで臨んでいるのだからおもしろい。

それでいて，あまり大過なく母なる言葉，母語を赤ん坊が覚えるのは，母親には限りない愛情があるからだ。言語教育についてはズブのシロウトであるが，愛情によって欠けたところを補っている。そして結果として，母親はすばらしい言語の教師であることが多いのである。

外国人に対する日本語教育についても，この母親の教育は参考になるはずだ。ドリル・マスターであるよりも，愛情の教師であるほうがはるかに大きな成果をあげうる。もちろん母親のようにはいかないが，この人たちに何とかして日本語を覚え

てほしい，そういう純粋な気持があれば，その真心は民族，言語の差を越えて相手に通じる。言語の理解はそういう心の結びつきによってのみ本ものになるのである。

（外山滋比古『日本語の個性』より）

1 言語教育で必要なものは，シロウトの精神である。

2 言語教育で必要なものは，母親の精神である。

3 言語教育で必要なものは，愛情の精神である。

4 言語教育で必要なものは，子どもらしい純真さである。

5 言語教育で必要なものは，民族を超えた精神である。

No.8 次の文中の空欄Ａ～Ｃにあてはまる語の組合せとして最も適切なものはどれか。

　私は自分が一四，五の頃，空気銃でガマを射ったことをおぼえています。私はむしろ子供時代から，猫や犬をいじめたり，生き物を殺すのはきらいでした。臆病なくらいイヤでした。（Ａ）その頃，物理化学をならい，物質はすべて原子でできているという理論が強く私の頭を支配したのです。（Ｂ）原子に還してしまえば生物もなにもない。神聖なる生も微分子に分解すれば単なる物だという考え，それが私には私流に妙な影響をあたえました。この「物」にすぎない奴をどうあつかおうが何等おそれることはない。生物を殺すなんて悪でもなければ罰もない，分解するだけの話だと考えていました。しかしそれはあくまで考えただけで，私の（Ｃ）はその考えにいつも反抗していました。あいかわらず殺すことはイヤだったのです。そしてある日私は春の池で鳴いているガマの醜い身体を空気銃で射ちました。

（武田泰淳『審判』より）

	Ａ	Ｂ	Ｃ
1	しかし	つまり	感情
2	そして	ちょうど	こころ
3	そのうえ	けれど	常識
4	けれども	そして	臆病さ
5	ところが	すなわち	良心

文章理解（現代文）

No.9 次の文章の下線部の意味として最も適切なものはどれか。

　家族というのは，お互いの能力の発揮ややりたいことを妨げる人間のしがらみではなく，お互いの能力の発揮ややりたいことを支えてくれる人間のきずなとするためにも，家族，とりわけ男性と女性が，その役割を弾力的に行う能力，意欲をもつことが必要である。

　こうしたきずなが確立していれば，たとえ一緒に住んでいなくとも，たとえ人数の組み合せが核家族と異なっていても，立派に家族は家族としての機能を果しているといえる。

　そしてこれから，家族に求められる最も大きな役割はこの愛情機能であり，情緒的な安定である。もちろん，この関係を保てる相手は，いわゆる血縁関係のある家族に限定されるものではなく，親族，友人などにも広がりうるものだろう。

（菅原眞理子『新・家族の時代』より）

1　家族が互いにしたいことができるように，またその能力が十分発揮できるように支え合うこと。

2　家族，とりわけ男性と女性とが愛し合って，情緒の安定を得て，幸福に暮らすこと。

3　家族の中で，男性と女性とが今までの役割を交替できる能力・意欲を求め合うこと。

4　家族がそれぞれ自分の能力を十分に発揮し，情緒の安定を得られるように，心の準備をすること。

5　家族と他の家族とが互いの家族のあり方を理解し，認め合っていくこと。

No.10 次の文章中の空欄に入る語の組合せとして最も適切なものはどれか。

　純白の雪の大斜面をアイゼンを軋ませながら登高する。さんさんたる太陽の光を浴びて岩場にザイルをのばす。（A），静寂のなかに動物や植物の息吹を感じながら森を逍遥する。無論，そこには，程度の差はあっても，急変する天候をはじめとして多くの危険──（B），多くの場合，生命を脅かす危険──も待ち構えている。（C）これらも含めた大自然との触れ合いが，登山の，そしてその歓びの原点である。（D），自然との触れ合いの場に，登山用具という「文明」の何を持ち込み，どう使うか，あるいは，何を持ち込まないかが，重要な点となってくる。何かがあったおかげで楽しかった，ということも多々あるに違いないだろうが，一方で，何かがなかったからこそ得られた歓びも必ずあるはずだという面にも充分に目を向けるべきではないだろうか。（E）これは，おそらく登山に限ったことではなかろう。

（堀田弘司『山への挑戦』より）

	A	B	C	D	E
1	しかも	とすれば	そして	あるいは	しかし
2	そして	あるいは	しかも	しかし	とすれば
3	あるいは	しかも	しかし	とすれば	そして
4	しかも	しかし	そして	あるいは	とすれば
5	あるいは	そして	しかし	しかも	とすれば

No.11 A～Fの文は次の文に続く文章を区切って順不同に並べたものである。これを正しい順に並べたものはどれか。

　住宅における私性の実現とは，つまり住み手の一人一人が「ここが私の場所だ」と心の底から感じられるような空間をつくりだすことにつきる。

　A　そしてさらにまた，そうしたすべての実体的存在だけでなく，それらに対する住み手の対応の仕方，つまり住まい方によって左右される。

　B　そしてこのソフトに関しては，設計者は暗示を与える以上のことは何もできないのだ。

　C　「私の場所」という意識は，住宅の意匠や機能に深くかかわりながらも，住宅の中にある家具や道具などによって大きく左右される。

　D　だから，私性という面から住宅を見なおそうとすれば，当然，設計者の立場を逸脱して語ることになろう。

　E　しかしこれは実は設計，つまり住宅の形態の決定作業では覆いきれぬ領域でもある。

　F　住宅における私性とはハードだけではなくソフトによっても支えられている。

1　A － E － D － C － F － B
2　C － F － E － D － B － A
3　D － F － B － C － E － A
4　E － C － A － F － B － D
5　F － E － B － C － D － A

No.12 A～Gの文を並べ替えて意味の通った文章にするとき，その順序として最も適切なものはどれか。

A　第一，ムダがなく有用性ばかりが追い求められるのなら，世の中は窮屈だろう。レダンダンシーが情報に奥行きを作り，多様性を与え，世の中に選択の自由を生む。

B　遊びのあること，遊びを選択できる余裕が，これからの社会の大きな特徴である。

C　ある人のムダは，他の人にとって有用なこともあるし，「無用の用」すなわち，ムダなものがムダであるがゆえに，有用なことさえある。

D　情報は，不確定な情勢の中に現れる。周囲の事情が確実でないほど，もたらされる情報は貴重である。

E　情報化社会では，このようなレダンダンシー，すなわちムダや遊びの存在を多分に許すしくみになっている。

F　ムダかムダでないかは，それぞれの人の見方による。

G　不確定な情勢で特定の情報が効用を発揮するかげには，同時に無用な情報も多数ある。

1　B － A － F － E － G － C － D
2　B － E － D － G － C － F － A
3　D － G － E － F － C － A － B
4　D － G － A － F － E － B － C
5　G － F － C － E － D － B － A

No.13 A～Fの文を並べ換えて意味の通る文章にするとき，その順序として最も適切なものはどれか。

A　神秘的なものや未知なものは，人間とその「何か」の間に埋めることのできない「距離」を作りだす。

B　人を，神秘的なもの，未知なものへと架橋するのは観念であり，イメージである。

C　人はいつも神秘的なものや，未知なものにひかれる。

D　それゆえ，モノのむこうにも神秘的なものや未知のものを求める人間は，モノに象徴的な観念やイメージを託すのだ。

E　だから人はそれを手にいれようと欲するのだ。

F　だからこそ科学ができ，芸術ができ，技術を生みだしたのである。

1 A ─ D ─ B ─ E ─ C ─ F
2 A ─ F ─ E ─ C ─ B ─ D
3 B ─ E ─ A ─ F ─ C ─ D
4 B ─ D ─ A ─ F ─ C ─ E
5 C ─ F ─ A ─ E ─ B ─ D

No.14 次のA〜Fの文を並べ替えて意味の通る文章にするとき，その順序として最も適切なものはどれか。

A　もちろん，習俗はいつも特定のある時と所の習俗であり，この制約をかんたんに脱しきれるものではない。

B　ところで，習俗のばあい，ややもするとその相違点のみが不当に強調されてきたきらいがある。

C　だがわれわれとしてはむしろ，外的には時と所によりそれぞれに異なる習俗をつらぬく，およそ人間の習俗としての内的な同一性にこそ注目すべきだと考える。

D　まるきり同じものを比較するのが無意味なように，まったく異なるものを比較することも不可能である。

E　われわれはいつまでも，時と所によりそれぞれに異なる習俗の，それぞれの珍奇さにばかり驚いてはいられないのである。

F　しかし，われわれのすべきことはそれらの習俗の比較なのであり，そして比較とはまさしく異同の比較─どれだけ互いに共通しており，またどれだけ互いに相違しているか，の比較でなければならぬ。

1 D ─ A ─ E ─ B ─ F ─ C
2 D ─ C ─ A ─ B ─ E ─ F
3 E ─ A ─ F ─ D ─ B ─ C
4 E ─ B ─ A ─ C ─ D ─ F
5 E ─ C ─ B ─ D ─ F ─ A

文章理解（現代文）の **解 説**

No.1の解説 　要旨 →問題はP.95　正答 **1**

1 ◎ 正しい。
2 ✕ 説の一部であり，要旨ではない。
3 ✕ 「人間の歴史は，大人物と小人物との争いであり」という記述はない。
4 ✕ 説の一部であり，要旨ではない。
5 ✕ 説の一部であり，要旨ではない。

No.2の解説 　要旨 →問題はP.96　正答 **2**

1 ✕ 自分の行為に節約を心がけるという部分が欠けている。
2 ◎ 正しい。
3,4 ✕ 　自分の好みを知らないことが，カンちがいのもとである点が落ちている。
5 ✕ 「ぜいたく」へのカンちがいが論点であるから，節約の文句が必要。

No.3の解説 　要旨 →問題はP.97　正答 **5**

　前半部は博覧会を主催し構成する側からみた要素を，後半部は入場者の役割を述べている。したがって筆者の述べようとしているのは，前半と後半の両方でなければならない。

No.4の解説 　内容一致 →問題はP.98　正答 **2**

1 ✕ 集中力，持続力はエネルギーの量に重点を置くこと。
2 ◎ 正しい。
3 ✕ 「可憐な」ではなく危険な愚劣なものとしか考えない。
4 ✕ 日本的な心情だからではなく，ヨーロッパでは，エネルギーの量に重点を置くからである。
5 ✕ 違いは，重点をエネルギーの量に置くか，質に置くかである。

No.5の解説 　要旨 →問題はP.99　正答 **4**

1 ✕ 「吸収消化したために，かえって」とは書かれていない。
2 ✕ 「そのことが逆に」と「手ごたえと重さを感じさせる」とは書かれていない。
3 ✕ 「かえって保守的傾向を帯びることになった」が誤り。
4 ◎ 正しい。
5 ✕ 「満足できない人」についての記述が本文にない。

No.6の解説 　要旨 →問題はP.100　正答 **4**

　若者が居眠りをしているという状況から，**1**の「傍観的」，**3**の「善意」，**5**の「楽天的」は不適切である。**2**は「偶然の加害者」という立場と，それ以下の「いつ～わからない」とが適合しないので誤り。

No.7の解説　要旨
→問題はP.100　正答　**3**

1 ✕　「シロウト」がどうかはここでは問題ではない。

2 ✕　母親の「精神」ではなく，母親の「愛情」が基本になっていることに気付くこと。

3 ◎　正しい。

4 ✕　「純真さ」だけでは不足である。

5 ✕　愛情があってはじめて「民族を超えた精神」が生まれると読みとれる。

No.8の解説　空欄補充
→問題はP.101　正答　**1**

　Aは後の内容を読んでいくと，逆接になる。殺すのはイヤだ，しかし殺すことは悪ではない，というつながり。したがって「しかし」か「けれども」が適切。Bは全文の言い換えだから「つまり」か「すなわち」が適切。Cは「殺すことはイヤだ」にあたる内容だから，「良心」よりも「感情」，「こころ」がよい。これらを満たす物ということで**1**が適切。

No.9の解説　下線部の意味
→問題はP.102　正答　**1**

　ここでいう「愛情」とは「愛し合うこと」ではなく，お互いが認め合い，協力しあうことを指している。したがって**2**は不適切。**3**は「求め合う」が，**4**は「心の準備をする」が，**5**は「互いの家族のあり方」が，それぞれ不適切。

No.10の解説　空欄補充
→問題はP.102　正答　**3**

　「しかし」は逆接であるから，前後が逆の意味内容をもつ文を接続する。Cで，「危険」と「歓び」という対立する内容を接続していることに着目する。また**1**はB「とすれば」とD「あるいは」が，**2**はD「しかし」が，**4**はD「あるいは」が，**5**はD「しかも」がそれぞれ不適切である。

No.11の解説　文章整序
→問題はP.103　正答　**4**

（出典）渡辺武信『住まい方の思想』

　Fの「ハード」と「ソフト」という語に着目すれば，Aの「実体的存在」とは「ハード」であり，「そうした」がさす内容はCの「家具や道具」であるとわかる。したがってAとCとでは，Aが先にくるのは不適切。このことから**1**は不適切。**3**では，B－C，E－Aが直接つながらない。また，「ソフト」という語からF－Bと連続し，「設計者」という語からB－Dと連続することが明白。したがって**2**，**5**は不適切。以上から正答は**4**とわかる。住宅における私性の実現はハードだけでなく，ソフトによっても支えられている，という内容の文章であると解される。

文章理解（現代文）の解説

No.12の解説　文章整序
→問題はP.104　正答　**3**

（出典）仲本秀四郎『情報を考える』

　情報化社会では無用な情報も多数あり，また，そのムダや遊びの存在を許容する，という内容の文章。「不確定な情勢」という語句がDとGだけにあることと，D以外はすべて「ムダ」あるいは「無用」「遊び」という同質要素にふれていることに着目し，Dのつながり具合いがポイントになることに気づく。**1**はC－Dが，**2**はE－Dが，**4**はB－Cが，**5**はE－D－Bがつながらないので不適切。

No.13の解説　文章整序
→問題はP.104　正答　**5**

（出典）佐伯啓思『「欲望」と資本主義──終わりなき拡張の論理』

　人が神秘的なものや未知のものにひかれるからこそ，科学・芸術ができ，技術を生みだしたとし，その過程を分析している文章。

　「イメージ」という語からB－Dと続くことがわかる。またA，B，Cを読み比べると，「人はいつも」と事実を述べ，次に分析に入っていくことから，Cが最初にくるとわかる。**1**はA－Dでは意味が通じない。**2**はF－E，**3**はE－A，**4**はD－Aが，それぞれ不適切である。これらから，正答は**5**と判断できる。

No.14の解説　文章整序
→問題はP.105　正答　**3**

（出典）佐藤俊夫『習俗－倫理の基底－』

　習俗は，特定の時と所の習俗であるからそれぞれ異なるものであるが，相違点よりも，むしろ異なる習俗をつらぬく，人間の習俗としての内的な同一性にこそ注目すべきである，という内容の文章。

　選択枝をみて，習俗の相違に関する内容のものと，Cのように，それと逆の内容を表わすものとがあることに着目する。B，Dは後者に属し，B・C・Dが1つのグループである。また，Cから，「相違点より同一性にこそ注目すべきだ」という主旨が把握でき，Fの後にCがくるはずだと見当をつける。**1**はB－F－Cが内容上連続せず，またF－Cは矛盾している。**2**はCの後にFがきており不適切。E－Fもつながらない。**4**はB－Aが直接つながらず，かつ，C－D－Fとは連続しえない。**5**も，Cの後にFがきており，かつ，D－Fは矛盾している。以上のことから，**3**が正答とわかる。

文章理解（英文）

No.1 次の文の内容と合致するものはどれか。

Are you sometimes a little tired and sleepy in the early afternoon？ If so you are not the only one. Many people feel this way after lunch. They may think that eating lunch is the cause of their sleepiness. Or, in summer, they may think it is the heat.

However, the real reason lies inside their bodies. At that time——about eight hours after you wake up——your body temperature goes down. This is what makes you slow down and feel sleepy. Scientists have tested sleep habits in experimental situations where there was no night or day. The people in these experiments almost always followed a similar sleeping pattern. They slept for one long period and then for one short period about eight hours later.

1 午後の早くに疲れて眠くなる異常体質の人間が増加している。

2 午後になって疲れて眠くなるのは，暑さのせいである。

3 科学者の実験で人間の睡眠の型は多種多様であることがわかった。

4 人はだれでも昼食後急に眠くなるが，それは満腹感で緊張がゆるむからである。

5 人はだれでも，目がさめた8時間後に体温が低下し，そのため疲れて眠くなる。

No.2 次の文の要旨として適切なものはどれか。

The evening news on television is very popular with many Americans. They like to find out what is happening in the world. On television they can see real people and places. They believe it is easier than reading the newspaper. Many people think television makes the news seem more real. They also think the news on television is more interesting. The television news reporters sometimes tell funny stories and even jokes. This makes the news about wars and crime seem less terrible.

1 今世界で起きていること

2 ニュース番組に楽しい話が多くある理由

3 アメリカ人がテレビニュースを好む理由

4 アメリカ人のテレビニュースの利用方法

5 テレビニュースと新聞の違いについて

No.3 次の文の要旨として適切なものはどれか。

People do not always or even usually say what they mean. Speakers frequently mean much more than their words actually say. For example, I might say: It's hot in here!, but what I mean is: Please open the window! or Is it all right if I open the window? or You're wasting electricity! People can mean something quite different from what their words say, or even just the opposite. For instance, to someone who has borrowed my car for the weekend and returned it with no petrol in the tank, I might say: It was nice of you to fill the car up! or What a shame you couldn't find the petrol tank!

1 自分の言いたいことを言わずに違う言い方をすることがよいとされている。

2 言いたいこととは違った言い回しをしてもその意味することは理解できる。

3 言いたいことをそのまま述べることが話し手には必要なことである。

4 話し手の言うことは必ずしもそのままのことを意味するわけではない。

5 言いたいことをそのまま言わないために人に誤解されて困ることがある。

No.4 次の文の内容と合致するものはどれか。

Most people feel stress at some time in their lives. Some people like this pressure and work better because of it. Other people are not comfortable with any stress at all; they soon become unhappy if they feel stress. Sometimes stress can lead people to do things they wouldn't usually do, such as overeat, smoke, drink, or use drugs. Stress, however, is a very normal part of life.

It is important to understand that stress doesn't come from an event itself; that is, from the things that are happening in our lives. It comes from the meaning we give to what has happened. For example, a crying baby may be stressful to one person, but it may not bother another person at all.

1 ストレスを感じると，人は普段しないようなことをしてしまい後悔する。

2 ストレスを感じた結果，その圧力をばねに頑張れることが大切である。

3 ストレスは生活の中で起こっていることに原因があるので，それを理解すべきである。

4 ストレスは本来あってはならないことだが，普段しないことをしてみるとよい。

5 ストレスは出来事をどう意味づけするかによって変わってくるものである。

No.5 次の文の内容と合致するものはどれか。

I came to Japan to teach English and study Japanese, but I also wanted to learn a Japanese instrument. I was especially interested in the shamisen because, like the sarangi, it is often played while people sing and is found in both folk and classical music. My husband told one of his students that I was interested in the shamisen, and she said her father played and taught shamisen and would teach me.

When we first met, we were both worried about communicating, although I could speak some Japanese. I was also worried about understanding the Japanese culture. But when we couldn't communicate with words, we could communicate with music, and so we understood each other well. I found studying music in Japan to be much easier than in India.

1 私の来日の本来の目的は英語を教えることであった。

2 私はインドで三味線を教えたいと思っていた。

3 私の夫の生徒のひとりは三味線に興味を持っていた。

4 私の三味線の先生は英語がとても上手だった。

5 私はまもなく三味線のかなり上手な弾き手になった。

No.6 次の文の内容と関係のあることわざとして適切なものはどれか。

One day someone placed a large stone in the road. Everybody who came by got angry because it lay there, but nobody touched it. Just when it was getting dark, Peter, a farmer's boy, came by. He was very tired, because he had worked hard in the field for many hours. But he said to himself, "It is almost dark. If a villager should come this way, he would fall over this stone at night. I will move it." Though it was a heavy stone, he pulled, pushed, and lifted it. Then he found, under the stone, a bag of money and a piece of paper with these words: This money is for the first public-spirited man that moves this stone from the road.

1 骨折り損のくたびれもうけ。

2 石の上にも三年。

3 精神一到何事か成らざらん。

4 陰徳あれば陽報あり。

5 時は金なり。

No.7 次の英文の結論のことばとして最も適切なものはどれか。

Tom was ten years old. He was not a very good pupil, and he did not like to do homework, because he preferred to do other things in his free time. Frequently he did not do his homework, and when he did do it, he always made a lot of mistakes.

Then, one day, his mathematics teacher looked at Tom's homework and saw that he had got all his sums right. He was very pleased, and rather surprised. He called Tom to his desk and said to him, "You got all your homework right this time, Tom. What happened? Did your father help you?"

Usually Tom's father did help him with his homework, but the evening before this, he had not been able to, because he had not been at home, so Tom answered, "No, sir. He was busy last night, so I had to do it all myself."

1 立っているものは親でも使え

2 下手な鉄砲も数打てば当たる

3 苦しいときの神頼み

4 やればできる

5 大器晩成

No.8 次の文中の空欄に入るものとして適切なものはどれか。

When I was ten years old I decided I wanted to study the piano. I'm not sure (　　　). I know I had always liked the sound of the piano, and after making my family listen to terrible sounds on the violin for one year, I thought everyone might be happy if I changed. I continued to play the piano through high school, and in my second year at university, I became a music major.

1 why were my reasons

2 where were my reasons

3 what my reasons were

4 that there were several reasons

5 that I had no special reason

No.9 次の文章中の空欄ア～ウに入る語句の組合せとして最も適切なものはどれか。

A man went to see his doctor one day because he was suffering from pains in his stomach. After the doctor had examined him carefully, he said to him, "Well, there's （　ア　） with you, I'm glad to say. Your only trouble is that you （　イ　）. Do you know, I had a man with the same trouble as you in here a few weeks ago, and I gave him （　ウ　） as I'm going to give you. He was worried because he couldn't pay his tailor's bills. I told him not to worry his head about the bills any more."

	ア	イ	ウ
1	something wrong	never worry	the same medicine
2	nothing wrong	worry too much	the same advice
3	something wrong	worry too soon	the same idea
4	nothing wrong	worry too long	the same trouble
5	nothing	worry too little	the same answer

No.10 次の文章中の空欄A，Bに入る文の組合せとして正しいものはどれか。

My best friend and I have many of the same interests. For example, （　A　）. In fact, we met at a concert five years ago. We also both like to read. We often borrow each other's books and discuss the books we've read. In the summer, we go swimming together. We go skiing in the winter. We play tennis all year round. Since we have so many interests in common, （　B　）.

1 A：We both like music a lot
　　B：we really enjoy spending time together

2 A：We both have many interests in common
　　B：we never have time to visit each other

3 A：We both are interested in sports
　　B：we are really friends in need

4 A：We both enjoy cooking
　　B：we rarely enjoy spending time together

5 A：We both go to school on foot
　　B：we always have something else to do

文章理解（英文）

No.11 次の文章中の空欄A〜Cに入る語句の組合せとして最も適切なものはどれか。

It is seventeen years since I (A) teaching and started to live an independent life of the pen. I have never starved, and never even felt poor, (B) my income for the first ten years was no better, and often worse than it would have been if I had remained an elementary schoolteacher. But when one has been poor a very little money can be enough. Now my father would think I am rich, if nobody else does. And my mother would think I have risen in the world, (C) I don't think so.

	A	B	C
1	started	because	but
2	finished	since	now that
3	gave up	though	even if
4	began	when	though
5	lost	as	because

No.12 次のア〜オの5つの英文を並べかえて自然な対話文にするとき，その順序として最も適切なものはどれか。

ア　Excuse me, I think you're sitting in my seat.

イ　No, this is 14-A. Yours must be one row behind this one.

ウ　Oh, that was careless of me. Just a minute and I'll move my things.

エ　No problem. These seats aren't too clearly marked, are they?

オ　Really? I'm sorry. Isn't this 15-A?

1　ア ― イ ― ウ ― オ ― エ
2　ア ― ウ ― イ ― オ ― エ
3　ア ― ウ ― オ ― イ ― エ
4　ア ― エ ― イ ― オ ― ウ
5　ア ― オ ― イ ― ウ ― エ

No.13 （1）（2）（3）の文を並べ換えるとき，その順序として最も適切なものはどれか。

Computers are very useful, but they also can cause problems. One kind of problem is with the computer's memory. It is not perfect, so sometimes computers lose important information.

（1） When computers break down, they may erase information, like chalk on a blackboard.

（2） Another problem is with the machinery.

（3） Computers are machines, and machines can break down.

Or they may stop doing anything at all. And there is another, different kind of problem with computers. Some doctors say they may be bad for your health. They say you should not work with computers all day.

1 （3） → （1） → （2）
2 （3） → （2） → （1）
3 （2） → （1） → （3）
4 （1） → （3） → （2）
5 （2） → （3） → （1）

No.14 次のA，B，C，D，Eの会話文を意味が通るように並べ替えたとき，その順序として最も適切なものはどれか。

A：It's almost noon. We can see a restaurant over there.

B：It looks quite new. Has it opened yet ?

C：We've walked so long. What time is it now ?

D：Yes, it has been open since Saturday.

E：All right. Let's go and have lunch.

1 C － A － B － D － E
2 C － B － E － A － D
3 B － A － C － D － E
4 C － E － A － D － B
5 A － E － C － B － D

文章理解（英文）の解説

　（文意）あなたは時々，午後の早い時間に少し疲れて眠くなることがありますか。もしそうでも，あなただけではありません。多くの人が昼食後こんな気分になるのです。昼食をとったことが眠さの原因と考えるかもしれません。あるいは，夏には暑さがその原因と考えるかもしれません。しかし本当の理由は体内にあるのです。その時間——つまり起きて約8時間後に——あなたの体温が下がります。このことが，あなたをのろのろさせ，眠くするのです。科学者が夜も昼もないという実験的状況の中で睡眠習慣を調べました。この実験を受けた人々は，ほとんど常に同じような睡眠の型に従いました。彼らはある長い期間眠り，それから約8時間後に，短時間眠ったのです。

1✕　異常体質ではない。
2✕　暑さのせいだけではない。
3✕　同じような睡眠の型を示した。
4✕　満腹感で緊張がゆるむせい，とは記されていない。
5◎　正しい。

　（文意）テレビの夜のニュースは多くのアメリカ人の間でたいへん人気があります。彼らは今，世界で何が起きているかを探るのが好きなのです。テレビでは実際の人や場所を見ることができます。新聞を読むよりも楽だと考えているのです。多くの人たちはテレビはよりリアルにニュースをみせると考えています。また，彼らはテレビニュースのほうがおもしろいと考えています。テレビニュースの記者は時々おかしな話や冗談までも言います。こうした語りによって，戦争や犯罪のニュースの恐ろしさを緩和してくれているように思えるのです。

1✕　そのことを特に話題にはしていない。
2✕　アメリカ人がテレビニュースを好む理由の一つとなる。
3◎　正しい。
4✕　利用方法について述べてはいない。
5✕　違いが要旨とはいえない。

　（文意）人は時には，いや通常であっても言いたいことは言わないものである。話し手は言葉で実際に言うよりもずっと多くのことを意味することが多い。たとえば，「ここは暑いですね」と言うとしよう。しかし，私が言おうとすることは「窓を開けていただけますか」とか「窓を開けてもよろしいですか」あるいは「電気の無駄になりますよ」である。人は言葉で言うこととはかなり異なること，あるいはまったく正反対のことを意味することがある。たとえば，週末に私の車を借り，タンクにガソリンをまったく入れずに返した人に，私なら，「ガソリンを満タンにし

てくれてありがとう」とか「ガソリン・タンクを見つけられなかったとは残念でしたね」と言うだろう。

1 ✕ よいとは書かれていない。
2 ✕ 理解できるとは記されていない。
3 ✕ 必要なこととは述べていない。
4 ◎ 正しい。
5 ✕ 誤解されて困ることがあるとは書かれていない。

No.4の解説 内容一致 　　　　　　　　　→問題はP.110　正答 **5**

（文意）たいていの人は生活していく中である時期にストレスを感じる。この重圧を好み，それがあるためによりよい仕事をする人もいる。またストレスに対しまったく気楽になれない人もいる。そんな人はストレスを感じるとすぐに気がふさいでしまう。ストレスがあると，時として普段やらないようなことをしてしまうものである。たとえば，食べ過ぎたり，喫煙，飲酒をしたり，薬を使うことである。しかし，ストレスは生活の中の一部でごく一般的な部分なのだ。

ストレスはある出来事があっても，それ自体では起きないと理解することが大切だ。すなわち，生活の中で起こっていることに原因するものではないのである。ストレスは起こってしまったことにどんな意味づけをするかによって生じてくるものだ。たとえば，大声で泣いている赤ん坊はある人にとってはストレスになっても，別な人にはまったく迷惑に感じないであろう。

1 ✕ 後悔するとは書いてない。
2 ✕ 頑張れることが大切であるとは書かれていない。
3 ✕ 原因がないことを理解しなくてはいけない。
4 ✕ 本文に記述がない。
5 ◎ 正しい。

No.5の解説 内容一致 　　　　　　　　　→問題はP.111　正答 **1**

（文意）私は英語を教え，日本語を学ぶために日本に来ました。しかし私はまた日本の楽器も習いたいと思っていました。特に三味線に興味がありました。というのはサランギと同様に三味線は人々が歌うときによく用いられ，民俗音楽と古典音楽の両方の場合に見出されるからです。私の夫は彼の生徒の一人に，私が三味線に興味があると言いました。するとその人は自分の父は三味線を弾き，また教えているので私に教えてくれそうだと言ってくれました。

私たちが初めて会ったとき，私は日本語はいくらか話せましたが，二人とも伝達のことを心配していました。私は，また日本文化の理解という点でも心配していました。私たちはことばで伝達することはできませんでしたが，音楽を用いて伝達することができ，それでお互いをよく理解しました。私は，日本で音楽を学ぶことはインドで学ぶよりずっと易しいと思いました。

1 ◎ 正しい。第1行目の内容と一致する。

2 × 三味線習得の目的は記されてない。

3 × 生徒ではなく生徒の父親である。

4 × 英語が上手とは記されてない。

5 × 上達の度合も特に記されてない。

No.6の解説　要旨

→問題はP.111　正答　**4**

（文意）ある日，だれかが道に大きな石を置いた。そこを通りかけた者は皆，石がそこにあったので腹を立てたが，だれも石にさわらなかった。ちょうど暗くなりかけたころ，農夫の子のピーターが通りかかった。彼は畑で何時間も働いてきたのでとても疲れていた。しかし彼は「もうほとんど暗い。もし村人がこの道をやってきたら，夜この石につまずいて倒れるだろう。ぼくが石を動かそう」と心に思った。それは重い石だったが，彼は引っぱり，押して，それをもち上げた。そのとき，彼は石の下にお金の入った袋と1枚の紙をみつけた。その紙には，次のことばがあった。このお金は，道路からこの石をとり除く，最初の公徳心のある人へのものである。

　少年の隠れた善行（陰徳）が目に見える形で報われた（陽報）ことがテーマの物語である。

No.7の解説　要旨

→問題はP.112　正答　**4**

（文意）トムは10歳だった。彼はあまりよい生徒ではなかった。彼は宿題をやりたくなかった。なぜなら自由なときには何かほかのことをやりたかったから。しばしば彼は宿題をやらなかったし，やったときにはいつも多くの誤りをした。それからある日，彼の数学の先生がトムの宿題を見た。そして彼の計算がすべて正しいのに気づいた。彼はとても喜び，そしてかなり驚いた。彼は自分の机のところにトムを呼んで彼に言った。「今回は宿題は全部ちゃんとやったのだね。どうしたのかね。お父さんが君を手伝ったのかね」いつもは彼の父が宿題を手伝ったのだが，この前の夜は家にいなかったので，手伝うことができなかった。そこでトムは答えた。「いいえ先生。父は昨夜とても忙しかったので，全部自分でやらなければならなかったのです」

　父が忙しかったのでやむなく宿題を全部自分でやったところ，全問正解という結果になった。おそらく先生は**4**のようにつぶやいたことだろう。

No.8の解説　空欄補充

→問題はP.112　正答　**3**

（文意）10歳のとき，私はピアノを勉強したいと決心した。その理由が何であったかは確かではない。いつもピアノの音が好きであったことは知っている。そして1年間，家族に私のバイオリンのすさまじい音を聞かせた後で私が楽器を代えれば誰もが幸せになるかもしれないと考えた。私は高校時代ずっとピアノを弾き続けた。そして大学の2年のとき音楽専攻になった。

　（　　）か私には確かでない，という文脈に注意。疑問詞節（間接疑問）が入る

のので**4**，**5**は不適当。**1**の「私の理由はなぜか」，**2**の「私の理由がどこにあった
のか」も不適当。**3**．「私の理由が何であったか」が適当。

No.9の解説　空欄補充　　　　　　　　　→問題はP.113　正答 **2**

（文意）ある日，1人の男が胃の痛みのために医者に診てもらいに行った。医者
は注意深く診察した後で彼に言った。「どこも悪いところはありません。そう言え
てうれしいですよ。あなたの唯一の問題は心配しすぎることです。私は数週間前，
同じ悩みを持つ男の人を診ました。そしてこれからさし上げるのと同じ忠告を与え
ました。彼は洋服屋への勘定が払えないため心配していたのです。私は彼にもう勘
定のことで頭を悩ますのはやめなさい，と言ったのです」。
ア．その後に続くI'm glad to say.から判断すると，「どこも悪いところはない」
の意味になるものが適切。イ．「心配しすぎること」の意味に相当するもの。ウ．
「同じ忠告」の意，the same advice または the same answer が適切。

No.10の解説　空欄補充　　　　　　　　　→問題はP.113　正答 **1**

（文意）私の親友と私には同じ興味のあることがたくさんある。たとえば
（　A　）。実際，私たちは5年前のコンサートで出会った。2人とも読書が好きで
ある。お互いの本を借りたり，読んだ本について話し合うことがよくある。夏に
は，一緒に水泳に行く。冬にはスキーに行く。1年中，テニスをする。私たちには
共通の興味が多いので，（　B　）。

Aには，そのあとの文の内容から，「音楽が好きである」が適切。Bには，その
前の内容から「一緒に時を過ごすのが楽しい」が適切。したがって**1**が正しい。

No.11の解説　空欄補充　　　　　　　　　→問題はP.114　正答 **3**

（文意）私が教えることをやめ，文筆による独立生活を営み始めて17年になる。
最初の10年間の収入は，小学校教師の職にとどまっていた場合より，同じかそれ以
下であったが，私はひもじい思いをしたり，貧しいと感じるようなことはなかっ
た。しかし貧しいときには，少しのお金で十分足りるものである。今，私の父は，
ほかの人がそう思わなくても，私が金持ちだと思っている。そして私の母は，たと
え私がそう思わなくても，私が出世したと思っている。」
（A）「教えることをやめて，文筆業を始めた」。give up＝stopped
（B）「～であるけれども」。譲歩を表す接続詞（though）以外は，前とのつながり
を考えると不適切。
（C）but，even if，though のいずれでもよい。

No.12の解説　文章整序　　　　　　　　　→問題はP.114　正答 **5**

（訳）ア　失礼ですが，あなたは私の席におすわりと思いますが。
　　　イ　いいえ，これは14-Aです。あなたの席はこの席の一列，うしろです。
　　　ウ　おや，私の不注意でしたね。ちょっとお待ちください。私の荷物を移動さ

せます。

　エ　何でもありません。これらの席は，あまりはっきり記されていませんね。

　オ　本当ですか。ごめんなさい。これは15-Aではありませんか。

　最初はアと指定されている点と，ウで先客が移動しようとしている点に注目する。

No.13の解説　文章整序　　　　　　　　　→問題はP.115　正答 **5**

（文意）コンピューターはとても有益なものです。しかしそれはまた色々な問題を引き起こすことがあります。問題の一つはコンピューターのメモリーに関することです。それは完璧なものではありません。だから時には重要な情報を失うことがあります。（2）もう一つの問題はコンピューターの機械に関することです。（3）コンピューターは結局機械であり，機械は壊れるものです。（1）コンピューターが壊れると，黒板に書かれたチョークの文字のように情報が消えてしまいます。あるいは仕事を全く何もしなくなってしまいます。さらにコンピューターにはもう一つ別の種類の問題があります。コンピューターは健康には良くないという意見の医者がいます。1日中コンピューターを使って仕事をすべきではないと言うのです。

No.14の解説　文章整序　　　　　　　　　→問題はP.115　正答 **1**

（訳）Ａ：ほとんど正午です。あそこにレストランがありますよ。

Ｂ：全く新しいようね。もう開店しているのでしょうか？

Ｃ：私達長いこと歩きましたね。今何時になりますか？

Ｄ：ええ，土曜日から開店してますよ。

Ｅ：いいでしょう。昼食を食べましょう。

　Ｃ－Ａ－Ｂ－Ｄ－Ｅの順になる。

判断推理

No.1 次のア～オの5つの条件からいえることとして正しいものはどれか。

ア 青ならば黄。

イ 赤ならば黒。

ウ 白でないなら黄でない。

エ 黒でないなら白。

オ 黒でないならきれいでない。

1 青ならば黒。

2 白ならば青。

3 白ならばきれいである。

4 きれいならば赤ではない。

5 青ならば白。

No.2 A，B，C，Dは各々2人きょうだいでA，Dは男，B，Cは女である。この8人を合計すると男，女の数は同じになる。A～Dの次の発言のうち，前半か後半のどちらか一方だけがウソであるとき，常に成立することとして正しいものはどれか。

A 私には妹がいますし，兄もいます。

B 私には兄がいますし，弟もいます。

C 私には姉がいますし，兄もいます。

D 私には姉がいますし，妹もいます。

1 Dに妹がいればAに妹がいる。

2 Bに弟がいればAに兄がいる。

3 Cに兄がいればAに妹がいる。

4 Bに兄がいればAに兄がいる。

5 Dに姉がいればAに妹がいる。

No.3 ある暗号によると，「東京」が「4イ7ウ3ウ9イ7ウ」となり，「兵庫」が「6エ9イ7ウ5エ7ウ」となる。この暗号で名前が「2イ7エ3イ5イ」と表わされる生き物は，どの類に属する生き物か。

1 哺乳類

2 鳥類

3 は虫類

4 両生類

5 魚類

No.4 よし子，ハルオ，ミノル，けい子の4人はそれぞれ，ピアノ，水泳，習字，料理のうちから2つずつの習い事をしている。ア〜カのことがわかっているとき，正しくいえるものはどれか。

ア　ハルオは水泳は習っていない。

イ　習字を習っているのは，よし子とけい子である。

ウ　ハルオとミノルは同じ2つの習い事を習っている。

エ　料理を習っているのは3人である。

オ　ミノルはピアノを習っている。

カ　ミノルかけい子のどちらか1人は水泳を習っている。

1　よし子は水泳は習っていない。

2　けい子は料理を習っている。

3　ハルオは習字を習っている。

4　水泳を習っているのは2人である。

5　ピアノを習っているのは3人である。

No.5　A，B，Cの3人の通学方法は，徒歩，自転車，鉄道のうちのどれかで，3人共異なる。次のア〜オのうち1つだけが正しく，他はすべて誤りであるとき，正しくいえるものはどれか。

ア　Bは徒歩通学ではない。

イ　Aは自転車通学ではない。

ウ　Aは鉄道通学ではない。

エ　Cは徒歩通学である。

オ　Cは自転車通学である。

1　Aは徒歩通学である。

2　Aは鉄道通学である。

3　Bは徒歩通学である。

4　Bは自転車通学である。

5　Cは自転車通学である。

No.6 A〜Eの5人が円卓を囲んで会議を行った。次のA〜Dの発言のうち，本当のことを言っているのは2人だけで，Eの両隣に座った2人はうそをついていることがわかった。次のうち，席順について正しくいえるものはどれか。

A 「私の左隣はBだった」

B 「私の右隣はCだった」

C 「私の右隣はAだった」

D 「Cの左隣はEだった」

1 Aの1人おいて右がBである。

2 Aの右隣はDである。

3 Bの左隣はDである。

4 Cの右隣がBである。

5 Dの1人おいて右がAである。

No.7 A，B，C，D，E，Fの6人の体重の平均は58kgであり，他に次のア〜オのことがわかっているとき，正しくいえるものはどれか。

ア BとEの体重の平均は50kgである。

イ FはCより10kg重い。

ウ AはEより11kg重い。

エ DとCの体重の平均値はEの体重と同じである。

オ Dは6人の平均値より10kg軽い。

1 AとBの体重差は20kgである。

2 CとEの体重差は6kgである。

3 DとFの体重差は14kgである。

4 最も重い人と最も軽い人の体重差は27kgである。

5 CはEより重く，Bより軽い。

No.8 見た目が全く同じ金貨が27枚あるが，このうちの1枚は重量の異なる偽物である。上皿てんびんを使って偽物を確実に選び出すためには，少なくとも何回てんびんを使う必要があるか。

1 4回

2 5回

3 6回

4 7回

5 8回

No.9 次の数は，ある規則に従って並べたものである。30番目の数はどれか。

$$1, \frac{1}{2}, 1, \frac{1}{3}, \frac{2}{3}, 1, \frac{1}{4}, \frac{1}{2}, \cdots$$

1 1

2 $\frac{1}{4}$

3 $\frac{1}{2}$

4 $\frac{3}{4}$

5 $\frac{3}{8}$

No.10 10人の生徒に対し，A，B，Cの3題からなる数学のテストを行った。Aが正解であった者は6人，Bが正解であった者は8人，Cが正解であった者は7人であった。3題とも不正解の者はいなかったとすると，3題とも正解であった者は少なくとも何人いるか。

1 1人
2 2人
3 3人
4 4人
5 5人

No.11 A，B，C，D，Eの5チームがバスケットボールのリーグ戦（総当たり戦）を行った。その結果，Aは4戦全勝，Bは3勝1敗で，4戦全敗のチームはなかった。CはEに勝ったとすると，次のうち正しくいえるものはどれか。ただし，引き分けはなかったものとする。

1 同順位のチームが2つあった。
2 Cは4位だった。
3 DはCに勝った。
4 EはBに勝った。
5 EはDに敗れた。

No.12 トランプから絵札12枚を抜き出し，次の規則にしたがって横1列に並べたとき，ハートのキングは右から何番目に来るか。

・赤と黒は交互に置く。

・クラブとハートは隣り合わない。

・キング同士は隣り合わない。

・右端はハートのクイーン，左端はクラブのジャックを置く。

・スペードのジャックは右から4番目に置く。

・ダイヤのキングは左から6番目に置く。

1　2番目

2　3番目

3　5番目

4　6番目

5　9番目

No.13 A～Dの4人が円卓を囲んで等間隔に座っている。4人はビール，紹興酒，紅茶，ウーロン茶のうちの異なる飲み物を注文した。また，各自は自分が注文した飲み物以外に，左隣に座った人からその人が注文した飲み物を勧められて飲んでいる。次のことがわかっているとき，Dについて正しくいえるものはどれか。

　　ア　Aの左隣にはビールを注文した人が座り，Aの正面の人は紅茶を飲んでいる。

　　イ　Bは紹興酒を飲んでいない。またCはウーロン茶を飲んでいない。

　　ウ　紅茶とウーロン茶の両方を飲んでいる人はいない。

1　Dはウーロン茶を注文した。

2　Dは紹興酒を注文した。

3　Dは紹興酒と紅茶を飲んでいる。

4　DはAの左側に座っている。

5　DはCの正面に座っている。

No.14 同じ円周の長さの円を用意し，円Aを固定し円Bを図の位置から，円A
のまわりをすべらずに1周させるとき，点Pがもとの位置にもどるまでの間に円B
は何回転するか。

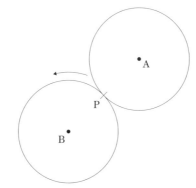

1 $\frac{1}{2}$回転

2 1回転

3 $\frac{3}{2}$回転

4 $\frac{4}{3}$回転

5 2回転

No.15 A，B，C，Dの4つの地点があり，Aから見てDは北東に，Bから見
てAは真南に，Cから見てBは北西に見えるという。CがA，B，Dの3地点から
等距離にあるとき，Bから見てDはどの方角に見えるか。

1 真北
2 南西
3 真東
4 南東
5 真西

No.16 A～Gの7個のピースのうち6個のピースをうまく配置すると図のよう
な正方形の市松模様ができる。このとき不要なピースはどれか。

1 A
2 C
3 D
4 E
5 F

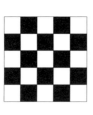

A   B   C   D

E   F   G

No.17 針金をハンダ付けして問題図のような図形を作った。図形がバラバラに分かれないようにペンチで切るとき，最大何回まで切ることができるか。たとえば〔例図〕の場合は，最大2回まで切ることができる。

1 6回

2 7回

3 8回

4 9回

5 10回

[例図]

[問題図]

No.18 正四面体ABCDの3辺AB，AC，CDの4等分点を図のようにE〜Mとする。AB，AC，CDの各辺を，E〜G，H〜J，K〜Mのうちのどれかの点で通る平面で切断したとき，切断面にできる図形ア〜オの組合せのうち正しいものはどれか。

　ア　正方形

　イ　（アではない）長方形

　ウ　（アではない）ひし形

　エ　（ア，イ，ウではない）平行四辺形

　オ　（ア，イ，ウ，エではない）台形

1 ア，イ，ウ

2 ア，イ，エ

3 イ，ウ，エ

4 ア，イ，オ

5 ア，エ，オ

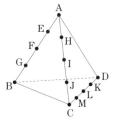

No.19 次の図形の中にある三角形の数として正しいものはどれか。

1 40個

2 44個

3 48個

4 52個

5 56個

第2章 教養試験編

No.20 次のうち，下の図のように紙を折り，斜線部を切り取り，再び広げたときの図として正しいものはどれか。

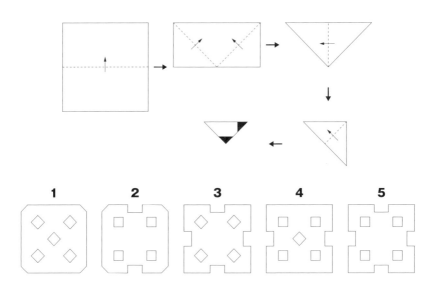

| **1** | **2** | **3** | **4** | **5** |

No.21 次の正八面体の展開図を組み立てたとき，辺アイと一致する辺として正しいものはどれか。

1 エオ
2 オカ
3 カキ
4 キク
5 クケ

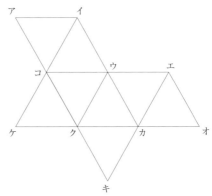

No.22 次の図のように，正六角形が直線 *l* 上を滑ることなく回転するとき，点 P，Oの描く軌跡はどれか。ただし点Pは正六角形の1つの頂点であり，点Oは正六角形の外接円の中心とする。

1

2

3

4

5

No.23 次の図のような道がある。図のAからBまで最短で行く方法は何通りあるか。

1 5通り
2 6通り
3 7通り
4 8通り
5 9通り

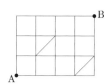

No.1の解説　集合と命題（命題）　→問題はP.121　正答 **5**

「AならばB」の対偶である「BでないならばAでない」，は常に成り立つ。与えられた5つとその対偶を下に示す。

青→黄　　　　　黄×→青×
赤→黒　　　　　黒×→赤×
白×→黄×　　　黄→白
黒×→白　　　　白×→黒
黒×→きれい×　きれい→黒

この10通りの組合せで導けるものは**5**のみである。青→黄→白となる。

No.2の解説　条件からの推理（発言推理）　→問題はP.121　正答 **3**

A〜Dのきょうだい4人の性別は男2人女2人となる。Dには前半，後半のどちらが正しいとしても女のきょうだいがいるので，AとCのどちらが女のきょうだいをもつかという場合分けをしてみる。Aに妹がいれば，Cには兄が，Cに姉がいればAには兄がいることになる。

（Ⅰ）A ― 妹，B ― 兄or弟，C ― 兄，D ― 姉or妹
（Ⅱ）A ― 兄，B ― 兄or弟，C ― 姉，D ― 姉or妹

（Ⅰ），（Ⅱ）どちらであっても，Bは兄，弟のいずれでも合計人数があうので，この中から確実にいえることを選べばよい。**1**と**5**は（Ⅱ）のDが妹または姉のとき矛盾する。**2**，**4**は（Ⅰ）のとき矛盾する。**3**は（Ⅰ）の場合ならばという内容なので正しい。

よって正答は**3**である。

No.3の解説　暗号と規則性（暗号）　→問題はP.121　正答 **1**

暗号例から推測して，東京＝TOKYO，兵庫＝HYOGOのアルファベット表記と関係があることがわかる。その対応は

T＝4イ，O＝7ウ，K＝3ウ，Y＝9イ，H＝6エ，G＝5エ

である。いま，数字を横軸にとりカタカナを縦軸にとって，「4イ」，「7ウ」などの座標を点で表してみると次のようになる。

このことから，アルファベットが次のように並べられていると推測できる。

```
カ |         A
オ |       B C D
エ |     E F G H I
ウ |   J K L M N O P
イ | Q R S T U V W X Y
ア | Z 1 2 3 4 5 6 7 8 9
```

No.4の解説 条件からの推理（対応関係）　　　→問題はP.122　正答 **1**

条件を表にすると表1のようになる。

表1

	よし子	ハルオ	ミノル	けい子	計
ピアノ			○		
水泳		×			
習字	○			○	
料理					3
計	2	2	2	2	

またウ，エより，ハルオとミノルが習っているもう1つの習い事は料理しかないことがわかる。するとカより，水泳を習っているのはけい子ということになる。よって，料理を習っているもう1人はよし子ということが決まる（表2）。

表2

	よし子	ハルオ	ミノル	けい子	計
ピアノ	×	○	○	×	2
水泳	×	×	×	○	1
習字	○	×	×	○	2
料理	○	○	○	×	3
計	2	2	2	2	

よって，正答は **1** である。

判断推理の**解説**

No.5の解説　文章条件からの推理（対応関係）　→問題はP.122　正答 3

　ア～オのうち，正しいのはひとつだけである。このときオが正しいとすると，イも正しくなるので，オは正しくないことがわかる。また，エが正しいとすると，アも正しくなるので，エも正しくない。このことから，エオは正しくなく，Cは鉄道通学であることになりウが正しいことになる。Aは鉄道通学ではなく，イよりこれが正しくないので，Aは自転車通学である。順に同様に見ていくと，Bはアが正しくなく，徒歩通学となる。

　よって正答は**3**である。

No.6の解説　条件からの推理（発言推理）　→問題はP.123　正答 3

　次の説明のために「Aの左隣がB，右隣がC」のことを「BAC」と書くことにする。また，Aの発言が本当（うそ）のことを「Aは真（偽）」と書くことにする。

　DがEの位置について発言しているが，これはBの発言と矛盾しているから，Dが真であるならBは偽である。このとき，BECという配置になるが，これではAも偽になる。よって，Dは偽であることがわかる。

　次にAとB，AとCの間でそれぞれ矛盾があり，D以外にうそつきが1人いるわけだから，それはAだということになる。よって，BとCは真であり，2人の発言からBCAの配置になり，AとDがEの両隣であることから，5人の配置はBCAEDに決まる。なお，円卓であるから，BとDは隣り合っていることに注意をする。

　よって正答は**3**である。

No.7の解説　条件からの推理（順序関係）　→問題はP.123　正答 4

　ア～オの条件から，Dは48kgであることがまずわかる。残りの5人の体重であるが，Eの体重を$x$kgとすると，5人の体重をxで表すことができる。

　アより　$(B + x) \div 2 = 50$　∴　$B = 100 - x$ …①

　エより　$(D + C) \div 2 = x$　　$D = 48$だから

$$∴　C = 2x - 48 \text{ …②}$$

　イより　$F = C + 10 = 2x - 48 + 10$

$$∴　F = 2x - 38 \text{ …③}$$

　ウより　$A = x + 11$ …④

　よって①＋②＋③＋④＋x＋48は全体の平均値×6と等しくなるので，

　$5x + 73 = 58 \times 6$　　∴　$x = 55$kg

　Eは55kgであり，A，B，C，Fは次のようになる。

　　$A = 55 + 11 = 66$kg，　　$B = 100 - 55 = 45$kg

　　$C = 2 \times 55 - 48 = 62$kg，　$F = 2 \times 55 - 38 = 72$kg

　このことから選択肢を検討すると，正しいのは**4**である。

No.8の解説　条件からの推理（操作の手順）　→問題はP.123　正答 **1**

27枚の金貨を9枚ずつ3つに分け，それぞれをA，B，Cとする。

1回目…AとBを量る。

AとBが同じであった場合，偽物がCに含まれていることが分かる。

2回目…AとCを量る。

Cが重かった場合，偽物は本物より重いことが分かる（Cが軽かった場合は，偽物は本物よりも軽いことが分かる）。

Cの9枚を3枚ずつに分け，それぞれをC1，C2，C3とする。

3回目…C1とC2を量る。

C1とC2が同じであれば，偽物はC3に，C1とC2の重さが異なれば，重いほう（軽いほう）に偽物があることが分かる。

4回目…偽物が含まれているグループのうちの2枚を量る。

同じであれば，残りの1枚が偽物，重さが異なれば，重いほう（軽いほう）が偽物と分かる。

よって正答は**1**である。

No.9の解説　暗号と規則性（規則性）　→問題はP.124　正答 **2**

1. $\dfrac{1}{2}, \dfrac{2}{2}, \dfrac{1}{3}, \dfrac{2}{3}, \dfrac{3}{3}, \dfrac{1}{4}, \dfrac{2}{4}, \dfrac{3}{4}, \dfrac{4}{4}, \dfrac{1}{5}\cdots$

1個　　2個　　　　3個　　　　　4個

$1+2+3+\cdots7=28$であるから，30番目の数は分母8，分子2 $=\dfrac{1}{4}$となる。

よって正答は**2**である。

No.10の解説　条件からの推理（数量関係）　→問題はP.124　正答 **1**

3題とも正解であった者が「多くとも何人いるか」という設定であれば，「Aが正解であった者は，みなBもCも正解であった」と考えればよい。つまり3題正解の最多人数は6人である。本問は「少なくとも何人か」であるから，「Aが不正解の者はみなBが正解であり，Bが不正解の者はみなCが正解であった」と考える。つまり，正解者の重複をできるだけ少なくしていき，そうしても3題正解者が出てきた場合，この人数が本問で問われている最少人数である。

10人の生徒に番号を付け，これを1〜10とする。上で述べた方針で各人が正解であった問題をAからふっていくと，次の図のようになる。よって，3題正解者の最少人数は1人であることがわかる。

1	2	3	4	5	6	7	8	9	10
A	A	A	A	A	A	B	B	B	B
B	B	B	B	C	C	C	C	C	C
C									

No.11の解説　条件からの推理（試合の勝敗）　　→問題はP.124　正答 **3**

与えられた条件をもとにリーグ戦表を作ると表1のようになる。

全部で10試合行われ，引き分けはなかったから，5人の勝敗数を合計すると10勝10敗になる。したがって，Aは4勝0敗，Bは3勝1敗で，0戦4敗がいなかったのだから，CとDとEは3チームとも1勝3敗であった計算になる。

表1

	A	B	C	D	E
A		○	○	○	○
B	×		○	○	○
C	×	×			○
D	×	×			
E	×	×	×		

したがって，CはDに敗れ，DはEに敗れたことになる。（表2）。

表2

	A	B	C	D	E
A		○	○	○	○
B	×		○	○	○
C	×	×		×	○
D	×	×	○		×
E	×	×	×	○	

よって正答は**3**である。

No.12の解説 条件からの推理（位置関係）　　　　　　　→問題はP.125　正答 **3**

　赤と黒が交互，クラブとハートが隣り合わないことから，左の6枚にクラブとダイヤ，右の6枚にスペードとハートが並んでしまうことになる。そして他の条件より次の図のように位置が決まる。左から2番目と4番目のダイヤだけが確定しない。

　よって正答は**3**である。

	1	2	3	4	5	6	7	8	9	10	11	12
	♣	♦	♣	♦	♣	♦	♥	♠	♥	♠	♠	♠
	J		K		Q	K	Q	K	J	J	K	Q
	黒	赤	黒	赤	黒	赤	黒	赤	黒	赤	黒	赤

No.13の解説 条件からの推理（位置関係）　　　　　　　→問題はP.125　正答 **2**

　紅茶を注文した人を紅1，その右隣の人を紅2，ビールを注文した人をビ1，その右隣の人をビ2などとし，条件ウが成立する状況を考えてみる。

　下図Ⅰ①～④において，①を紅1とすると，②は紅2。ここでウーロン茶を注文したウ1を探すと条件（ウ）を満たすのは③しかなく，④はウ2。つまり紅1の正面はウ1である。次にビールを注文したビ1は②か④であるが，いずれにしてもビ1の正面は紹1になる。

　以上を念頭におくと，条件（ア）から図Ⅱが書ける。条件（イ）より紹興酒を飲んでいないのはAかAの左隣だから，BはAの左隣。よって，ウーロン茶を飲んでいないCはBの左隣にくる。残るDはAの右隣。これで，A～Dの位置と各人が飲んでいる2種類の飲み物のすべてが決まる。

　よって正答は**2**である。

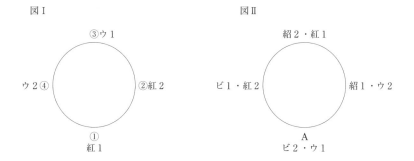

図Ⅰ

③ウ1

ウ2④　　②紅2

①
紅1

図Ⅱ

紹2・紅1

ビ1・紅2　　紹1・ウ2

A
ビ2・ウ1

No.14の解説 平面図形（移動・回転・軌跡）　　　→問題はP.126　正答 **5**

　同じ大きさの円のまわりをすべらずに回転するもう一方の円は，下図のように点Pの反対側で1回転する。

　したがってAのまわりを1周する間に2回転することになる。同じ円周の長さだから1回転というのは錯覚である。よって正答は**5**である。

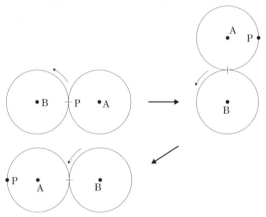

No.15の解説 平面図形（方位と位置）　　　→問題はP.126　正答 **3**

　ABの距離を適当に決めるとDはl上に，Cはm上にあるはずであり，またCがABDから等距離なので，Cはlとmの交点，AC＝DCとなる位置である。よってBからDは真東に見える。とにかくある2点を適当に決め，条件を図示するのがポイント。よって正答は**3**である。

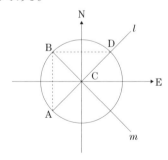

No.16の解説　平面図形（平面構成）
→問題はP.126　正答　**4**

各ピースの白と黒のマス目の数は次の通り。

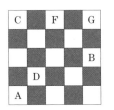

	A	B	C	D	E	F	G
白	3	2	3	2	2	1	2
黒	2	2	2	2	3	3	1

　6ピースを使って白13個，黒12個にならなければならないが，黒のマス目の個数に着目すると，EかFのどちらかが不要であることがわかる。

　Fが不要であれば白のマス目のトータルは14個になってしまう。Eが不要であれば白のマス目は13個。Eを取り除いた6個のピースを例えば以下のように配置すればよい。よって正答は**4**である。

No.17の解説　平面図形（位相と経路）
→問題はP.127　正答　**4**

　1番外側の4箇所を切り，中の4つの円をそれぞれ1箇所ずつ切る。これで計8回であるが，最後に残った中心の部分も1回だけ切ることができる。よって最大で9回まで切ることができることになる。一般的にいえば，「閉じた線（円のような部分）の箇所の数」だけ切ることができる。

　よって正答は**4**である。

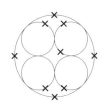

No.18の解説　空間図形（立体の切断・回転・結合）
→問題はP.127　正答　**4**

　BCとADが垂直なので，平行四辺形は長方形になってしまうことに注意。たとえばアはF，I，Lを，イはG，J，Mを，オはG，J，Kを結べばよい。

　よって正答は**4**である。

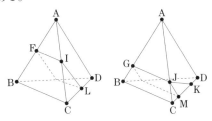

→問題はP.127 正答 **5**

No.19の解説　平面図形（平面構成）

　最も小さい三角形は20個ある。その小三角形2個分の面積の三角形（図ア）も20個ある。小三角形4個分の三角形（図イ）は8個ある。8個分の三角形（図ウ）は4個ある。9個分の三角形（図エ）も4個ある。

　よって，合計すると，20＋20＋8＋4＋4＝56個ある。

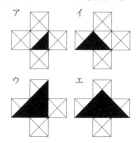

No.20の解説　平面図形（折り紙と重ね合わせ）

→問題はP.128 正答 **5**

　順に広げていき，切り取った部分がどう対称的に現れるか描いていくのがよい。順に示すと次のようになる。（縮尺は正しくない）。

　よって正答は**5**である。

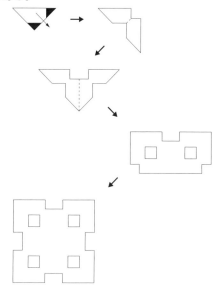

No.21の解説 空間図形（展開図）　　　　　　　　　→問題はP.128　正答 **1**

　正八面体は，向かい合う頂点を３つの組として考えると，展開図でも扱いやすくなる。この頂点の組はA－F，B－D，C－Eであり，展開図にこれを記入してみると，例えば次のようになる。

　すると，ABが辺アイであるから，これと一致するのは，エオである。

　よって正答は**1**である。

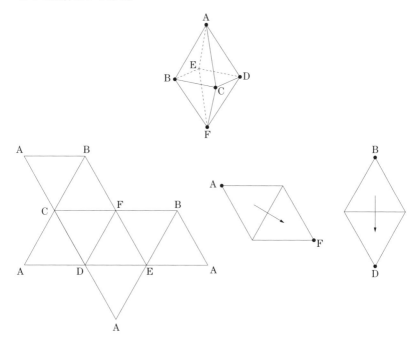

No.22の解説 平面図形（移動・回転・軌跡） →問題はP.129 正答 **5**

　どの頂点が回転の中心になっても，中心は l 上にあり，回転角は60°である。
外接円の半径を r とすると，点Oは常に半径 r の円弧を描く。また，点Pは半径が r, $\sqrt{3}\,r$, $2r$, $\sqrt{3}\,r$, r の円弧を描き，次に回転の中心となり，以後これを繰り返す。よって正答は**5**である。

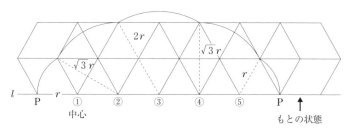

No.23の解説 平面図形（位相と経路） →問題はP.129 正答 **3**

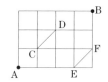

　ななめの道を使うと最短の道のりになる。
　CDを通る方法はAからCへの行き方が2通り，DからBへの行き方が3通りなので
　2×3＝6通り
　EFを通る方法は1通り
　したがって，
　6＋1＝7通り。
　よって正答は**3**である。

数 的 推 理

No.1 AさんとBさんは，コンピュータにデータを入力する作業をしていた。最初は，1時にAさんが作業を始め，3時にBさんと交替し，5時に作業が完成する予定だったが，都合により交替時間が30分遅れてしまった。AさんとBさんが一定時間に行う作業量の比が2：3であるとすれば，作業が完成した時間は何時何分か。

1　5時5分
2　5時10分
3　5時15分
4　5時20分
5　5時25分

No.2 男子16人，女子24人の受験者があった。全体の平均点は71.3点であり，男子だけの平均点は69.5点であったという。女子だけの平均点として正しいものはどれか。

1　71.8点
2　72.1点
3　72.5点
4　72.7点
5　73.1点

No.3 長さ120mの列車Aが，長さ300mの鉄橋を先頭が渡り始めてから最後部が渡り終るまで，21秒かかった。次に列車Aと同じ長さの列車Bがすれちがったが，先頭が出会ってから最後部がすれちがうまでに4秒かかった。2つの列車A，Bの速さの比はいくつか。

1　A：B = 2：1
2　A：B = 3：2
3　A：B = 4：3
4　A：B = 1：2
5　A：B = 2：3

No.4 次の図の9個のマス目に1〜9の数を入れ，縦，横，斜めのどの3個の数の和も等しくなるようにしたとき，AとBの和はいくらか。

1 5
2 7
3 8
4 10
5 13

	A	4
1		
		B

No.5 ある距離を往復するのに，往路を分速80mで歩き，復路を分速70mで歩いたところ，往復で42分かかった。片道の距離として正しいものはどれか。

1 1,456m
2 1,512m
3 1,568m
4 1,624m
5 1,680m

No.6 A，B，C，Dの4台の車のドアの鍵が1つずつあり，4つの鍵はまったく見分けがつかない。この中から無作為に2つを選んですべての車のドアを開けようとするとき，AとBの少なくとも一方の車のドアが開けられる確率はいくつか。

1 $\dfrac{1}{6}$

2 $\dfrac{1}{3}$

3 $\dfrac{1}{2}$

4 $\dfrac{2}{3}$

5 $\dfrac{5}{6}$

No.7 音楽会の入場料が大人は2,000円，学生は1,500円，子どもは1,000円である。いま，大人と学生と子どもが混ざった数人のグループの入場料がちょうど10,000円になった。大人，学生，子どもの人数の組合せが何通りあるか。ただし，大人，学生，子どもは，それぞれ最低1名はいるものとする。

1　3通り

2　4通り

3　5通り

4　6通り

5　7通り

No.8 毎週火曜日と金曜日の2回発行される雑誌がある。この雑誌の創刊号は4月1日火曜日に発行された。この雑誌の第20号が発行されるのは，何月何日何曜日か。

1　6月3日火曜日

2　6月6日金曜日

3　6月10日火曜日

4　6月13日金曜日

5　6月20日金曜日

No.9 ある品物a個を，1個$\frac{8}{3}a$円で仕入れた。品物の1割は傷んでいたので破棄し，残りの$\frac{2}{3}$には2割5分の利益を見込んで定価をつけたところ完売した。翌日，残りを特売品として定価の2割引きですべて売ったところ，全部で12,000円の利益が出た。品物の仕入れ個数aは次のうちどれか。

1　120

2　210

3　300

4　660

5　900

No.10 82人の参加者がA，B2種類のジグソーパズルに挑戦した。Aを完成させた人は42人，Bを完成させた人は38人いた。また，どちらも完成できなかった人は17人いた。このとき，AかBのどちらか一方だけ完成させた参加者は何人か。

1 50人

2 54人

3 58人

4 62人

5 66人

No.11 平行四辺形ABCDの面積をSとして，辺ADを3：1に内分する点をE，辺BCを2：1に内分する点をF，AFとBEの交点をGとする。△GBFの面積は次のうちどれか。

1 $\dfrac{1}{7}S$

2 $\dfrac{2}{13}S$

3 $\dfrac{8}{51}S$

4 $\dfrac{4}{25}S$

5 $\dfrac{3}{17}S$

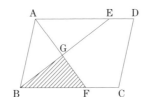

No.12 図は半円をいくつか組み合わせたものである。斜線部分の周の長さはいくらか。ただし，円周率をπとする。

1 $5a\pi$

2 $6a\pi$

3 $4\sqrt{3}\,a\pi$

4 $5\sqrt{2}\,a\pi$

5 $3\sqrt{2}+2\sqrt{3}\,a\pi$

No.13 次の図のように，直線 l に辺BCが接している直角三角形ABCを，点Cを中心として辺ACが l に接するまで回転させるとき，辺ABが通過する部分の面積はどれか。ただし，AB＝$\sqrt{3}$ cm，BC＝1cm，CA＝2cm，円周率はπとする。

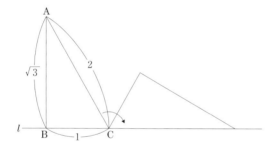

1 $\dfrac{5}{6}\pi\,\mathrm{cm}^2$

2 $\pi\,\mathrm{cm}^2$

3 $\dfrac{7}{6}\pi\,\mathrm{cm}^2$

4 $\dfrac{4}{3}\pi\,\mathrm{cm}^2$

5 $\dfrac{3}{2}\pi\,\mathrm{cm}^2$

No.14 次の図のような半径12cm，中心角60°のおうぎ形OABがある。弧
ABを二等分する点Mと点Bから半径OAにそれぞれ垂線MP，BQをひくとき，斜
線部の図形MPQBの面積は次のうちどれか。

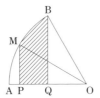

1 $6\pi + 18\sqrt{3}\,\text{cm}^2$

2 $12\pi\,\text{cm}^2$

3 $10\pi + 36\text{cm}^2$

4 $18\pi\,\text{cm}^2$

5 $36\pi + 18\sqrt{3}\,\text{cm}^2$

No.15 次の図のような円錐台の体積はいくらか。ただし，円周率をπとする。

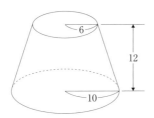

1 781π

2 782π

3 783π

4 784π

5 785π

No.16 次の図はAB＝3，AD＝4，BF＝2の直方体の一すみを，3点B，D，Gを通る平面で切り取ったものである。この立体の体積はいくらか。

1 18

2 $\dfrac{52}{3}$

3 $\dfrac{41}{2}$

4 20

5 $15\sqrt{2}$

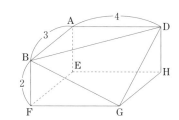

No.17 次の図は，直角三角形ABCのABを軸として45°回転させたときできる立体である。この立体の体積はいくらか。

1 $\dfrac{125\pi}{12}$

2 $\dfrac{50\pi}{7}$

3 $\dfrac{75\pi}{17}$

4 $\dfrac{135\pi}{8}$

5 $\dfrac{48\pi}{5}$

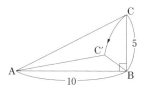

No.18 次の図のような1辺が8cmの立方体がある。AB，AD，FG，GHそれぞれの中点I，J，K，Lを通る平面でこの立方体を切るとき，切断面の面積は次のうちどれか。

1 $24\sqrt{2}\,\mathrm{cm}^2$

2 $32\sqrt{2}\,\mathrm{cm}^2$

3 $32\sqrt{3}\,\mathrm{cm}^2$

4 $48\sqrt{2}\,\mathrm{cm}^2$

5 $48\sqrt{3}\,\mathrm{cm}^2$

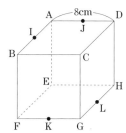

数的推理の解説

No.1の解説　方程式と不等式（仕事算）

→問題はP.141　正答 **2**

　1時間の作業量をA2，B3とすると，全体の作業量は$2 \times 2 + 3 \times 2 = 10$となる。交替が30分遅れたから，Aが行った作業量は$2 \times 2.5 = 5$

　残りの作業量5をBが行ったからBの作業時間は$5 \div 3 = 1\dfrac{2}{3}$すなわち1時間40分である。したがって，合計は2時間30分＋1時間40分＝4時間10分となり，10分遅れることになる。

No.2の解説　方程式と不等式（平均）

→問題はP.141　正答 **3**

　　全体の合計点＝$71.3 \times 40 = 2852$
　　男子のみの合計点＝$69.5 \times 16 = 1112$
　　したがって，女子のみの合計点＝$2852 - 1112 = 1740$
　　ゆえに，女子の平均点＝$1740 \div 24 = 72.5$

No.3の解説　方程式と不等式（通過算）

→問題はP.141　正答 **4**

　先頭が渡り始めてから，最後部が渡り終わるまでに通過する距離は，鉄橋の長さと列車の長さの和になるので，列車Aの秒速は，$(120 + 300) \div 21 = 20$（m/s）

　2つの列車がすれちがう場合も同様で，列車Bの秒速をx m/sとすれば，$(120 + 120) \div 4 = 60$（m/s）が$x + 20$に等しいことから$x = 40$（m/s）

　したがって，速さの比は　$20 : 40 = 1 : 2$

No.4の解説　数と式の計算（魔方陣）

→問題はP.142　正答 **1**

　3×3マスの魔方陣では，中央のマスに数の中央値が入る。ここでは，1〜9の真ん中である「5」が中央のマスに入る。上から2段目の列は，左端の数字が最小の数字「1」なので，右端には最大の数字「9」が入る。よって，この魔方陣では，縦横斜めの合計はすべて15になるように埋めていけばよい。

縦の右列は，縦に合計して$4 + 9 + B = 15$より，$B = 2$
左の列の一番下は，斜めの合計から$15 - (5 + 4) = 6$，
左の列の一番上は，縦の合計から$15 - (1 + 6) = 8$
よって，Aは$15 - (8 + 4) = 3$
　したがって，$A + B = 2 + 3 = 5$

8	A	4
1	5	9
6		B

No.5の解説 方程式と不等式（速さ・距離・時間） →問題はP.142 **正答 3**

片道 x mとすると

$$\frac{x}{80}+\frac{x}{70}=42$$

$$\frac{x}{8}+\frac{x}{7}=420$$

$$7x+8x=23520$$

$$x=1568(\mathrm{m})$$

No.6の解説 場合の数と確率（確率） →問題はP.142 **正答 5**

A，Bの2台の車のドアがともに開けられない確率を求めて1から引けばよい。それぞれの鍵をa，b，c，dとすると，4つの鍵から2つをとる組合せは（a,b），（a,c），（a,d），（b,c），（b,d），（c,d）の6通り。そのうちA，Bの2台の車のドアがともに開けられないのは（c,d）の組合せのときだけ。よって，求める確率は，$1-\dfrac{1}{6}=\dfrac{5}{6}$

No.7の解説 場合の数と確率（組合せ） →問題はP.143 **正答 2**

大人 x 人，学生 y 人，子ども z 人とすれば，$2000x+1500y+1000z=10000$
$4x+3y+2z=20\cdots①$
$x=1$のとき
$3y+2z=16$
$(y,\ z)=(2,\ 5),(4,\ 2)$
$x=2$のとき
$3y+2z=12$
$(y,\ z)=(2,\ 3)$
$x=3$のとき
$3y+2z=8$
$(y,\ z)=(2,\ 1)$
以上の4通りになる。

No.8の解説 数と式の計算（商と余り） →問題はP.143 **正答 2**

発行は週に2回だから，20号が出るのは$20÷2=10$より，10週目の金曜日。したがって，これを日数に直すと，$7×(10-1)+4=67$（日目）。あとは，4月が30日，5月が31日だから，$67-(30+31)=6$（日）。よって，6月6日金曜日が20号の発行日である。

No.9の解説 方程式と不等式（連立方程式） →問題はP.143 正答 **3**

売った品物の総数は$\frac{9}{10}a$（個）

1日目の売上げは，

$$\frac{9}{10}a \times \frac{2}{3} \times \frac{8}{3}a \times (1+0.25) = 2a^2 \text{（円）}$$

2日目の売上げは，

$$\frac{9}{10}a \times \frac{1}{3} \times \frac{8}{3}a \times (1+0.25) \times (1-0.2) = \frac{4}{5}a^2 \text{（円）}$$

利益が12000円出たので，

$$\left(2a^2 + \frac{4}{5}a^2\right) - \left(\frac{8}{3}a \times a\right) = 12000$$

$$\frac{14}{5}a^2 - \frac{8}{3}a^2 = 12000$$

$$a^2 = 90000$$

$$a = \pm\sqrt{90000}$$

$$a>0 \text{より，} a = 300$$

No.10の解説 方程式と不等式（集合） →問題はP.144 正答 **1**

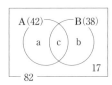

上の図で，a＋bを求める。

a＋b＋c＝82－17＝65 …①

a＋c＝42 …②

b＋c＝38 …③

①×2－(②＋③)＝2a＋2b＋2c－(a＋c＋b＋c) より

a＋b＝65×2－(42＋38)＝50

No.11の解説 図形（三角形と面積）　　　　→問題はP.144　正答 **3**

高さの等しい三角形の面積比は底辺の比に等しくなる。

△ABCと△ABFにおいて，BC，BFを底辺と考えると，BC：BF＝3：2ということより，△ABC：△ABF＝3：2

$$\triangle ABC = \frac{1}{2}S \text{であるから，} \quad \triangle ABF = \frac{2}{3} \times \frac{1}{2}S = \frac{1}{3}S$$

また，AD//BCより△GEA∽△GBFであり，AE：BF＝$\frac{3}{4}$：$\frac{2}{3}$＝9：8だから

AG：GF＝9：8となる。

AG，GFを底辺と見て，△ABG：△GBF＝9：8

ゆえに，$\triangle GBF = \frac{8}{17} \times \triangle ABF = \frac{8}{17} \times \frac{1}{3}S = \frac{8}{51}S$

No.12の解説 図形（円）　　　　→問題はP.145　正答 **2**

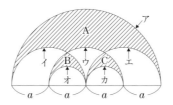

斜線部Aの周は，弧ア，弧イの一部，弧ウの一部，弧エの一部よりなる。斜線部Bの周は，弧イの一部，弧ウの一部，弧オよりなる。斜線部Cの周は，弧ウの一部，弧エの一部，弧カよりなる。そういう目でこの図をみると，斜線部の周は，弧ア，イ，ウ，エ，オ，カの長さの合計になっていることに気づく。

弧アの長さは$2a\pi$

弧イ，ウ，エの長さはそれぞれ$a\pi$

弧オ，カの長さはそれぞれ$\frac{a}{2}\pi$

よって求める周は

$$2a\pi + 3 \times a\pi + 2 \times \frac{a}{2}\pi = 6a\pi$$

No.13の解説 図形（円と面積）　　　　　　　　　→問題はP.145　正答 **2**

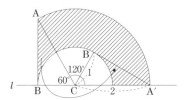

斜線部分を通過する。一部を移動すれば，面積は，

$$\left(\pi \times 2^2 - \pi \times 1^2\right) \times \frac{120}{360} = 3\pi \times \frac{1}{3} = \pi \ (\text{cm}^2)$$

No.14の解説 図形（円と面積）　　　　　　　　　→問題はP.146　正答 **2**

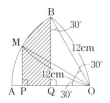

求める斜線部の図形MPQBの面積は，おうぎ形OBM＋△MOP－△OBQである。

おうぎ形OBMの面積は，$\pi \times 12 \times 12 \times \dfrac{30}{360} = 12\pi \ (\text{cm}^2)$

また，△MOP≡△OBQだから，図形MPQBの面積は，$12\pi \ (\text{cm}^2)$

No.15の解説 図形（立体図形）　　　　　　　　　→問題はP.146　正答 **4**

円錐台の体積は，大きな円錐から，上の部分の小さな円錐を切り取ったものとして求める。このとき，大きな円錐の高さや切り取られた小さな円錐の高さは，円錐台の上下の底面の半径をもとに，円錐台の高さ，すなわち切り取ったあと残っている部分の高さに比率をかけて求める。

この問題では，大きな円錐の高さは $\dfrac{10}{10-6} \times 12$，小さな円錐の高さは $\dfrac{6}{10-6}$ である。したがって，求める体積は，

$$\frac{1}{3} \times 10^2 \pi \times \frac{10}{10-6} \times 12 - \frac{1}{3} \times 6^2 \pi \times \frac{6}{10-6} \times 12$$

$$= 1000\pi - 216\pi = 784\pi$$

No.16の解説 図形（立体図形）　　　　　　　　　　　→問題はP.147　正答 **4**

　直方体の体積から切り取った四面体の体積を引けばよい。

　四面体の体積は三角錐の体積として次の公式で求められる。

$$三角錐の体積 = \frac{1}{3} \times 底面積 \times 高さ$$

　次の図で，四面体CBGDにおいて△BGDを底面としてしまうと高さを簡単に求められない。ところが，△BGCを底面とすると，高さはCDとなり容易に体積が求められる。

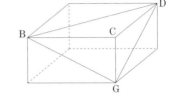

$$四面体CBGD = \frac{1}{3} \times \left(4 \times 2 \times \frac{1}{2}\right) \times 3 = 4$$

　よって求める体積は，$3 \times 4 \times 2 - 4 = 20$

No.17の解説 図形（立体図形）　　　　　　　　　　　→問題はP.147　正答 **1**

　この立体は底面の形がおうぎ形で，その中心角が45°である。よって底面の半径が5，高さが10の円錐の$\frac{1}{8}$の体積となっている。

　したがって，体積Vは，

$$V = 5 \times 5 \times \pi \times 10 \times \frac{1}{3} \times \frac{1}{8} = \frac{125\pi}{12} \quad である。$$

No.18の解説 図形（立体図形）　　　　　　　　　　　→問題はP.147　正答 **5**

　切断面は次の図のような正六角形になる。

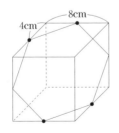
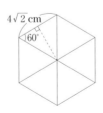

　正六角形の 1 辺の長さは$4\sqrt{2}$cm，正六角形を構成する三角形の高さは$2\sqrt{6}$cmだから，その面積は，

$$\frac{1}{2} \times 4\sqrt{2} \times 2\sqrt{6} \times 6 = 48\sqrt{3} \,(cm^2)$$

No.1 次の表は国民医療費の推移を示したものである。この表から正しくいえるものはどれか。

国民医療費の推移

	1980	1990	2000	2006	2007
医療費（億円）	119,805	206,074	301,418	331,276	341,360
国民1人あたり（千円）	102.3	166.7	237.5	259.3	267.2
国民所得に対する割合(%)	5.89	5.92	8.11	8.87	9.11

1 医療費の伸びが最も大きかったのは1990年から2000年にかけてで，約1.5倍の伸びとなっている。

2 国民1人あたりの医療費の伸びが最も大きかったのは1980年から1990年にかけてで，約1.6倍の伸びとなっている。

3 2007年度の国民所得は，1980年に比べると2倍以上に増えている。

4 各年とも，人口は1億2千万人台で推移している。

5 医療費が年々増えているのは，高齢化と高度医療による医療費高騰が大きく影響しているためである。

No.2 次の表は，わが国の電力供給についてのものである。この表から正しくいえるものはどれか。

(単位　出力1,000kw)

年度末 区　分	計		水力		火力		原子力	
	発電 所数	最大 出力	発電 所数	最大 出力	発電 所数	最大 出力	発電 所数	最大 出力
昭和60年	2,632	169,398	1,629	34,337	987	110,375	16	24,686
63年	3,049	181,708	1,654	37,291	1,379	115,551	16	28,866
平成元年	3,315	186,232	1,668	37,483	1,630	119,304	17	29,445
2年	3,537	194,729	1,683	37,831	1,837	125,253	17	31,645
3年	3,692	199,974	1,692	39,118	1,983	127,452	17	33,404

1　昭和60年において，水力発電所の最大出力は，全体の約３割である。

2　平成３年において，原子力発電所の最大出力は，全体の３割以上である。

3　火力発電所１か所あたりの最大出力は，平成３年のほうが昭和60年より大きい。

4　火力発電所の数が，水力発電所の数を超えたのは，平成元年である。

5　平成２年の火力発電所１か所あたりの出力は，水力発電所のそれの２倍以上である。

No.3 次の表は，ある年の我が国の全上場会社について，株式の所有者別分布を示したものである。表から正しくいえるものはどれか。

	株主数（千人）	株式数（千単位）
政府・地方公共団体	2.5	2,589
金融機関	129.6	186,457
銀行・信託銀行	71.2	110,905
生命保険会社	21.5	54,017
損害保険会社	9.3	16,260
その他の金融機関	27.7	5,275
事業法人等	796.9	101,797
証券会社	91.2	5,621
個人	27,336.0	100,834
外国人	195.0	28,376
計	28,551.3	425,674

1 金融機関と事業法人の所有する株式数は，全体の7割以上になる。

2 株主一人あたりの株式数は，事業法人のほうが金融機関よりも多い。

3 金融機関の所有する株式のうち，銀行・信託銀行が所有しているのは約25％である。

4 個人の所有する株式数は全体の3割未満であり，株主一人あたりの株式数は5単位未満である。

5 銀行・信託銀行の株主一人あたりの株式数は，1200単位以上であり，生命保険会社，損害保険会社より多い。

No.4 次の表は，10の都道県別のある年の１年間の人口増加率（％）を示したものである。自然増加は出生数から死亡数を除いたもので，社会増加は転入数から転出数を除いたもの，人口増加率は自然増加率に社会増加率を加えたものである。これらの10の地域について，この表から正しくいえるものはどれか。

都道府県別の人口増加率（％）

	自　然 増加率	社　会 増加率	人　口 増加率
北海道	0.14	− 0.09	0.05
青　森	0.06	− 0.22	− 0.16
岩　手	0.01	− 0.14	− 0.13
宮　城	0.26	0.17	0.43
秋　田	− 0.16	− 0.20	− 0.37
茨　城	0.23	0.17	0.39
埼　玉	0.46	0.17	0.63
千　葉	0.36	0.13	0.49
東　京	0.17	0.13	0.31
神奈川	0.42	0.10	0.52

1 この年に１番出生率が高かったのは，埼玉県である。

2 この年に人口の流出が１番多かったのは，青森県である。

3 埼玉県では，この年の自然増加率，社会増加率とも東京よりも高いが，人口の増加は東京よりも多いとはいえない。

4 宮城県では，大学や企業の進出が増え，人口が増加した。

5 青森，岩手，秋田の３県では，人口は減る傾向にある。

No.5 次の表は，ある年における東南アジアの5か国の土地利用状況を示したものである。グラフは，このうちのある2か国の総面積に対する比率（％）を示している。A，Bに該当する国の組合せとして正しいものはどれか。

単位　千ha

	総面積	耕地	樹園地	牧場・牧草地	森林	その他
日本	37,780	4,092	460	652	25,105	7,471
インドネシア	190,457	16,200	6,000	11,800	109,200	47,257
韓国	9,902	1,929	162	80	6,480	1,251
タイ	51,312	20,000	3,160	840	14,000	13,312
フィリピン	30,000	4,550	3,430	1,270	10,150	10,600

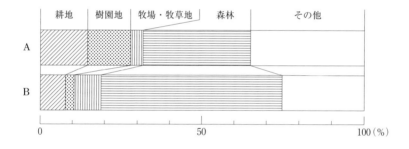

	A	B
1	韓国	日本
2	タイ	インドネシア
3	フィリピン	インドネシア
4	フィリピン	韓国
5	タイ	日本

No.6 次の図は，ある年における国税と地方税の内訳についてのグラフである。この図から正しくいえるものはどれか。

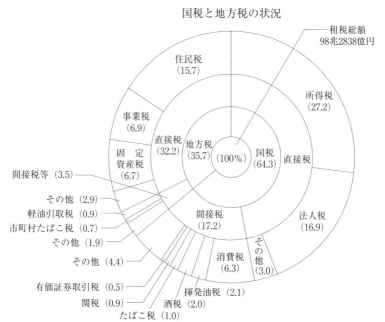

国税と地方税の状況

1 所得税と住民税の合計は，租税総額の40%未満である。

2 法人税と事業税の合計は，所得税よりも少ない。

3 地方税に占める直接税の比率は約7割である。

4 消費税の総額は，約10兆円である。

5 国税と地方税を合わせると，直接税は約6割になる。

No.7 次のグラフは，ある年におけるＡ，Ｂ，Ｃ，Ｄの４地域の農業生産額の割合を示している。各地域における畜産の粗生産額が等しいとすると，この図から正しくいえるものはどれか。

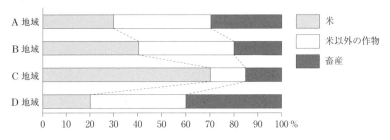

1 米の粗生産額を比較すると，Ｃ地域はＤ地域の3.5倍である。

2 米以外の作物の粗生産額はＢ地域が最も多く，ついでＤ地域が多い。

3 農業粗生産額の総額が最も多いのはＣ地域で，最も少ないＡ地域の３倍以上である。

4 農業粗生産額の総額が最も少ないのはＤ地域で，Ｃ地域の米の粗生産額よりも少ない。

5 Ｂ地域の米の粗生産額はＤ地域の畜産の粗生産額に等しい。

No.8 次のグラフはある地区の百貨店の売上高と対前年同月伸び率の推移を示したものである。この図から正しくいえるものはどれか。

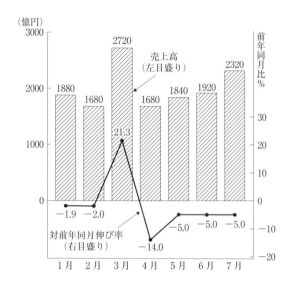

1 当年1月から当年の7月までの間で，売上高が前年同月より減少したのは2月と4月だけである。

2 前年2月と前年の4月とでは，2月のほうが売上高が多かった。

3 前年5月の売上高は，前年の4月のそれより10％以上多かった。

4 前年1月から前年の7月までの間で，売上高が最も多かったのは3月である。

5 前年1月から前年の7月までの間で，売上高が最も少なかったのは2月である。

資料解釈の **解説**

No.1の解説 表 →問題はP.154 正答 **2**

1✕ 医療費の伸びが最も大きかったのは1980年から1990年にかけてで約1.7倍の伸びとなっている。

2◎ 正しい。166.7/102.3≒1.63で最も高い。

3✕ 375兆円/203兆円≒1.8倍で2倍以下である。

4✕ 1980年は一億1711万人である。

5✕ この表からは読み取れない。

No.2の解説 表 →問題はP.155 正答 **5**

1✕ 34337÷169399＝0.20…，すなわち，約2割であった。

2✕ 33404÷199985＝0.16…，であり，3割未満である。

3✕ 発電所数は2倍以上になっているが，最大出力は2倍にはなっていない。したがって，1か所あたりの出力は昭和60年のほうが大きい。

4✕ 平成元年は，水力発電所1668か所，火力発電所1630か所であり，水力発電所のほうが多い。

5◎ 正しい。平成3年についてみると，最大出力は火力は水力の3.3倍であるが，発電所数は1.09である。したがって，1か所あたりの出力は，2倍以上あることがわかる。

No.3の解説 表 →問題はP.156 正答 **4**

1✕ 金融機関と事業法人の株式数は，186457＋101797＝288254（千単位）。これは全体の，288254÷425674≒0.68＝68（％）。

2✕ 株主数は事業法人のほうが多いが，株式数は金融機関のほうが多い。したがって，株主一人あたりの株式数は，金融機関のほうが多い。

3✕ 銀行・信託銀行の割合は，110905÷186457≒0.59＝59（％）。

4◎ 正しい。 株式数は全体の，100834÷425674≒0.24＝24（％）。株主あたりの株式数は，100834÷27336.0≒3.69（単位）。

5✕ 銀行・信託銀行は，110905÷71.2≒1558（単位）。しかし，生命保険会社についてみると，株式数は銀行の半分，株主数は3割ほどであり，生命保険会社のほうが，株主あたりの株式数は多い。

No.4の解説 表 →問題はP.157 正答 **3**

1✕ 自然増加率は，（出生率）−（死亡率）だから，死亡率がわからないので，出生率が高かったとはいえない。

2✕ 人口流出率は高かったが，実数がわからないので人数の比較はできない。

3◎ **2**と同様にわからないから正しい。

4✕ 表からは人口の増加の理由はわからない。

5✕ 表は1年間だけのもので，他の年のものがないので，傾向はわからない。

No.5の解説　表と帯グラフ　　　　　　　　　　→問題はP.158　正答 **3**

　耕地の割合を概算すると，｜耕地／総面積｜　日本10.8％，インドネシア8.5％，韓国19.5％，タイ39.0％，フィリピン15.2％。

No.6の解説　円グラフ　　　　　　　　　　　　→問題はP.159　正答 **2**

1× 27.2＋15.7＝42.9（％）であり，40％を超える。

2◎ 正しい。法人税と事業税の合計は，16.9＋6.9＝23.8（％）であり，所得税よりも少ない。

3× 35.7％に対する32.2％の比率であるから，7割以上なのは明らか。計算すると，32.2÷35.7＝0.90…，すなわち，90％となる。

4× 租税総額が100兆円未満であり，消費税はその6.3％であるから，消費税は10兆円未満である。

5× 100−（17.2＋3.5）＝79.3（％）となり，約8割である。

No.7の解説　帯グラフ　　　　　　　　　　　　→問題はP.160　正答 **4**

　各地域の畜産の粗生産額は等しいので，A地区をモデルにこれを30とする指数を用いて考える。（指数には計算しやすい数値を用いる。10や100でもよい。）

1× 上述の指数で表すと，C地域の米の粗生産額は30÷0.15×0.7＝140，D地域のそれは30÷0.4×0.2＝15となるから9.3倍以上で誤り。

2× 同様に計算すると，米以外の作物の粗生産額は，B地域が60で最も多く，A地域が40で次に多い。

3× 総額は，C地域が200で最も多いが，A地域は100なので誤り。

4◎ 正しい。D地域は総額が75で最も少なく，これはC地域の米の粗生産額140の半分程度である。

5× B地域の米の粗生産額は60，D地域の畜産の粗生産額は30となっている。

No.8の解説　棒グラフと折れ線グラフ　　　　　→問題はP.161　正答 **5**

1× 前年同月比が負になっている月は，3月以外のすべての月にあてはまるから，誤り。

2× 2007年の2月と4月の売上高はほぼ同じで，2月は前年度の98％，4月は前年度の86％より，前年度は4月のほうが売上が多かったから誤り。

3× 2007年4月と5月の売上高はそれぞれ前年度の86％（1953億円），95％（1937億円）であるから，前年度は4月のほうが売上が多く，誤り。

4× 2007年に売上高が次に多い7月と比べると，3月は前年度より20％以上増えているから前年度は，2720÷1.2より少ないが，2720÷1.2＜2320だから，7月のほうが多く，誤り。

5◎ 正しい。伸び率と**4**の結果より，1月と2月で比べればよい。2007年の売上高は2月は1月よりも10％以上減っているが，伸び率は0.1％しか減ってい

ないから2006年も２月のほうが少なく，正しい。

第3章

3

専・門・試・験・編

第3章では

こ こでは専門試験の問題を取り上げています。保育士の出題分野では、頻出テーマの「重要ポイント」をまとめてあります。また、掲載問題は、過去問にのっとった出題傾向・形式で作られていますので、これらの問題を解けるようになることで合格力が身につきます。解けない問題は解説を読んで理解しておきましょう。

①社会福祉

社会福祉 Point

重要ポイント 1 　社会福祉の基本理念

人間の尊厳：人として尊重され，人間らしく生きることを保障する社会の実現。

基本的人権の尊重：すべて国民は，健康で文化的な最低限度の生活を営む権利を有する。（憲法25条）

ウェルビーイング：従来の「最低限度の生活」に近づけようとするウェルフェアの福祉から，ウェルビーイング「健康で文化的な」福祉への転換。

ノーマライゼーション：障害者も高齢者も地域で当たり前の人間として暮らせる社会こそがノーマルであるという社会福祉の基本理念。

自己決定と自立支援：クライエントのアイデンティティ確立と表裏をなす概念で，ノーマライゼーションの理念とともに自立生活を援助する。

その他の重要語句：アドボカシー，エンパワーメント，インテグレーション，インフォームド・コンセント

重要ポイント 2 　社会福祉の歴史

　社会福祉は，資本主義社会のイギリスで初めて登場した資本主義に固有の社会政策で，資本主義社会の生み出す諸問題に対応しようとしてきた。日本では大河内一男，孝橋正一，一番ヶ瀬康子，吉田久一らの研究がある。

●イギリス

社会改良活動	バーネットのセツルメント活動，トインビーホールの設立。チャールズ=ブースによる貧困の社会調査。
エリザベス救貧法 （1601年）	国家単位で救貧を行おうとした近代社会福祉制度の出発点。目的は労働者階級の貧民増大による社会不安の緩和。
慈善事業の台頭	慈善組織協会（COS）の設立。
福祉国家： ベヴァリッジ報告 （1942年）	社会保険制度，公的扶助などを打ち出し「ゆりかごから墓場まで」をスローガン。均一拠出・均一給付を原則とし，現在の社会保障の基礎となった。
国民保健サービス及び コミュニティケア法 （1990年）	施設ケアから在宅ケアへの転換，実施責任は地方自治体，ノーマライゼーション，コスト削減。

●アメリカ

社会福祉援助技術	リッチモンド『ソーシャルケースワークとは何か』（1922年），個別援助技術，COS（アメリカ慈善組織協会），診断主義（医学モデル），機能主義。
ニューディール政策と連邦社会保障法（1935年）	世界恐慌，失業対策，「社会保障」という語句の初めての使用。
公民権法（1964年）	人種，肌の色，信仰，性別，出身国による差別禁止。
障害を持つアメリカ人法（ADA，1990年）	公民権法にはなかった障害者の差別からの保護，公共サービス，企業の雇用におけるルール。

●スウェーデン

社会サービス法	総合的観点，ノーマライゼーション，自己決定，社会参加，積極的活動
エーデル改革	サービスのコミューン移管

●日本

明治・大正：恤救規則（1874年）…日本初の救貧法。「無告の窮民」の救済。

昭和（戦前）：救護法（1929年）

昭和（戦後）：憲法制定と社会福祉

福祉3法	昭和20年代に，GHQ「公的扶助に関する覚書」をもとにつくられた，生活保護法，児童福祉法，身体障害者福祉法の3法をいう。
福祉6法	昭和30年代の高度経済成長期に制定された，知的障害者福祉法，老人福祉法，母子及び父子並びに寡婦福祉法と福祉3法を合わせていう。
福祉8法	老人保健法（2008年高齢者の医療の確保に関する法律に改称），社会福祉事業法（2000年社会福祉法に改称）と福祉6法を合わせていう。

・**朝日訴訟**（1957-67年）…病気療養中の朝日さんが，生活保護費をめぐり，「健康で文化的な生活」を問うて厚生大臣を相手に起こした訴訟。

社会福祉の実践家

聖徳太子：悲田院	
石井十次：日本初の私設孤児院（岡山孤児院）	
石井亮一：日本初の知的障害児施設滝乃川学園	
留岡幸助：触法少年らの矯正教育にかかわり自立支援	
林市蔵：方面委員	**片山潜**：セツルメント活動
高木憲次：肢体不自由児施設整肢療護園	
糸賀一雄：近江学園や第二びわこ学園を創設し『この子らを世の光に』『福祉の思想』を著した。	
山室軍平：キリスト教救世軍で廃娼運動	

第3章 専門試験編

重要ポイント 3 社会福祉の制度・法体系

●法とキーポイント

生活保護法（1946年）	国民の最低生活の保障。国家責任の原理，無差別平等の原理，最低生活維持の原理，補足性の原理の4原理や，申請保護の原則，基準及び程度の原則，必要即応の原則，世帯単位の原則がある。
児童福祉法（1947年）	児童の健全育成。一般児童と要援護児童の育成。
身体障害者福祉法（1949年）	18歳以上の身体障害者手帳の交付を受けた者に対する福祉が目的。身体障害者の関連施設，支援，社会参加等を定めている。
社会福祉法（1951年社会福祉事業法として制定，2000年改称）	社会福祉事業，社会福祉の実施体制，サービス等のほか，社会福祉主事等の任用資格，共同募金等について規定。第1種社会福祉事業，第2種社会福祉事業。
知的障害者福祉法（1960年精神薄弱者福祉法として公布，1999年改称）	知的障害者の自立と社会参加，国等の更正援護，援護サービス等を定める。
老人福祉法（1963年）	高齢者福祉に関する法律。高齢者の年齢規定は同法にはないが，年金支給年齢から65歳以上が高齢者と考えられている。高齢者福祉施設の規定等。
母子及び父子並びに寡婦福祉法（1964年）	母子及び寡婦の福祉を図ることが目的。母子福祉センター等の規定。現在は父子家庭にも対応。
障害者基本法（1993年）	障害者3法の総括的な法律。
介護保険法（2000年施行）	要介護者に対する保険制度。保険者を市町村とし，第1号被保険者，第2号被保険者からの介護保険料徴収によって，要介護者を介護するシステムを規定した。2005年に法改正，予防給付，介護給付の改正が行われた。
高齢者の医療の確保に関する法律（2008年）	介護保険創設や後期高齢者医療制度の新設などで，老人保健法が改称され同法になった。高齢者の保健，医療に関する法律。
障害者総合支援法（2013年）	障害者の日常生活及び社会生活を支援するための法律。障害者自立支援法から変更された。障害福祉サービスの充実を図り，地域社会における共生の実現に寄与することを目的とする。また「制度の谷間」を埋めるため，障害者の範囲に難病患者等が含まれた。

●関連機関

　福祉事務所，児童相談所，社会福祉協議会

●少子化に対応した政府の政策

　エンゼルプラン，新エンゼルプラン，子ども・子育て応援プラン，子ども・子育てビジョン，少子化社会対策大綱，新子育て安心プラン

重要ポイント 4　社会保障と関連制度

　社会保障とは，病気・障害・老化・失業などから派生する貧困を予防し，生活を安定させるために，国家または社会が行う制度。公衆衛生も含む。

●社会保障の理念

　憲法25条は，1項に「すべて国民は，健康で文化的な最低限度の生活を営む権利を有する」と規定，さらに2項には国の責務を明記している。

●日本の社会保障制度

①**社会保険**（国民皆保険，国民皆年金，雇用保険，労災保険，介護保険の5種）

②**公的扶助**　　③**公衆衛生**　　④**社会福祉**

　※所得保障，医療保障，社会福祉サービスの枠組みが提唱されている。

・社会保障をめぐる問題：先進諸国では，高齢化に伴い社会保障費の支出が増大。2021年度の日本の社会保障給付費は総額138兆7,433億円で，年金40.2％，医療34.2％，福祉その他25.6％。

・ワーキングプア，格差社会など，先進国の貧困が問題となっている。

重要ポイント 5　相談援助

ソーシャルワーク：個人または集団が持つ生活上の困難や問題に対する相談に応じ，解決を図る援助技術の方法。

ケースワーク（個別援助技術）	個人や家族を単位として行われる援助技術。リッチモンド，パールマン（問題解決アプローチ），ハミルトン（診断主義），アプテカー（機能主義）
	バイスティックの7原則：①個別化，②意図的な感情表出，③統制された情緒的関与，④受容，⑤非審判的態度，⑥自己決定の尊重，⑦秘密保持
グループワーク（集団援助技術）	小グループ単位でのアプローチ。
コミュニティ・オーガニゼーション（地域援助技術）	セツルメント運動から発祥したグループワークは，コミュニティを対象とする社会福祉援助技術に発展した。地域社会と地域住民を対象とした援助技術。

●その他重要語句

ソーシャル・アドミニストレーション	社会福祉運営管理
スーパービジョン	後進育成や現任教育のための指導法
コンサルテーション	調整・専門職から意見を聞き調整する。

重要ポイント 6　社会福祉の専門職・実施者

　クライエントが持つニーズを解決に導くために，関連する福祉保健医療職と連携することが求められている（介護保険法，社会福祉士及び介護福祉士法）。

社会福祉士	福祉に関する相談業務を行う。 国家資格（社会福祉士及び介護福祉士法）
精神保健福祉士	精神障害者の相談業務を行う。 国家資格（精神保健福祉士法）
介護福祉士	介護ならびに介護に関する指導を行う。 国家資格（社会福祉士及び介護福祉士法）
ケアマネジャー （介護支援専門員）	介護を必要とするクライエントのケアプラン作成や関係職種の調整。福祉保健医療の専門職で経験5年以上の者が受験できる。都道府県（介護保険法）
社会福祉主事	生活保護法，児童福祉法などの福祉に関する事務を行う。任用資格（社会福祉法）
社会教育主事	社会教育に携わる任用資格（社会教育法）
その他	民生委員，ホームヘルパーなど

重要ポイント 7　利用者保護制度

●苦情解決制度

　社会福祉法82条に規定。

●第三者評価

　社会福祉法78条に規定。公正・中立な第三者機関が評価を行う。福祉サービスの質の向上など。

●情報提供

　社会福祉法75条に規定。

重要ポイント 8 社会福祉の動向と課題

●高齢者福祉

課題：生活困窮（高齢者の生活保護の増加），ひとり暮らし高齢者，老老介護，認知症高齢者の増加など

高齢者虐待：高齢者虐待防止法では，虐待を，①身体的虐待，②介護・世話の放棄，③心理的虐待，④性的虐待，⑤経済的虐待の5種類に分類。養護者による虐待では，身体的虐待が最も多く，次いで心理的虐待が多い。虐待する者は息子が最も多い。専門職の早期発見，通報が求められる。

●障害者福祉

・施設中心の収容主義から在宅・地域へ
・養護学校義務化（1979年），障害者雇用促進法（1987年）
・障害者のアイデンティティと当事者の発言…『生きる日々 —— 障害の子と父の断章』（水上勉），『ぼくも働きたい』（汲田克夫，河野勝行，飯野節夫），『母よ！殺すな』（横塚晃一）など
・障害者の就労，知的障害者とホームレス

●少子高齢社会

高齢社会：現在の日本の高齢化率（総人口に占める65歳以上人口の割合）は約29％（2022年）

・1970年に高齢化率が7％を超えて高齢化社会に，1994年には高齢化率が14％を超えて高齢社会となった。その後も高齢化率は上昇を続けており，2070年には38％程度まで達すると推計されている。
・1950年には10人の若年者で1人の高齢者を支えていたが，現在は2.0人の若年者で1人の高齢者を支えている。さらに2070年には，1.3人の若年者で1人の高齢者を支えなくてはならないと推計されている。

少子化：合計特殊出生率（1人の女性が一生の間に生む平均の子どもの数）の低下で，現在年間約80万人生まれている子どもの数は，2070年には50万人程度になると推計されている。背景には，晩婚化，未婚増加，女性の高学歴化などが挙げられる。

●社会福祉基礎構造改革…措置から利用契約制度・利用者本位の制度へ，利用者と援助者の対等な関係，サービス提供者の規制緩和と競争原理の導入，権利擁護（成年後見制度，日常生活自立支援事業），利用者選択と透明性

●社会保障の課題…保健・医療・福祉の統合，年金改革等

社会福祉

No.1 社会福祉の本質に関する次の記述のうち，適切なもののみをすべて挙げているのはどれか。

A 戦前は社会福祉事業に対する国家責任は不明確で社会福祉の活動は慈善に頼っていたが，戦後，新憲法により，国家の責務が明確にされた。

B 孝橋正一は，資本主義社会が持つ問題を，資本主義の矛盾から基本的直接的にもたらされる問題と間接的に派生する問題の2つに分け，前者には社会政策が，後者には社会福祉が対応するとした。

C 一番ヶ瀬康子は，社会福祉が取り組むべき問題に対する社会福祉運動に焦点を当て，社会福祉論を唱えた。

D 現代の社会では，社会の発展により社会問題が減少し，社会福祉のクライエントも減少傾向にある。

1 A，B

2 A，B，C

3 B，C

4 B，C，D

5 C，D

No.2 貧困に関する次の記述のうち，最も適切なものはどれか。

1 19世紀，イギリスの貧困問題を調査したチャールズ＝ブースは，人々の状態を8段階に分け，貧困の原因は個人にあると結論づけた。

2 貧困者への救済は「救貧法」によって国家が扶助する政策となり，慈善事業となっている。

3 貧困への対応は，「働いているときに所得をプールしておいて，リスクを負ったときに給付を受ける」という制度に発展したが，その代表が生活保護である。

4 湯浅誠は『反貧困』で，日本の社会を「うっかり足を滑らしたらすぐさまどん底に落ちてしまうすべり台社会」と述べている。

5 現代の日本では，公的社会保障の充実により高齢者の貧困者は少ない。

No.3 社会福祉の用語に関する次の記述のうち，適切なもののみをすべて挙げているのはどれか。

  A　アドボカシーとは，権利擁護であり，認知症高齢者の抑制廃止もこれに含まれる。

  B　ノーマライゼーションとは，デンマークの知的障害者の運動に始まった。

  C　ストレングスとは，対象者の衰退や障害の部分に目を向ける援助の手法のことである。

  D　エンド・オブ・ライフケアとは，終末期ケアについての概念であり，「人生の最後までQOLを保障」しようとするものである。

1　A，B

2　A，B，C

3　A，B，D

4　B，D

5　C，D

No.4 介護保険制度に関する次の記述のうち，適切なもののみをすべて挙げているのはどれか。

  A　介護保険制度の保険者は市町村である。

  B　介護認定は5区分で認定され，要介護3が最も介護が必要な状態である。

  C　要介護認定に不服がある場合，市町村の設置する介護保険審査会に申立てができる。

  D　脳卒中に罹患した43歳の女性は，介護保険の要介護認定のための申請を行うことができる。

1　A，B

2　A，B，C

3　A，D

4　C，D

5　Dのみ

No.5 ソーシャルワークに関する次の記述のうち，最も適切なものはどれか。

1 メアリー゠リッチモンドは，アメリカのソーシャルワークの発展に貢献し，『慈善からソーシャルワーク』を著した。

2 1940年代には，ソーシャルワークの方法として，ソーシャル・ケースワーク，ソーシャル・グループワーク，ソーシャル・アドミッションの3つの方法が確立された。

3 フローレンスの『ケースワーク』では，ソーシャル・ケース過程は治療であるとし，浄化技法を提唱して「悪い出来事は忘れてしまうよう勧める」ことの重要性を説いた。

4 フェリックス゠バイスティックの7つの原則とは，①個別化，②意図的な感情表出，③共感的介入，④受容，⑤非審判的態度，⑥クライエント自己決定の尊重，⑦秘密保持である。

5 ピンカスとミナハンは，ソーシャル実践におけるシステムを説明している。

No.6 社会福祉の相談援助に関する次の記述のうち，最も適切なものはどれか。

1 相談援助では，援助を要するクライエントの問題のみを注視する。

2 相談援助には，危機介入やエイジングのアプローチがある。

3 コミュニティ・オーガニゼーションは，地域を対象とし，集団の力をも視野に入れて問題解決に当たる。

4 相談業務では，面接を通して相談を受けるが，生活困窮のニーズを中心に把握し対応する。

5 相談業務では，福祉分野の職種とのみ連携して解決に当たるべきである。

No.7 社会福祉に関連する職種についての次の記述のうち，最も適切なものはどれか。

1 社会福祉士とは，社会福祉士の名称を用いて，相談，助言，指導，その他の援助を行う専門職で，「社会福祉士法」に規定された国家資格である。

2 言語聴覚士とは，音声機能や言語機能，聴覚に障害のある者の機能の維持向上のための訓練に携わる者で，任用資格である。

3 理学療法士とは，医師の指示のもと，手芸，工芸，その他の作業を行い，身体または精神に障害のある者のリハビリに携わる専門職である。

4 臨床心理士とは，臨床心理の知識や技法を用いて対象者を援助する者で，「社会福祉法」に規定された国家資格である。

5 看護師とは，「保健師助産師看護師法」に規定された国家資格で，名称独占及び業務独占が付与されている。

No.8 社会保障に関する次の記述のうち，最も適切なものはどれか。

1 1935年にフランクリン＝ルーズベルトが打ち出したニューディール政策の「連邦社会保障法」は，現在の社会保障制度のもとになっている。

2 イギリスのベヴァリッジ報告では，社会保険制度，公的扶助・関連サービスの統合などを打ち出し，社会保障制度に均一拠出と均一給付をとりいれた。

3 日本の国民皆保険，皆年金制度は，税制である。

4 日本の近年の社会保障給付費は，医療が最も多く，次いで年金，福祉の順である。

5 社会保障の課題には，高齢社会，少子化，景気の低迷が大きく関与している。

No.9 社会福祉法に関する次の記述のうち，最も適切なものはどれか。

1 社会福祉法は，1946年に制定された。

2 社会福祉法は，社会福祉を目的とする事業の基本的な事項を定め，社会福祉事業の適正な実施の確保と発展を資することを目的とする。

3 保育所は，社会福祉法の第1種社会福祉事業である。

4 社会福祉法人は，社会福祉事業を行う目的で設立された法人で，所轄庁は，通常市町村である。

5 共同募金は，NPOの活動である。

No.10 民生委員に対する次の記述のうち，最も適切なものはどれか。

1 民生委員は，民生委員法により，都道府県知事から委嘱される。

2 民生委員は，住民の生活状態を把握し，常に住民の立場に立って相談に応じ，必要な援助を行い，社会福祉の推進に努める。

3 民生委員は，誰でも希望すればなることができる。

4 民生委員の任期は1年間で，再任も可能である。

5 民生委員は，全国に約50万人おり，地域に充足している。

No.11 成年後見制度に関する次の記述のうち，誤っているものはどれか。

1 成年後見制度は，2000年に民法の改正により設けられた，判断能力の不十分な人々を保護し，支援するための制度である。

2 従来の「禁治産」「準禁治産」の制度が，それぞれ「後見」「保佐」に変更され，新たに軽度の精神の障害を持つ者を対象に「補助」の制度が創設された。

3 「任意後見制度」とは，認知障害のある本人が同意すれば，その場で誰でも後見人になれる制度のことをいう。

4 制度改正により，後見人・補佐人は従来1人であったが，複数の後見人を導入することができるようになった。

5 身寄りのない者については，対象者が住む市町村長が法定後見開始の審判の申立人になれる。

No.12 高齢者虐待に関する次の記述のうち，最も適切なものはどれか。

1 高齢者虐待防止法では，虐待を身体的虐待，心理的虐待，経済的虐待の3つに分類している。

2 高齢者虐待防止法に規定する高齢者虐待とは，同居している家族による虐待のみを指している。

3 家庭における高齢者虐待では，虐待される高齢者は女性が多く，また虐待の種類では身体的虐待が最も多い。

4 介護が必要な高齢者を長時間放置することは，身体的虐待に当たる。

5 介護疲れで息子が虐待した場合は，同情すべきであり，プライベートの問題でもあるので，黙っていた方がよい。

社会福祉の解説

No.1の解説　社会福祉の本質
→問題はP.174　正答 **2**

A○ 正しい。戦前は社会に派生する諸問題は国家や社会の責任ではなく，個人の問題として捉えられ，一部の慈善活動家の努力によって進められてきた。戦後，新憲法制定により社会の責任が明確になった。

B○ 正しい。孝橋正一は，「政策論」である大河内理論を基盤に置きながらその理論を発展させた。

C○ 正しい。一番ヶ瀬康子や真田是もまた「政策論」に位置づけられるが，社会福祉を担う社会福祉運動に焦点を当てた「運動論」によって社会福祉を理解しようとした。

D✕ 社会福祉は，貧困・障害者・児童などの諸問題から，高齢者，子育て，ホームレス，ニート，ひとり親，外国人労働者等，様々な困難な問題やニーズに対応することが求められており，クライエントも多様になっている。

よって，正答は**2**である

No.2の解説　貧困
→問題はP.174　正答 **4**

1✕ チャールズ＝ブースは，貧困の本質を明らかにし，失業・貧困が，社会的・制度的問題であることを明らかにした。調査で人々の状態を8段階に分け，個人的原因による貧困は全体の13％に過ぎないと結論づけた。

2✕ 貧困者への救済は，貧困が社会の問題であるという認識のもと，国家が貧困者を扶助する「救貧法」となった。他方，貧困者への救済には慈善事業もあるが，これは宗教などの友愛で個人を救済しようとするものである。

3✕ 設問の内容は保険制度についてであり，失業保険，健康保険などの保険制度で貧困に対応しようとしている。生活保護法は，貧困者の救済であり「扶助」の考え方を基盤としている。

4◎ 正しい。貧困は過去の問題ではなく，先進諸国の「豊かな社会での貧困」が問題となっている。『反貧困』を著した湯浅誠は，日本社会を「すべり台社会」と警告している。

5✕ 現代の日本の生活保護受給者は高齢者が最も多く，高齢者の貧困者が従来に比較して増加している。

No.3の解説　社会福祉の用語
→問題はP.175　正答 **3**

A○ 正しい。アドボカシーは，権利擁護と訳され，様々な場面で対象者の権利を擁護することをいう。高齢者虐待防止運動や成年後見制度，認知症高齢者の抑制廃止運動も同様である。抑制廃止運動は，上川病院に始まり，1998年福岡宣言，2000年介護保険下で施設の「身体抑制禁止」に結実した。

B○ 正しい。ノーマライゼーションは，高齢者も障害者もすべて共にある社会がノーマルであるとする。1970年代の知的障害者の運動の中から生まれた。

C✕ ストレングスは，福祉対象者の衰退や障害の部分にのみ目を向けることへの

反省から，経験などに裏打ちされた"強み"に目を向けてアセスメント・ケアするべきであるという考え方である。

D○ 正しい。エンド・オブ・ライフケアは，終末期にある対象者に対し，ホスピスケアと緩和ケアを統合させ，死の瞬間までQOLを保障しようとするもの。

　よって，正答は**3**である。

No.4の解説　介護保険制度　　　　　　　　　　→問題はP.175　正答　**3**

A○ 正しい。介護保険の保険者は市町村であり，第1号被保険者は65歳以上の高齢者，第2号被保険者は40〜64歳までの者である。

B✕ 介護保険の認定は，要支援1〜2，要介護1〜5の7区分であり，要介護5が最も介護の時間が多く重度と認定される。

C✕ 介護保険審査会は，市町村ではなく，都道府県が設置する。

D○ 正しい。40〜64歳の第2号被保険者が，脳卒中など，介護保険が指定する16の特定疾病のいずれかに罹患して要支援・介護状態になった場合，申請し認定を受けて介護保険を活用することができる。

　よって，正答は**3**である。

No.5の解説　ソーシャルワーク　　　　　　　　→問題はP.176　正答　**5**

1✕ メアリー゠リッチモンドは，ソーシャルワークの教科書である『社会診断』を著した。『社会診断』は，「社会的事実」「社会診断への過程」「社会診断過程の実例」の3部からなっており，その中でリッチモンドは「慈善事業に入ってくる若い人たちに有益な方法を伝えたい……しかし慈善組織協会で出会う家族の援助に対応できる専門的な方法や目標が何もない」と述べ，専門職としての基本的な知識を著すことを試みている。『慈善からソーシャルワーク』はエリザベス゠アグニューの著書である。

2✕ 1920年代にはソーシャル・ケースワークの定義がなされ，グループを対象とするソーシャル・グループワーク，さらに地域を対象とするコミュニティ・オーガニゼーションが，ともに1930年代後半にレーン報告により提出され，1940年代には，ソーシャルワークの3つの方法が確立された。

3✕ フローレンスは，ソーシャル・ケース過程は治療であるとし，ソーシャル・ワーカーをセラピストと位置づけているが，浄化技法は「忘れてしまうよう勧める」のではなく，悲しみや怒りを表出させようとする技法である。

4✕ ③は「統制された情緒的関与」である。

5◎ 正しい。ピンカスとミナハンは，『ソーシャルワーク実践：モデルと方法』を出版し，ソーシャルワークがシステムであることを強調し4つのシステムを説明している。

No.6の解説 相談援助　　　　　　　　　→問題はP.176　正答 **3**

　相談援助は，社会福祉の重要な内容。相談援助の援助方法として，ケースワーク（個別援助技術），グループワーク（集団援助技術），コミュニティ・オーガニゼーション（地域援助技術）などがある。

1✕ 相談援助では，クライエントの問題だけでなく，家族や環境全体を視野に入れアセスメントする必要がある。

2✕ 相談援助の方法には，危機介入やネットワーキング，家族ソーシャルワーク，コミュニティ・オーガニゼーションなどの方法がある。

3◎ 正しい。コミュニティ・オーガニゼーションは，地域援助を行い，地域全体の福祉を向上させようとするものであり，その地域の特性や環境，集団の力も考慮する。

4✕ 生活困窮だけでなく，疾病や介護，対人的な問題など，様々なニーズを把握しマネジメントして対応する。

5✕ 相談業務では，福祉分野だけでなく，行政，保健医療，近隣の人々，ボランティアなど，多くの人々と連携し問題解決に当たることが必要になる。社会福祉士及び介護福祉士法の2007年改正では，連携義務が明記された。

No.7の解説 社会福祉専門職　　　　　　　→問題はP.177　正答 **5**

1✕ 社会福祉士の依拠する法律は，「社会福祉士及び介護福祉士法」である。

2✕ 言語聴覚士とは，音声機能や言語機能，聴覚に障害がある者の機能の維持向上を目的する訓練，指導などの援助を行うリハビリ職種であるが，任用資格ではなく，国家資格である。国家試験に合格し，厚生労働大臣の免許を受けなければならない。

3✕ 理学療法士は，「理学療法士及び作業療法士法」に基づく国家資格であるが，身体に障害のある者に対して，基本的動作能力の回復を図るため治療体操その他の運動を行わせ，リハビリに努める専門職である。設問の「手芸，工芸，その他の作業」を行い，身体または精神に障害のある者のリハビリに携わる者は，作業療法士である。

4✕ 臨床心理士は，臨床心理の知識や技法を用いて個人や集団を援助する者であるが，国家資格ではない。公益財団法人日本臨床心理士資格認定協会が認定する資格である。受験資格基準を満たし，試験に合格した者が認定される。

5◎ 正しい。看護師は「保健師助産師看護師法」に規定された国家資格である。傷病者もしくはじょく婦に対する療養上の世話，または診療の補助を行う。名称独占及び業務独占が付与されている。

No.8の解説 社会保障 →問題はP.177 正答 **2**

1 × 大恐慌に対するニューディール政策の一環として，1935年「連邦社会保障法」が制定された。「社会保障」という言葉はこの時初めて使われたといわれるが，現在の社会保障制度のもととされるのはベヴァリッジ報告である。

2 ◎ 正しい。1942年のベヴァリッジ報告では，社会保険制度，公的扶助・関連サービスの統合などを打ち出し，「ゆりかごから墓場まで」をスローガンに，国民が安心して生活できる社会保障制度が制定された。社会保障制度に均一拠出と均一給付をとりいれ，現在の社会保障制度のもととなった。

3 × 日本の医療保険，年金制度は，すべての国民に義務づけられる皆保険，皆年金であるが，税制ではない。すべての国民が，あらかじめ保険料や年金を積み立て，積み立てた者に権利が生じる保険制度である。

4 × 2021年度の日本の社会保障給付費は138兆7,433億円で，そのうち，年金が最も多く，次いで医療，福祉その他と続く。

5 × 現在日本では，2.0人の若年者で1人の高齢者を支えているが，今後高齢化はさらに進み，2070年には1.3人の若年者で1人の高齢者を支えなくてはならないと推計されており，社会保障の大きな課題になっている。社会保障の課題のキーポイントは，一つはこの少子高齢化であり，ほかに生活保護世帯の増加など「格差社会」が挙げられる。景気の低迷ではない。

No.9の解説 社会福祉法 →問題はP.177 正答 **2**

1 × 2000年に社会福祉事業法が改称され制定された。社会福祉を推進するために，社会福祉事業の基本的な事項を定めている。社会福祉審議会，社会福祉協議会，社会福祉事業等のほか，サービスの利用，従事する者の確保，地域福祉の推進等がある。

2 ◎ 正しい（社会福祉法1条）。

3 × 保育所は第2種社会福祉事業である（社会福祉法2条3項2号）。

4 × 通常，都道府県知事である。ただし，主たる事務所・事業所が指定都市区域内の社会福祉法人や社会福祉協議会の社会福祉法人，中核市区域内の社会福祉法人は，それぞれ指定都市，中核市が所轄庁となる（社会福祉法30条）。

5 × 共同募金は，第1種社会福祉事業であり（社会福祉法113条1項），都道府県を単位として厚生労働大臣が定める期間に限って行う募金活動である（同112条）。NPOの活動ではない。

No.10の解説 民生委員 →問題はP.178 **正答 2**

1 × 民生委員は，市町村の民生委員推薦会から推薦された者について，地方社会福祉審議会の意見を聴いて都道府県知事が推薦し，厚生労働大臣が委嘱する。

2 ◎ 正しい。民生委員は，住民の状態を把握し，必要な援助を行っており，業務は膨大な内容である。また，民生委員は，児童委員を兼ねている。

3 × 民生委員は，その地域の選挙権を有する者で，「人格識見高く，広く社会の実情に通じ，且つ，社会福祉の増進に熱意のある者」の中から推薦される。本人の希望で決定されるものではない。

4 × 任期は3年である。

5 × 民生委員は2021年度末現在，全国に約23万人いるが，不足が続いている。

No.11の解説 成年後見制度 →問題はP.178 **正答 3**

1 ○ 正しい。成年後見制度は，対象者が様々な契約や遺産相続，身体監護などの法律行為をする場合にその権利を保障しようとする重要な制度であり，家庭裁判所に申立て→調査→精神鑑定→審判の後，初めて後見人となれる。

2 ○ 正しい。従来は「禁治産」「準禁治産」の制度のみだったが，名称を変更し，新たに「補助」の制度が設けられた。

3 × 任意後見制度とは，あらかじめ自ら選んだ代理人（任意後見人）に財産管理や身体監護等の代理権を付与する委任契約を結んでおく制度で，本人の判断能力が低下した後，任意後見人が，裁判所が選任する任意後見監督人の監督のもとで支援を行う。認知機能が低下した後に契約を結ぶ制度ではなく，また本人がその場で同意をしただけでは後見人になれない。

4 ○ 正しい。従来，後見人・保佐人は，夫婦の場合は必ず配偶者であり，人数も1人に限られていたが，改正により，配偶者以外や複数の成年後見人等の保護者を選任できるようになった。なお，親族以外の後見人は，司法書士，弁護士，社会福祉士が多い。

5 ○ 正しい。申立ては，本人の4親等内の親族がいない場合，第三者が行うことができ，市町村長にその権利が認められている。

第3章 専門試験編

1 × 高齢者虐待防止法では，高齢者虐待を，身体的虐待，介護・世話の放棄，心理的虐待，性的虐待，経済的虐待に分類している（同法2条4項，5項）。

2 × 高齢者虐待防止法における高齢者虐待とは，家族などの「養護者」と「養介護施設従事者等」による虐待である（同法2条3項）。

3 ◎ 正しい。厚生労働省による高齢者虐待の状況等に関する調査によると，養護者による高齢者虐待の被虐待高齢者は女性が8割近くを占めた。虐待の種類では身体的虐待が最も多く，次いで心理的虐待，介護等の放棄，経済的虐待と続く。

4 × 介護が必要な高齢者を長時間放置することは，身体的虐待ではなく「介護等放棄」に当たる。

5 × 高齢者虐待を放置することは，被虐待高齢者はもとより，加害者である虐待をした者にも重大な結果をもたらすおそれがある。高齢者虐待防止法は，専門職による「早期発見」（同5条）や「通報」の義務（同7条）について定めている。

②子ども家庭福祉

子ども家庭福祉 Point

重要ポイント1 児童福祉の意義・理念と児童の定義

　児童福祉は，保護者，国・地方自治体，社会全体が，力の弱い児童の生活を守り，成長発達を保障し，自己実現のための活動全体を取り扱う。理念，現状，制度や政策，援助方法の内容が問われる。歴史的な背景の中で現状と課題を捉えておこう。

●理念

憲法による規定（基本的人権）：尊厳（13条），無差別平等（14条），生存権（25条），教育を受ける権利（26条）など

児童福祉法（1947年）：法的規範。児童は，適切な養育を受け健やかな成長・発達や自立が図られること等を保障される権利を有することを，総則の冒頭（第1条）に位置づけ，その上で，第2条において国民，保護者，国・地方公共団体が，それぞれこれを支える形で，児童の福祉が保障される旨が明確化されている。

　1条　全て児童は，児童の権利に関する条約の精神にのつとり，適切に養育されること，その生活を保障されること，愛され，保護されること，その心身の健やかな成長及び発達並びにその自立が図られることその他の福祉を等しく保障される権利を有する。

　2条　全て国民は，児童が良好な環境において生まれ，かつ，社会のあらゆる分野において，児童の年齢及び発達の程度に応じて，その意見が尊重され，その最善の利益が優先して考慮され，心身ともに健やかに育成されるよう努めなければならない。

　②　児童の保護者は，児童を心身ともに健やかに育成することについて第一義的責任を負う。

　③　国及び地方公共団体は，児童の保護者とともに，児童を心身ともに健やかに育成する責任を負う。

児童憲章（1951年5月5日）：道義的規範。子どもの日の制定。

●児童の定義（法的根拠）

新生児：出生後28日未満の乳児（母子保健法）

乳児：満1歳に満たない者（児童福祉法，母子保健法）

幼児：満1歳から小学校就学の始期に達するまでの者（児童福祉法）

少年：小学校就学の始期から満18歳に達するまでの者（児童福祉法）
　　　　20歳未満の者（少年法）

子ども：小学校就学の始期に達するまでの者（認定こども園法）

学童：小学校に就学する者（児童福祉法規定なし）

未成年：18歳未満の者（改正民法）

重要ポイント 2　児童福祉の歴史

●日本の児童福祉の歴史

児童福祉法制定以前：児童救済で最も古いものは聖徳太子の悲田院で，捨子の収容がなされた。明治の恤救規則（1874年，日本初の救貧法）は13歳以下の「無告の窮民」が対象。公的施策がない中では先駆的な社会事業家たちの活動があった。

　　工場法（1911年）による児童の保護，救護法制定（1929年），恐慌や冷害から起こった身売り・心中などの社会背景をもとに児童虐待防止法制定（1933年）。母子保護法（1937年），社会事業法（1938年）制定。戦争に突き進む中，児童保護・育成が強調された。

重要人物		
聖徳太子：悲田院		石井十次：岡山孤児院
池上雪枝：不良児収容保護		留岡幸助：家庭学校（触法少年）
石井亮一：滝乃川学園		赤沢鍾美：新潟静修学校託児所
野口幽香，森島峰：二葉幼稚園（貧困児童の保育）		

児童福祉法制定に至るまで：第二次世界大戦は，日本の子どもに大きな影響を与え，12万3,000人にのぼる戦災孤児や遺児を生み出した。それらの児童に対応するものとして1945年に戦災孤児等保護対策要綱，1946年に浮浪児その他児童保護等の応急措置などが制定された。

　　その後児童の福祉を掲げた児童福祉法（1947年）が制定され，すべての児童の福祉と健全な育成を目的とする総合的な法の整備がなされ，児童虐待防止法，少年救護法が廃止された。

重要人物	
高木憲次	肢体不自由児施設整肢療護園
糸賀一雄	近江学園や第二びわこ学園を創設し『この子らを世の光に』『福祉の思想』を著作。
沢田美喜	エリザベスサンダースホーム

●諸外国の児童福祉の歴史

　イギリスの産業革命は児童労働を出現させ，オーエンスらの取組みがなされた。1802年に「徒弟の健康と徳性を守るための法律」が制定され，さらに1833年には工場法によって9歳未満の児童の雇用制限がなされた。1870年には初等教育法が制定された。

重要人物：ジャン＝ジャック＝ルソー，エレン＝ケイ，ペスタロッチ，コルチャック，A. S. ニイル，ジョン＝デューイなど

重要ポイント 3 児童福祉の制度・法体系

●世界の権利条約・宣言

アメリカ第1回児童福祉白亜館会議（1909年）
ドイツ児童法（1922年）
児童の権利に関するジュネーブ宣言（1924年）
児童の権利に関する宣言（1959年）
児童の権利に関する条約（1989年） 18歳未満の者すべてが児童，児童の最善の利益，父母の責任・権利・義務，生存，発達，保護，参加，困難な状況下における子どもの権利と保護・援助が定められ，児童の受動的権利と能動的権利（意見を表明する権利，表現の自由，思想・良心・宗教の自由）がうたわれた➡日本は1994年に批准

●日本の法体系

児童福祉法 （1947年）	すべての児童の健全育成と福祉の増進，要援護児童対策に関する基本法。1条および2条に「児童の福祉を保障するための原理」を規定。児童の定義や，要援護児童に関する施設・サービス，育成医療等費用について規定。
児童扶養手当法 （1961年）	母子家庭の生活の安定が目的。 後に父子家庭にも対応。
母子及び父子並びに寡婦福祉法 （1964年）	1964年制定時は「母子福祉法」。母子家庭に加え，その母である寡婦についても福祉が図られるようになった。母子相談員を設置し指導を行う他，貸し付け，雇用促進等を行い，自立を助ける。後に父子家庭にも対応。
母子保健法 （1965年）	母性，乳児，幼児の健康保持・増進を図る。妊娠の届出，母子健康手帳交付，健康診査，訪問指導，未熟児養育医療，母子健康包括支援センターなどの規定。
児童手当法 （1971年）	児童の養育者に手当を支給し，児童の健全な育成を図る。
育児・介護休業法 （1995年）	育児・介護を担う労働者の職業生活，家族の役割の遂行を基本理念。休業を理由とした差別の禁止，就学前の子の看護休暇，最長2歳に達するまで育児休暇取得可能。
児童買春，児童ポルノに係る行為等の規制及び処罰並びに児童の保護等に関する法律 （1999年）	国外犯も含め処罰， 2004年改正でインターネットにも対応。
児童虐待の防止等に関する法律 （2000年）	児童虐待の定義，国・地方自治体の責務， 関係者の早期発見，通告義務。

配偶者からの暴力の防止及び被害者の保護等に関する法律（2001年）	配偶者からの暴力の定義，被害者及び子どもへの接近禁止，配偶者暴力相談支援センターの設置等。なお，2014年1月より，生活の本拠を共にする交際相手からの暴力についても法の適用対象とされた。
少子化社会対策基本法（2003年）	子育てに夢が持てるよう基本理念，基本施策の推進を支援。雇用環境，保育サービス，地域の子育て支援，母子保健医療体制，ゆとりある教育等。
子ども・子育て支援法（2012年）	認定こども園，幼稚園，保育所を通じた共通の給付（施設型給付）および小規模保育等への給付（地域型保育給付）の創設，地域の子ども・子育て支援の充実等を目的として制定。
こども基本法（2023年）	すべてのこどもが，生涯にわたる人格形成の基礎を築き，自立した個人として等しく健やかに成長することができ，こどもの心身の状況，置かれている環境等にかかわらず，その権利の擁護が図られ，将来にわたって幸福な生活を送ることができる社会の実現を目指して，こども施策を総合的に推進する。

●施策

健やか親子21（第2次）（2015年）	母子保健に関する国民運動計画。第1次は2001年〜2014年。妊産婦・乳幼児への保健対策，学童期・思春期から成人期に向けた保健対策，児童虐待防止対策等。
子ども・子育てビジョン（2010年）	社会全体で子育てを支え，希望を実現。子どもの育ちを支え若者が成長できる社会，妊娠・出産・子育ての希望の実現，子育て力のある地域，男女ともにワークライフバランス
子ども・子育て支援新制度（2015年）	子ども・子育て支援法ほか2法に基づき，質の高い幼児期の学校教育・保育の総合的な提供，保育の量的拡大・確保，地域の子ども・子育て支援の充実を目的とした措置をとる。2019年10月からは，幼児教育・保育の無償化，子育てのための施設等利用給付などが始まった。
少子化社会対策大綱（第4次）（2020年）	「希望出生率1.8」の実現に向け，令和の時代にふさわしい環境を整備し，国民が結婚，妊娠・出産，子育てに希望を見出せるとともに，男女が互いの生き方を尊重しつつ，主体的な選択により，希望する時期に結婚でき，かつ，希望するタイミングで希望する数の子どもを持てる社会をつくることを目標に策定。
新子育て安心プラン（2021年）	令和3年度から令和6年度末までの4年間で約14万人分の保育の受け皿を整備することを目標にさまざまな支援を提唱。

重要ポイント 4　児童福祉の関係機関・財政

●行政機関

児童福祉審議会	都道府県・指定都市（児童福祉法）。児童の福祉に関する審議を行い，都道府県知事等の諮問に答える。

児童相談所	都道府県・指定都市及び中核市等政令で定める市で設置（児童福祉法）。全国232か所。専門的相談に応じ，援助活動を行う。また，必要な調査や専門的知識・技術を要する相談，判定，児童の一時保護，施設入所の措置，市町村への助言など。
福祉事務所	福祉に関する事務所，都道府県・市及び特別区に設置（社会福祉法）。実状調査，相談・指導，母子保護等。
保健所	都道府県・指定都市及び中核市等政令で定める市または特別区で設置（地域保健法）。衛生知識の普及，母子保健，精神保健に関する事業等を行う。妊娠届出の受理・母子健康手帳交付，新生児訪問指導，療育指導等。
児童家庭支援センター	地域に密着。児童相談所を補い，早期発見・対応や援助。

●民間児童福祉関係団体

社会福祉法人，財団法人，社団法人等。法人格を有するものと有しないものがある。

●財政

児童福祉に関する財源は，公費及びこれに準ずる公的資金と，民間資金に分けられる。

・児童福祉施設の運営に要する経費では，児童福祉施設への入所措置がとられた後の保護または養育について措置費として支弁される。

・保育所，助産施設，母子生活支援施設は措置費ではなく実施にかかる費用の名目で支弁される。2003年から，利用者がサービス提供者と契約を提携し，市町村が利用者に支援費を支給する支援費支給方式となった。児童養護施設等は，支援費支給方式はなじみにくいとされ従来通り。

重要ポイント 5　児童福祉の専門職・実施者

保育士	専門的知識及び技術をもって児童の保育及び児童の保護者に対する指導を行う（児童福祉法）。名称独占（2003年）。
児童委員	厚生労働大臣からの委嘱。児童及び妊産婦の生活状態を把握し必要な指導・援助を行う。要保護児童の通告の仲介。
児童福祉司	児童相談所の中核的所員。児童相談業務を実践するフィールドワーカー。児童福祉司を養成する学校を卒業し，厚生労働省令で定める施設で1年以上福祉に関する相談業務に従事した者等。任用資格（児童福祉法）。

重要ポイント 6 児童福祉の現状・課題
（少子化対策・子育て支援・健全育成等）

●少子化対策

　現代の日本は高齢化と少子化が同時に進行している状態。少子化対策施策として，エンゼルプラン，新エンゼルプラン，次世代育成支援対策推進法，健やか親子21，仕事と子育ての両立支援施策の方針について（待機児童0作戦），子ども・子育てビジョンなどがある。

少子化社会と子どもの問題
①子どもの成長・発達：身体の健康（肥満，生活習慣病，基礎体力の低下），心の発達の障害 ②家庭・子育て：密室子育て，地域との関係の薄さ ③学校：不登校，いじめ

●児童健全育成

1950年～1960年代	児童厚生施設の整備，家庭児童相談所，母子保健施策
1970年～1980年代	児童館（鍵っ子），思春期対策
1990年～2000年代	放課後児童健全育成事業（放課後児童クラブ，1997年），エンゼルプラン，新エンゼルプラン，児童手当制度改正

●保育所

設置・運営：2003年規制緩和により民間参入可能，定員要件の緩和。

保育士の数（児童福祉施設の設備及び運営に関する基準に規定）
乳児おおむね3人に対し1人以上 満1歳以上3歳未満の幼児おおむね6人に対し1人以上 満3歳以上4歳未満の幼児おおむね20人に対し1人以上 満4歳以上の幼児おおむね25人に対し1人以上

現状：保育所数（幼保連携型認定こども園含む）3万600か所，利用児童数255万5,935人（2023年4月時点）

　延長保育促進事業，一時保育促進事業，乳児保育促進事業，地域子育て支援センター事業，保育所地域活動事業，障害児保育環境改善事業，駅前保育サービス提供施設促進事業などに取り組んでいる。

課題：待機児童の解消，多様化するライフスタイルに対応できる保育所

重要ポイント 7 児童福祉の現状・課題
（母子保健・様々な児童に対する支援等）

●母子保健

母子保健法：妊産婦及び乳児健康診査，1歳6か月健康診査，3歳児健康診査，新生児訪問指導，未熟児訪問指導，母子健康手帳などについて規定

関連事項：予防接種，未熟児養育指導，療育指導，就学時健康検査，育成指導，小児慢性特定疾患治療研究事業，新生児マススクリーニング等

課題：死亡率の低下（交通事故等の不慮の事故，保育中の事故を減らす），生活習慣病の予防，心の健康，出産前診断（先天異常と中絶）のあり方についての議論

●障害児福祉

現状：在宅身体障害児（18歳未満）は現在約7万人程度。等級が1～6級に分けられ，身体障害者手帳が交付される。なお，18歳以上を含む手帳所持者全体のうち，視覚障害が約7％，聴覚・言語障害が約8％，肢体不自由が約45％，内部障害が約29％。

　　在宅知的障害児（18歳未満）は現在約21万人程度。軽度・中度・重度・最重度に分けられる。療育手帳が交付される。早期発見・療育が望ましい。

　　精神障害児（20歳未満）は現在約60万人程度。

通所サービス：障害種別による区分をなくし，一元化（児童発達支援，医療型児童発達支援）。また，放課後等デイサービス，保育所等訪問支援を創設。

入所サービス：障害種別による区分をなくし，一元化（福祉型障害児入所施設，医療型障害児入所施設）。

その他の支援：障害児相談支援，特定相談支援，障害児等療育支援事業など

課題：乳幼児期から児童期，成人期と発達保障ができるサービス，福祉・医療・保健・教育などの関係機関や職種の連携

●保護を要する児童

要保護児童：保護者のない児童，必要とする監護が提供されていない児童

児童自立支援：在宅指導，乳児院，児童養護施設，児童心理治療施設，児童自立支援施設，里親

児童養護施設：入所児は約2.3万人。入所理由は，父母の虐待・酷使，父母の放任・怠だなどが多い。そのほかにも父母の精神疾患など家庭環境による入所が増加。

●児童虐待，ドメスティックバイオレンス

児童虐待防止法：身体的虐待，性的虐待，ネグレクト，心理的虐待の4種。職務上児童の福祉に関する者の早期発見。住民が児童委員を介して通告，通告ルート簡略化

現状：児童相談所の相談対応件数が増加。心理的虐待，身体的虐待，ネグレクトの順に多い。加害者は実母が多く，次いで実父。

児童相談所の保護：通告・相談の受理➡調査➡判定（在宅指導，施設入所や里親，一時保護）➡親権喪失宣告の請求

母子健康包括支援センター：平成28年の改正により，市町村は設置が努力義務となった。

家庭裁判所による一時保護の審査：平成29年の改正により，虐待を受けている児童等の保護者に対する指導への司法関与ができるようになった。

親権者による体罰の禁止・児童相談所の体制強化：令和元年の改正により，親権者による体罰が禁止された。また，児童相談所における一時保護と保護者支援の担当を分けることや，医師と保健師を配置することが定められた。

課題：早期発見・早期対応，被虐待児童への支援，親子との調整と保護者の支援，ネットワーク

ドメスティックバイオレンス：被害者の子どもへの接近禁止命令（2004年）

●母子支援，ひとり親家庭

母子及び父子並びに寡婦福祉法：母子家庭（父子家庭も含む）及び寡婦を対象

現状：離婚の増加，非婚出産，ドメスティックバイオレンスでの別居等で母子（父子）家庭の増加。

支援の概要：年金・児童扶養手当・生活保護加算などの経済上の援助，就業支援，日常生活支援など

重要ポイント 8　社会的養護の意義・概念

●社会的養護とは

　子どもの養育に社会が責任を持つという仕組みが国や地方自治体によって制度化された場合，これを社会的養護と呼ぶ。

●児童福祉の理念に基づく社会的養護

児童福祉法

1条　全て児童は，児童の権利に関する条約の精神にのっとり，適切に養育されること，その生活を保障されること，愛され，保護されること，その心身の健やかな成長及び発達並びにその自立が図られることその他の福祉を等しく保障される権利を有する。

2条　全て国民は，児童が良好な環境において生まれ，かつ，社会のあらゆる分野において，児童の年齢及び発達の程度に応じて，その意見が尊重され，その最善の利益が優先して考慮され，心身ともに健やかに育成されるよう努めなければならない。

➡子どもは本来的に両親の庇護のもと，家庭で育つのが自然であるが，親の死亡などにより，生まれた家庭で育つことができない場合，子どもを社会的に制度化された仕組の中で養護していく必要がある。

重要ポイント 9　社会的養護の制度・領域

●社会的養護の対象となる児童

　家庭での養育を受けられない児童に対し，里親制度や児童養護施設の利用により，代替的家族環境を提供する。

養護の対象となる児童：保護者のいない児童，被虐待児童，心身に障害のある児童

●社会的養護における保育者の役割

　代替的家族環境におけるしつけ（社会化）の再構築に携わる専門職として，子どもの権利擁護と自立を支援する。

●子どもの権利としての社会的養護

　子どもは「権利の主体」であり，自らの家族において心身ともに成長することができるという基本的権利を擁護される。

重要ポイント 10　施設養護

●施設養護の基本原則

①**個別化の原則**…児童を処遇されるべき集団として見るのではなく，児童一人ひとりのニーズに応じる。

②**利用者個人の権利と意思を尊重する**…個々の意思や希望を尊重し，権利を擁護する。　　※たとえば，被虐待児童の面会や通信の制限など。

③**親子関係の尊重と調整**…家族の再統合支援などを目的に，親子関係を尊重した処遇支援を行う。

●施設の種別と各施設の社会的養護の取組み

乳児院	乳児（保健上，安定した生活環境の確保その他の理由により特に必要のある場合には，幼児を含む）を入院させて，これを養育し，あわせて退院した者について相談その他の援助を行うことを目的とする施設（児童福祉法37条）
母子生活支援施設	配偶者のない女子又はこれに準ずる事情にある女子及びその者の監護すべき児童を入所させて，これらの者を保護するとともに，これらの者の自立の促進のためにその生活を支援し，あわせて退所した者について相談その他の援助を行うことを目的とする施設（児童福祉法38条）
児童養護施設	保護者のない児童（乳児を除く。ただし，安定した生活環境の確保その他の理由により特に必要のある場合には，乳児を含む），虐待されている児童その他環境上養護を要する児童を入所させて，これを養護し，あわせて退所した者に対する相談その他の自立のための援助を行うことを目的とする施設（児童福祉法41条）
児童心理治療施設	家庭環境，学校における交友関係その他の環境上の理由により社会生活への適応が困難となつた児童を，短期間，入所させ，又は保護者の下から通わせて，社会生活に適応するために必要な心理に関する治療及び生活指導を主として行い，あわせて退所した者について相談その他の援助を行うことを目的とする施設（児童福祉法43条の2）
児童自立支援施設	不良行為をなし，又はなすおそれのある児童及び家庭環境その他の環境上の理由により生活指導等を要する児童を入所させ，又は保護者の下から通わせて，個々の児童の状況に応じて必要な指導を行い，その自立を支援し，あわせて退所した者について相談その他の援助を行うことを目的とする施設（児童福祉法44条）

重要ポイント 11　社会的養護の現状・課題

●子どもと家族を取り巻く諸問題と社会的養護のニーズ増大の背景

　地域共同体の家族支援システムの喪失，地域の子育て力の低下，家族の孤立化，家族規模の縮小に伴う親族の子育てサポート体制の弱体化，雇用の不安定化・失業率の上昇による家族の経済的困難の増大，離婚率の上昇に伴うひとり親家庭の増加，社会全体の規範意識の低下，家族の養育機能や社会化・しつけ機能の弱体化など

●社会的養護の現代的課題

児童相談所が対応した相談件数：令和3年度中に児童相談所が対応した相談件数は571,961件。相談の種類別に見ると，「養護相談」が49.5％と最も多く，次いで「障害相談」が35.6％，「育成相談」が7.3％となっている。「養護相談」の構成割合は年々増加している。

児童虐待相談件数：令和3年度中に児童相談所が対応した養護相談のうち児童虐待相談の対応件数は207,660件で，年々増加している。

子どもの虐待死事例（令和3年度）

心中以外の虐待死事例：50例（50人）

心中による虐待死（未遂含む）事例：18例（24人）

社会的養護に関する地方公共団体と国への主な提言

　①虐待発生・深刻化予防のための関係機関と連携した支援の充実

　②児童相談所と市町村における体制整備と専門性の確保

民法および児童福祉法改正（2011年・2019年・2022年）

　〔従来〕被虐待児童を虐待親から守るためには親権喪失請求のみ可能

➡〔現行〕親権の2年間停止が可能に

　・子どもの利益のために親権の行使が行われなければならないと明記。

　・児童の生命や身体の安全を確保するために緊急を要する場合については親権者の権利よりも優先し，施設長が親権を代行できる。

　・親権者や未成年後見人は施設長の措置を「不当に妨げてはならない」とされた。

　　〔従来〕児童虐待などで実の親と暮らせない子どもを救済するための制度「特別養子縁組」の対象年齢を原則6歳未満とする

➡〔現行〕特別養子縁組制度の年齢を原則15歳未満に引き上げ

なお，2022年の児童福祉法改正（2024年4月施行）では，

　・障害児入所施設の入所児童等が22歳まで入所継続可能に。

　・児童にわいせつ行為を行った保育士の資格管理の厳格化，ベビーシッター等に対する事業停止命令等の情報の公表や共有が可能に。

子ども家庭福祉

No.1 次の文中の空欄A～Cに当てはまる語句の組合せとして適切なものはどれか。

児童は,（　A　）として尊ばれる。

児童は,（　B　）として重んぜられる。

児童は,（　C　）の中で育てられる。

	A	B	C
1	人	国民	社会
2	人	社会の一員	よい環境
3	社会の一員	国民	よい環境
4	社会の一員	国民	愛情
5	人	社会の一員	愛情

No.2 自然と子どもの教育について述べ,「自然は子どもたちを鍛える」といった著者と, その著書の組合せとして適切なものはどれか。

1 A. S. ニイル 　　　『問題のこども』

2 ルソー 　　　　　　『エミール』

3 ペスタロッチ 　　　『隠者の夕暮』

4 デューイ 　　　　　『民主主義と教育』

5 エリクソン 　　　　『幼児期と社会』

No.3 障害児施策に関する次の記述のうち, 適切なもののみをすべて挙げているのはどれか。

A　障害者基本計画（第5次）は, 令和5年度～令和9年度までの5年間に講ずべき障害者施策の基本的方向を策定したものである。

B　障害者基本計画では, 児童の成長のため, 障害児を健常児と区別して保育すべきであるとしている。

C　障害児等療育支援事業では, 障害児施設の専門職が, 保育園・学校等を巡回し支援する。

D　短期入所制度は, 家庭で介護できなくなった障害児が, 施設入所を控え施設に慣れるために一時的に入所する制度である。

1 A, B

2 A, C

3 B, C

4 B, D

5 C, D

子ども家庭福祉

No.4 母子保健に関する次の記述のうち，誤っているものはどれか。

1 母子健康手帳は，シングルマザーには交付されない。

2 1歳6か月健康診査，3歳児健康診査は，ともに母子保健法によって定められている。

3 3歳児健康診査の実施主体は市町村である。

4 2,500g未満の低体重児は，その乳児の現在地の市町村に届け出なければならない。

5 助産施設は，経済的理由によって入院助産を受けられない妊産婦を入所させ助産を受けさせる施設である。

No.5 児童福祉施設に関する次の記述のうち，適切なもののみをすべて挙げているのはどれか。

A 乳児院は，1歳未満の乳児を入院させ養育する施設である。

B 児童発達支援センターは，障害児を保護者の下から通わせて，自立に必要な知識技能の付与や集団生活の適応訓練などを行う施設である。

C 児童心理治療施設は，重度の情緒障害児を，短期間入所または通所させて治療を行う施設である。

D 児童自立支援施設は，知的障害などで生活が自立できない児童を訓練する施設である。

1 A，B   **2** A，D   **3** B，C
4 B，D   **5** C，D

No.6 保育施設に関する次の記述のうち，適切なもののみをすべて挙げているのはどれか。

A 認可保育施設は，私営より公営の方が多い。

B 保育士の配置基準は，おおむね，乳児3人，1～2歳の幼児6人，3歳の幼児20人，4歳以上の幼児25人につき，保育士1名となっている。

C 夜間保育の開所時間は，夜10時～朝6時までである。

D 株式会社や生協，NPOは，認可保育所を設置できる。

1 A，B   **2** A，C   **3** B，C
4 B，D   **5** C，D

No.7 児童虐待に関する次の記述のうち，最も適切なものはどれか。

1 児童虐待では，虐待者のほとんどが過去に虐待された経験があり，約2割が孤立や夫婦間不和などの問題を抱えているとされる。

2 児童虐待では，被虐待児童に言語的能力の発達遅延や関心低下，感情抑制などの結果を招く。

3 児童の福祉に職務上関係ある職種の者が，児童虐待が疑われることを発見したときは，通告しないと罰せられる。

4 児童虐待があり一時保護の必要があると児童相談所が判断した場合，保護者の同意が必要である。

5 児童が痩せ細りまたあざもあったため，虐待を疑い，児童に声をかけたところ，父母についてかばう言動があった。この場合，むやみに虐待を疑うのはよくないので関与しないようにするべきである。

No.8 ドメスティックバイオレンス（DV）に関する次の記述のうち，最も適切なものはどれか。

1 DVとは配偶者等からの暴力をいい，相談件数は年間約1万件である。

2 DVとは，男性から女性への暴力に限られる。

3 暴力行為を行う加害者の子どもの多くが被害者への暴力を目撃しており，自身も身体的暴力を受ける場合もある。

4 児童相談員は，配偶者からの暴力被害者の相談，指導を行う。

5 DVを行う加害者（父親）が，保育園に来て，子どもに会わせるよう要求した場合，会わせる方がよい。

子ども家庭福祉

No.9 次の事例について，母親への対応の仕方として適切なもののみをすべて挙げているのはどれか。

〔事例〕30歳のある母親は，夫，子ども（3歳）と3人で，マンションで暮らしており，現在，子育てに悩んでいる。

A　家庭環境や住居，健康状態などについて情報収集し，育児について相談できる人がいるか，他のストレスを抱えていないかアセスメントする。

B　育児が思うようにならないと訴えたので，「お子さん1人だから楽ですよ」と言う。

C　夫や義母への不満をもらしたので，共感を示し，ひどい親族だと言う。

D　子どもの成長について語り合い，成長を喜べるようにする。

1　A，B
2　A，C
3　A，D
4　B，D
5　C，D

No.10 日本における社会的養護に大きな貢献をなした人物と，その業績に関する記述の組合せとして誤っているものはどれか。

1　野口幽香…孤児のために生涯を捧げることを決意し，1887（明治20）年に「岡山孤児院」を設立した。

2　石井亮一…大地震による孤児支援時に知的障害児にかかわったことを契機に，知的障害児の教育を志し，1891（明治24）年に「滝乃川学園」を開設した。

3　留岡幸助…教誨師としての経験から，犯罪者となる原因は少年期の劣悪な環境にあることを確信し，感化施設「家庭学校」を設立した。

4　松方正義…1869（明治2）年，県令として着任した大分県に「日田養育館」を設立し，孤児・棄児・貧児を引き取り，その保護に取り組んだ。

5　小橋勝之助…自らのキリスト教信仰と伝道の一環として，1890（明治23）年に「博愛社」を設立し，児童養護に取り組んだ。

No.11 子どもの養護の仕組みや制度に関する次の記述のうち，誤っているものはどれか。

1 社会的養護は家庭での生活が何らかの理由により困難な場合に行われるもので，その方法は施設養護と家庭的養護が中心となっている。

2 家庭的養護には，親子が在宅生活をし，援助者が家庭訪問による支援を行う在宅養護と，一定の期間，所定の施設で支援を受ける通所型養護がある。

3 里親の定義は，2004（平成16年）年の児童福祉法改正によって法律上規定され，現在，里親には，「養育里親」「専門里親」「親族里親」「養子縁組里親」の4種類がある。

4 特別養子は，縁組成立によって実親との親子関係が終了し，戸籍には実子と同じように記載されるなど，実親子に近い関係を持つものである。

5 我が国では，家庭的養護中心に施策が展開されてきたという歴史的経緯があるが，国際的には施設養護が主流であることから，今後，いかに施設を中心とした養護を展開していくのかが課題になっている。

No.12 施設入所児童の権利擁護に関する次の記述のうち，誤っているものはどれか。

1 施設における自立支援のために，児童の自主性と自己決定を尊重しなければならない。

2 施設入所児童の権利擁護のために，入所の際に児童本人の意向について聴取しなければならない。

3 施設での児童に対する体罰を防止するため，こども基本法では，施設長による懲戒に係る権限の濫用が禁止されている。

4 「権利基盤型アプローチ」は，権利の保有者を軸とし，対話・参加・エンパワーメント・パートナーシップを重視するアプローチであり，子どもの人権や尊厳の確保につながる変革を目指す。

5 「職員・子ども管理型アプローチ」の問題点の一つは，施設管理者が子どもの問題の顕在化を阻もうとして，威圧的に子どもに関与する結果，子どもの自己肯定感が低められることにある。

子ども家庭福祉

No.13 社会的養護の関係機関の名称とその説明に関する次の記述のうち，適切なもののみをすべて挙げているのはどれか。

A 児童相談所…すべての児童（18歳未満）を対象とし，児童に関する様々な問題の解決を図るため，家庭や学校，福祉事務所，警察と連携を図りつつ，個々の児童や保護者の指導を行う機関。

B 福祉事務所…いわゆる福祉6法に定める援護，育成または更生の措置に関する事務を司る第一線の社会福祉行政機関。

C 児童委員…文部科学大臣の委嘱により任命され，住民からの虐待等の通告の仲介や，福祉サービスを適切に利用するために必要な情報の提供や援助ならびに指導を行う。

D 児童福祉審議会…児童・妊産婦及び知的障害者の福祉に関して市区町村長の諮問に答えるとともに，関係行政機関に意見を述べる。

1 A，B

2 A，C

3 B，C

4 B，D

5 C，D

No.14 児童虐待に関する次の文中の空欄A〜Dに当てはまる語句の組合せとして適切なものはどれか。

児童虐待への対応規定は，児童福祉法の中に示されている。その要点をいくつか取り上げると，第一に，児童虐待の対応においては，児童の福祉を最優先するという理念に基づいて（ A ）が（ B ）に優先すること，第二に，親の同意に代わって（ C ）の承認を得て児童を保護することができること，第三に，（ D ）によって親権喪失宣言の請求が可能となることがある。

	A	B	C	D
1	守秘義務	通告義務	都道府県知事	児童相談所長
2	守秘義務	通告義務	児童相談所長	家庭裁判所
3	通告義務	守秘義務	家庭裁判所	児童相談所長
4	通告義務	守秘義務	児童相談所長	家庭裁判所
5	通告義務	守秘義務	都道府県知事	家庭裁判所

子ども家庭福祉の解説

No.1の解説　児童憲章　　　　　→問題はP.197　正答 **2**

　1951年5月5日に制定された児童憲章の前文である。我が国の児童の権利宣言である。12条の本文とともに覚えておこう。

　児童憲章の前文は，「児童は，（A.　人）として尊ばれる。児童は，（B.　社会の一員）として重んぜられる。児童は，（C.　よい環境）の中で育てられる」と，子どもの権利を宣言した。よって，正答は**2**である。

No.2の解説　ルソー　　　　　→問題はP.197　正答 **2**

　子どもの教育に関する著書を著した人物である。それぞれが，どのような活動，著書があり，教育の新しい地平を開いたかを理解しておこう。

1 × A.S.ニイルは，『問題のこども』『問題の親』『恐るべき学校』『自由なこども』等を著し，サマーヒル学園でカリキュラムにとらわれない教育実践を行った。

2 ◎ 正しい。自然と子どもの教育について述べ，「自然は子どもたちを鍛える」といったのはルソーの『エミール』である。『社会契約論』を著したルソーは，「教育は自然に従うべきものでなければならない。国家あるいは社会のためを目標とする…教育は人間の本性を傷つけるものである」と自然を重視し公教育を批判した。

3 × ペスタロッチは，孤児や貧民の子などの教育に従事し『隠者の夕暮』や『ゲルトルートはいかにその子らを教えるか』などを著した。

4 × デューイは『民主主義と教育』『学校と社会』などを著し，問題志向型学習法などを提唱した。

5 × エリクソンは幼児期の特性や発達課題を『幼児期と社会』で明らかにした。

No.3の解説　障害児施策　　　　　→問題はP.197　正答 **2**

A ◎ 正しい。障害者基本計画は，障害者基本法に基づき政府が策定する障害者施策の基本的方向について定めるものである。

B × 障害者基本計画にはこのような記述はない。なお，保育所保育指針では，障害のある子どもの保育について，「他の子どもとの生活を通して共に成長できるよう」指導計画の中に位置づけることとしている。

C ◎ 正しい。療育支援事業では，施設の専門職が巡回して相談等を行っている。

D × 短期入所（ショートステイ）は障害者総合支援法に基づく事業であるが，保護者が疾病その他の理由で介護できなくなったときに施設に一時的に入所させる制度であり，施設入所のための制度ではない。

　よって，正答は**2**である。

No.4の解説　母子保健　　　　　　　　　　→問題はP.198　正答　**1**

　母子保健に関連する問題である。母子保健法では，新生児・乳児や幼児の定義のほか，母親と子どもの健康保持に関する定めがなされている。

1 ✗　母子保健法にいう妊産婦とは，妊娠中または出産後1年以内の女子（母子保健法6条）であり，母子健康手帳は妊娠の届出をした者に対して交付される（同16条）。結婚しているかどうかは関係ない。

2 ○　正しい（母子保健法12条1項）。

3 ○　正しい（母子保健法12条1項）。

4 ○　正しい（母子保健法18条）。

5 ○　正しい（児童福祉法36条）。

No.5の解説　児童福祉施設　　　　　　　　→問題はP.198　正答　**1**

A ○　正しい（児童福祉法37条）。ただし，必要な場合は幼児も入所させることができる。

B ○　正しい（児童福祉法43条）。

C ✗　児童心理治療施設は，家庭環境，学校における交友関係その他の環境上の理由により社会生活への適応が困難となった児童が対象である（児童福祉法43条の2）。短期間，入所させ，また保護者の下から通わせて，社会生活に適応するために必要な心理に関する治療及び生活指導を主として行い，あわせて退所した者について相談その他の援助を行う。

D ✗　児童自立支援施設は，不良行為をなし，またはなすおそれのある児童及び家庭環境その他の環境上の理由により生活指導等を要する児童を入所・通所させ，指導や相談を行う施設である（児童福祉法44条）。

　よって，正答は**1**である。

No.6の解説　保育所　　　　　　　　　　　→問題はP.198　正答　**4**

A ✗　2022年10月現在，認可保育施設は全国に3万358か所あり，公営が約25.5％，私営約74.4％と私営が多い。

B ○　正しい（児童福祉施設の設備及び運営に関する基準33条）。

C ✗　夜間保育の開所時間は，おおむね午前11時〜午後10時頃までである。

D ○　正しい。2000年の規制緩和により，認可保育所の設置主体制限撤廃が行われ，株式会社や生協，NPOは，認可保育園を設置ができるようになった。

　よって，正答は**4**である。

No.7の解説 **児童虐待** →問題はP.199 正答 **2**

児童虐待は増加している。動向や関連法，対応などを適切に理解しておきたい。

1 ✕ 児童相談所の調査では，児童を虐待した者のうち，約9割が経済的困難，孤立，夫婦不和などの家庭問題を抱えていたと報告している。また，虐待者の23％が自らも虐待を受けた経験があった。虐待者も問題を抱えており支援を必要としていることが明らかになっている。

2 ◎ 正しい。虐待を受けた児童には，設問にあるような認知や情緒の問題が残るだけでなく，成長の遅延などの身体的問題も起こる。

3 ✕ 2000年に制定された児童虐待防止法では，児童の福祉にかかわる教育職，医療職，福祉職などに対して早期発見に努めること，国民に対して通報を義務づけたが，罰則規定はない（児童虐待防止法5条，6条）。

4 ✕ 保護者の同意は必要ない。

5 ✕ 虐待を受けた児童が虐待した親をかばう言動が見られることは珍しくない。虐待が疑われた時は速やかに児童相談所等に通告すべきである。

No.8の解説 **ドメスティックバイオレンス** →問題はP.199 正答 **3**

ドメスティックバイオレンス（DV）は，同居関係にある配偶者や内縁関係の間でおこる暴力行為のことである。主に夫婦間のことであるが，子どもに重大な影響を与えることがあるため，理解しておこう。

1 ✕ 配偶者暴力相談支援センターにおける相談件数は年々増えており，令和4年度は約12万件であった。

2 ✕ 配偶者暴力防止法では，被害者を女性に限定していない。実際，被害者のほとんどは女性であるが，男性が被害者の場合もある。

3 ◎ 正しい。DVの被害者の子どものすべてが精神的ダメージを受けているといわれ，また，直接の身体的暴力も多くの子どもが受けているといわれる。

4 ✕ 配偶者からの暴力被害者の相談，指導を行うのは，婦人相談員である。婦人相談員は，売春防止法35条に基づき，都道府県知事または市町村長から委嘱された者であるが，配偶者暴力防止法4条により，配偶者からの暴力被害者の相談，指導を行うこととなった。

5 ✕ 配偶者暴力防止法では，被害者だけでなく，その子どもに近づくことも禁止することができるとしている。裁判所が保護命令を出した場合である。保護命令は，生命・身体に重大な危害を受けるおそれが大きいときに出される。保護命令の有無も確認せずに会わせるべきではない。

No.9の解説 相談援助 →問題はP.200 正答 **3**

相談援助に関する具体的な問題である。相談援助の方法を理解しておこう。

A○ 正しい。子育てで悩む母親がどこに問題を抱えているのか知るために情報を収集し，アセスメントすることで，適切な助言ができる。

B× 相談援助の原則は，受容であり，その人の内的な世界を尊重することから始まる。本人が悩んでいることを表出させ，コミュニケーションを進めていくことが肝要である。

C× 一緒になって非難することは逆効果である。表出させ，冷静に見つめられるよう支援したい。

D○ 正しい。子育てに悩み，悲観的になっている可能性がある。子の成長を確認できることは，母親の達成感を生み，悩み解決の一助になる。

よって，正答は**3**である。

No.10の解説 社会的養護に大きな貢献をなした人物 →問題はP.200 正答 **1**

選択肢はいずれも，日本の社会的養護の歴史において重要な業績を残した人物である。設立された施設名称とその設立にかかわった人物をしっかりと押さえておきたい。

1× 野口幽香は，1900（明治33）年，東京四谷のスラム街に，貧しい子どもたちのための幼稚園である「二葉幼稚園」を設立した人物。

2○ 正しい。

3○ 正しい。

4○ 正しい。

5○ 正しい。

No.11の解説 養護の仕組み・制度 →問題はP.201 正答 **5**

5以外は，正しい記述である。我が国では，施設養護中心に施策が展開されてきており，国際的には，家庭養護が主流となっているため，グループホームなど家庭的養護をいかに充実させていくかが課題となっている。**3**の里親については，児童福祉法6条の4にその定義に関する規程がある。

No.12の解説 施設入所児童の権利擁護 →問題はP.201 正答 **3**

3以外は，正しい記述である。施設長が懲戒に係る権限の濫用を禁止することができるとする規程は，「こども基本法」ではなく「児童福祉法」および「児童福祉施設の設備及び運営に関する基準」に設けられている（9条の3）。**4**の「権利基盤型アプローチ」は，国連・子どもの権利委員会によって提唱された概念である。

No.13の解説　社会的養護の関係機関　　　　　→問題はP.202　正答　**1**

A○　正しい。
B○　正しい。
C✕　児童委員は，厚生労働大臣の委嘱により任命される。
D✕　児童福祉審議会は，市区町村長ではなく，都道府県知事の諮問に答える。
　　よって，正答は**1**である。

No.14の解説　児童虐待　　　　　→問題はP.202　正答　**3**

　Aには「通告義務」，Bには「守秘義務」，Cには「家庭裁判所」，Dには「児童相談所長」が入る。よって，正答は**3**である。
　児童福祉法における児童虐待への対応にかかわる条文は，25条・26条・28条・33条などである。そのほか，学校教職員，施設職員，医師，保健師等は，その立場を踏まえて，児童虐待の早期発見の役割が期待されていることも押さえておきたい。

第3章　専門試験編

③保育の心理学

保育の心理学 Point

重要ポイント 1 保育と心理学・子どもの発達

　保育は，養護と教育が一体的に行われるものと捉えられる。子ども，そして保護者の状況を踏まえ，子どもの健康・安全・発達に最善を尽くすことが求められる。そのため，乳幼児をはじめとする人の生涯にわたる発達の知識が必須となる。

　発達は，成長に伴って起こる心身の変化を指す。そのため，発達段階ごとの諸特徴の整理と，認知・情動・社会性などのテーマごとに発達を整理することが，学習上重要になる。また，身体や運動機能の変化も心に大きな影響を与えるため，心の問題と切り離して考えることはできない。

重要ポイント 2 　発達の基本的な理論

●遺伝と環境

　人の心身の発達的な変化はどのようにして可能になるのか。遺伝か環境（経験）か。これは，発達心理学における古典的テーマに位置づけられる。

　伝統的には，17世紀イギリスの経験主義者ロックのタブラ・ラサといった表現に見られるように，人は白紙に生まれ経験を通じて発達を遂げていくといった，経験を重視する立場が，20世紀初頭からの行動主義，新行動主義の台頭へとつながり，環境と学習の重要性が心理学の大きな潮流となってきた。

　今日では，発達を遺伝か環境かといった2分法によって議論するのではなく，両者が相互に関係し合って個体の発達に影響を与えていると考えられている。

環境（経験）を重視する理論	
ロック	17世紀イギリスの経験主義者。タブラ・ラサ。
遺伝を重視する理論	
ゴールトン	優生学で著名。19世紀から20世紀初頭にかけて行った**家系研究**は，遺伝と発達を扱ったさきがけと位置づけられる。
ゲゼル	一卵性双生児を対象に研究を行い，**成熟優位説**を唱えた。
両者（遺伝と環境）の相互作用を視野に入れた理論	
シュテルン	**輻輳説**。すべての特性が，内的（遺伝的）要因と外的（環境）要因の両者によって規定されるとする。
ジェンセン	**環境閾値説**。遺伝的な特性は，環境がある一定の水準（閾値）に達したときに発現し，特性によって環境要因の影響の程度が異なるとする。
ブロンフェンブレンナー	環境を4つの層からなる多重構造とみなし，子どもと環境との関連について生態学的モデルを提唱。 ・マイクロシステム：子どもの直近の環境。 　　例）家族や学校 ・メゾシステム：マイクロシステム間の関係。 　　例）学校と家庭との関係 ・エクソシステム：マイクロシステムやメゾシステムに影響を与えている環境要因。 　　例）親の職場，地域の福祉サービスなど。 ・マクロシステム：子どもが含まれている文化に見られる価値観や養育観など。 　　例）信念，イデオロギー

●学習理論

学習とは，経験による比較的永続的な行動の変化を指す。そのため，子どもの発達は，環境との相互作用における学習であるといった考え方は重要である。また，学習理論（行動主義）は，環境を重視する立場である。

ワトソン	行動主義者。幼児を対象とした恐怖条件づけ（アルバート坊やの研究）を行い，発達における経験の重要性を示した。また，「私に1ダースの子どもと，彼らを養育するために自由にできる環境を与えてくれれば，どのような人物でも養育可能である」という発言が著名。
バンデューラ	**社会的学習理論**。人形に対し暴力をふるう大人（モデル）を観察した子どもは，同じ人形を与えられると，モデルと類似した行動をとる。この現象は**観察学習**と呼ばれる。彼の実験は，直接的な報酬などを受けなくとも学習が成立することを示した。これは人の大きな特徴と考えられる。 また，自己効力感（ある事柄に対し，自分は何らかのはたらきかけができるという感覚）という概念を提唱し，教育関連領域にも大きな足跡を残した。

●生物学的な研究の影響

発達には，個体発達と系統発達がある。個体発達とは個々の人あるいは動物の発達を指し，系統発達とは進化論を背景にした考え方で，下等生物から高等生物への進化の過程を指す。系統発達の視点，主に動物研究から，人の個体発達へ多くの示唆が与えられてきた。

ポルトマン	人の発達に見られる特徴を，鳥類の孵化後の性質を指す離巣性と就巣性という概念から考察。人に近い霊長類は，出生時から移動能力もあり離巣性であると考えられるが，人の新生児はチンパンジーなどと比べ未熟で，その無防備な姿は就巣性に近い。その理由として，人は他の霊長類と比較して大脳が進化したため頭が大きくなりきる前に産道を通る必要性があり，生理的早産と呼ばれる出産方法を手に入れたと仮定した。そのため，人に見られる就巣性を2次的就巣性と呼んだ。
ローレンツ	鳥類の孵化後の特徴から，刻印づけ（**インプリンティング**）と呼ばれる概念を提唱。カモやガンなどの一部の鳥類では，生後間もない時期に見た動く対象を追尾する行動が観察され，その行動は生涯にわたり持続する傾向を持つ。自然環境下では，誕生後最初に見る動く対象はたいていの場合親であるため，この行動は親子関係の成立と関連深いと位置づけられる。また刻印づけは，生後しばらくしてから見た対象には成立しない。このことから，発達には臨界期と呼ばれる，刺激や経験に対する敏感な時期（敏感期）が存在することが示された。刻印づけや，臨界期といった概念が提唱されることによって，乳幼児期における経験の重要性の主張が展開されていった。

ハーロー	代理母実験。生後間もない子ザルを被験体に，哺乳瓶がついた針金でできたサルの模型と，布製のサルの模型を用い実験を行った。小ザルは布製のサルへ接近し，柔らかくて暖かい感触のものに接触しようとする生得的な傾向が示された。この研究は，愛着理論やスキンシップの重要性の主張へ結びつけられる。

●ピアジェの発生的認知論

　発達心理学を代表する研究者であるピアジェは，人の認知過程の発達について生物学的な基盤から検討を行った。彼は，自身の3人の子の観察から，子どもは系統的な間違いを行うこと，そして，子どもは（未熟な大人ではなく）独自の子どもなりの認知世界を持つことを主張した。ピアジェの認知発達の特徴は，主体の能動性を強調した点にある。主体は様々な経験を通し，**シェマ**と呼ばれる認知構造を発達させていくと考え，同化と調節の概念を提起した。新しく環境を理解するためにシェマをあてはめる過程を**同化**，環境へ適応するためにシェマを調節することを**調節**と呼ぶ。以下はピアジェの認知発達段階である。

感覚運動期 （0～2歳）	見る・聞く・触るといった感覚と運動によって外界との相互交渉を行い，シェマを獲得していく。自分が行う身体的活動を通し外界を知る時期。 ・獲得される思考：対象の永続性
前操作期 （2～7歳，幼児期）	前段階の試行錯誤の中でシェマが形成され，自分の目の前にない物でもイメージとして思い浮かべることができるようになる。その結果，物を見立てる象徴遊び（ごっこ遊び）が現れる。また，自分の思考の区分が十分ではなく，主観的・直感的な思考による「見かけ」の判断が現れる。 ・獲得される思考：自己中心性，象徴機能，知的判断
具体的操作期 （7歳～12歳）	具体的な事柄であれば，操作によって思考することができる。「今ここで」の状況で具体的な問題について論理的に考えられる。 ・獲得される思考：可逆性（保存の概念）の獲得，脱自己中心化
形式的操作期 （12～14歳頃）	具体性を離れ，抽象的な事柄に関する思考の操作ができるようになる（仮説からの系統的な推論が可能となる。現実と矛盾するような文章問題や時間に関する課題であっても，抽象的な世界の中で可能性を推測する） ・獲得される思考：仮説演繹的思考

＊保存（コップ）の実験：コップ1と2には同じ量の水が入っていることを確認した後，コップ2から3へ水を移動させる。課題は，コップ1と3の水の質量が異なるかどうかを尋ねることである。前操作期の子どもは，コップ2から3への水の移動を見ていても，コップ1よりもコップ3の方が量が多いと回答する傾向がある。具体的操作期には正しく答えられるようになる。

保育の心理学 Point

●エリクソンの発達課題

　精神分析学の創始者フロイトの影響を色濃く受けたエリクソンは，自我の社会環境下での発達過程について理論化を試みた。彼は人生を8つの段階に区分し，各々の段階で迎える危機（発達課題）を健康に乗り越え，適切な方向に発達することが，健全な発達には重要であるとした。特に重要な点は発達課題の乗り越え方であり，葛藤を経験した上で乗り越えることが望ましいとされる。

発達段階	発達課題	徳
乳児期	基本的信頼 対 基本的不信	希望
幼児前期（早期幼児期）	自律 対 恥と疑惑	意志力
幼児後期（遊戯期）	積極性 対 罪悪感	目標
児童期（学童期）	勤勉性 対 劣等感	適格性
青年期	自我アイデンティティ確立 対 自我アイデンティティの拡散	誠実
成人期前期	親密さと結束 対 孤立	愛
成人期後期	生殖性 対 停滞	世話
老年期（成熟期）	統合性 対 絶望	知恵

　乳児期の課題として基本的信頼が挙げられ，ピアジェの感覚運動期の課題（対象の永続性）や，愛着理論との共通性が指摘できる。また，自我発達を最も重視，青年期のアイデンティティの獲得が強調される。一方，青年期に獲得されるアイデンティティは必ずしも固定的ではなく，その後，職業経験や家庭での経験によって再構成されていく点に注意したい。

●生涯発達

　1950年代以降，発達心理学では，発生から死に至るまでを一連の過程として人を捉える生涯発達が中心的な発想になってきた。さきがけとなる研究として，エリクソンの発達理論，**ビューラーの個人史研究**，**レヴィンソンの「人生の四季」**などが挙げられる。生涯発達の諸理論は，成人期以降の発達段階にスポットを当てている点に注意したい。

　レヴィンソンの「人生の四季」という考え方は，エリクソン同様，危機（発達課題）が中心的な役割を担っている。その特徴は，4つの主要な時期と，それらの時期と交差する過渡期（移行期）によって人生が構成され，また，各過渡期において，危機を迎える点である。

●**発達の最近接領域**

　ヴィゴツキーは，人の発達過程に社会や文化といった視点を導入し，発達の最近接領域という概念を提唱した。子どもの知的発達の水準を2つに分け，子どもが現時点で達成できる水準と，大人など他者の援助があれば達成できる水準と仮定した。そして，2つの水準の差を発達の**最近接領域**と呼んだ。最近接領域という考え方は，子どもの能力の個人差に対し，多くの示唆を与える。たとえば，現在の能力が同等であっても，援助があればできる水準が異なれば，その後の教育によって子どもの能力発達が異なることが予測される。そのため，教育や援助は発達の最近接領域に適したものである必要があり，また，教育・援助には社会的な価値が反映されると主張された。

重要ポイント3 胎児期・新生児期

　ここからは，発達段階ごとに見られる特徴を整理する。

　1980年代まで，乳児のコンピテンス（環境と相互交渉する能力）研究が盛んに行われた。赤ちゃんはとても有能であるといった研究の流れは今日にも続いている。

●胎児期（受精後9〜40週）の特徴

視覚：25週頃，強い光に反応。

　　　　出生時，明暗の区別などある程度以上識別可能。

聴覚：20週頃，内耳器官完成。30週頃，音に反応，音刺激の区別。

　　　　出生時，音韻の区別が可能。

運動：8週頃，穏やかな動き。14週頃，全身性の統合された動き。

　　　　34週（早期出産児），模倣が可能（運動・知覚協応が可能）。

●乳児（新生児〜1歳半前後）の特徴

視覚：出生直後の視力は0.02程度と弱い。眼の構造は出生後すぐに成人と同様。光の感受性は1歳前後に成人と同様に発達する。生後6〜8か月で大人の視力に近づく。生後1か月でも輪郭を注視する。奥行き視は生後6か月頃から。

・**奥行知覚の実験（視覚的断崖）：ギブソン**と**ウォーク**は，乳幼児の奥行知覚について，視覚的断崖と呼ばれる装置を用いて実験を行った。片側半分が板張り，片側半分はガラス張りで下が透けて見えるようになっている台の板張りの方に乳児を乗せ，母親に反対側から子どもを呼んでもらい，子どもの反応を観察した。はいはいを始めたばかりの乳児は，母親に呼ばれてもガラス張りの部分へは進むことができなかった。

聴覚：生後1週間で高音・低音を聞き分ける。人の話し声や物音の弁別は生後2か月頃，音の方向定位は3か月過ぎに見られ始める。

反射：生得的な反応傾向。早い段階で消失する。

　　　　例）口唇探索反射，吸啜反射，モロー反射，バビンスキー反射，緊張性頸反射など

●**乳幼児研究法**（非言語的かつ客観性のある方法が必要）

選好注視法：2つの刺激を呈示し，いずれの刺激をよく見るか（頻回），あるいは長く見るか（注視時間）を指標に，乳幼児の心的過程の検討を行う。

　　著名な研究としてファンツの行った研究が挙げられる。ファンツは，生後まもなくから6か月くらいまでの乳児を対象に視覚の実験を行った。仰向けに横たわっている乳児の顔の上から様々な図形を提示し，それぞれの刺激に対する注視時間を測定した。この実験で明らかになったことは，乳児は複雑な図形，特に人の顔を好むことが示された。その後，生後2か月で自分の母親の顔を選択的に見るという報告もなされている。

馴化・脱馴化法：馴化とは，慣れるということ。同一の刺激を繰り返し呈示していると乳児は次第に見ないようになる現象である。また，脱馴化とは，新奇な刺激を提示すると注視が回復すること。

　　馴化と脱馴化を観察することにより，継時的に提示される2刺激が識別できているか判断できる（ある刺激に対し馴化が起こった後に，次に提示された刺激に対し脱馴化が起これば，識別がついていると判断される）。また，馴化に要する時間によって心的過程の検討が可能。

●**新生児模倣**

　生後3日くらいの乳児でも，大人の口の開閉や舌出し，口の突き出しなどの模倣を行う。生後1か月から3か月で模倣が増加，7か月で減少する。

●**情緒（感情）の発達**

　生後まもなくの「興奮−沈静」といった状態から，次第に分化が進む。生後3週過ぎから不快の反応（全身の緊張・涙をこぼしこぶしを握り締め高い声で泣くなど）が現れ，怒り・嫌悪・恐れなどに分化していく。また，生後3か月頃から快の表現（微笑など）が明確になる。誇り・恥といった2次的な感情（自己意識的な評価に関する感情）は1歳半頃に生まれる。

●**新生児微笑**（生後6週で外的刺激による微笑発生）

●**自己意識**

出生後：身体的自己（感覚や運動を通し，自分の体全体を内部から感じる）

乳児期：社会的自己（親との相互交流などを通して次第に形成される）

1歳頃：社会的参照（新奇なものに出会ったとき，自分の信愛する他者の表情や振る舞いを見て模倣）

1歳半：鏡に映った自分の姿を認識できるようになる。

●共同注意

生後9か月頃から見られる。自分・もの・他者といった3項関係に基づくコミュニケーションの始まりと考えられる。具体的には，親（他者）と子どもが同じ対象を見ることと，お互いが同じ物を見ていることを理解するといった現象を指す。

●愛着（アタッチメント）理論

ボウルビーによって提唱された理論。多くの子どもは生後6，7か月になると母親が部屋から出て行こうとすると泣き叫ぶが，他の人があやしても泣きやまないといった行動を示すようになる。こうした母親と子どもとの特別な情緒的絆を**愛着**という。どのように愛着が形成されるかなどの個人差が，人格形成に影響を与える重要な要素であると主張されている。

> 愛着行動の例…母親にあやされれば泣きやむ。母親を見て頻繁に微笑む。
> 　　　　　　　母親に対し喃語を発する。母親へ視線を向け追視する。
> 　　　　　　　母親が視界から消えると泣き出す。

ボウルビーが参加した，WHOの依頼による施設・病院などで養育された子どもの調査により，養育者と乳幼児との密接で継続的な結びつきの重要性が明らかにされた。このような結びつきが失われている状態を**母性剥奪（マターナル・ディプリベーション）**という。また，愛着理論には，ハーローの実験（重要ポイント2参照）によるアカゲザルの赤ちゃんのぬくもりを希求する行動傾向や，エリクソンの乳児の発達課題（基本的信頼）の指摘などが影響を与えていると考えられる。

ストレンジ・シチュエーション法（SSP）：エインズワースによって開発された愛着の発達を実験的に測定する方法。実験室などで，20分ほどの間に親子の分離と再会を体験させ，乳児の反応を見る。測定結果は4つのタイプに分類される。国際比較研究から，愛着のスタイルは文化差が大きいと指摘されている。

A群（回避型）	母親が実験室を出ても後追いや泣きが見られず，再会場面でも母親に近づかない。
B群（安定型）	母親が実験室を出ると泣いたり抵抗したりし，再会場面では歓迎を示す。
C群（不安定・アンビバレント型）	分離場面では激しく泣き，混乱を示す。再会後，身体的接触を求めるが，回復が遅く母親へ怒りの感情を示す。
D群（無秩序・無方向型）	A〜Cにあてはまらない。愛着行動に一貫性が見られない。

分離不安：愛着対象と別れることによって見られる乳幼児の不安のこと。生後6か月頃から1歳台で強い。3歳頃には低下し，愛着は内面化する。

　　幼児期後半以降では，泣き・発声などの具体的なアタッチメント行動は減少する。愛着対象が次第に内在化し，内的作業モデルが形成されるようになるためと考えられる。愛着対象そのものではなく，内在化した愛着対象のイメージをもとに他の人とも相互作用するようになる。また，内的作業モデルにより個人のかかわり方におけるパターンや一貫性が保たれる。

AAI（adult attachment interview）：成人愛着面接のこと。成人に，幼児期の養育者，また養育者との関係について問う半構造化された面接。語りの内容以上に，語りの整合性，想起の拒絶性などから，成人のアタッチメントを4タイプに分ける。AAIにより親子それぞれの愛着が測定でき，その関連性が検討されるようになった。

●言語発達

　言葉を話せるためには，音声・視覚・コミュニケーションなどの多くの要因の発達が必要。

前言語期（1語発話まで）の発達

1か月	叫喚発声	泣き叫びの発声
2か月	クーイング	「あー」「うー」「くー」
3か月～7，8か月	喃語	「アブアブ」
8，9か月頃	原言語	"誰かに""何かを"指し示したり，伝えるような発声が見られたりする。自分－モノ－相手という三項の結びつきを示す。
1歳から1歳半	初語	「ママ」

1次的言葉と2次的言葉：幼児期から児童期にかけて，身近な人と相互交渉するための生活言語（1次的言葉）に加えて，時間空間を隔てた不特定多数に伝える言語（2次的言葉）を習得する。

語彙爆発：2歳頃から見られる，急速な語彙の獲得現象。言語学者チョムスキーは，語彙爆発などから，生得的言語獲得装置という概念や，変形生成文法といった理論を展開した。

重要ポイント4 幼児期（1歳半頃～6歳頃）

　身体・精神ともに著しい発達的変化を示す時期。反抗期（第1期）を迎える。排泄の習慣などの社会化が始まり，言語活動の活発化とともに環境への積極的なかかわりも見られる（質問期）。また，アニミズム（動いていれば生きている），相貌的知覚（雲が人の顔に見えたり，木が人に見えたりすること）などといった認知傾向が見られ，最も子どもらしい時期である。

●遊びからみる認知発達

　パーテンは，社会的関係性の発達を遊びから検討した。

①何も専念していない行動…自分の身体にかかわる遊びだけをしている。
②傍観…他児の遊びを見ていて，時には声をかけたりする。
③一人遊び…他児とはかかわらず，自分の活動に専念。
④平行遊び…他児のそばで類似した遊びを行うが基本的には他児に無関心。
⑤連合遊び：子ども同士が一つの遊びをし，相互交流がある。
⑥協同遊び：共通の目標があり，リーダーが存在し役割分担が行われる。

　⑤，⑥への移行は，4，5歳頃から。

　また，遊びには認知発達が反映していると考えられる。たとえば，積み木を「ブーブー」と言いながら押すなどの見立て遊び（象徴遊び）はシンボル（表象）の使用，ままごとなどのごっこ遊びは2，3歳頃から見られ，役割（対人関係）の理解を示している。

●心の理論

　他者の心のはたらきや状態を推測したり，他者が自分とは異なる信念を持っていることを理解したりする能力をいう。

誤信念課題：心の理論の検討に多く用いられる。紙芝居などで「ある男の子が，後で食べようと思い，チョコレートを緑の戸棚にしまって遊びに行った。男の子がいない間にお母さんは緑の戸棚からチョコレートを出して使い，青の戸棚にしまった。その後，男の子が遊びから帰ってきた」といった状況を示した後，「男の子はチョコレートがどこに入っていると思っているか」を問う。3～4歳児では，青の戸棚という回答が多いが，4～7歳児では緑の戸棚という回答が増える。この結果から，4，5歳児で他者の心理を推測可能であるとされた。ピアジェの認知発達理論で前操作期（2～7歳）にあたる子どもは，自己中心性の獲得段階であり，他者の視点が取れないと考えられていたため，大きな注目を浴びた。

重要ポイント 5 児童期

　心身ともに安定した発達を示す時期。情緒表現も安定してくる。泣いたカラスが
もう笑ったといった瞬間的・爆発的表現から，持続的・粘着的なものへ変化してい
く。自己中心的思考から具体的・客観的思考へと向かい，読み書き・計算といった
基礎能力が発達する。小学校での集団教育によって社会的技能や価値観を学ぶ時期
である。

●思考と言語

　ヴィゴツキーは，言語には思考を進める道具の役割があるといった視点から，子
どもの発話を分類した。

原始的段階 （2歳頃まで）	非知的発話（泣く，喉を鳴らす）
素朴心理学の段階 （3歳頃〜）	言語の象徴機能が始まる。身の回りの物の名前を覚えるとともに自己を発見する。
自己中心的発話 （4歳頃〜）	課題（遊んでいる）中の独語。 自分に向かっての発話。
内言化段階 （7歳頃〜）	無声発話。 概念的思考の道具として内言と外言が使用される。

　一方ピアジェは，子どもに見られる独語を，自己中心的思考に付随する自己中心
的言語と位置づけ，独語の機能を仮定していなかった。

●非公式集団（ギャング集団）

　小学校中学年頃，好んで行動を共にする集団を形成するようになる。集団は7，
8人で構成される。リーダーの下，共通の趣味，隠語，暗号などを用い，相互に密
接な結合を示す。この集団によって，社会性の発達がなされる。

　しかし，現代社会では，ゲームなどの個人遊びが増加し，秘密基地を作る空間な
ども減少したため，ギャング集団の形成が困難になっていることが指摘されてい
る。ギャング集団での経験が不足していることと，いじめ問題との関連も指摘され
る。

重要ポイント6 青年期

　子どもから大人への移行期にあたる。11～13歳頃に第2次性徴を迎え，生物・心理・社会的に大きく変化する。変化の大きさから，自己の連続性や一貫性への懐疑が生まれ，自己への関心が増大する。エリクソンの発達課題であるアイデンティティの獲得が強調される時期である。

●アイデンティティの獲得

　アイデンティティの獲得とは，①受動的に生きられてきた自分，②生きていきたい自分，③他者・社会から期待される自分を統合することである。

　マーシャは，危機を経験しているか，職業やイデオロギーに関与しているか（傾倒）という2つの基準から，アイデンティティの達成状態を4つに分類した（①アイデンティティ達成，②モラトリアム，③フォアクロージャー，④アイデンティティ拡散）。

　なお，アイデンティティの確立という発達課題に対しては，社会文化的影響が大きく，人一般の特徴とはいえないことや，自己同一性の男女差，また，危機を経験せずにアイデンティティを達成する者も多い（青年期平穏説）といった問題点が指摘されている。

●道徳的判断

コールバーグ：道徳性の発達を3つの水準と6つの段階に分類した。青年期は，アイデンティティの確立とともに本当の正しさとは何かを問う時期であり，慣習的水準から脱慣習的水準への移行期に位置づけられる。

慣習以前の水準	1. 罰と服従への志向
	2. 道具主義的な相対主義
慣習的水準	3. 対人的同調あるいはよい子志向
	4. 法と秩序志向
脱慣習的水準	5. 社会契約的な法律志向
	6. 普遍的な倫理的原理志向

アイゼンバーグ：利他性や愛他性等の向社会的行動についての発達研究を行った。

●青年期から成人期への移行に関する問題点

幼児化傾向：アイデンティティの追求・技術の習得をおろそかにする現象。無責任・不安・孤独・役割の葛藤が指摘される。就職後も，責任・役割回避傾向が続く場合があり，ピーターパン・シンドロームと呼ばれる。

重要ポイント 7 　成人期

　成人期前期は，社会・家庭での役割拡大期であり，エリクソンの発達課題として親密性と孤立が挙げられる。

　成人期後期は，中年危機期（身体的には老年期への移行期）といわれ，精神的には自己の限界を知るなど，家庭では子どもの成長に伴う衝突など心身ともに葛藤の多い時期である。エリクソンの発達課題は，生殖性と停滞であり，次の世代を担う子ども，文化・芸術への援助，指導していく社会的責任を伴う。成人期後期は，内省を通し，前半期を顧みて己を振り返る時期であり，また次の世代への橋渡し役として残りの人生に取り組むことが課題となる。

保育の心理学

No.1 発達の原理に関する次の記述のうち，最も適切なものはどれか。

1 子どもの発達の順序と速度は常に一定である。

2 感情の発達に見られるように，心的機能の発達は，未分化な状態から，分化そして統合がなされる。

3 野生児の事例に見られるように，人間の子どもが社会から隔離されて育っても，社会性を取り戻すのは容易である。

4 身体運動の発達の方向として，頭部から尾部へ，末端部から中心部への2方向が，一般的に認められている。

5 発達的変化の流れの中には，周期性は認められない。

No.2 新生児の反射運動には色々なものがあるが，次のうちバビンスキー反射に関する記述として最も適切なものはどれか。

1 手に触れたものを，しっかりと強い力で握る。

2 足の裏を柔らかいものでなでると指を内側に曲げず外側に扇のように広げる。

3 強い音や急激な振動に対して両手両足を広げ，抱くような形になる。

4 仰向けに寝た状態で頭部を左右いずれかに向けると，顔を向けた側の上下肢を伸ばす。

5 からだを支えて床の上におろしてやると，自然にリズミカルな歩行をする。

No.3 ピアジェの理論に関する次の記述のうち，最も適切なものはどれか。

1 言葉は，コミュニケーションと思考の両機能を持つと主張した。幼児が言葉を獲得していくにつれ言葉は内化され，思考のための道具に分かれていくと考えた。前者を外言，後者を内言という。

2 前操作期の特徴として，脱自己中心化が果たされ，眼前の状況であれば他者の視点が取れるようになるため3つ山課題を正確に回答できるようになる。

3 認知発達における主体の能動性を強調した。主体は様々な経験を通し，ステレオタイプと呼ばれる認知構造を発達させていくと考えられている。

4 子どもの言語を自己中心的言語と社会的言語に分類した。社会的言語はコミュニケーションの機能を持つ。

5 12歳以上は具体的操作期と呼ばれる。この段階では，子どもは大人の思考形態に到達し，演繹的な命題的思考が可能になる。

No.4 母子関係に関する次の記述のうち，最も適切なものはどれか。

1 新生児の泣きや微笑は未分化なので，一般に愛着行動の中の信号発信行動とし

ての意味を有しない。

2 子どもには早いうちから独立心を持たせることが重要なので，抱きしめるといった身体接触は，避けるべきである。

3 乳児の頃から大人との接触や情緒的な交流が少なくても，精神の発達に対しては，ほとんど影響はない。

4 子どものあと追いやしがみつきは自律性の発達の妨げになるため，相手にならないほうがよい。

5 子どもの出すサインに応ずるといういわゆる応答性は，母親の持つ大切な役割の一つである。

No.5 胎児期・新生児期に関する次の記述のうち，最も適切なものはどれか。

1 誕生の最初における情緒は，未分化な興奮状態であるが，6か月頃から羞恥などへ分化していく。

2 生後間もない時期，乳児がまどろんでいる最中に見せる笑顔は，新生児微笑と呼ばれる。

3 胎芽期とは，受胎後2週間目の終わりから8週末までをいう。外，中，内の3つの胚葉が形成され，中胚葉から神経系，感覚細胞，腺，毛や爪などが生じる。

4 視覚は，味覚や嗅覚より早く発達し，生後1，2週間のうちにはっきりする。

5 出生後間もない人間の赤ん坊の頼りなさの中に，人間固有のきわめて高い可能性を見いだし生理的早産説を唱えたのは，ローレンツである。

No.6 乳児期の発達に関する次の記述のうち，最も適切なものはどれか。

1 社会的参照とは曖昧な状況において母親などの他者に情報を求め，その情報を用いて自らの行動を制御する現象で，1歳前後に見られる。

2 私たちの世界は主体的な3次元空間であるが，目の網膜に映る像は2次元的なものである。視覚的断崖の装置による実験では，幼児期にならないと奥行知覚が成立していないことが示された。

3 子どもは6か月を過ぎる頃から見慣れない顔に対して警戒するようになるがこれは一種の不安である。ファンツによれば，生後7か月から11か月の間が最も強いといわれており，人見知りという表現で知られている。

4 ギブソンらが行った実験手続きは，選好注視法と呼ばれ，その後の乳児研究に大きな影響を与えた。用いられた刺激は，「蛇の目模様」「人の顔」「印刷された文字」などで，刺激に対する注視時間が測定された。

5 トーマスらの子どもの気質の研究では，乳児の気質を3つに分類し，「扱いに

くいタイプ」「ウォームアップが遅いタイプ」「扱いやすいタイプ」の順に人数が
多いと指摘している。

No.7 幼児期の発達に関する次の記述のうち，誤っているものはどれか。

1 幼児期の子どもには，無生物に対しても生命や意識を認めるといったアニミズ
ムと呼ばれる現象が見られる。

2 共同注意研究によると，母・子・対象物といった３項関係の理解は９か月頃に
始まると考えられる。

3 ２歳前後には，探索行動が盛んになり，自己主張や拒否するといった反抗的な
行動が増加する。この時期は第一反抗期と呼ばれている。

4 車の前面を見て「こわい顔をしている」，海の波を見て「波が怒っている」な
どという表現に見られるように，対象の知覚に情緒的な意味づけを行うことを相
貌的知覚と呼ぶ。

5 幼児期には友だちとの遊びの機会が増える。そのため，エリクソンの発達段階
における幼児期の課題は，「勤勉性対劣等感」とされる。

No.8 成人期の発達に関する次の記述のうち，最も適切なものはどれか。

1 エリクソンによると，成人後期の課題は，「自我の統合対絶望」である。自己
の人生をまとめ，肯定的に受容し，自らの今後の人生を遂行していくことを意味
している。

2 成年期から老年期への移行においては，その人が期待される役割に変化が生じ
る。特に，バーンアウトなど過剰適応的行動を取る人には大きな問題となる。

3 成人期において発症が見られる主な精神疾患は統合失調症であり，うつ病・心
身症の発症はまれである。社会的役割の増大などの要因が発症に関与しているこ
とが想定されている。

4 職業発達に関してコールバーグは，成長，探索，確立，維持，下降という発達
段階を提唱した。成人前期は確立の段階，成人後期は維持の段階に該当する。

5 中年期の危機と呼ばれる時期は，社会的な圧力も強く，ストレス性の疾病にか
かりやすいと考えられる。タイプB行動パターンと呼ばれる行動様式の人は特に
注意を要するとされる。

No.9 生涯発達に関する次の記述のうち，最も適切なものはどれか。

1 生涯発達的視座の先駆けとして位置づけられるエリクソンの発達段階は，出生
から死に至る生涯を６つの段階に分けている。

2　E. キューブラー゠ロスは，末期がん患者などを対象に行った研究から，死の受容モデルを提案した。告知による大きな衝撃を受け，その後3段階を経て「受容」の段階へと移行することを示した。

3　ビューラーは生活史の研究を通じ，生物学的な視点から成長－頂点－低下といった周期を仮定した生涯発達の考え方を提案した。

4　レヴィンソンは，老年期の知的能力の実験的研究を行い，高齢になっても知能の低下が必ず見られるわけではなく，英知の獲得と側面の重要性を提唱した。

5　バルテスの「人生の四季」の考え方は，人生を4つの主要時期に分け，各時期からの3つの移行期といった区分がその特徴となる。

No.10　言語発達に関する次の記述のうち，最も適切なものはどれか。

1　スキナーは，人間の言語習得に関し生得説を主張し，その説明のために言語習得装置の概念を提唱した。

2　乳児が生後25週から50週にかけて使う少数の音韻のことを喃語という。明確な意思の伝達の意図はなく，構音器官の訓練の役割を果たしていると考えられる。

3　ピアジェは，自発的談話を自己中心性談話と社会性談話の2つに分類した。自己中心性談話には，「適応的報告」「質問」「応答」「威嚇」などがある。

4　語彙の発達における大きな特徴として，1語文期を過ぎた頃に爆発的な語彙の獲得が見られることが挙げられる。

5　チョムスキーは，自己中心語を，物事の特定の面だけに注目し，他の面を無視する傾向があるという子どもの思考の特徴が言語面に現れたものであると唱えた。

No.11　愛着理論に関する次の記述のうち，最も適切なものはどれか。

1　ワトソンは，施設や病院などで養育された子どもの発達研究に基づき，養育者と乳幼児との密接で継続的な結びつきの重要性を主張した。

2　AAIは，エインズワースによって開発された愛着の発達を実験的に測定する方法である。この方法は，実験室などで，20分ほどの間に親子が2回の分離と再会を繰り返す。

3　SSPによる測定結果は4つのタイプに分類される。中でも最も安定した愛着関係を示すのはAタイプである。

4　マーラーは，乳幼児の心理的な自立までの発達過程についての研究を行い，おおむね10か月頃からは，母親と身体的な分離があると分離不安が生じやすくなる時期であるとした。

5 幼児期後半以降では，泣きや発声などの具体的なアタッチメント行動は減少する。これは，アタッチメント対象が次第に内在化され，内的作業モデルが形成されるようになるためと考えられる。

No.12 発達の研究法に関する次の記述のうち，最も適切なものはどれか。

1 横断的研究は，特定の個人または集団を継続的に追跡して，ある心理現象についてデータを取る方法である。

2 縦断的研究とは，ある時点で異なる多くの年齢集団を対象として，ある心理的現象についてのデータを取る方法である。

3 縦断的研究では，同一集団を追跡調査するため，コーホート（同時出生集団）効果が見られる可能性がある点に注意を要する。

4 発達研究法には，現象記述的方法が用いられてきた。その代表には，実験法，質問紙法，双生児法などが挙げられる。

5 弁別実験法とは，同一刺激の繰り返し提示により，その刺激に対する反応が減少し，別の刺激が提示されると再び反応が強くなる現象を利用する実験法である。

No.13 遊びに関する次の記述のうち，最も適切なものはどれか。

1 平行遊びとは，ブランコや砂場などで他の子どもたちに交じり，かかわり合いや会話のやりとりを通じて行われる遊びのことである。

2 ごっこ遊びとは，複数の子どもによる，ままごとやお店屋さんごっこなど，子どもの現実生活が反映された遊びのことである。子どもの現実世界の単なる再現として扱われることが多い。

3 連合遊びとは，他者とかかわらずに自分の活動に専念している状態の遊びのことである。2，3歳での出現頻度が最も高く，発達につれて減少していく。

4 象徴遊びとは，折り紙をお金に見立てる，腕を広げて走って飛行機の真似をするなど，具体的なものの代わりに別のものを用いたり，自分の動作に置き換えたりして行われる遊びのことである。

5 機能遊びとは，複数の子どもが集まって音楽を楽しむ，本やアニメを鑑賞するなど，聴覚機能や視覚機能に重点を置いた遊びである。

保育の心理学の解説

No.1の解説　発達の原理
→問題はP.224　正答 **2**

発達の原理とは，一般的に誰もがたどる発達の過程の諸特性をいう。

1✕　発達の順序・方向性は同一であると考えられるが，速度には個人差がある。

2◎　正しい。

3✕　個体と環境の相互作用が見られる（個体の発達は環境に影響を受ける）。野生児の事例は，社会から隔離されて育った子どもが社会性を取り戻すのは容易ではないことを示している。

4✕　発達の方向性は，頭部から尾部へ，そして，中心部から末端部へという方向性が認められる。

5✕　周期性が認められる（発達には入れかわりがある）。

No.2の解説　バビンスキー反射
→問題はP.224　正答 **2**

反射運動は末梢的な刺激に応ずる一部分的な運動である。反射運動は大脳，脊髄の中枢神経の支配下にはないが，中枢神経の成熟に伴い自発的な反射，すなわち外界の刺激に対して個体が能動的に適応しようとしてとる行動に変わっていく。反射運動は生後半年あるいは1年ほどのうちに消失してしまうのが普通である。もし生後1年たっても消えない乳児は，どこかに発達遅滞があると考える必要がある。

1✕　把握反射に関する記述である。

2◎　正しい。

3✕　モロー反射に関する記述である。

4✕　緊張性頸反射に関する記述である。

5✕　歩行反射に関する記述である。

No.3の解説　ピアジェの理論
→問題はP.224　正答 **4**

1✕　ヴィゴツキーの内言と外言に関する記述である。ピアジェの内言と外言の考え方との違いを理解したい。

2✕　ピアジェの理論では，脱自己中心化は，具体的操作期（7歳～12歳）に達成される。

3✕　認知構造はシェマと呼ばれている。

4◎　正しい。

5✕　形式的操作期に関する記述である。

No.4の解説　母子関係
→問題はP.224　正答 **5**

1✕　ボウルビーは新生児期から生得的に組み込まれている愛着行動として，泣き，微笑などの発信行動を挙げている。

2✕　抱きしめることを通して，皮膚と皮膚の接触が深まる（スキンシップ）。このような行為を通して，母親への安心感が生まれ，さらに信頼感が生まれる

ので，十分に抱きしめることが大切である。

3× 母親を通して，豊かな人間的接触や愛着交流を十分に持てれば，広い適応性を持った安定した人格形成ができる。

4× ボウルビーは，あと追いやしがみつきは愛着行動の一つで，母親との絆をつくる上で重要な行動であるとしている。

5◎ 正しい。

No.5の解説　胎児期・新生児期　　→問題はP.225　正答 2

1× 情緒の表出は3か月頃から不快や快へ分化していくが，嫉妬・羞恥など自己との関連がある感情は1歳半頃から示されるようになる。

2◎ 正しい。

3× 外胚葉から神経系などが生じる。中胚葉から循環器と排出器官，筋肉が生じる。内胚葉から肺，膵臓，肝臓，唾液腺，甲状腺などが生じる。

4× 味覚・嗅覚は生まれたとき既に発達しているが，視覚は未発達である。

5× 生理的早産説を唱えたのはポルトマンである。環境から受ける刺激の重要性を示唆している。

No.6の解説　乳児期の発達　　→問題はP.225　正答 1

1◎ 正しい。

2× ギブソンとウォークによる視覚的断崖の実験では奥行知覚は，はうことしかできないような早い時期から持っていることがわかった。

3× この研究はファンツではなくスピッツが行った。8か月不安ともいう。

4× この実験は，ギブソンらではなく，ファンツが行った。生後間もない時期から「人の顔」を見分け，選択的に注視していることが示された。

5× 「扱いやすいタイプ」が40％で，生活が規則的で機嫌がよく環境にも適応しやすい。「扱いにくいタイプ」は約10％で，機嫌，順応性が平均以下，反応が強い。「ウォームアップの遅いタイプ」が15％，平均的・分類できないが35％であった。

No.7の解説　幼児期の発達　　→問題はP.226　正答 5

1～4◎　正しい。

5× エリクソンの発達段階における幼児期の発達課題は，幼児前期が「自律対恥と疑惑」，幼児後期が「積極性対罪悪感」である。

No.8の解説　成人期の発達　　→問題はP.226　正答 2

1× エリクソンの発達段階における成人後期の課題は，「生殖性対停滞」である。

2◎ 正しい。バーンアウト（燃え尽き）症候群は，長期間熱心に仕事に従事していた人などが，突然意欲を失い，無気力な状態に陥る現象のことである。

3 ✕ うつ病や心身症は成人期に多く発症することが知られている。

4 ✕ スーパーの職業発達に関する記述である。コールバーグは，道徳性発達理論を提唱した人物である。

5 ✕ タイプA行動パターンが，ストレス性疾患と関連が深い。攻撃性やせっかちさから特徴づけられ，虚血性心疾患との関連が報告されている行動様式である。タイプBは，タイプAと逆の行動様式である。

No.9の解説　生涯発達　　　　　　　　　　→問題はP.226　正答　**3**

1 ✕ エリクソンの発達段階は，6段階ではなく，8段階である。

2 ✕ 死の受容モデルは，否認，怒り，取引，抑うつの4段階を経た後に，死の受容の段階にいたる5段階のモデルである。

3 ◎ 正しい。

4 ✕ レヴィンソンではなく，バルテスやシャイエの知能発達に関する記述である。

5 ✕ 「人生の四季」の考え方を提唱したのは，バルテスではなく，レヴィンソンである。

No.10の解説　言語発達　　　　　　　　　　→問題はP.227　正答　**2**

1 ✕ チョムスキーの言語獲得装置（LAD）に関する記述である。スキナーは新行動主義者。

2 ◎ 正しい。

3 ✕ ピアジェは，自己中心性談話として，「独語」「反復」及び「2人の独語または集団的独語」などを挙げている。「適応的報告」「質問」「応答」「威嚇」は，社会性談話に分類される。

4 ✕ 語彙爆発は，2歳頃（2語文期以降）に見られる。

5 ✕ ピアジェの自己中心性談話に関する記述である。

No.11の解説　愛着理論　　　　　　　　　　→問題はP.227　正答　**5**

1 ✕ ワトソンではなく，ボウルビーの母性剥奪（マターナル・ディプリベーション）に関する記述である。

2 ✕ ストレンジ・シチュエーション法（SSP）に関する記述である。AAI（adult attachment interview）は成人愛着面接のことである。

3 ✕ ストレンジ・シチュエーション法（SSP）の結果は，Aタイプ（回避型），Bタイプ（安定型），Cタイプ（不安定・アンビバレント型），Dタイプ（無秩序・無方向型）の4つのタイプに分類される。つまり，最も安定した愛着関係を示すのは，Bタイプである。

4 ✕ マーラーの分離個体化理論では，2〜4か月頃を共生期（子どもが自分と母親を一体のものとして認識），4〜10か月頃を分化期（はうことが可能にな

って身体的分離が始まる），10～18か月頃を練習期（母親を安全基地として探索行動を開始する），18～24か月頃を再接近期（母親との身体的分離があると分離不安を生じやすくなる，また自我が芽生え始めて葛藤する），24～36か月頃を個体化確立期（自我が発達し，心の中に母親像を確立して，目の前に母親がいなくても安心して行動できるようになる）とした。

5 ◎ 正しい。幼児期後半以降では，内的作業モデルにより，個人のかかわり方におけるパターンや一貫性が保たれることとなる。

No.12の解説　発達の研究法　　　　　　　　　　　　　→問題はP.228　正答 **3**

1 ✕ 縦断的研究に関する記述である。縦断的研究は，同一集団を追跡調査するため，追跡の困難，多数データの取得の困難，といったデメリットがある。

2 ✕ 横断的研究に関する記述である。時間経過の効果を直接的に調べていないという欠点がある。

3 ◎ 正しい。

4 ✕ 現象記述的方法ではなく，要因分析的方法の記述である。現象記述的方法には，自然観察法，日記分析法，事例研究が挙げられる。

5 ✕ 弁別実験法ではなく，馴化・脱馴化法に関する記述である。

No.13の解説　遊び　　　　　　　　　　　　　　　　　→問題はP.228　正答 **4**

1 ✕ 平行遊びとは，一見一緒に遊んでいるように見えても，実際は互いに独立しており，かかわり合いや会話がない状態の遊びのことである。

2 ✕ ごっこ遊びとは，ピアジェの象徴遊びと同義として扱われることが多い。単なる現実の再現ではなく，複数の参加者相互のイメージの調整を経て構成される独自の意味世界を持つ遊びとして捉えられている。

3 ✕ ひとり遊びに関する記述である。

4 ◎ 正しい。象徴遊びとは，ピアジェの遊びの分類の一つであり，子どもの自我や感情にかかわる活動で，欲求の満足や葛藤の解消を生じさせるとした。

5 ✕ 機能遊びとは，手足の運動を楽しむ，音のする方向に注意を向けるなど，様々な変化に対応して遊ぶことであり，主に乳幼児期に1人で行われるとされる。

④保育原理

保 育 原 理 Point

重要ポイント 1　保育の意義・目的

●保育に関連する法律の理念や条文

　保育所保育指針の根拠法「児童福祉法」をはじめ，「児童憲章」「児童の権利に関する条約」「児童権利宣言」「児童福祉施設の設備及び運営に関する基準（旧児童福祉施設最低基準）」「全国保育士会倫理綱領」などについて確認が必要。

●保育の目標（保育所保育指針より）

　保育所は，子どもの人間形成にとって極めて重要な時期に，その生活時間の大半を過ごす場である。保育所保育は，子どもが現在を最も良く生き，望ましい未来をつくり出す力の基礎を培うために行わなければならない。

> （ア）十分に養護の行き届いた環境の下に，くつろいだ雰囲気の中で子どもの様々な欲求を満たし，生命の保持及び情緒の安定を図ること。
> （イ）健康，安全など生活に必要な基本的な習慣や態度を養い，心身の健康の基礎を培うこと。
> （ウ）人との関わりの中で，人に対する愛情と信頼感，そして人権を大切にする心を育てるとともに，自主，自立及び協調の態度を養い，道徳性の芽生えを培うこと。
> （エ）生命，自然及び社会の事象についての興味や関心を育て，それらに対する豊かな心情や思考力の芽生えを培うこと。
> （オ）生活の中で，言葉への興味や関心を育て，話したり，聞いたり，相手の話を理解しようとするなど，言葉の豊かさを養うこと。
> （カ）様々な体験を通して，豊かな感性や表現力を育み，創造性の芽生えを培うこと。

●保育所の目的

　保育所は，保育を必要とする乳児・幼児を日々保護者の下から通わせて保育を行うことを目的とする施設（児童福祉法39条）。

→「保育を必要とする」とは？…小学校就学前子どもの保護者のいずれもが次の各号のいずれかに該当することとする（子ども・子育て支援法施行規則1条の5）。

> 一　1月において，48時間から64時間までの範囲内で月を単位に市町村（特別区を含む。以下同じ。）が定める時間以上労働することを常態とすること。
> 二　妊娠中であるか又は出産後間がないこと。
> 三　疾病にかかり，若しくは負傷し，又は精神若しくは身体に障害を有していること。
> 四　同居の親族（長期間入院等をしている親族を含む。）を常時介護又は看護していること。
> 五　震災，風水害，火災その他の災害の復旧に当たっていること。
> 六　求職活動（起業の準備を含む。）を継続的に行っていること。
> 七　次のいずれかに該当すること。
> 　イ　学校，専修学校，各種学校その他これらに準ずる教育施設に在学していること。
> 　ロ　公共職業能力開発施設において行う職業訓練若しくは職業能力開発総合大学校において行う指導員訓練若しくは職業訓練又は認定職業訓練その他の職業訓練を受けていること。

八　次のいずれかに該当すること。
　イ　児童虐待を行っている又は再び行われるおそれがあると認められること。
　ロ　配偶者からの暴力により小学校就学前子どもの保育を行うことが困難であると認められること（イに該当する場合を除く。）
九　育児休業をする場合であって，当該保護者の当該育児休業に係る子ども以外の小学校就学前子どもが特定教育・保育施設，特定地域型保育事業又は特定子ども・子育て支援施設等を利用しており，当該育児休業の間に当該特定教育・保育施設等を引き続き利用することが必要であると認められること。
十　前各号に掲げるもののほか，前各号に類するものとして市町村が認める事由に該当すること。

重要ポイント 2　保育所保育指針

　保育所保育指針は，保育所や家庭的保育など多くの保育を実践する施設における重要なガイドラインである。就職試験のためだけに勉強すればよいものではなく，採用後もきちんと勉強しなければならない。暗記するつもりで熟読しておくことが必要であろう。

　保育所においては，この指針に沿った保育を展開することが求められる。2017年の保育所保育指針の改定に伴い，①乳児・1歳以上3歳未満児の保育に関する記載の充実，②保育所保育における幼児教育の積極的な位置づけ，③子どもの育ちをめぐる環境の変化を踏まえた健康及び安全の記載の見直し，④保護者・家庭及び地域と連携した子育て支援の必要性，⑤職員の資質・専門性の向上，といった内容が新たに盛り込まれた。

　保育の内容だけでなく，保育計画や評価，保育士の役割や専門性，職業倫理などについても，しっかり学んでおこう。

　また，指針は「保育所は，入所する子どもの保護者に対し，その意向を受け止め，子どもと保護者の安定した関係に配慮し，保育所の特性や保育士等の専門性を生かして，その援助に当たらなければならない」として，支援の対象は子どもだけでなく，その保護者も含むことを言及している。

第3章 専門試験編

重要ポイント3 保育思想・保育の歴史

　歴史や制度に関する基本事項を押さえておくこと。単なる記憶にとどめることなく，経緯や流れの中で基本的な人物や出来事等を確認しよう。以下，代表的人物の一部を示す。

オーベルラン （オーベルリン）	18世紀後半のフランス・アルザス地方にて，両親が働いている間に子どもを預かる「幼児保護所」を設立。この施設は，世界最初の集団保育施設とされる。単に子どもの保護だけでなく，大人たちにも讃美歌や編み物などを教えていたことから"編物学校"とも呼ばれ，戦争や貧困で悲惨な状況に陥ったこの地方の人々の状況の改善に役立ったといわれている。
フレーベル	19世紀前半のドイツにて，恩物（Gabe）と呼ばれる教育的遊具を開発した。これは，家庭での母親のかかわりや子どもの遊びを重視した結果であり，彼は乳幼児には命令的・干渉的であってはならないと指摘した。また，恩物の普及とともに，遊戯や作業を中心とした集団保育施設を設立したことでも知られる。この施設はキンダーガルテンと呼ばれ，世界中の幼稚園の原型とされている。
モンテッソーリ	イタリア初の女性医学博士で，当初は知的障害児教育に携わっていたが，次第に医療と教育の必要性を感じ，教育学や心理学を学んだ後，幼児期の教育に携わるようになった。ローマの貧困層の2〜6歳の子どもを預かる施設「子どもの家（1907年）」を主宰し，子どもの発達する力を引き出す（子どもの自由）ことを基本理念に，モンテッソーリ教具と呼ばれる感覚器官を刺激する訓練により創造性や能力を引き出そうとする遊具を考案して，後に「モンテッソーリ・メソッド」として理論化した。「子どもの家」では異年齢保育が基本となっていたといわれ，現在もイタリアの保育は異年齢児保育が中心である。
マクミラン姉妹	姉のレイチェルが保健指導員，妹のマーガレットが教育委員として，1911年，イギリス・ロンドンの貧困区に学童の診療所を開設。治療より予防が重要と感じ，同年自宅の庭を開放して戸外保育学校を設立して，子どもたちの生活指導や健康保育にあたった。「全ての子どもをあなた自身の子どものように教育しなさい」の理念は，その後のイギリスの保育学校（ナーサリースクール）のモデルにされた。

日本の重要人物

　新潟静修学校経営者の赤沢鐘美・仲子夫妻が開設した日本最初の常設託児施設（1890年），鳥取の農村で筧雄平により開設された日本最初の季節保育所「農繁期託児所」（1890年），東京紡績株式会社付設託児所（1894年）や三井炭鉱託児所（1896年）などのような職場に付設された託児施設の登場（ただし託児環境そのものは劣悪だったといわれる），貧困家庭の幼児を対象に保育を始めた野口幽香らによる「二葉幼稚園（1900年，後に二葉保育園)」など。

重要ポイント **4** 保育の現状・課題

●保育や子育て支援をめぐる現代的課題

・国の少子化対策と保育の関係…エンゼルプランや新エンゼルプランにより保育所数の増加，及び，乳児保育の一般化や多様な保育サービスの推進，地域子育て支援センターの整備など在宅児も含めた育児支援の推進などが進められた。その後も，保育所待機児童ゼロ作戦（2001年），子ども・子育て応援プラン（2004年），子ども・子育てビジョン（2010年），子育て安心プラン（2017年），新子育て安心プラン（2021年）などで，規制緩和や新規参入を促している。

・保幼小接続・小学校との連携について

・食育基本法制定に伴い，子どもの日常生活を支える保育所だからこそできる食育の推進

・特別支援教育の充実と障害幼児の保育

重要ポイント **5** 教育の意義・目的

●教育基本法の規定

「**教育の目的**」（１条）：教育は，人格の完成を目指し，平和で民主的な国家及び社会の形成者として必要な資質を備えた心身ともに健康な国民の育成を期して行われなければならない。

「**教育の目標**」（２条）：教育を通じて養うべきもの…幅広い知識と教養・真理を求める態度・豊かな情操と道徳心・健やかな身体・自主及び自律の精神・勤労を重んずる態度・正義と責任，男女の平等，自他の敬愛と協力を重んずる態度・主体的に社会の形成に参画し，その発展に寄与する態度・生命を尊び，自然を大切にし，環境の保全に寄与する態度・伝統と文化を尊重する態度・我が国と郷土を愛するとともに，他国を尊重し，国際社会の平和と発展に寄与する態度

●子どもの権利に関する理念（児童憲章）

・すべての児童の幸福を実現するために制定

・児童は，「人として尊ばれ」「社会の一員として重んぜられ」「よい環境の中で育てられる」べきとする児童の権利宣言

重要ポイント 6 　教育の思想・教育の歴史

●諸外国の教育思想と教育実践

【17世紀】

人物	事項	著書
コメニウス (1592〜1670年)	あらゆる子どもに世界のあらゆる事柄を伝える普遍的な教授方法を提唱。近代教育の父。	『大教授学』 『世界図絵』
ロック (1632〜1704年)	子どもの精神を何も書き込まれていない白紙にたとえる「精神白紙説（タブラ・ラサ）」を提唱。	『教育に関する若干の考察』

【18世紀〜19世紀】

人物	事項	著書
ルソー (1712〜1778年)	子どもの発達法則（＝自然）に沿った教育の重要性を説く。子どもへの大人の干渉を否定。	『エミール』 『社会契約論』
ペスタロッチ (1746〜1827年)	直観教授法を提唱。孤児院を開設し、貧民の子どもたちの教育に尽力。人間の能力の調和的発達（＝陶冶）を目指す教育論を展開。	『隠者の夕暮』 『ゲルトルート児童教育法』
フレーベル (1782〜1852年)	世界初の幼稚園を設立。子どもの神性（＝想像力・創造力）の発達を重視。「恩物」による教育を展開。	『人間の教育』

※その他の重要人物：コンドルセ，ヘルバルト，オーエン

【20世紀】

人物	事項	著書
ケイ (1849〜1926年)	ルソーの自然主義教育の影響を受け、児童中心主義教育論を展開（新ルソー主義）。	『児童の世紀』
モンテッソーリ (1870〜1952年)	イタリア初の女性医学博士。知的障害児の教育で大きな成果。ローマのスラム街に「子どもの家」を開設。	『モンテッソーリ・メソッド』
デューイ (1859〜1952年)	子どもの経験や問題解決過程を重視する「経験主義教育論」を展開。シカゴ大学附属実験学校を設立。	『学校と社会』 『民主主義と教育』

※その他の重要人物：キルパトリック，パーカスト，ブルーナー，イリイチ，ラングラン

●日本の教育思想と教育実践

中世の教育

大 学 寮：支配階級である貴族のための官僚養成機関。

綜芸種智院：真言宗開祖空海が設けた庶民のための教育機関。

近世の教育

藩 校：武士階級のための教育機関。四書五経などを学習。

寺子屋：庶民のための教育機関。僧侶，医師などの地域の知識階層が読・書・算を教授。「往来物」と呼ばれる教科書を使用。

近代の教育（教育制度の歴史）

発布・施行年等	事項	制度の特長・意義等
1872（明治5）年	学制の公布	近代公教育制度の開始
1879（明治12）年	教育令公布	就学義務の緩和・中央政府の教育に対する権限を弱める
1886（明治19）年	帝国大学令・師範学校令・中学校令・小学校令の制定	初代文部大臣森有礼が制定にかかわる
1890（明治23）年	教育勅語の発布	天皇制と学校教育のかかわりの明確化
1918（大正7）年	大学令・高等学校令の公布	上級学校への進学希望者の増加に伴い，高等教育機関を大幅に拡張
1941（昭和16）年	国民学校令の公布	学校教育の戦時体制化

近代幼児教育の思想家・実践家

倉橋惣三	東京女子高等師範学校附属幼稚園主事。「幼児教育の父」と呼ばれる。児童中心主義的保育論「誘導保育案」を提唱。『幼稚園雑草』『育ての心』『幼稚園保育法真諦』など。
城戸幡太郎	心理学者，教育学者，北海道大学名誉教授。保育問題研究会を設立。幼児教育における「社会中心主義」を提唱。『文化と個性と教育』。
野口幽香・森島峰	キリスト教精神に基づき，貧民子女のための慈善幼稚園として「二葉幼稚園」（後に「二葉保育園」）を設立。

※その他の重要人物：山本鼎，橋詰良一，小林宗作，鈴木三重吉

保育原理 Point

重要ポイント 7　教育制度

●日本国憲法・教育関連法規における規定

①**教育の機会均等・教育を受ける権利**（憲法26条，教育基本法16条2項）

　　すべて国民は，法律の定めるところにより，その能力に応じて，ひとしく教育を受ける権利を有する。（憲法26条）

②**義務教育とその無償性**（憲法26条2項，教育基本法5条2項・3項・4項）

　　すべて国民は，法律の定めるところにより，その保護する子女に普通教育を受けさせる義務を負ふ。義務教育は，これを無償とする。（憲法26条2項）

③**教育内容の中立性**（憲法20条3項，教育基本法14条・15条）

　　国及びその機関は，宗教教育その他いかなる宗教的活動もしてはならない。（憲法20条3項）

④**教員の職務**（教育基本法9条）

⑤**生涯学習の理念**（教育基本法3条）

⑥**学校教育における基本的教育方針**（教育基本法6条2項）

⑦**幼児教育の目的・目標**（教育基本法11条，学校教育法22条・23条，幼稚園教育要領第1章総則）

　　幼児期の教育は，生涯にわたる人格形成の基礎を培う重要なものであることにかんがみ，国及び地方公共団体は，幼児の健やかな成長に資する良好な環境の整備その他適当な方法によって，その振興に努めなければならない。（教育基本法11条）

重要ポイント 8　教育の理論・内容・方法

●教授・学習理論

直観教授法：ペスタロッチ

4段階教授法（明瞭－連合－系統－方法）：ヘルバルト

問題解決学習（経験主義）：デューイ

発見学習：ブルーナー

　　※その他の重要事項：プロジェクト・メソッド，モリソン・プラン，ウィネトカ・プラン，プログラム学習

●カリキュラム（教育課程）

カリキュラムの諸類型：教科カリキュラム，経験カリキュラム，コア・カリキュラム，相関カリキュラム，融合カリキュラム，広領域カリキュラム

カリキュラム編成の視点：スコープとシークエンス

●教育評価

　「教育評価は，教育の活動を評定し，その結果に基づいて，次の教育活動，学習活動を計画するために行うものである」田嶋一・中野新之祐・福田須美子・狩野浩二著『やさしい教育原理』（有斐閣1997）

評価基準に基づく分類：絶対評価／相対評価／個人内評価

評価時期・目的に基づく分類：診断的評価／形成的評価／総括的評価

重要ポイント 9　教育の現状・課題

●教育の視点から見た現代社会の特徴　※以下は文部科学省の見解に基づく

・社会規範の流動化・弱体化，価値観の多様化
・地域社会の人間関係の希薄化
・テレビ，携帯電話，インターネット等の情報メディア普及によるコミュニケーションの変化
・子どもの生活体験，自然体験等の機会の減少
・いじめ問題の深刻化

●幼児期から学童期における教育の現代的課題

・基本的な生活習慣を身につけ，生活リズムの大きな乱れを直す
・少子化の影響等で減少している，地域の中での子ども同士のかかわりを増やす
・子どもが基本的なしつけを受けないままに入学し，集団生活のスタート時点で問題が顕在化するケースが増加（小1プロブレム）

●青年期における教育の現代的課題

・子離れできない親・親離れできない子どもが増加
・小さな仲間集団の中では濃密な人間関係を持つが，その外側には無関心となる傾向
・将来に展望・希望を持たない刹那主義的傾向の若者が増加

保育原理

No.1 保育所保育指針を一部抜粋した，保育の目標に関する次の文中の空欄に当てはまる語句として適切なものはどれか。

　保育所は，入所する子どもの保護者に対し，その意向を受け止め，子どもと保護者の（　　　　　）に配慮し，保育所の特性や保育士等の専門性を生かして，その援助に当たらなければならない。

1　精神衛生

2　将来

3　安定した関係

4　保育所職員への信頼

5　保育に欠ける現状

No.2 「児童の権利に関する条約」の次の条文中の空欄A〜Cに当てはまる語句の組合せとして適切なものはどれか。

第18条

　1項　締約国は，児童の養育及び発達について（　A　）が共同の責任を有するという原則についての認識を確保するために最善の努力を払う。（　A　）又は場合により法定保護者は，児童の養育及び発達についての第一義的な責任を有する。（　B　）は，これらの者の基本的な関心事項となるものとする。

　2項　締約国は，この条約に定める権利を保障し及び促進するため，（　A　）及び法定保護者が児童の養育についての責任を遂行するに当たりこれらの者に対して適当な援助を与えるものとし，また，児童の（　C　）のための施設，設備及び役務の提供の発展を確保する。

　3項　締約国は，（　A　）が働いている児童が利用する資格を有する児童の（　C　）のための役務の提供及び設備からその児童が便益を受ける権利を有することを確保するためのすべての適当な措置をとる。

	A	B	C
1	国家	児童の幸福	保育
2	国連	児童中心主義	保護
3	父母	児童の最善の利益	養護
4	両親	児童の健全育成	教育
5	後見人	財産管理	成長発達

No.3 次のA～Dの組合せのうち，適切なものはいくつあるか。

A	オーエン	性格形成新学院	16世紀
B	フレーベル	『人間の教育』	19世紀
C	モンテッソーリ	オルフシステム	イタリア
D	ケイ	『子どもの家』	スウェーデン

1 ひとつもない　　**2** 1つ　　**3** 2つ
4 3つ　　　　　　**5** 4つ

No.4 保育所と幼稚園に関する次の記述のうち，最も適切なものはどれか。

1 保育所も幼稚園も「保育を必要とする」乳幼児を対象としており，ともに児童福祉法を根拠とし，文部科学省を所管官庁としている。

2 保育所については児童福祉法の中で「保育」の用語が用いられているが，幼稚園についても学校教育法にて「保育」の用語が用いられている。

3 昭和38年当時の文部省と厚生省の連名による文書により，保育所の保育内容はすべて幼稚園教育要領に従うことが望ましいとされ，現在の保育所保育指針もすべて幼稚園教育要領に準じている。

4 保育所保育指針も幼稚園教育要領も，その保育や教育に係るねらいと内容は「健康」「人間関係」「自然」「言葉」「表現」の5領域となっている。

5 保育所も幼稚園も児童福祉施設である。

No.5 保育施設に関する次の記述のうち，適切なもののみをすべて挙げているのはどれか。

A 共同保育所が，厚生労働大臣による認可は受けていないが，都道府県の認可を受けている乳幼児保育施設である。

B 認定こども園は，乳幼児を保育することを目的とする施設で，児童福祉法に基づく児童発達支援センターに位置づけられる。

C 保育所は，日々保護者の委託を受けて保育を必要とする乳幼児を保育することを目的とした児童福祉施設である。

D 「乳幼児健康支援一時預かり事業」とは，多くの保育所で行われている一時保育のことを指す。

E 認可外保育施設であっても，保育に従事する者のおおむね3分の1以上は保育士や看護師の資格保有者でなければならない。

1 A，C　　**2** A，D　　**3** B，D
4 C，E　　**5** E

No.6 保育の方法に関する次の記述のうち，誤っているものはどれか。

1 子どもの状況や生活の実態を把握するとともに，生きる主体である子どもの思いや願いを受け止めることが重要である。

2 子どもの保育環境をしっかりと整え，健康安全な環境で自己発揮できるようにすることが重要である。

3 子どもの発達について理解し，一人一人の子どもの発達過程と個人差に配慮するが，集団生活が及ぼす影響は大きいことから，優先的に子ども相互のかかわりを重視し，集団としての成長を促すことが重要である。

4 生活や遊びを通して，総合的に保育することが重要である。遊びによる満足感や達成感，時には疑問や葛藤が子どもの成長を促し，更に自発的に身の回りの環境にかかわろうとする意欲や態度を育てるからである。

5 保護者支援においては，保護者と一緒に子どもを育てていくといった視点が大切であり，保護者とのパートナーシップが求められる。

No.7 保育の環境に関する次の記述のうち，最も適切なものはどれか。

1 保育所保育は環境を通して行うことが基本であり，保育環境の構成が保育の質を左右する。子どもが環境との相互作用によって成長・発達していくことを理解した上で，応答性のない環境にしていくことが重要である。

2 保育所保育では，子ども自らが興味や関心が触発されて，それまでの経験や能力を発揮しながら環境にかかわり，自発的に活動し，様々な経験を積んでいくことができるようにすることが重要である。

3 子どもの健康と安全を守ることは保育所の基本的かつ重大な責任であるから，施設長が，施設などの環境整備を通して保育所の保健的環境や安全の確保などに努めることが不可欠である。

4 保育所は，子どもの発達過程を考慮し，子どもが長時間生活する温かなくつろぎの場としてではなく，常に明るく生き生きと活動できる場となるよう環境を構成することが必要である。

5 子どもが，保育所職員との関係や地域の人々など様々な大人とのかかわりによって色々な感情や欲求を持つことを踏まえ，他者とかかわる力を育むことができる保育の環境を構成していく必要がある。

No.8 **保育計画に関する次の記述のうち，最も適切なものはどれか。**

1 保育計画作成においては，園児の実態の理解や保護者の意向，地域の実情などを把握することが前提である。

2 保育士は，自分の特技を生かしながら，それを中心にした保育計画を作成するようにする。

3 自由遊びのときであっても，保育士が準備した保育計画をしっかりと優先することがよい。

4 保育士が，自らの理想の条件を踏まえて，枠に一切とらわれない柔軟な発想で計画を作成することが望ましい。

5 保育計画を作成するに当たり，保育所保育指針を踏まえることが大切であるから，指針を考慮して作成された保育士向け保育雑誌などに記載された計画を，そのまま採用するのがよい。

No.9 **保育士の専門的な知識と技術に関する次の記述のうち，適切なものはいくつあるか。**

A 長年の保育経験を基に子どもの育ちを見通し，その成長・発達を援助する技術。

B 子どもの発達過程や意欲を踏まえ，子ども自らが生活していく力を大まかに助ける生活援助の知識・技術。

C 保育所内の空間や物的環境，様々な遊具，素材を生かし，保育の環境を構成していく技術。

D 子どもの経験や興味・関心を踏まえ，様々な遊びを豊かに展開していくための知識・技術。

E 子ども同士のかかわりや子どもと保護者のかかわりなどを見守り，その気持ちに寄り添いながら常に直接援助をしていく関係構築の知識・技術。

1 1つ

2 2つ

3 3つ

4 4つ

5 5つ

No.10 保育所の社会的責任に関する次の記述のうち，適切なもののみをすべて挙げているのはどれか。

A 子どもの人権に十分配慮し，かつ子ども一人一人の人格を尊重して保育を行わなければならない。

B 保護者や地域社会に対し，交流や連携を通して，保育所が行う保育の内容を，一方的にであれ適切に説明するよう努めなければならない。

C 保育所の行う説明責任については，法律上はその義務を明記されていないが，保育方針や保育の内容などについて情報を開示し，保護者等が適切かつ円滑に利用できるようにした方がよい。

D 入所する子ども等の個人情報は厳重に管理し，法令順守のためいかなる場合においても他機関に提供しない。

E 保護者の苦情などに対し，その解決を図るよう努めなければならない。

1 A，C，D

2 A，E

3 B，D

4 B，C，E

5 A，B，C，D，E

No.11 保育所の保護者に対する個別支援に関する次の文中の空欄A～Cに当てはまる語句の組合せとして最も適切なものはどれか。

保育所における個別的な支援は，個々の保護者の思いや意向，要望，悩みや不安などに対して，保育士が培ってきた知識や技術，（ A ）を中心としながら行う援助活動である。ただし，その内容によっては，保育の知識や技術に加えて，ソーシャルワークや（ B ）等の知識や技術を援用する必要がある。

さらに子どもの健全育成の観点から，多胎児や低体重出生児，外国籍の子ども，慢性疾患のある子どもの保護者への支援が求められる。また，精神疾患等を抱える保護者，育児不安を持つ保護者等への個別的な対応も（ C ）行う。

	A	B	C
1	保育所保育の専門性	カウンセリング	必要に応じて
2	保育所の保育方針	ケアマネジメント	必ず
3	チームワーク	グループダイナミクス	可能な限り
4	愛着関係	スキンシップ	努力できる範囲で
5	生活経験	コンサルテーション	効果的に

No.12 障害児保育に関する次の記述のうち，最も適切なものはどれか。

1 障害児保育では，子どもの障害について，園全体で理解や知識を高めることが大切である。研修などで学ぶ以外にも，場合によっては，保護者から障害のことを教えてもらう機会をつくることも一つの考えである。

2 保育所における障害児の受け入れは，児童相談所などでの判定により公布される療育手帳を所持することが条件である。

3 自閉症は幼少期の親のしつけが悪いために生じる障害であるから，自閉症の子どもへの保育では，家庭との連携や保護者支援，保育相談体制について，保育所として充実を図る必要がある。

4 障害のある幼児にとって，専門機関等での心理検査・発達検査の実施はかわいそうである。したがって，障害が疑われる幼児を発見しても，専門機関に連絡するのはできるだけ避けた方がよい。

5 統合保育（インクルージョン）とは，障害のある子どもとない子どもを同じ場で保育することである。

No.13 次の記述のうち，最も適切なものはどれか。

1 保育所には，利用者の適切なサービスの選択のため，あるいは保育の質の向上を図るため，自己評価に加え，第三者によるサービス評価が求められている。

2 保育士には，通常の保育に加え，保育計画の策定というケアマネジメントの役割も求められている。

3 保育士に求められている保育相談援助は，在籍園児の保護者に対してのみ行われる。

4 都市部を中心に見られる，保育所入所の待機児童の問題は，母親の育児不安や，育児からより早く解放されたいなどという願望が高くなっているために生じているといわれている。

5 日本は高齢化社会であり，少子化と併せて子どもの人口割合が減少していることもあり，保育所の役割に対する期待は低下している。

No.14 児童福祉施設に関する次の記述のうち，最も適切なものはどれか。

1 認可保育所とは，児童福祉法に基づき，厚生労働大臣が認可している保育所のことである。

2 事業所内保育施設は，認可保育所の一形態である。

3 地域包括支援センターは，家庭福祉や児童福祉の相談窓口として比較的軽易な相談を行っており，福祉事務所に設置されている。

4 2008年の児童福祉法及び社会福祉法改正により，地域子育て支援センターなどの地域子育て支援拠点事業は法定化され，保育所と同様の第二種社会福祉事業に位置づけられることとなった。

5 2012年の児童福祉法改正に伴い，児童家庭支援センターは児童福祉施設ではないものとされた。

No.15 保育所の安全に関する次の記述のうち，最も適切なものはどれか。

1 保育所は，少なくとも3か月に1回は，避難及び消火に対する訓練を行わなければならない。

2 児童福祉施設においては，軽便消火器等の消火用具，非常口その他非常災害に必要な設備を設けなければならないが，保育所では，在籍する乳幼児がこれを勝手に触るおそれがあるので，例外とされている。

3 保育所は，非常災害に対する具体的計画を立て，これに対する不断の注意と訓練をするように努めなければならないことになっているので，施設長と災害対策担当の保育士が専属としてこれを熟知するようにする。

4 保育所内外の事故発生，災害発生やその災害訓練時及び不審者の侵入等の事態に備え，警察や医療機関，消防，市町村役場との連携・連絡体制の確認が不可欠である。ただし保護者や近隣の住民には，余計な負担をかけないようにするため，災害時にのみ連絡をとる。

5 災害時などにおいては，保育所が被災者や地域住民の生活を支える上で重要な役割を担うため，保育所は日頃から地域交流を進めるよう努める必要がある。

No.16 学校教育法に関する次の記述のうち，最も適切なものはどれか。

1 学校教育法では，保育所及び幼稚園は，学校として位置づけられている。

2 学校教育法には，教育委員会の組織や職務権限についての規定がある。

3 学校教育法には，教育の場における教育目標や修業年限など，学校教育を展開するに当たっての具体的な規定がある。

4 学校教育法には，義務性・無償性・中立性という義務教育の原則についての規定がある。

5 中高一貫教育を行う「中等教育学校」は，学校教育法1条に示される「一条校」からは除外されている。

No.17 教育に関する次の記述のうち，誤っているものはどれか。

1 子どもにとって遊びは大変重要な意味を持っており，子どもは遊びを通じて，

社会性，知的能力，創造性を発達させていく。

2 教師は，子ども一人一人の個性を大切にしなければならないが，同時に学級全体にまとまりが生まれるように配慮しなければならない。

3 学問中心カリキュラムは，学問的知識と学問の構造を基本にしつつ，発達段階に沿って教科内容として構造化したカリキュラムである。

4 学校教育法においては，教師には懲戒権が定められているため，教育上必要と認められれば，体罰を行使してもよい。

5 相対評価とは，特定の児童・生徒の集団において，各個人の成績がどのくらいの位置にあるのかを評定するものである。

No.18 哲学者・思想家と，その子ども観・教育観の組合せとして誤っているものはどれか。

1 コメニウス：「用紙は生徒です。生徒の精神に知識という文字が印刷されるのです」（『大教授学』）

2 ルソー：「自然からくる最初の衝動は常に正しいということを疑い得ないこととして示しておく。人間の心には生まれつきの不正というものは存在しない」（『エミール』）

3 ロック：「子どもは，白紙として，あるいは思いとおりに鋳型にはめ，細工できる蜜蝋である」（『教育に関する若干の考察』）

4 イリイチ：「誰もが，学校の外では，いかに生きるべきかを学習する。われわれは，教師の介入なしに，話すこと，考えること，愛すること，感じること，遊ぶこと，および働くことを学ぶのである」（『脱学校の社会』）

5 フレーベル：「このたびは子どもが太陽となり，その周囲を教育のさまざまな装置が回転することになる。子どもが中心となり，その周りに教育についての装置が組織されることになるのである」（『学校と社会』）

No.19 教育法・教授理論に関する次の記述のうち，誤っているものはどれか。

1 キルパトリックは，学習者である子ども自身が生活の中で課題を見つけ，自主的に解決していくという子どもの主体性を重視するプロジェクト・メソッドを考案した。

2 ヘルバルトは，人間が自然や社会に対する認識をつくる学習過程を明瞭・連合・系統・方法の4段階に分けて捉え，いわゆる「4段階教授法」を提唱した。

3 心理学者スキナーは，動物実験に基づいて構築されたプログラム学習理論に基づき，ティーチング・マシーンと呼ばれる問題提示装置を考案した。

4 パーカストは，1960年に著した『教育の過程』において，「教師は結論を教えるのではなく，結論に至る過程を学習者にたどらせることで，概念や法則発見の筋道を学ばせる」という発見学習の理論を提唱した。

5 デューイは，シカゴ大学附属実験学校を設立し，子ども自身の実際の社会生活上の経験を出発点とする経験主義教育に取り組んだ。

No.20 道徳教育について述べた次の記述のうち，誤っているものはどれか。

1 道徳教育とは，社会規範・価値意識を子ども一人一人に内面化・意識化させ，行動にまで高めていくことを目指す教育である。

2 歴史的に道徳教育は，普遍的な価値が存在するという前提のもとに，その価値観や行動様式を教え込もうという，インドクトリネーションの思想に基づいて行われてきた。

3 道徳教育は，社会規範を伝達する教育であるが，子どもたちが社会規範を自ら主体的に選び取れるよう導いていく必要がある。

4 民主的な社会における道徳教育においては，個人的な価値意識が重視されなければならず，普遍的価値の追求は相容れない。

5 道徳教育は，社会における集団の規範を身につけることを目的とするため，集団的学習活動として組織される必要がある。

No.21 生涯学習・生涯教育・成人教育に関する人物・事項についての説明として誤っているものはどれか。

1 ラングランは，1965年の第3回ユネスコ成人教育推進国際委員会において，生涯教育の概念を提唱した。

2 ジェルピは，開発途上国・第三世界の立場から，抑圧からの人間の解放を実現する生涯教育論を展開した。

3 ハッチンスは，生涯教育の理論的基盤となる「学習社会」という概念を提唱した。

4 リカレント教育とは，教育と他の活動を相互に繰り返し，生涯にわたって自己教育を行うことである。

5 アンドラゴジーとは，学校教育制度への人々の依存状態を脱し，新しい教育の形態を創造すべきとする考えに基づく教育方法である。

保育原理の解説

No.1の解説　保育の目標
→問題はP.242　正答 **3**

　保育所保育指針，「保育の目標」の一部抜粋である。空欄には「安定した関係」が当てはまる。よって，正答は**3**である。

　保育の目標は，子どもの保育を通し，子どもが現在を最もよく生き，望ましい未来をつくり出す力の基礎を培うことと，入所する子どもの保護者に対し，その援助に当たるということである。その中で展開される日々の保育は，子どもと保護者の関係を軸に，子ども，保育士等，また保護者等の様々な関係が豊かに繰り広げられていくことが望まれる。

No.2の解説　児童の権利に関する条約
→問題はP.242　正答 **3**

　父母の養育の責任を挙げている児童の権利に関する条約18条から引用している。Aには「父母」，Bには「児童の最善の利益」，Cには「養護」が当てはまる。よって，正答は**3**である。

　児童の最善の利益という表現が用いられ，子ども個人の権利を重視していること，また児童の養護のための施設設備や人的環境を父母に代わる存在として位置づけていることなどが挙げられる。

No.3の解説　保育の歴史に関する重要人物
→問題はP.243　正答 **2**

A ×　16世紀ではなく，19世紀である。オーエンが1816年にイギリス・ニューラナークの紡績工場にて開設した性格形成新学院には「幼児学校」も置かれ，乳幼児期の教育も重視されていた。

B ○　正しい。フレーベルが『人間の教育』を著したのは1826年とされている。

C ×　オルフシステムは，オルフが開発した音楽教育の方法。モンテッソーリは，イタリア・ローマのスラム街で1907年に「子どもの家」を開設した。モンテッソーリの成果は，モンテッソーリ法として現在も世界に広まっている。

D ×　子どもの家はモンテッソーリが開設した。ケイは，スウェーデンの思想家。1900年刊行の『児童の世紀』で児童中心主義の教育の必要性を訴えた。

　正しいものはBのみで1つ。よって，正答は**2**である。

No.4の解説　保育所と幼稚園
→問題はP.243　正答 **2**

1 ×　保育所は「保育を必要とする」乳幼児が対象，根拠法は児童福祉法，厚生労働省を所管官庁としている。幼稚園は満3歳～小学校就学までの幼児が対象，根拠法は学校教育法，文部科学省を所管官庁としている。

2 ◎　正しい。学校教育法22条に「……幼児を保育し……」という表現がある。

3 ×　幼稚園教育要領に従うことが望ましいとされたのは，すべてではなく，3歳以上児の保育内容についてである。

4 ×　保育所保育指針と幼稚園教育要領ともに，ねらいと内容の5領域が共通しているというのは正しいが，5領域のうち「自然」は誤りで，正しくは「環

境」である。

5 × 保育所は児童福祉法に基づく児童福祉施設，幼稚園は学校教育法を根拠とする学校である。

No.5の解説 **保育施設** →問題はP.243 正答 **4**

A × 共同保育所は，都道府県の認可がない認可外保育施設である。
B × 認定こども園は，「就学前の子どもに関する教育，保育等の総合的な提供の推進に関する法律」に基づく。児童発達支援センターは，障害児通所支援を行う児童福祉施設である。
C ○ 正しい。
D × いわゆる病児保育・病後児保育のことである。
E ○ 正しい。「認可外保育施設指導監督基準」に基づく。

　よって，正答は**4**である。

No.6の解説 **保育の方法** →問題はP.244 正答 **3**

　3が誤りである。子ども一人一人に配慮した保育と，集団としてのかかわりは，相反するものではない。つまり，個の成長が集団の成長にかかわり，集団における活動が個の成長を促すといった関連性に十分留意して保育することが重要である。

No.7の解説 **保育の環境** →問題はP.244 正答 **2**

1 × 目指す保育環境は，子どもの状況により様々に変化していくなど，応答性のある環境である。
2 ○ 正しい。
3 × 施設長だけではなく，全職員がこれに当たるべきである。
4 × 子どもの活動は常に活発な「動」ではない。ときにはくつろいだり休んだりできる「静」の活動も必要であり，動と静のバランスが重要である。
5 × 同年齢・異年齢の子ども同士のかかわりを欠いてはいけない。

No.8の解説 **保育計画** →問題はP.245 正答 **1**

1 ○ 正しい。
2 × 保育士は，自分の特技ではなく，子どもの発達や能力，立場などを考慮して計画を作成するべきである。
3 × 自由遊びは，保育士による強制は避けるべきである。保育士は遊びに至るまでの環境設定や準備に十分思慮をめぐらせる。
4 × 柔軟な発想はよいことだが，保育所保育指針や児童福祉法などの公文書は最低限考慮しなければならない。
5 × 子どもや保護者，地域の実態を踏まえて作成するもので，既製品をそのまま使用するのは望ましくない。

No.9の解説 保育士の専門性　　　　　→問題はP.245　**正答** **1**

A× 「長年の保育経験を基に」ではなく「子どもの発達に関する専門的知識を基に」である。経験も重要だが，それだけではなく知識や技術，倫理観に裏打ちされた専門性が求められている。

B× 「大まかに助ける」ではなく「細やかに助ける」である。

C× 「保育所内の空間や物的環境，様々な遊具，素材を生かし」ではなく，「保育所内外の空間や物的環境，様々な遊具や素材，自然環境や人的環境を生かし」である。単に物品を並べることが環境設定ではない。

D○ 正しい。

E× 「常に直接援助をしていく」ではなく「適宜必要な援助をしていく」。このほかに「保護者等への相談・助言に関する知識・技術」などが考えられる。

　正しいものはDのみの1つ。よって，正答は**1**である。

No.10の解説 保育所の社会的責任　　　　→問題はP.246　**正答** **2**

A, E○ 正しい。

B× 一方向ではなく，わかりやすく応答的に説明に応じることが大切。

C× 平成18年改正の社会福祉法75条において，利用者への情報提供が社会福祉施設の努力義務とされている。

D× 「児童虐待の防止等に関する法律」にある通告義務により，虐待を防ぐためであれば個人情報を提供しても法令違反には問われない。また，子どもの発達援助のための関係機関等との連携，保護者への伝達，保護者同士の交流や地域交流などに必要な情報交換等については，関係者の承諾を得ながら適切に進める必要がある。

　よって，正答は**2**である。

No.11の解説 保護者に対する個別支援　　→問題はP.246　**正答** **1**

　Aには「保育所保育の専門性」，Bには「カウンセリング」，Cには「必要に応じて」が当てはまる。よって，正答は**1**である。

　育児不安等が見られる保護者に対して，必要に応じて支援を行うためには，相談・助言等の専門性が不可欠となるが，さらに保育指導，なかでもソーシャルワークやカウンセリングなどの個別支援の知識，技術等が求められる。

No.12の解説 障害児保育　　　　　　　　→問題はP.247　**正答** **1**

1○ 正しい。

2× 療育手帳の所持は要件ではない。保護者の意向などにより，手帳が交付されていないケースもある。

3× 自閉症は，原因がはっきりしないが，脳機能の一部に障害が生じたためと考えられている。親のしつけが悪いために生じるのではない。

4 ✕ 障害について保育士だけで勝手に判断するのは危険であり，専門機関等との連携が重要である。

5 ✕ 同じ場で保育をするだけでは「統合保育（インテグレーション）」である。インクルージョンは，同じ場で保育をするだけでなく，子どもたちが多様性を認め，障害があってもなくても受け入れて生活を送る状況をつくることである。物理的環境だけでなく，人的環境や仲間関係も含めた保育内容への配慮がなければ，障害児の排斥につながりかねないので注意。

No.13の解説 保育の現状・課題　　　　　　　　　→問題はP.247　正答 **1**

1 ◎ 正しい。

2 ✕ 保育計画の策定はケアマネジメントに当てはまるとはいい難い。保育士には，ソーシャルワークを活用した保護者支援が求められている。

3 ✕ 保育所における保育相談援助は，在籍園児の保護者に対してのみではなく，地域住民に対しても行われる。

4 ✕ 就労率の向上や，保育所入所の低年齢化などがあり，受け入れ施設の整備が間に合わない現状がある。

5 ✕ 日本の高齢化率は既に25％を超えており，超高齢社会に突入している。また，保育所の役割とそれに対する期待は，高まっているといえる。

No.14の解説 児童福祉施設　　　　　　　　　　　→問題はP.248　正答 **4**

1 ✕ 認可は都道府県によってなされる。

2 ✕ 事業所内保育施設は認可外保育施設に位置づけられる。

3 ✕ 地域包括支援センターは高齢者福祉支援の総合相談窓口としての機能がある。記述は家庭児童相談室の説明。

4 ◎ 正しい。

5 ✕ そのような改正は一切ない。

No.15の解説 保育所の安全　　　　　　　　　　　→問題はP.248　正答 **5**

1 ✕ 3か月に1回ではなく，少なくとも毎月1回である（児童福祉施設の設備及び運営に関する基準6条2項）。

2 ✕ 例外ではない。保育所においても設置しなければならない（児童福祉施設の設備及び運営に関する基準6条1項）。

3 ✕ 災害時の分担を全員で確認するとともに，計画や設備の場所，使用法を全員で確認し熟知しておく必要がある。

4 ✕ 不測の事態等に備え，日頃から保護者，近隣の住民を含めた関係各位との密接な協力や支援にかかわる連携体制を整備することが必要。

5 ◎ 正しい。

No.16の解説 学校教育法 →問題はP.248 **正答 3**

　学校教育法には学校教育の運営に関する具体的な規定が盛り込まれている。

1 ✕ 保育所が学校に含まれている点が誤り。保育所は児童福祉施設である。

2 ✕ 「地方教育行政の組織及び運営に関する法律」に関する記述である。

3 ◎ 正しい。

4 ✕ 日本国憲法に関する記述である。

5 ✕ 「中等教育学校」は，現行の学校教育法に規定される「一条校」である。学校教育法１条は，「この法律で，学校とは，幼稚園，小学校，中学校，義務教育学校，高等学校，中等教育学校，特別支援学校，大学及び高等専門学校とする」としている。

No.17の解説 教育 →問題はP.248 **正答 4**

　4以外は，すべて正しい記述である。

　学校教育法11条には，「校長及び教員は，教育上必要があると認めるときは，文部科学大臣の定めるところにより，児童，生徒及び学生に懲戒を加えることができる。ただし，体罰を加えることはできない」とあり，教員の懲戒権は認められているものの，体罰は禁止されている。**1**の「子どもの発達における遊びの重要性」は，幼稚園の創始者として知られるフレーベルによって指摘されている。**5**の「相対評価」の対概念は，「絶対評価」である。絶対評価とは，あらかじめ定められた教育上の到達目標に，各個人がどの程度近づくことができたかを評定するものである。

No.18の解説 子ども観・教育思想 →問題はP.249 **正答 5**

1 ◯ 正しい組合せ。

2 ◯ 正しい組合せ。ルソーは，子どもは生まれながらにして善いものであるとする「性善説」を唱え，子どもが自ら気づきを得られるように導く「消極教育」の重要性を説いた。

3 ◯ 正しい組合せ。ロックは，経験主義的教育論を展開し，子どもの知識修得過程を「白紙（タブラ・ラサ）」に文字が書き込まれる過程にたとえたことで知られる。

4 ◯ 正しい組合せ。イリイチは，近代学校教育制度に批判の目を向け，人々の学校への依存状態を問い直す「脱学校論」を展開した。

5 ✕ 誤った組合せ。フレーベルではなく，デューイの教育論の一節。彼は，教科書を用いた教え込みの教育に異議を唱え，子どもの視点・経験を教育の出発点とする児童中心主義の教育論を展開した。フレーベルは，幼稚園の創始者として知られ，その著書『人間の教育』の中で，子どもの想像力・創造力（フレーベルはこれを神性と呼んでいる）を重視する幼児教育について考察した。

No.19の解説　教育法・教授理論
→問題はP.249　正答　**4**

1○　正しい。

2○　正しい。

3○　正しい。プログラム学習とは，教育目標の到達に向かって学習者に解かせる問題を段階的に配置して提示する教材を用いた学習のことである。ティーチング・マシーンとは，プログラム学習のために考案された機械仕掛け装置であり，学習者が答えを記入する前に正解を見ないように制御したり，回答結果に応じて次に違う問題を与えたりすることが可能な学習装置である。

4✕　アメリカの心理学者ブルーナーに関する記述である。パーカストは，1900年代初頭，当時主流であった詰め込み型の教授活動に異議を唱え，一人一人の能力，要求に応じて学習課題と場所を選び，自主的に学習を進めることのできる「ドルトン実験室案」を提唱した。

5○　正しい。

No.20の解説　道徳教育
→問題はP.250　正答　**4**

　道徳とは，社会における集団が生み出した規範である。道徳教育は，その規範を子ども一人一人に内面化し，規範に沿った行動へと導くことを目的とする。**4**以外は，すべて正しい記述。民主的な社会における道徳教育では，個人が主体的に価値を選べるように配慮しつつ，その価値が同時に人類に普遍的な価値とも合致するよう，バランスを意識した指導が求められる。

No.21の解説　生涯教育
→問題はP.250　正答　**5**

　生涯教育の理念は，フランスのポール=ラングランによって提唱された。ラングランは1965年の第3回ユネスコ成人教育推進国際委員会において「教育とは学校を卒業したからといって終了するものではなく，生涯を通して続くものである」と述べたことで知られる。生涯教育論は，学歴社会のような人生の一定の時期に限定されたものとして教育を捉える見方に異議を唱えた。

1〜**4**○　正しい。

5✕　アンドラゴジーではなく，社会思想家イリイチの唱えた「脱学校論」に関する説明である。アンドラゴジーとは成人教育のことである。

⑤保育内容

保育内容 Point

重要ポイント 1　保育所の役割と保育の内容

●保育所保育指針に基づく保育

保育所保育指針は，保育所保育におけるガイドライン的位置づけにあり，指針に沿った保育を展開することが求められる。熟読が必要。特に，「第2章　保育の内容」はしっかり確認を。

●保育内容5領域の具体的内容

「**健康**」：健康な心と体を育て，自ら健康で安全な生活をつくり出す力を養う。

ねらい…①明るく伸び伸びと行動し，充実感を味わう。

　　　　②自分の体を十分に動かし，進んで運動しようとする。

　　　　③健康，安全な生活に必要な習慣や態度を身に付ける。

　　具体的には，救急処置，健康診断，事故傾向などのような乳幼児の安全・健康に関する内容，あるいは衛生・健康教育・生活の習慣づけを意識した保育環境の設定や保育者の働きかけなど。

「**人間関係**」：他の人々と親しみ，支え合って生活するために，自立心を育て，人と関わる力を養う。

ねらい…①保育所生活を楽しみ，自分の力で行動することの充実感を味わう。

　　　　②身近な人と親しみ，関わりを深め，愛情や信頼感を持つ。

　　　　③社会生活における望ましい習慣や態度を身に付ける。

　　具体的には，幼児のけんかの特徴や保育者の対応，発達過程に応じた遊びの特徴や展開，遊びにおける保育者の指導方法など。

「**環境**」：周囲の様々な環境に好奇心や探究心を持って関わり，それらを生活に取り入れていこうとする力を養う。

ねらい…①身近な環境に親しみ，自然と触れ合う中で様々な事象に興味や関心を持つ。

　　　　②身近な環境に自分から関わり，発見を楽しんだり，考えたりし，それを生活に取り入れようとする。

　　　　③身近な事物を見たり，考えたり，扱ったりする中で，物の性質や数量，文字などに対する感覚を豊かにする。

　　具体的には，季節に応じた遊び，動物の飼育や植物の栽培を通して展開される自然保育，数量や図形の指導方法など。

「**言葉**」：経験したことや考えたことなどを自分なりの言葉で表現し，相手の話す言葉を聞こうとする意欲や態度を育て，言葉に対する感覚や言葉で表現する力を養う。

ねらい…①自分の気持ちを言葉で表現する楽しさを味わう。

②人の言葉や話などをよく聞き，自分の経験したことや考えたことを話し，伝え合う喜びを味わう。

③日常生活に必要な言葉が分かるようになるとともに，絵本や物語などに親しみ，保育士等や友達と心を通わせる。

　具体的には，言葉の発達過程や言葉の機能，保育者による言葉の指導・支援方法，絵本の種類，絵本を用いた援助方法，ペープサートや紙芝居など絵本以外の保育技術と留意点など。

「表現」：感じたことや考えたことを自分なりに表現することを通して，豊かな感性や表現する力を養い，創造性を豊かにする。

ねらい…①いろいろな物の美しさなどに対する豊かな感性を持つ。

②感じたことや考えたことを自分なりに表現して楽しむ。

③生活の中でイメージを豊かにし，様々な表現を楽しむ。

　具体的には，造形分野であれば子どもの描画表現の発達とその特徴（スクリブル〈なぐり描き〉や頭足人，基底線など），粘土の使い方やその支援，色彩に関する知識，各種表現技法など。

　音楽分野であれば，音楽表現に用いられる楽典用語や音程・移調，童謡・歌唱や鑑賞とその支援方法など。

重要ポイント２　保育所以外の児童福祉施設

　「児童福祉法」や「児童福祉施設の設備及び運営に関する基準（旧児童福祉施設最低基準）」を確認し，必要に応じて表などにまとめておくとよい。

●入所施設

　助産施設，乳児院，児童養護施設，障害児入所施設など

●通所施設（または入所施設だが通所も可能とされている施設）及び利用型施設

　児童家庭支援センター，母子生活支援施設，児童厚生施設，児童発達支援センター，児童心理治療施設，児童自立支援施設など

保育内容 Point

重要ポイント 3 音楽表現

●演奏記号

速さ

largo	ラルゴ	幅広くゆるやかに
lento	レント	静かにゆるやかに
adagio	アダージョ	ゆったりと
andante	アンダンテ	歩くような速さで
andantino	アンダンティーノ	アンダンテよりやや速く
moderato	モデラート	中くらいの速さで
allegretto	アレグレッド	やや速く
allegro	アレグロ	快速に
vivace	ビバーチェ	活発に
presto	プレスト	急速に

速さの変化

meno mosso	メノ・モッソ	今までより遅く
ritardando（rit.）	リタルダンド	だんだん遅く
più mosso	ピウ・モッソ	今までより速く
accelerando（accel.）	アッチェレランド	だんだん速く
tempo primo（I）	テンポ・プリモ	最初の速さで
a tempo	ア・テンポ	もとの速さで

強弱

pp	ピアニッシモ	ごく弱く
p	ピアノ	弱く
mp	メゾ・ピアノ	少し弱く
mf	メゾフォルテ	少し強く
f	フォルテ	強く
ff	フォルティッシモ	ごく強く
cresc.（<）	クレッシェンド	だんだん強く
decresc.（>）	デクレッシェンド	だんだん弱く
dim.	ディミヌエンド	だんだん弱く
fz	フォルツァンド	特に強く
sf	スフォルツァンド	特に強く

曲想

agitato	アジタート	激しく
amabile	アマービレ	愛らしく
brillante	ブリランテ	華やかに
cantabile	カンタービレ	歌うように
comodo	コモド	気楽に
legato	レガート	なめらかに
leggiero	レジェーロ	軽快に

重要ポイント 4 造形表現

●子どもの描画表現の発達とその特徴

なぐり描き期	1歳～2歳半頃	錯画期，乱画期ともいう。無意識のうちに，手の動きによって点や縦・横の線を描く。手や指の発達に従い，波形，渦巻き，曲線などを描くようになる。
象徴期	2歳半～3歳頃	描いた形に名前や意味づけをしたりするようになるため，命名期，意味づけ期ともいう。渦巻き状から次第に1つの円になる。脳と手の動きが結びつき，形の表現が始まる。
前図式期	3歳～5歳頃	描きたいものの特徴を描くようになる。知っているものを次々に並べて描くため，並べ描き期，カタログ期ともいう。頭から直接手足が出たような頭足人といわれる人物画が見られる。
図式期	5歳～9歳頃	対象を見て描くのではなく，経験をイメージして描く。レントゲン表現（家の中など見えない部分まで描く），拡大表現（自分の興味・関心があるものを大きく描く），展開表現（家などを道路の両側に倒れたように描く），アニミズム表現（花や太陽など自然物を擬人化し，目や口を描く）などが見られる。また，位置関係を表す基底線（地面）を描くようになる。

●色彩に関する知識

色の種類：色は，**無彩色**（白・黒・灰色）と**有彩色**（無彩色以外のすべての色）に分けられる。

色の三要素（三属性）：色相・明度・彩度をいう。

　色相…色合い，色味。色の種類。

　明度…明るさの度合い。明度が最も高いのは白で，最も低いのは黒。無彩色は明度だけを持ち，色相や彩度はない。

　彩度…鮮やかさの度合い。白や黒が混ざらない鮮やかな色を**純色**，純色に白か黒

だけを混ぜた色を**清色**，純色に灰色を混ぜた色を**濁色**という。

色相環：有彩色をよく似た色相の順に円形状に配置したもの。色相は，**暖色**（暖かい感じの色），**寒色**（寒い感じの色），**中性色**（暖色でも寒色でもない中間の色）に分けられる。色相環の中で向かい合う色を**補色**という（黄−青紫など，互いを混ぜると無彩色になる）。

三原色：混ぜてつくれない色を**原色**という。

　色の三原色…赤・黄・青。混ぜると黒くなる（**減法混色**）。

　光の三原色…赤・青・緑。混ぜると白くなる（**加法混色**）。

●表現技法

バチック（はじき絵）	紙にクレヨンなどで色を塗った上に水性絵の具を塗り，絵の具をはじく効果を楽しむ。
スクラッチ（ひっかき絵）	様々な色のクレヨンの上に黒いクレヨンを重ねて覆い隠し，先の尖ったものでひっかいて描き，下の色を出す。
ドリッピング（吹き流し）	紙の上に，絵の具やインクをたらし，ストローなどを使って散らして模様をつくる。
マーブリング（墨流し）	水の上に墨汁や絵の具を浮かべて波や縞模様をつくり，紙に転写する。
デカルコマニー（合わせ絵）	2枚または2つに折った紙の中心に絵の具をたらし，合わせた紙をこすって模様をつくる。
フロッタージュ（こすり出し）	木目や硬貨などの上に紙を乗せ，クレヨンや鉛筆でこすって模様を写し取る。
スパッタリング（飛沫技法）	細かい網目の上に絵の具をのせ，ブラシなどでこすって紙の上に飛散させる。
フィンガー・ペインティング（指絵）	糊状の絵の具などを手指につけ，紙になすりつけて描く。泥んこ遊びの感覚で楽しめる。
スタンピング（型押し）	野菜の輪切り，瓶のふたなどに絵の具やインクをつけ，紙に押しつけて型を写し取る。版画の一種。

重要ポイント 5 　言語表現

●言語の発達段階

喃語期	３か月〜１歳頃	機嫌のよいときに「バーバーバー」などの音を発するようになる。
片言期	１歳〜１歳半頃	「マンマ」「ブーブー」など一語文を発する。
命名期	１歳半〜２歳頃	ものに名前があることを知る。質問することが多い。また，二語文を発するようになる。
羅列期	２歳〜２歳半頃	語彙が増える。 知っている言葉を並べて話すようになる。
模倣期	２歳半〜３歳頃	大人の言葉を模倣するようになる。 「なぜ？」という質問が増える。
成熟期	３歳〜４歳頃	助詞や接続詞などを使い，基本的な会話ができるようになる。
多弁期	４歳頃〜	経験が増え，よくしゃべるようになる。 長い会話が可能になる。
適応期	５歳頃〜	相手の話を聞いて答える，対話ができるようになる。

●教材の活用

　絵本，紙芝居，童話，ペープサート（ペーパー・パペット・シアター，棒の先に，人形や動物などの絵を描いた紙を両面から貼り合わせ，それを用いて人形劇を展開する。両面の絵の違いで表現を工夫することができる），パネルシアター（不織布・フェルトなどを貼ったパネルに，不織布でつくった人物や背景などの絵柄を，貼ったり，動かしたり，取ったりしながら，お話・歌・手遊びなどを展開する）などがある。

保育内容

No.1 保護者に不適切な養育が疑われる場合の，保育者による支援に関する次の記述のうち，最も適切なものはどれか。

1 保護者に不適切な養育等や虐待が疑われる場合の保護者支援には，時に保育所と保護者との間で意向や気持ちにずれや対立が生じかねないことがある。そのときは，子どもの意向にかかわらず，保護者の意向を最優先で受け止める。

2 常日頃から保護者との接触を十分に行い，行政等関係機関の意向を確認しながら，ソーシャルワークの機能を念頭に置いて，専門家を招き，保育所において専門家による発達支援を行う。そのことが，保護者の意識変革や養育の改善につながるのである。

3 保育所や保育士等による対応では不十分であったり，限界があると判断される場合には，まず嘱託医に相談し，判断を仰ぐ。

4 虐待が疑われる場合については，児童虐待防止法による通告義務が課されているので，児童相談所等の関係機関との連携，協力が重要となる。

5 関係機関と連携が必要となる対応のケースでは，その状況によりケースバイケースで対応しなければならないので，対応マニュアルの作成・使用は避けるべきである。

No.2 障害児保育に関する次の文中の空欄A～Dに当てはまる語句の組合せとして最も適切なものはどれか。

　保育所においては，すべての子どもが，日々の生活や遊びを通して共に育ち合っている。障害のある子どもが安心して生活できる保育環境となるよう十分に配慮することが必要である。

　一人一人の障害は（　A　）であり，その状態も多様であることから，保育士等は，子どもが発達してきた過程や心身の状態を把握し，理解することが大切である。子どもとのかかわりにおいては，個に応じたかかわりと（　B　）としてのかかわりの両面を大事にしながら保育を展開する。

　保育所では，障害のある子ども一人一人の実態を的確に把握し，安定した生活を送る中で，子どもが自己を十分に発揮できるよう見通しを持って保育することが必要である。そこで，必要に応じて（　C　）を作成し，クラス等の指導計画と関連づけておくことが大切である。その際には，（　D　）や生活や遊びに取り組む姿，活動への関心や参加の様子，さらには友達とのかかわりなどを丁寧に把握して，クラス等の指導計画と（　C　）をどう関連させていくのか，環境構成や援助として特に何を配慮していくのかなど，具体的に見通すことが大事になる。また，計画に基づく支援が，長期的にどのような方向性を目指していくのか，担当保育士をはじめ，看護師等や栄養士，嘱託医などが連携することが基本である。

	A	B	C	D
1	固定的	奉仕される存在	個別援助計画	顔つき・目線
2	様々	集団の中の一員	個別の指導計画	障害の状態
3	複雑	クラスの一人	行事目標	その日の体調
4	多面的	保育者という大人	独自の支援ツール	発達過程
5	深刻	養護の対象	専門機関の助言記録	子どもの反応

No.3 保育士に求められる専門性と人間性に関する次の記述のうち，適切なものはいくつあるか。

A 子どもと保護者の置かれた状況や意向を受けとめ，行政とよりよい協力関係を築きながら，子どもの育ちや子育てを支える。

B 一人一人のプライバシーを保護するため，保育を通して知り得た個人の情報や秘密を守る。

C 職場におけるチームワークや，関係する他の専門機関との連携を大切にし，また，自らの行う保育について，常に子どもの視点に立って自己評価を行い，保育の質の向上を図る。

D 日々の保育や子育て支援の活動を通して子どものニーズを受け止め，子どもの立場に立ってそれを代弁し，また，子育てをしているすべての保護者のニーズを受け止め，それを代弁していくことも重要な役割と考え，行動する。

E 研修や自己研鑽を通して，常に自らの人間性と専門性の向上に努め，専門職としての責務を果たす。

1 1つ　　**2** 2つ　　**3** 3つ
4 4つ　　**5** 5つ

No.4 保育日誌の本質的な役割に関する次の記述のうち，最も適切なものはどれか。

1 保育日誌は，子どもたちの姿や行動及び自分の保育を記録することによって客観化し，そこから問題点を見いだして自分なりの分析をし，今後の保育に役立てていくために用いられる。

2 保育日誌は一日の出来事を記録するものであり，感想文ではない。したがって，感情や主観を一切排除し，必要事項を忠実にもらさず記入することが大切である。

3 保育所は保護者の委託により日々保育の必要な子どもを預かっている。保育日誌は，その家庭への連絡をするための記録であり，保護者にとって見ごたえのある記録になるよう，子どもをよく観察して記載する必要がある。

4 保育日誌はその日の反省や明日以降の保育の基礎資料となるものであるから，あくまで保育者の主体的な目を通して見た子どもの姿とそれに対する保育活動の成果を中心に書く必要がある。

5 日常の保育は同じルーティンワークの繰り返しであることが多いので，保育記録の記載は，いつもとは異なることがあれば詳しく，その他の時間帯は省略したり端的に記したりすることで，施設長が保育の実態を理解しやすくなる。

No.5 保育の計画に関する次の記述のうち，最も適切なものはどれか。

1 指導計画に基づき，地域や子どもの実態などを考慮して具体的に作成されるのが週案または日案である。

2 年間指導計画が作成された後，保育課程を作成するのが一般的である。

3 月単位で月間指導計画を作成すると季節の変化や行事を中心に据えがちになり，子どもの発達をおろそかにするのではないかという懸念から，子どもの発達期を単位とする期間指導計画を作成した方がよいとする考えもある。

4 幼児が登所から降所するまでの保育所の一日の流れのことを，保育課程と呼ぶ。

5 保育の目標や，発達区分ごとのねらいと内容から構成される全体的計画のことを指導計画と呼ぶ。

No.6 次の記述が当てはまる発達過程として最も適切なものはどれか。

　集団での活動の高まりとともに，子どもは仲間の中で様々な葛藤を体験しながら成長する。そして一人一人の成長が集団の活動を活発なものに変化させ，そのことにより，また個々の子どもの成長が促されていく。

　子どもは次第に仲間が必要であることを実感し，仲間の中の一人としての自覚が生まれ，自分への自信と友達への親しみや信頼感を高めていく。

1 おおむね2歳

2 おおむね3歳

3 おおむね4歳

4 おおむね5歳

5 おおむね6歳

No.7 おもちゃをめぐる子どものいざこざやけんかの指導についての基本的な考え方に関する次の記述のうち，最も適切なものはどれか。

1 いざこざやけんかといっても，その実態は色々であるから，日頃からのその子どもについての理解をもとに状況判断して指導する。

2 けんか両成敗であり，両者をしっかり叱り，けんかをやめさせて仲よくするように説得する。

3 日頃からおとなしく主張が少ない子どもがいざこざに巻き込まれているときは，日頃からやんちゃな子どもが嫌がらせをしたに決まっているので，おとなしい子の方に肩入れして解決を図る。

4 けんかは自己主張の現れであるから，身体表現の一つと考え，介入は控え思いきりやらせる。

5 即座に間に割って入り，両者の言い分を聞いて正当な理由を述べた方におもちゃを与えて解決する。

No.8 乳児院における養育に関する次の記述のうち，最も適切なものはどれか。

1 乳児院に預けられた子どもの退所先は，里親や児童養護施設が中心なので，保護者との連携に期待はせず，施設内での養護の向上を図ることが望ましい。

2 十分なスキンシップやマザーリングを行うことが愛着形成を促し，子どもの基本的生活習慣の確立を促すことになる。

3 施設長は，乳児院に在籍する子どもに対して，入所時と1年に1回の定期・臨時健康診断を，学校保健安全法に規定する内容に準じて行わなければならないことになっている。

4 子どもが不安定になったときは，一度突き放して担当保育者の必要性を感じさせることで回復を図ることができる。

5 乳児院には，最近は虐待など不適切な養育が背景にある子どもも入所してきているため，そのような子どもには，家庭から通所させて心理治療を中心としたケアを行う。

No.9 児童厚生施設での支援に関する次の記述のうち，誤っているものはどれか。

1 小型児童館は小さな地域を対象とするので，地域の実態に応じた遊びや活動の提案をすることを心がける。

2 児童センターは，小型児童館で求められる機能に加え，運動を中心に体力増進につながる遊びを図る目的もあるので，学校の宿題などをさせて遊びの機会を減らすことは望ましくない。

3 児童館で行われる放課後児童クラブは，保護者が労働などにより昼間家庭にいない小学校に就学している児童を対象にしているため，必要に応じて家庭との連携や保護者支援に努める必要がある。

4 放課後児童クラブにおいて不適切な養育が疑われる子どもを発見したときは，指導員は施設長に相談し，緊急性が高ければ児童相談所への通告など施設全体の問題として子どもの生命の安全を優先する対応を図っていく。

5 児童遊園にも児童の遊びを指導する者を置くことになっており，地域の不特定多数の子どもが対象ではあるが，児童館と同じく子どもの自主性や社会性，創造性を引き出す支援を考慮する。

No.10 幼児期の音楽教育に関する次の記述のうち，最も適切なものはどれか。

1 幼児に音楽を聞かせるときは，いわゆる幼児向けの曲やにぎやかな曲調のもののみ選ぶとよい。

2 昔ながらのわらべ歌を使った遊びを楽しむときは，その昔ながらのもの以外を教えてはならない。

3 幼児期といえども，声域は一人一人異なるので，全員による斉唱は全く望ましくない。

4 最初にきっちりと保育者が手本を示した上で，子どもたちに動きを含んだリズム活動に親しませるようにする。

5 楽器の音色を楽しませると同時に，楽器を丁寧に扱うことも教える。

No.11 造形表現における保育士の援助に関する次の記述のうち，最も適切なものはどれか。

1 子どもの作品の欠点を見つけ，見栄え・出来栄えを気にしている子どもの気持ちを刺激して，向上心を高める援助をする。

2 作品が完成したら，その活動について，「上手だね」と声をかける。

3 子どもが何かを見立てて表現しようとしているときは，常に笑顔で接し，肯定的にも否定的にも一切評価めいた反応をしないことが重要である。

4 大切なのは結果ではなく過程であるということを，子どもたちに何度も伝える評価姿勢が重要である。

5 「これでいい？」と何度も聞いてくる子どもは，その子の表現技術がさらに飛躍する時期に達したのであり，より水準の高い指摘を心がける。

No.12 絵画の表現技法に関する次の記述のうち，誤っているものはどれか。

1 小麦粉に絵の具を混ぜ糊状にしたものを，筆などを使わずに直接指や手で描く技法をフィンガー・ペインティングという。

2 水面に油性の絵の具や墨を流して浮かべ，できた模様を薄紙で写し取る技法をマーブリングという。

3 クレヨンで描かれた絵の上から絵の具を塗って絵を完成させる技法をスクラッチという。

4 絵の具を染み込ませた糸を紙で挟み押さえ，糸を引き抜いて描く技法を糸引き絵という。

5 絵の具をたらした紙を二つ折りにして開き，両側に絵の具を写し取って対称形の模様をつくる技法をデカルコマニーという。

No.13 幼児期の描画表現とその発達に関する次の記述のうち，最も適切なものはどれか。

1 絵の画面下方に基底線が出現していた。これは図式期の特徴である。

2 前図式期の特徴は，スクリブルに「これは○○」と意味づけできるようになることが挙げられる。

3 図式期は，おおむね 3〜5 歳である。

4 錯画期→前図式期→図式期→象徴期の順に発達していく。

5 頭足人は象徴期の特徴的な表現である。

No.14 保育士が絵本やストーリーテリングなどの言語表現をするときの留意点に関する次の記述のうち，最も適切なものはどれか。

1 保育士の死角になる場所に子どもが座らないように，コーナーを利用するなど場所を決める際に工夫をする。

2 正しいイントネーションが大切なので，標準語を意識し，方言は一切使用しない。

3 大きなジェスチャーやパントマイムを使って，動きから楽しい雰囲気をつくるようにする。

4 空間や人数にかかわらず，少し無理にでも大きな声を出すようにする。

5 声帯模写はリアルに行い，聞き手にとってのその動物・昆虫等の明確なイメージづくりを助ける。

第3章 専門試験編

保育内容の解説

No.1の解説　不適切な養育が疑われる場合　　　→問題はP.264　正答　**4**

　保育士は，保護者との関係にずれや対立が生じた場合は，子どもと保護者の関係に心を配った上で，関係機関との連携のもと，子どもの最善の利益を重視した保育を行う。そのことが保護者の養育に変化をもたらし，あるいは虐待の予防や養育の改善に寄与する可能性を広げる。ただし保育所や保育士等による対応では不十分だったり限界があるときは，関係機関との連携がより強く求められる。その場合には，必要なマニュアルなどの作成・活用や，要保護児童対策地域協議会などへの関与，参画などが求められる。

No.2の解説　障害児保育　　　→問題はP.265　正答　**2**

　Aには「様々」，Bには「集団の中の一員」，Cには「個別の指導計画」，Dには「障害の状態」が当てはまる。よって，正答は**2**である。

　障害のある子どもの保育においては，様々な様相を示す障害の状態に応じて，個としてのかかわりと集団の中の一員としてのかかわりのバランスを図ることが大切となる。昨今既に学校教育では個別の教育支援計画作成が進められており，小学校以降にも連続した支援が可能になるよう，保育所でも専門機関の支援を受けながら，長期的な見通しを持った個別の指導・支援計画の作成が求められている。

No.3の解説　保育士の専門性・人間性　　　→問題はP.266　正答　**4**

　保育士をはじめとする保育所職員は，その言動が子どもや保護者に大きな影響を与えることから，高い倫理観が求められる。全国保育士会において，保育の更なる質の向上を目指し，「全国保育士会倫理綱領」が定められており，保育の専門性や人間性を職場内外での研修や自己研鑽を通して高めることが重要とされている。

A ✕　子どもと保護者の置かれた状況や意向を受けとめ，<u>保護者</u>とよりよい協力関係を築きながら，子どもの育ちや子育てを支える。

　誤っているのはAのみ，正しいものは4つ。よって，正答は**4**である。

No.4の解説　保育日誌　　　→問題はP.266　正答　**1**

　保育日誌の重要な役割は，客観性を保ち，保育の問題点が的確に分析できるよう事実が体系的に記録され，さらに分析をも加えて保育実践に生かされることにある。ただ記録しさえすればよいというものではない。よって，正答は**1**である。

No.5の解説　保育の計画　　　→問題はP.267　正答　**3**

　保育の目標や，発達区分ごとのねらいと内容から構成される全体的計画（保育課程）に基づいて，具体的内容を示したものが指導計画である。指導計画は，年単位で作成されれば年間指導計画，月単位であれば月間指導計画（月案），週単位・一日単位であればそれぞれ週案・日案と呼ばれる。幼児が登所から降所するまでの保育所の一日の流れは，デイリープログラムである。

1 ✕ 週単位・一日単位で作成される指導計画を週案・日案と呼ぶ。
2 ✕ 保育課程に基づいて具体的内容を示すのが，指導計画である。
3 ◎ 正しい。
4 ✕ 保育課程ではなく，デイリープログラムである。
5 ✕ 指導計画ではなく，保育課程である。

No.6の解説　発達過程（おおむね5歳）　→問題はP.267　正答 **4**

　おおむね5歳の子どもの発達過程の特徴に，仲間の中の一人としての自覚が挙げられる。自分なりに考えて判断したり，批判する力が生まれ，けんかを自分たちで解決しようとするなど，お互いに相手を許したり，異なる思いや考えを認めたりといった社会生活に必要な基本的な力を身につけていく。他人の役に立つことを嬉しく感じたりして，仲間の中の一人としての自覚が生まれる。

No.7の解説　けんかの指導　→問題はP.268　正答 **1**

　2，**4**，**5**はケースバイケースで，状況や場面によって使えることもあれば使えないこともある。その使い分けは，日頃いかに子どもとかかわり，子ども理解が深まっているかにかかっており，子ども理解なくしてこれらの指導は考えにくい。基本的な考え方としては**1**が最も適切であろう。**3**は単なるえこひいきであり，考え方そのものが不適切である。

No.8の解説　乳児院における養育　→問題はP.268　正答 **2**

1 ✕ 乳児院の退所先には，そのほかに家庭の引き取りもある。施設養護を家庭と切り離すことなく，連携することが重要である。
2 ◎ 正しい。
3 ✕ 年1回ではなく，少なくとも年2回（児童福祉施設の設備及び運営に関する基準12条1項）。
4 ✕ 逆である。不安定になったときは個別的に頭をなでたり抱きしめたりするなどスキンシップを図る。
5 ✕ 乳児院は通所施設ではなく，在籍児支援としては適切な表現ではない。最近は家庭支援として，育児相談やショートステイなども行われている。

No.9の解説　児童厚生施設での支援　→問題はP.269　正答 **2**

　児童館・児童センターは，子どもの健全育成が主たる目的の施設である。子どもの自主性，社会性及び創造性を高めていくために，子どもに規則正しい生活リズムを確立してもらうことも重要な役割であり，その一環で学習活動を組み込むことがおかしなこととはいえない。よって，誤っているのは**2**である。

保育内容の解説

No.10の解説 幼児期の音楽教育 →問題はP.269 正答 5

1× 様々な音楽を楽しめるようになるために，バラエティに富んだ選曲をする。

2× 画一的な表現を押しつけるのではなく，その発達段階に応じた楽しみ方を模索する。

3× 声域の高低に配慮する必要はあるが，斉唱そのものには問題がない。

4× 子どもは教師のまねをする傾向があるため，手本を示すと自由な発想が阻害されるおそれがある。

5◎ 正しい。

No.11の解説 造形表現における保育士の援助 →問題はP.270 正答 4

1× 評論的にかかわることで技術主義・結果主義に陥る危険性がある。

2× 上手（下手）といった操作技術の巧緻性に関する言葉かけは，見栄え重視の見方を助長する。

3× 子どもにとっては自分の表現が肯定的に受け止められることが重要である。

4◎ 正しい。

5× 否定的反応が繰り返され，自分の表現に自信を持てず混乱しているときの発言である。

No.12の解説 絵画の表現技法 →問題はP.270 正答 3

1.2◎ 正しい。

3× スクラッチではなく，バチック（はじき絵）の説明である。スクラッチ（ひっかき絵）は，多くの色のクレヨンを塗ったものの上に黒のクレヨンを塗り重ね，くぎなどでひっかいて下の色を出す技法。

4.5◎ 正しい。

No.13の解説 幼児期の描画表現とその発達 →問題はP.270 正答 1

　1歳〜2歳前半くらいまでは錯画期・なぐり描き期などといわれ，なぐり描きの線描（スクリブル）の往復が次第にうずまき状に変容していく。これは自分の動きを制御できるようになることを意味する。描いたものに意味づけをすることができるようになる象徴期（2歳半〜3歳），頭足人の出現や描きたいものの並列的表現が目立つ前図式期（3〜5歳）へと進む。図式期は5〜9歳。目的を持ち，覚え描きのようなパターン化した表現が目立ってくる。また基底線が出現し，画面に上下が表現される。

1◎ 正しい。

2× スクリブルに意味づけをするのは，象徴期の特徴である。

3× 図式期はおおむね5〜9歳である。

4× 錯画期→象徴期→前図式期→図式期の順。

5× 頭足人は，前図式期の特徴的な表現である。

No.14の解説 言語表現をするときの留意点　　　→問題はP.271　正答 **1**

1◎ 正しい。

2✕ 方言を軽視しない。保育士が自信を持って人間味あふれる豊かな表現をできるかどうかである。

3✕ 大きな動きは，子どもの想像やメンタルピクチャーの構築を邪魔する恐れがある。

4✕ 空間や人数に合わないむやみに大きな声は逆効果である。

5✕ 声帯模写は，聞き手のイメージを促すものであり，イメージを共有できるようにイメージに基づく発声を心がける。

第3章　専門試験編

⑥子どもの保健

子どもの保健 Point

重要ポイント 1 保健の意義・概要

●WHO（世界保健機関）による健康の定義

健康とは，病気でないとか弱っていないということではなく，肉体的にも精神的にも，社会的にもすべてが満たされた状態である。

●小児期の区分

新生児期：生後4週目（満28日）未満の時期

乳児期 ：生後1年未満（新生児期を含む）

幼児期 ：1歳から小学校就学前

児童・生徒 ：小学校入学から高等学校卒業まで

思春期 ：第2次性徴が出現する時期であり，男子よりも女子の方が早い。個人差があるため年齢では区分できない。

●子どもに関する健康の指標

個別：発育の評価　　　　例）成長曲線など

集団：全国的な統計調査……乳幼児の全国規模の統計調査は，厚生労働省によって乳幼児身体発育調査が10年ごとに実施されている。

保健統計 (2022年)

出生率	人口1,000に対する出生数	6.3
死産率	出産1,000に対する死産数	19.3
新生児死亡率	出生1,000に対する新生児の死亡率	0.8
乳児死亡率	出生1,000に対する乳児の死亡率	1.8
合計特殊出生率	15歳から49歳までの女性の年齢別出生率を合計したもの。女性が生涯に産む子どもの数の平均を表す	1.26

重要ポイント ❷ 子どもの発育・発達と保健

●発育・発達の原則

規則的で関連のある一定の方向へ一定の順序で進む

①頭部から尾部へ，②中心部から周辺部へ，③全体から特殊へ

連続性：首座り⇒おすわり⇒歩行，というように，遺伝的に規定された順序で進む。その逆や飛躍は見られない。

臨界期：ある器官の成長・発達には決定的に大事な時期があり，この時期を臨界期または敏感期と呼ぶ。

個人差：子どもの発育・成長は特に個人差が大きい。

発育速度と加速度現象：発育は，身体の各部が一様に進むのではなく，速度も一定でない。身長や体重は乳児期と思春期に急速に伸びる。器官別では，脳神経系の発育は乳幼児期にめざましく，生殖系は12歳以降に急速に進む。

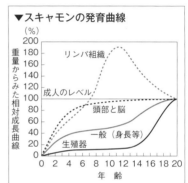

▼スキャモンの発育曲線

●身体発育の評価

パーセンタイル値：乳幼児身体発育値をもとに，体重，身長，頭囲，胸囲を比較して評価する。パーセンタイル値は集団の中で小さい方から数えて何％目になるかを示した値であり，10％以上90％未満を正常範囲内とする。

カウプ指数：主に乳幼児の身体バランスを見る。

計算方法	体重(g)÷身長(cm)^2×10
評　価	13未満「やせすぎ」，13以上15未満「やせ」，15以上18未満「ふつう」，18以上20未満「肥満傾向」，20以上「肥りすぎ」

ローレル指数：主に児童・生徒の肥満ややせを見る。

計算方法	体重(g)÷身長(cm)^3×10^4
評　価	100未満「やせすぎ」，100以上115未満「やせ」，115以上145未満「ふつう」，145以上160未満「肥満傾向」，160以上「肥りすぎ」

肥満度：小児の肥満の判定

計算方法	肥満度(%)=(実測体重−標準体重)÷標準体重×100
評　価	20％以内「標準」，20〜30％「軽度肥満」，30〜50％「中等度肥満」，50％以上「高度肥満」

●生理機能の発達

①**循環，呼吸**…胎盤を通した胎児循環から，出生を境に肺呼吸を開始し大人と同じような成人型循環に変わる。

　　1回の心拍出量，呼吸量が少なく，その分，数を多くして循環・呼吸を維持するため，年齢が低いほど心拍数（脈拍），呼吸数は多い。

②**水分代謝**…新生児や乳児の腎機能は未熟であり，成人の機能に達するのは2～3歳頃である。

・小児は成人に比べて体表面積が大きいことや呼吸数などが多いことから不感蒸泄が多いため，多くの水分を必要とする。

・体重に占める水分の割合が成人に比べて多い。成人は60%，乳児は75～80%，幼児は70%である。

　　これらのことから，小児は脱水になりやすい。

③**脳**…脳の重量は，出生後急速に増加する。3歳頃に成人の約80%，6歳で約90%に達する。

④**骨と歯**

・骨の成熟度から判断された年齢を骨年齢という。手根部のX線検査により判断できる。

・新生児では頭蓋骨が完全に縫合されていないため，小泉門と大泉門という隙間がある。小泉門は生後間もなく閉じ，大泉門は1歳半ぐらいまでに閉じる。

・生歯…乳歯は生後6～7か月頃からはえ始め，満1歳頃に上下4本ずつはえ，2歳～3歳半頃に上下10本ずつ計20本がはえそろう。永久歯には6～7歳頃からはえ変わり始め，計32本となる。

⑤**免疫機能**…免疫グロブリンにはIgG，IgA，IgM，IgD，IgEの5種類がある。IgGは胎盤を通過できるので新生児はIgGを持って生まれる。母乳にはIgAが含まれており，乳児の感染症予防に役立っている。

●運動機能の発達

原始反射：生まれたときから見られる無意識な動き。脳神経系が発達するにつれて
　　消失し，自分の意思で動きをコントロールするようになる。

哺乳反射	口唇の近くに何か触れるとその方向に顔を向け，口に入れると吸啜する反射	3～7か月に消失
把握反射	手のひらに何か触れるとそれをつかもうとする反射	4～6か月に消失
バビンスキー反射	足の裏に触れると親指を反らせ，他の指を開く反射	5歳過ぎても消失しなければ異常
緊張性頸反射	頭を右に向けると，右の手足を伸ばして反対側の手足を曲げる（フェンシングポーズ）反射	5～6か月に消失
モロー反射	寝ている赤ちゃんの頭を持ち上げ急に手を離したときに，手足を伸ばし，ついで何かを抱きかかえるような反射	4か月頃に消失

重要ポイント 3　子どもの疾病

●子どもの健康状態の把握

　子どもの様子をよく観察するとともに，健康の基本的徴候となる脈拍，体温，呼吸数などのバイタルサインを測定し，健康状態の把握に努めることが大切。脈拍（心拍）数，呼吸数などの正常値は年齢により異なる。

	新生児	乳児	幼児	児童
脈拍（心拍）数	120～140	110～130	90～110	70～90
呼吸数	40～50	30～40	20～30	18～20

　小児の体温：36.5～37.5℃　年齢が低いほど高い

　直腸＞口腔＞腋窩（腋の下）の順に計測値は高い

●疾病の予防と適切な対応

　子どもの疾病には感染症が多いため，感染症対策を適切に行う。

　子どもを日頃からよく観察し，些細な変化に気がつくようにする。

●慢性疾患・アレルギーなど

・慢性疾患によっては，感染症が生命に影響するものもあるので，保護者や嘱託医と連携をとり対策を確認しておく。

・気管支喘息，アトピー性皮膚炎，食物アレルギーなどのアレルギー疾患については，原因となるアレルゲンを把握し，誤って体内に入れないよう十分注意する。

・アナフィラキシーショックは，アレルゲンとなる食べものや薬などが体内に入ったことで起こる急性のショック症状。嘔吐，発疹や血圧が下がり，意識がなくなるなどの症状が見られ，医療機関への緊急搬送が必要。

・2017（平成29）年の保育所保育指針の改定によって，アレルギー疾患を有する子どもの保育について，保護者と連携し，医師の診断及び指示に基づき，適切な対応を行うこと，などが明文化された。

●体調不良などが発生した場合の対応

①**発熱**…熱の放散がうまくいかないうつ熱と，ウイルスや細菌に感染することによって発熱物質がプロスタグランディンを産生させ体温が上昇する場合がある。

・うつ熱の場合は，かけものや衣服を調節する。

・感染症などでの発熱では，熱の上がり始めの悪寒がある時期は（手足が冷たい場合も）保温し，身体が熱くなり発汗が見られるようになったら足の付け根や頸部，腋窩などを冷却する。特に乳児は冷却による低体温にならないよう注意する。水分をこまめに与えるようにする。

②**嘔吐・下痢**…嘔吐物，下痢の性状や全身状態にも注意する。ぐったりしているようであれば速やかに医療機関を受診。脱水予防のために，症状が治まっているときにこまめにイオン水や経口補水液などの水分を補給する。この際，甘みの強いものは下痢を増強させることがあるので与えない。感染症が疑われるときは，嘔吐物や排泄物の処理を適切に行う。

③**けいれん**…子どもは脳が発達過程にありけいれんを起こしやすい。発熱による熱性けいれんが最も多いが，学童期までにほぼ見られなくなる。

憤怒けいれん（泣き入りひきつけ）は乳児〜幼児前期に見られ，激しく泣いてそのまま一過性に呼吸をとめるけいれんで，4〜5歳になると自然に治る。これらのほかに，重篤な障害を残すけいれんもある。

けいれんが起きた際には，呼吸しているか，どこから起きたか，どのくらいの時間継続したかなどよく観察する。吐いた場合には吐物で窒息しないよう顔を横に向ける。体を揺するなど刺激を与えず静かに見守る。

④**喘鳴**…呼吸するときにゼーゼー，ヒューヒューなど雑音が聞かれることである。気道感染症や喘息などで空気の通り道が狭くなったときに見られる。呼吸が苦し

そうなときには横にさせるのではなく，たて抱きや，座らせる姿勢を取った方が，呼吸しやすい。食事がとれなかったり，苦しそうで顔色や口唇の色がすぐれなかったりするとき（チアノーゼ）には速やかに医療機関を受診する。

●主な疾病とその特徴

風疹 （三日はしか）	発熱とともに発疹，リンパ節腫脹が見られる。
麻疹（はしか）	風邪症状，眼やにや眼けん結膜の充血，口腔内の白い斑点（コプリック斑）の後，高熱と発疹が出る。
流行性耳下腺炎 （おたふくかぜ）	頭痛，倦怠感，片側または両側の頬の腫脹と痛みがある。小児の合併症として無菌性髄膜炎がある。
伝染性膿痂疹 （とびひ）	虫さされや引っかき傷をきっかけに細菌感染し，分泌物を伴ったかさぶたと水泡ができる。水泡の破れで広がっていくのでとびひともいう。
手足口病	手のひら，足の裏，肘，臀部などに発疹や水疱ができる。
伝染性紅斑 （りんご病）	両頬に赤い発疹ができる。続いて手足にも発疹ができる。軽度のかゆみと発熱が見られることもある。
RSウイルス感染症	2歳頃までに多く感染する。RSウイルスによる気道感染で肺炎や細気管支炎に至りやすい。激しい咳，鼻汁が見られる。
ロタウイルス感染症	白色から黄色の下痢便が特徴。乳児に多い。下痢による脱水に対し輸液を行う。
突発性発疹	6か月から1歳までの乳児に見られる。高熱が2〜7日続き解熱したあとに胸や腹，背中に発疹がでる。
腸重積症	腸が入り組んで腸管の閉塞や血行障害を起こすため，間欠的に痛みがある。周期的な不機嫌や啼泣，嘔吐，イチゴジャム状の血便が特徴である。高圧浣腸で腸が整復しなければ手術となる。2歳までの子どもに多い。
川崎病	高熱，発疹や眼けん結膜の充血，リンパ節腫脹，いちご舌（舌が赤くなる），指先の皮膚が剥けるなどの症状がある。後遺症に冠動脈病変がある。γグロブリンとアスピリンの投薬をする。

子どもの保健 Point

●感染症の予防・対策・予防接種

感染症予防策：感染経路を知り，感染者を隔離することや，排泄物・汚染物の消毒を適切にする。また，手洗いの徹底は感染管理の基本。

飛沫感染	咳やくしゃみの水滴による感染。
空気感染	飛沫が乾燥し，空気中に漂って感染が広がる。
接触感染	感染者に触れることや，感染者が触れたものに病原体が付着しそれを介して感染する。
経口感染	排泄物中の病原体が口に入って感染する。

　　　感染症が広がらないために，それぞれの感染症に登園基準がある。

予防接種：1994年の予防接種法改正により強制義務から努力義務となり，集団接種ではなくかかりつけ医での個別接種になった。定期接種と任意接種がある。

・ワクチンには，生きた病原体の毒性を弱め，実際に病気にかかった時に近い免疫を作る**生ワクチン**と，病原体を殺し，毒素をなくして免疫を作るのに必要な成分を取り出した**不活化ワクチン**がある。生ワクチンを接種したときは次の接種まで27日以上，不活化ワクチンは6日以上間隔をあける。

発症時の対応：あらかじめ園内の罹患状況や予防接種歴を把握しておく。

・保育中に感染疑いの子どもがいたときには，嘱託医に相談し，他児と接触しないよう別室で身体状況に注意しながら休ませる。

・保護者にお迎えを要請するとともに，家庭での適切な対応を伝える。

・感染症罹患が決定した場合，嘱託医や関連部署（保健所など）に連絡し指示を受ける。保護者に発生現状を伝え，感染予防に協力を求める。

●乳児への対応

・乳児期は，身体や精神機能が飛躍的に発達する途上にあり，大人の十分な配慮・注意が必要な時期である。

・乳児は体温調節が未熟で，外気温や衣服・かけものが体温に影響する。

・感染症にかかりやすく，重症化しやすい。

・はったり，なめたりするので，保育室内は常に衛生を保つ。口に入れるため消毒薬は最小限にとどめる。

・口に入れる，頭が大きい，視野が狭いなどの身体特性や行動特性から，誤飲や転落事故を起こしやすい。ベッド柵やいすの高さに配慮する。口に入る大きさのものは，行動範囲に置かない。

・乳幼児突然死症候群（SIDS）予防のために，うつぶせ寝は避ける。入眠中は，呼吸をしているか，顔色は悪くないか，かけものが口や鼻にかかっていないかなど観察する。

重要ポイント 4　衛生管理・安全管理

●環境整備・衛生管理

・室内温度は夏期26〜28℃・冬期20〜23℃，湿度は約60％を目安とする。

・玩具や器具は，水洗いや消毒用アルコールなどで清拭する。

●児童福祉施設における保健活動

・保育所における感染症対策ガイドラインにより登園基準が明確化された。

・嘱託医は，健康診断，健康や安全に関する計画，感染症対策などに積極的に協力する役割がある。

・2008年度の保育所保育指針改定に伴い，施設長の責任のもと「保健計画の作成」が明確に位置づけられた。

・学校保健安全法に準じ，定期健康診断を実施することとなっている。

●事故防止と適切な対応

乳幼児の年齢別死亡原因（令和4年統計）

年齢	第1位	第2位	第3位
0歳	先天奇形，変形及び染色体異常	周産期に特異的な呼吸障害及び心血管障害	不慮の事故
1〜4歳	先天奇形，変形及び染色体異常	不慮の事故	悪性新生物
5〜9歳	悪性新生物	先天奇形，変形及び染色体異常	不慮の事故

・日本は先進国の中でも，不慮の事故が多い。

・不慮の事故は避けられるべき死因であるため，事故防止が重要である。

●**看護・応急処置**

心肺蘇生	心肺蘇生法ガイドライン2020では，心臓マッサージ（胸骨圧迫）を1分間に100〜120回のテンポで行うよう記されている。
誤嚥	乳児の気道異物除去法には，背中を叩く背部叩打法と，乳児の頭を低くするように抱いて胸を突き上げて吐かせる胸部突き上げ法がある。1歳以上の場合は，施行者の両腕を子どもの背部からみぞおちに回し腹部をつきあげるハイムリック法がある。 灯油，強酸性・強アルカリ性洗剤，接着剤など，気道に炎症を起こすものは吐かせない。飲み込んだ物により対処法が違うので注意。
熱中症	涼しい場所に移動し，身体を冷やす。意識があれば水分を与える。意識レベルが低い時にはすぐに救急搬送。
やけど	流水で冷やす。衣服を着ている場合には，皮膚が付着している場合があるので無理に脱がせず上から流水をかけて冷やす。
鼻出血	鼻の付け根（キーゼルバッハ部）を強く押さえ止血する。 仰向けにすると鼻血がのどにたれこむので前かがみにする。
傷	傷口を流水でよく洗う。出血しているときには，傷口を清潔なガーゼで圧迫，または傷口上部位の動脈を圧迫し，心臓より高い位置に保つ。

●**災害への備え・危機管理**

・地震や火災に備え，日頃から，ライトや電池，消火器などの設備備品は点検をしておく。定期的に避難訓練を実施する。

・ハザードマップや防災マップなどを活用し，安全確保や避難方法を職員と保護者で確認しておく。

・災害用伝言ダイヤルなどを利用し，保護者と緊急時に連絡できる方法を決めておく。

・2017（平成29）年の保育所保育指針の改定によって，①施設・設備等の安全確保（防火設備等の定期的な安全点検など），②災害発生時の対応体制及び避難への備え（緊急時対応の関するマニュアルの作成，定期的な避難訓練の実施など），③地域の関係機関等との連携（地域の関係機関との日常的な連携を図り，必要な協力が得られるよう努めるなど）が規定された。

重要ポイント 5 子どもの精神保健

●精神保健に関する障害の診断基準

発達障害をはじめとする各種の疾患などについて，大別すると，

・**ICD-11**（WHOによる，疾病及び関連保健問題の国際統計分類，第11版）
・**DSM-5**（アメリカ精神医学会による精神障害の診断と統計の手引き，第5版）

という2つの診断基準が用いられている。

各種の障害について，それぞれの診断基準の内容を把握しておきたい。なお，DSMは2013年に第5版である「DSM-5」が発表された。

●発達障害

発達障害者支援法において「通常低年齢において発現する」「脳機能の障害」として定義されている各種の障害を指す。

精神遅滞／知的発達症	知的障害とも呼ばれる。一般的に知能指数が70を下回る場合を指し，ICD-11では知能指数の範囲によって，軽度（IQ69～50）・中等度（IQ49～35）・重度（IQ34～20）・最重度（IQ20未満）の4段階に分類している。 精神遅滞とは分類されないが，IQ79～70周辺を境界域と呼ぶことがあり，精神保健の対象になりにくく，不適応への十分な対応がなされないことがある。
広汎性発達障害／自閉スペクトラム症・レット症候群	小児自閉症及びそれに類した障害の総称。 自閉症は3歳くらいまでに発現し，①他者との社会的関係形成の障害，②言語や身振りを用いたコミュニケーションの障害，③興味や関心の限定によって特徴づけられる。中枢神経系の機能不全に起因すると考えられており，教育環境に起因するものではない。 また，自閉症の特徴が見られるものの，知的障害や言語発達の遅れが見られない場合，高機能自閉症，もしくはアスペルガー症候群と呼称する場合があり，これらも広汎性発達障害に含まれる。
学習障害（LD）／発達性学習症等	ある特定の学習領域における能力が，他の発達領域から類推されるよりも著しく低く，不適応を生じている場合を指す。ここでいう特定の学習領域とは，文字や文章を読む，文字や文章を書く，計算を行う，といったことである。 それぞれの領域における障害をICD-11では「特異的読字障害」「特異的書字障害」「算数能力の特異的障害」などと呼んでいる。また，運動機能において，こうした特異的な障害が見られることもある。
注意欠陥・多動性障害（ADHD）／注意欠如多動症等	年齢に不釣り合いな不注意さ，及び衝動性・多動性を特徴とする行動の障害で，7歳以前に現れ，その状態が継続する場合を指す。 不注意さと衝動・多動性，どちらが優位かによって不注意優勢型と多動性・衝動性優勢型に大別されるが，両者が見られる混合型も存在する。

●言語障害

会話及び言語の特異的発達障害	代表的なものに，①特異的会話構音障害，②表出性言語障害，③受容性言語障害などがある。それぞれ，発音能力，会話能力，言葉の理解能力における障害である。 これらの障害について，精神遅滞や広汎性発達障害との区別が必要であることに留意する。
吃音	「どもり」とも呼ばれ，言葉を発する際にある音を繰り返して言ってしまうなど，円滑な発話が出来ない場合をいう。 女児よりも男児に多く見られ，言語聴覚士が治療に当たる。
選択性緘黙	家族や親しい友人とは普通に会話できるのに，家の外や，あまり知らない人を前にするとしゃべれなくなってしまう場合をいう。心理的要因に起因すると考えられ，心理療法が治療の中心となる。

●習癖障害

非意図的な習慣的行動，すなわち癖について，それらの行動が不適応を生じさせている場合をいう。

爪噛み，指しゃぶり，抜毛癖，チック，トゥレット障害，遺尿症，遺糞症など。

●児童虐待

児童虐待防止法が施行されてから，児童相談所に対する相談件数は大幅に増加している。児童虐待は，①身体的虐待，②ネグレクト（育児放棄），③性的虐待，④心理的虐待の4種類に大別される。

虐待の結果，愛着の形成が阻害され，反応性愛着障害が発症すると考えられている。反応性愛着障害は抑制型と脱抑制型があり，前者は過度に抑制された社交性，後者は拡散した社交性という形で発現する。

重要ポイント❻ 健康・栄養に関する基礎知識

●心身の健康と食生活

　小児期の食生活は，発育のみならず心身の健康にも大きく影響する。まず成人との違いを理解し，食生活の実態と問題点を整理しておこう。

・子どもは発育・発達する。それに見合う多くの栄養素が必要。

・消化機能は十分に発達していないため，発達段階に合わせた食事形態と供食で望ましい食習慣の形成を目指す。

・感染に対する抵抗力が弱いため，体調が変わりやすい。

・基本的生活習慣の乱れ（睡眠不足・朝食欠食・食の外部化・洋風化・孤食）

・適正な栄養摂取と食習慣につながる食事が提供されていない。

・親世代（20，30代）でも食品や食材についての知識が乏しい。

・小児期における肥満の増加と思春期やせ

　これらを踏まえた国の政策として，「健康日本21」（平成12年策定，平成24年に改正し，平成25年4月から適用），「食生活指針」（平成12年に文部科学省・厚生労働省・農林水産省の連携にて策定，平成28年改定），「食事バランスガイド」（平成17年），「日本人の食事摂取基準」（2020年版），食育基本法（平成17年），保育所保育指針　第3章（平成29年改定，平成30年4月施行），「楽しく食べる子どもに――食からはじまる健やかガイド」（平成16年）などがある。それぞれの内容を確認しておく必要がある。

●栄養素の種類や機能

　栄養成分は図1のように整理される。

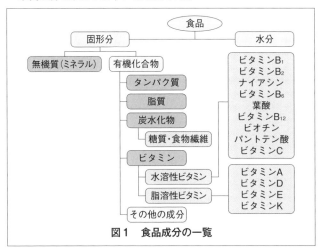

図1　食品成分の一覧

主な栄養素

・**炭水化物**：ブドウ糖に分解されエネルギー源となる（1gで4kcal）。脳，神経組織，赤血球などには唯一のエネルギー源。血糖の調節など。

糖質 （消化されやすい）	・単糖類…ブドウ糖（グルコース），果糖（フルクトース） ・多糖類…デンプン，グリコーゲン
食物繊維（難消化性）	・水溶性…ペクチン，グルコマンナン ・不溶性…セルロース，キチン

・**脂質**：エネルギー源となる（1gで9kcal）。細胞膜主成分，成長促進，感染予防など。

単純脂質	・中性脂肪（脂肪酸3分子＋グリセロール） ・飽和脂肪酸…二重結合を持たない。肉の脂肪に多い。 ・不飽和脂肪酸…二重結合を持つ。魚油に多い。 　多価不飽和脂肪酸は体内で合成できないため食事から摂取する（必須脂肪酸）。リノール酸，α-リノレン酸（EPA,DHA供給源），アラキドン酸など。
複合脂質	単純脂質＋リン，糖，たんぱく質
ステロール類	ステロール骨格＋脂肪酸（コレステロール）

・**たんぱく質**：アミノ酸が多数結合した高分子化合物。人体に必要なアミノ酸を必須アミノ酸といい食品から摂取する必要がある。はたらきとしては，体を構成する（分解と合成を繰り返している），酵素やホルモン，免疫体をつくる，エネルギー源となる（1gで4kcal）など。

単純たんぱく質	アミノ酸のみから構成。アルブミン，グロブリンなど
複合たんぱく質	単純たんぱく質に核酸，リン酸，色素が結合。 ヘモグロビン，カゼインなど

●「6つの基礎食品」「食事バランスガイド」を利用した献立

　厚生労働省は多数の食品を栄養成分の類似した食品ごとに6群に分類した「6つの基礎食品」を栄養教育に活用することを勧めている。また「食事バランスガイド」には，1日に何をどれだけ食べたらよいかについて，主食，主菜，副菜，乳・乳製品，果物の5つの料理別群に示している。献立を作るときは，これらを参考にまず主食を決め，それに合わせて主菜，副菜を決めて，適宜，汁物や果物，飲み物などを考慮する。

6つの基礎食品群

おもに体を つくるもと になるもの (赤)	第1群	たんぱく質が多く，おもに筋肉や血液になる	魚，肉，卵，大豆・大豆製品
	第2群	カルシウムが多く，骨や歯をつくる	牛乳・乳製品，海藻，小魚
おもに体の 調子を整えるもと になるもの (緑)	第3群	色の濃い野菜で，ビタミン，ミネラルが多い	緑黄色野菜
	第4群	色のうすい野菜や果物で，ビタミン，ミネラルが多い	淡色野菜，果物
おもにエネルギーの もとになるもの (黄)	第5群	穀類やイモ類で，糖質が多い	穀類，イモ類，砂糖類
	第6群	油脂製品で，脂質が多い	油脂類，脂肪の多い食品

食事バランスガイド

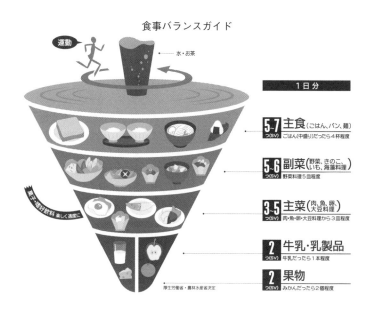

子どもの保健 Point

重要ポイント 7　子どもの発育・発達と食生活

●乳児期

　乳児期は最も発育が盛んで第一発育急進期ともいわれる。体重は生後3か月で出生時の約2倍，生後1年で約3倍に，身長は生後1年で出生時の約1.5倍になる。乳児は生後5，6か月まで乳汁のみで生命を維持し順調に発育する。その後発育と発達に合わせて離乳食が与えられる。何らかの理由により母乳が与えられない，あるいは不足する場合は人工栄養として育児用調製粉乳が与えられる。

母乳の利点：①消化吸収がよく，代謝への負担が少ない

　　②感染防御因子を含む　　　　　　③母子関係の確立に役立つ

　　④乳幼児突然死症候群（SIDS）の予防　　⑤母体の回復を早める

母乳の留意点

黄疸	ヘモグロビン代謝により生成するビリルビンが分解されずに血液中にたまり，皮膚や眼球粘膜が黄色に見える。
ビタミンK欠乏	ビタミンKは母乳に不足しているビタミンで血液凝固に必要なため，欠乏性出血を起こすことがある。出生日，7日目，1か月健診時にシロップ投与する。
ウイルス感染症	ATL（成人T細胞白血病），AIDSは母子感染の可能性がある。

牛乳との組成の違い

　・母乳に多い成分は，乳糖・ビタミンA・ビタミンC・ナイアシン・銅。

　・牛乳とほぼ同じ成分は，エネルギー・脂質・鉄。

　・その他の成分は牛乳に多く含まれる。

育児用調製粉乳の特徴：牛乳を主原料とし，乳児に必要な栄養素を加えて粉末にしたもの。特別用途食品に分類される。牛乳のたんぱく質であるカゼインを減らし，乳児が消化しやすくしている（ソフトカード化）。

離乳：乳汁のみの栄養から，食品から栄養を摂取する形態に移行する過程。

離乳の目的	栄養素の補給，消化機能の増強，摂食機能の発達，精神発達の助長，正しい食習慣の確立など
離乳の開始	なめらかにすりつぶした状態の食物を初めて与えたとき。時期は生後5，6か月頃が適当。
離乳の完了	必要な栄養を食物から取れるようになること。生後12か月～18か月頃を目安とする。
離乳の進め方	「授乳・離乳の支援ガイド」－2019年厚生労働省改定―に「目安」として示され，母子健康手帳にも掲載されている。栄養状態は，成長曲線に身長と体重を記載し評価する。

●**幼児期**

　幼児期は1歳から小学校就学前までをいい，乳児期に次いで発育が盛んで，精神機能や運動機能が急速に発達する。体重1kgあたりの栄養必要量は，成人の2〜4倍。食事を通して正しい生活習慣を形成する重要な時期である。

食行動の目標

　　1〜2歳…スプーンやフォークを使い，一人で食べる意欲を育てる。

　　3〜5歳…箸を正しく使ったり，食事の手伝いを積極的にしたりする意欲を育てる。

虫歯：乳歯20本がはえそろう時期であるため，虫歯に細心の注意を払う必要がある。

食品の組合せ：主食・主菜・副菜を基本とする。

　毎食の献立に「6つの基礎食品群」の各群から1〜2品以上の食品をバランスよく取り入れることが望ましい。しかし，消化吸収機能が未熟なので，食品の質・衛生面・調理法・与え方に配慮が必要である。

供食上の留意点

1〜2歳頃	遊び食べでは，食事時間を30分程度とする。また「禁止」ではなく，大人側の配慮が必要。あいさつの習慣も開始。
3歳頃	好き嫌いが始まる。無理強いせず，幼児の意思表示を重視する。食事のマナーが理解できるようになる。
4〜5歳頃	様々な味・食感の食物を与え，あごの発達を促す。

間食：3度の食事で摂取しきれない栄養量を補うため，1日のエネルギー摂取量の10〜20%の間食を与える。間食は食事の一部として捉え，穀類・いも類・果物・野菜・乳製品などを用いた手作りのものが望ましい。甘味の強い菓子類・スナック菓子・清涼飲料水などは，虫歯予防の観点からなるべく控える。

●**学童期**

　学童期とは小学校に就学する6歳から12歳までをいう。10歳頃から第二発育急進期で，身長と体重の年間発育量が最大となる。思春期とは第二次性徴の発現から性成熟までの期間を示し，個人差が大きく年齢で区分できないが，一般的には12歳頃〜18歳頃までをいう。「食事摂取基準」では，学校給食基準との整合性から，学童期の年齢区分を6〜7歳，8〜9歳，10〜11歳の3区分としている。

　学童期は，幼児期の食行動から成人の食行動に移行する時期であり，食行動の個人差が大きくなること，男女差が顕著になること，健康にかかわる様々な問題（肥満，貧血，摂食障害など）が起こりやすいことなどが特徴である。一方で，子どもの理解力も高まり，栄養教育の効果が最も高い時期であるので，毎日の食事を通し

てよりよい食習慣の形成を図る。この時期の子どもには学校給食が提供されており，学校給食法2条では教育の一環として次の7つの目標を掲げ，目標を達成するために努めなければならないとされている。

学校給食の目標（学校給食法）
1　適切な栄養の摂取による健康の保持増進を図ること。
2　日常生活における食事について正しい理解を深め，健全な食生活を営むことができる判断力を培い，及び望ましい食習慣を養うこと。
3　学校生活を豊かにし，明るい社交性及び協同の精神を養うこと。
4　食生活が自然の恩恵の上に成り立つものであることについての理解を深め，生命及び自然を尊重する精神並びに環境の保全に寄与する態度を養うこと。
5　食生活が食にかかわる人々の様々な活動に支えられていることについての理解を深め，勤労を重んずる態度を養うこと。
6　我が国や各地域の優れた伝統的な食文化についての理解を深めること。
7　食料の生産，流通及び消費について，正しい理解に導くこと。

重要ポイント 8　児童福祉施設における食事

　児童福祉施設における食事の役割は，入所している子どもの特性に沿った栄養補給を行い，将来健康で生きる力の基礎となる食習慣を身につけさせることである。給食回数は，入所施設で1日3食，通所施設で1日1食と間食であり，給食区分として保健食（普通食）と治療食がある。児童福祉施設は保護者に代わり，入所や通所している子どもに食事を提供するが，施設の種類により栄養や食生活上の問題は様々である。そこで厚生労働省は，共通の問題点を改善することを視野に，2010年3月に「児童福祉施設における食事の提供ガイド」をまとめた。概略は以下の通り。

栄養管理の考え方	五感をフルに活用し，食事を体験させ，食べる楽しみを体験させる。
一人一人の子どもの発育・発達への対応	乳幼児期，学童期，思春期のそれぞれの子どもに対して，適切な支援をする。
多職種の連携（施設内での連携）	栄養士，管理栄養士から観察された情報のみで食事計画を立てるのではなく，大勢の専門家から情報を集め，討議・検討し，子ども一人一人に応じた栄養管理がなされることが重要。
家庭や地域との連携	入所している子どもの入所前の食事状況，通所している子どもの家庭での食事状況を把握すること，逆に施設での食事内容を保護者に提供していくことが重要。

重要ポイント 9 特別な支援を要する子どもへの対応

　子どもの病気は，悪化するときも回復するときも変化が早いため，病気と食事の留意点について正しく理解しておく必要がある。また，病気や体調不良のほかにも，慢性疾患やアレルギーを持つ子ども，障害児などに対しても特別な支援が必要となる。

病気・症状など	対応
発熱	脱水にならないように，様子を見ながら，小児用イオン飲料など電解質を含んだ水分補給をする
下痢	
嘔吐	
咳	冷たすぎるもの，酸味の強いものは飲食を避ける
肥満	適正な栄養摂取量をとり，間食は控える
慢性腎炎	エネルギーはしっかりと，たんぱく質や塩分を制限
糖尿病	1型はインスリン注射，2型は摂取エネルギー制限
食物アレルギー	原因食物の除去，医師の診断を仰ぐ
嚥下障害	誤嚥やむせ防止のための支援

第3章　専門試験編

子どもの保健

No.1 次の記述のうち，最も適切なものはどれか。

1 新生児とは生後14日までの乳児のことである。

2 児童福祉法における児童は就学以上20歳未満の子どものことである。

3 男子の方が女子より早期に思春期に至る。

4 産休明け保育とは，出生後57日からの保育のことである。

5 保育所では，個別性より集団全体の健康に視点を置くべきである。

No.2 小児の生理機能に関する次の記述のうち，誤っているものはどれか。

1 小児は成人と比較して体重に占める水分の割合が大きい。

2 小児の体重あたりの不感蒸泄は成人よりも多く，乳幼児は成人の2～3倍である。

3 小児は成人に比べ脈拍数が多く，血圧が高い。

4 新生児は免疫グロブリンIgGを持って生まれる。

5 腎機能は2～3歳頃に大人の機能に達する。

No.3 小児の身体測定や評価に関する次の記述のうち，誤っているものはどれか。

1 カウプ指数は，主に乳幼児の身体バランスの評価に用いる。

2 ローレル指数により，頭囲と胸囲のバランスが評価できる。

3 乳児の体重は衣服を脱がせて測定する。

4 パーセンタイル値で3％未満にある場合，成長の偏りが疑われる。

5 肥満度25％は軽度肥満である。

No.4 小児の発育に関する次の記述のうち，最も適切なものはどれか。

1 身体の各部の発達の進み方は一定である。

2 運動機能は周辺部から中心部に向かって発達する。

3 脳の発達は児童期に急速に発達する。

4 生下時は，頭囲より胸囲の方が大きい。

5 身長は1歳時に生下時の1.5倍になる。

No.5 小児保健統計に関する次の記述のうち，適切でないものはどれか。

1 合計特殊出生率とは，15〜49歳までの女性の年齢別出生率を合計したものである。

2 2022（令和4）年の統計では，乳幼児突然死症候群が0歳児の死因の第3位となっている。

3 2022（令和4）年の統計では，乳児の死因第1位は先天奇形等である。

4 ここ10年間の合計特殊出生率は1.5を下回っている。

5 2022（令和4）年の統計では，1〜4歳，5〜9歳の死因第1位はともに悪性新生物である。

No.6 子どもの発熱に関する次の記述のうち，最も適切なものはどれか。

1 乳児の体温が37.2℃のとき，冷却などの対処が必要である。

2 子どもの発熱の原因は，感染症が一番多い。

3 うつ熱による体温上昇のしくみは，プロスタグランディンの産生による体温調節中枢への刺激による。

4 発熱時の対処として，悪寒があればそけい部や頸部を冷却する。

5 体温は，腋下→口腔→直腸（肛門）の順に高い。

No.7 小児によく見られる次の症状への対処に関する次の記述のうち，最も適切なものはどれか。

1 けいれんを起こしたときには，舌を噛まないようにハンカチや脱脂綿などを口に入れる。

2 アトピー性皮膚炎の子どもの皮膚は弱いため，外用薬などは塗布しないようにする。

3 かゆみがあるときには，その部位を清潔なガーゼで温める。

4 下痢が見られるときには，症状悪化を防ぐために絶飲食にする。

5 呼吸が苦しそうなときには，寝かせるのではなく座るような姿勢をとらせる。

No.8 次の子どもの疾患と症状の組合せのうち，誤っているものはどれか。

1 川崎病　　　　　　　　　　　発熱・いちご舌・発疹

2 腸重積症　　　　　　　　　　間欠的に激しく泣く・白色便・嘔吐

3 伝染性紅斑（りんご病）　　　両頬が赤く腫れる・胸腹部や手足に発疹

4 麻疹　　　　　　　　　　　　高熱・コプリック斑・発疹

5 伝染性膿痂疹（とびひ）　　　膿疱・びらん・かゆみ

No.9 感染症に関する次の記述のうち，誤っているものはどれか。

1 感染症の3大要因は，病原体，感染経路，感受性宿主である。

2 伝染性膿痂疹は飛沫感染である。

3 保育中に感染症の疑いのある症状が見られた場合，他児と接触しないよう別室に移す。

4 発熱を伴う発疹の時には，細菌やウイルスによる感染症であることが多い。

5 次亜塩素酸ナトリウムは，細菌，真菌，ウイルス，MRSAなどの消毒に有効である。

No.10 感染症の登園基準に関する次の記述のうち，最も適切なものはどれか。

1 麻疹は，発疹が消えたら登園してよい。

2 インフルエンザは，熱が下がったら登園してよい。

3 流行性耳下腺炎（おたふくかぜ）は，耳下腺の腫脹が消失したら登園してよい。

4 風疹は，発疹が消失したら登園してよい。

5 水痘（みずぼうそう）は，すべての発疹が消失したら登園してよい。

No.11 小児の予防接種に関する次の記述のうち，最も適切なものはどれか。

1 MRワクチンとは，麻疹，水痘の混合ワクチンである。

2 インフルエンザワクチンは，各流行期前に1回接種する。

3 生ワクチンを接種したら，次回接種までに27日間以上あける。

4 日本脳炎は任意予防接種である。

5 不活化ワクチンには，ポリオ，BCGワクチンがある。

No.12 応急手当の方法に関する次の記述のうち，最も適切なものはどれか。

1 鼻血が出たので，綿球を詰め，仰向けにして静かに休ませた。

2 けいれんを起こし意識が低下したので，身体を揺らし大声で名前を呼びかけた。

3 目にゴミが入ったので，目をこすって涙を流すよう促した。

4 心肺蘇生法では，1分間に100回胸骨圧迫を行う。

5 漂白剤を誤って飲み込んだので直ちに吐かせた。

No.13 保育所における健康や安全に関する次の記述のうち，誤っているものはどれか。

1 保育中に感染症らしき症状が見られた子どもが出た場合，他の子どもと違う場所に隔離し，保護者の迎えを待つ。

2 慢性疾患のある子どもに対する個別的な対応を嘱託医や保護者と日頃から決めておく。

3 子どもの健康状態の把握のために，嘱託医による定期的な健康診断を実施する。

4 保育中の事故防止のために，子どもの健康状態を踏まえ，安全点検と安全対策のための職員の共通理解が必要である。

5 保育中に体調不良や怪我が起こった場合，すぐに医療機関を受診し，その後保護者に連絡をとる。

子どもの保健

No.14 子どもの誤飲や窒息に関する次の記述のうち，最も適切なものはどれか。

1 子どもが誤飲を起こしやすいのは，認知能力が未熟なことと，すぐに口に入れる発達上の特性にもよる。

2 アルコールを飲み込んだときには，吐かせずに様子を見る。

3 灯油を飲み込んだときには，牛乳や水を飲ませて吐かせる。

4 乳児が玩具を飲み込んだときには，ハイムリック法を試みる。

5 子どもの誤飲事故で一番多い誤飲物は電池である。

No.15 ノロウイルス胃腸炎が発生したときの対処に関する次の記述のうち，最も適切なものはどれか。

1 ノロウイルスは経口感染なので，空気中では感染しない。

2 紙オムツはしっかり丸めてオムツ容器に捨てる。

3 嘔吐物が床に付着した場合，水拭きの後アルコール消毒をする。

4 感染者が出ていることを保護者に知らせる。

5 下痢が治まったら，ノロウイルスの感染の危険はない。

No.16 色々な精神科領域で使われている次の欧文略語のうち，「心的外傷後ストレス障害」の略語はどれか。

1 LD   **2** ADHD   **3** AS
4 PTSD   **5** MSBP

No.17 「自閉症障害」に関する次の記述のうち，最も適切なものはどれか。

1 養育者との接近，接触を求めるといった症状を示し，1人で部屋にいることができなくなる場合もある。

2 極端な孤立をしたり，反響語や主語の一人称と三人称の転倒があったりする症状。

3 重大な病気にかかっているのではないかという不安に取りつかれ，日常・社会生活に支障をきたすといった症状。

4 不安の前兆にひきつづいて，全身がけいれんし強直する大発作と，軽いけいれんと意識の一時的消失を持つ症状。

5 症状は陽性症状と陰性症状に大別され，前者には緊張病症状や妄想・幻覚，後者には意欲の低下や感情の鈍麻などが含まれる。

No.18 習癖障害に関する次の記述のうち，最も適切なものはどれか。

1 夜驚症は，社会的に要請される覚醒スケジュールと，覚醒リズムが合っていないことを指す。

2 幼児期の指しゃぶりは，多くの子どもに見られる癖であり，児童期以降でも情緒的な問題を示唆することはほとんどない。

3 トゥレット症候群とは，重度の多発性の運動チックに音声チックが伴うものである。汚言症などが併発することもある。

4 遺尿症の改善には，学習理論に基づき，問題行動に対し罰を与えるという形のトイレットトレーニングが有効とされている。

5 概日リズム障害は，自分の意図とは関係なく，突発的に身体が動いたり，音声が出てしまう症状である。

No.19 子どもを対象に用いられる検査と，その特徴の組合せとして最も適切なものはどれか。

1 津守式乳幼児発達検査　　観察法

2 ソシオメトリー　　　　　社会的関係性

3 TAT　　　　　　　　　　作業検査法

4 新版K式発達検査　　　　言語性IQ

5 WAIS　　　　　　　　　動作性IQ

No.20 発達障害に関する次の記述のうち，最も適切なものはどれか。

1 多動症候群の症状のうち，協調運動のつたなさとは，前後の道理をわきまえない短絡的な行動を指す。

2 学習障害とは，文字を読めても書くことが苦手だったり，読み書きができないなど，様々なタイプがある。知的障害の一つと考えられている。

3 レット症候群は，小児自閉症の中でも言葉の遅れが少なく知能は正常である。

4 小児自閉症は，一般に4歳以前の乳幼児に明らかに出現してくる。

5 発達障害は，周囲の者に障害が理解されないと「ふざけている」「わざとやっ

第3章　専門試験編

子どもの保健

No.21 5大栄養素に関する次の記述のうち，最も適切なものはどれか。

1 エネルギーになる栄養素として，たんぱく質・脂質・炭水化物があるが，脳のエネルギー源となるのはたんぱく質のみである。

2 炭水化物は糖質と食物繊維に分けられ，糖質は体内でエネルギー源となるが食物繊維はエネルギーを発生させない。

3 脂肪酸には飽和脂肪酸と不飽和脂肪酸があり，飽和脂肪酸の摂取不足は脳出血の危険率を高くする。

4 亜鉛はヘモグロビン合成やメラニン色素の生成にかかわるミネラルで，幼児期に不足すると貧血や毛髪の脱色を起こすことがある。

5 ビタミンKは脂溶性ビタミンで，腸内細菌によって体内で合成されるため，乳幼児でも不足することはあまりない。

No.22 乳幼児の水分摂取に関する次の記述のうち，最も適切なものはどれか。

1 幼児期は体重1kg当たりの必要水分量が多く，成人の約2～3倍の水分摂取を必要とする。

2 体重の10％の脱水は生命の危険を招く。

3 水分の摂取不足は下痢の原因になる場合もある。

4 食塩を伴わない水分摂取は，熱けいれんを起こす場合がある。

5 生体を構成する成分としての割合はたんぱく質よりも水の方が少ない。

No.23 授乳・離乳に関する次の記述のうち，最も適切なものはどれか。

1 離乳開始は満4か月頃が適当である。

2 哺乳反射の減弱は，離乳開始の目安となる。

3 はちみつは，離乳の初期から使用できる食品である。

4 生後9か月以降は，母乳・育児用ミルクの替わりにフォローアップミルクを使う方がよい。

5 離乳期の栄養状態は，ローレル指数で判断する。

No.24 幼児期の食生活に関する次の記述のうち，最も適切なものはどれか。

1 幼児の食行動の目標として，1～2歳児では箸やスプーンを正しく使えること，3～5歳児では食事の支度の手伝いをすることが挙げられる。

2 間食による摂取エネルギーは，1日に必要なエネルギーの20～25％が適当である。

3 幼児の咀嚼機能は未発達なので，毎食の献立はやわらかく調理する必要があ

る。
4　夜遅くまで起きている子どもは，朝食の欠食率が低い。
5　3歳頃は自我が芽生えて自己主張が強くなり，偏食を生じやすい。

No.25　保育所給食における食事の提供に関する次の記述のうち，最も適切なものはどれか。
1　保育所給食の給与栄養量は，「日本人の食事摂取基準」に基づいて，一律に決められている。
2　保育所給食の運営は，保育士間で給食運営会議を開催し，子ども自身の食べ方や，献立，食育のあり方などを話し合わなければならない。
3　保育所で提供される年齢区分別昼食・間食の回数は，保育時間の長さにより異なる。
4　バイキング形式の給食は好きなものに偏り，栄養バランスが崩れるので好ましくない。
5　保育所給食は集団としての側面を持つため，年齢差や個人差を配慮した対応は家庭にゆだねられている。

No.26　児童福祉施設の給食における衛生管理に関する次の記述のうち，最も適切なものはどれか。
1　加熱調理における中心部の加熱を70℃で1分間以上としている。
2　給食の保管は，冷たいものは5℃以下の冷蔵庫，温かいものは60℃以上の温蔵庫で行う。
3　食中毒が起きたときの原因究明に備え，生の食材と料理を50gずつ1週間冷凍保存する。
4　調理後2時間以上経過した料理は廃棄する。
5　調乳は終末殺菌法を原則とする。

子どもの保健

No.27 障害のある児童の食生活やその配慮に関する次の記述のうち，適切なもののみをすべて挙げているのはどれか。

A　スキンシップをとり，五感にはたらきかけるように食行動を援助する。

B　咀嚼力の弱い子どもへの食事では，トロミ剤などを用いて料理に適切な食感を与えるが，飲み物や汁物はそのままでよい。

C　障害のある子どもにとって，食行動そのものが機能的なリハビリテーションの役割を果たす。

D　成長期の栄養摂取は特に重要であるため，栄養を十分に取れるよう最大限の介助を行う。

1　A，B

2　A，C

3　B，C

4　B，D

5　C，D

No.28 食物アレルギーに関する次の記述のうち，最も適切なものはどれか。

1　加工食品にはアレルゲンとなる食品の表示義務があるが，大豆は対象外である。

2　乳児アトピー性皮膚炎は，食物アレルギーとの関連はない。

3　新生児では食物アレルギーは起こらない。

4　食物アレルギーの原因となるのは，動物性たんぱく質のみである。

5　乳幼児の食物アレルギーは成長しても改善することは少ない。

No.29 子どもの疾患と食生活に関する次の記述のうち，最も適切なものはどれか。

1　小児1型糖尿病では，食事のエネルギー制限は行わずインスリン注射で血糖値を調節する。

2　小児肥満は大人の肥満につながりやすいため，すべての食事量を制限する。

3　フェニルケトン尿症の乳児は，離乳の開始を早め，食事による栄養管理をすることが望ましい。

4　口内炎では口腔内に痛みを伴うので，飲食物は冷たいものが望ましい。

5　急性腎炎は3歳児健診や学校尿検査で発見されることが多く，たんぱく質・塩分・水分の制限が必要である。

子どもの保健の解説

→問題はP.296

No.1の解説 用語　　　　　　　　　　　　　　　　　　　正答 **4**

1✕　新生児とは生後28日未満の乳児のことである。
2✕　児童福祉法における児童は，18歳未満の子どもである。
3✕　個人差や性差があり，女子の方が一般に早く思春期に入る。
4◎　正しい。
5✕　集団全体の視点も大切だが，保育所保育指針では「一人一人の子ども」の健
　　康増進へのかかわりが必要としている。

No.2の解説 小児の生理機能　　　　　　　　　　　→問題はP.296　正答 **3**

　小児の生理機能は発達途中であるため，大人とは異なる特徴がある。
1, 2, 5○　正しい。このような生理機能のため，小児は脱水に陥りやすい。
3✕　脈拍数は年齢が小さいほど多いが，血管は成人に比べて弾力性があるので血
　　圧は低い。
4○　正しい。IgGは胎盤を通過して胎児に移行するので，新生児の感染防御に役
　　立っている。

No.3の解説 小児の身体測定や評価　　　　　　　→問題はP.296　正答 **2**

　基本的な身体測定方法とその評価について。それぞれの発達段階に合った評価方
法を覚えておこう。
1○　正しい。新生児を除く乳幼児に用いる。計算式は体重$(g) ÷ 身長(cm)^2 × 10$
　　である。
2✕　ローレル指数は，頭囲と胸囲ではなく，児童の身長と体重のバランスが評価
　　できる。計算式は体重$(g) ÷ 身長(cm)^3 × 10^4$である。
3○　正しい。できるだけ正確な値を得るために衣服を脱がせて測定する。
4○　正しい。10%以上90%未満が正常範囲内とされている。
5○　正しい。20〜30％は「軽度肥満」である。30〜50％は「中等度肥満」，50%
　　以上は「高度肥満」である。

No.4の解説 小児の発育　　　　　　　　　　　　→問題はP.296　正答 **5**

1✕　身体は各部が一定に発達するのではなく，それぞれに急速する時期が違う。
　　スキャモンの発育曲線で各部位の発達の時期をよく見ておこう。
2✕　運動機能は中心（大きな動き）から周辺（末端の動き）に発達していく。
3✕　脳の発達は乳幼児期に急速に進む。
4✕　頭囲の方がやや大きい。頭囲と胸囲がほぼ同じになるのは1歳頃であり，そ
　　の後は胸囲の方が大きくなる。
5◎　正しい。併せて，身長が2倍になるのは4歳半，体重は3〜4か月で生下時
　　の2倍，1歳で3倍になることなども覚えておこう。

子どもの保健の(解)(説)

No.5の解説　小児保健統計
→問題はP.297　正答　**5**

日本における基本的な統計結果を把握しておこう。

1○ 正しい。合計特殊出生率は「15〜49歳までの女性の年齢別出生率を合計したもの」で，1人の女性が一生の間に生む平均の子どもの数に相当する。出産可能な年齢の女性で出生数の統計を出している。

2, 3○ 正しい。乳児（生後1年未満）の死因第1位は先天奇形，染色体異常など先天性のもの，第2位は周産期に特異的な呼吸障害及び心血管障害，第3位は不慮の事故である。

4○ 正しい。2005年に1.26まで落ち込み，ここ数年はやや上昇傾向が見られるものの，1.5以下である。

5× 1〜4歳の死因第1位は先天奇形等，第2位は不慮の事故である。また，5〜9歳の死因第1位は悪性新生物，第2位は先天奇形等である。不慮の事故は避けられるべき死因であるため，事故予防などの対策が急がれる。

No.6の解説　子どもの発熱
→問題はP.297　正答　**2**

子どもは体温調節機能が未熟なことや，原因となる感染症にかかりやすいことから発熱がよく見られる。測定部位や季節により，測定値が異なる。

1× 乳児は幼児よりも体温が高く，37.5℃くらいまでは平熱と見てよい。

2◎ 正しい。風邪や小児特有の感染症が原因となって発熱することが多い。

3× 感染症など外因性の物質が影響して発熱する仕組みである。うつ熱は，熱の放散がうまくできなかったときに生じる。

4× 悪寒時には温め，発汗が見られるようになったら冷却する。

5× 外気温にさらされていない内腔の，直腸（肛門）→口腔→腋下の順に高い。

No.7の解説　体調不良時の対処
→問題はP.297　正答　**5**

1× 誤って飲み込み窒息する恐れがあるため，何も口に入れない。

2× 医師の指示によりステロイド外用薬の塗布が有効である。また，乾燥がひどいので保湿のためのローションを継続的に用いることが多い。

3× 温めるとかゆみが増すため，冷やすとよい。

4× 少しずつこまめに水分を与え，脱水を防ぐ。

5◎ 正しい。座位にすると，横隔膜が下がって呼吸面積が広くなり，腹壁が緩んで呼吸しやすくなる。

No.8の解説　子どもの疾患
→問題はP.298　正答　**2**

子どもによく見られる疾患の，特徴的な症状の組み合わせである。

1○ 正しい。川崎病は重大な後遺症として冠動脈病変が起こる可能性のある小児特有の疾患である。

2× 白色便ではなく，イチゴジャム状の血便が特徴である。

3⃝ 正しい。伝染性紅斑は原則として治療は必要ないが，妊娠初期に感染すると流産のおそれがある。

4⃝ 正しい。麻疹は，高熱と風邪症状が見られるカタル期の後，口中に白い斑点（コプリック斑）ができ，再度高熱と発疹が見られるのが特徴である。

5⃝ 正しい。虫さされやすり傷がきっかけとなってできる皮膚感染症である。接触感染する。

No.9の解説 感染症　　　→問題はP.298　正答 **2**

　小児は免疫機能の獲得途中であり感染症にかかりやすい。特に保育園など集団生活での感染が多い。感染への理解を深め，的確に予防する。

1⃝ 正しい。これら三大要因を知ることで対処行動ができる。

2✕ 伝染性膿痂疹（とびひ）は，飛沫感染ではなく，接触感染である。夏に多く，プールや水遊びなどで罹患中の子どもに接触して感染することがある。

3⃝ 正しい。親が迎えに来るまで別室隔離し，体調の変化に気をつける。

4⃝ 正しい。手足口病，麻疹など小児がかかりやすい感染症には，発疹を伴うものが多くある。

5⃝ 正しい。多くの菌に有効である。希釈して使用する。

No.10の解説 感染症の登園基準　　　→問題はP.298　正答 **4**

　保育園の登園基準は，学校保健安全法に準じて決められている。2012年度より，インフルエンザと流行性耳下腺炎の登園基準が変更になっている。

1✕ 麻疹は，解熱後3日経過したら登園してよい。

2✕ インフルエンザは，発症後5日，かつ解熱後3日経過したら登園してよい。

3✕ 流行性耳下腺炎は，腫脹の発現後5日経過し，かつ全身状態がよければ登園してよい。

4◎ 正しい。

5✕ 水痘（みずぼうそう）は，すべての発疹が痂皮化したら登園してよい。

No.11の解説 小児の予防接種　　　→問題はP.299　正答 **3**

1✕ 水痘ではなく，風疹である。MRワクチンとは，Measles（麻疹），Rubella（風疹）の頭文字を取ったもので，麻疹と風疹の混合ワクチン。

2✕ 成人は1回接種だが，小児の場合2回に分けて接種する。

3◎ 正しい。なお，不活化ワクチンの場合は，6日間以上あければよい。

4✕ 日本脳炎は任意ではなく，予防接種法に規定された定期予防接種である。

5✕ ポリオは2012年より，これまでの生ワクチンから不活化ワクチンに変更になった。BCGワクチンは生ワクチンである。

子どもの保健の解説

No.12の解説 **応急手当** →問題はP.299 正答 **4**

1 × 仰向けにすると，血が口やのどに垂れこみ，飲み込んでしまう。座った姿勢で鼻の付け根を強く圧迫するとよい。

2 × 刺激を与えるとけいれんを誘発させることもある。静かに様子を観察する。

3 × 目をこすることで眼球が傷つくので，こすらず洗い流す。

4 ◎ 正しい。

5 × 吐かせると食道に炎症を起こす物質を飲み込んだ場合は，吐かせてはいけない。誤飲物によって作用が違うので，特性を知り，対応方法を覚えておく。

No.13の解説 **保育所における健康や安全** →問題はP.299 正答 **5**

保育所保育指針にも記されている内容である。

1 ○ 正しい。感染が広がらないために隔離は必要である。この場合も全く１人にはせず，常に身体状況を観察する。

2 ○ 正しい。慢性疾患のある子どもは，感染症でのリスクや体調変化時の対応が個別にある。連携をとり対応方法を決めておく。

3 ○ 正しい。嘱託医の役割は大きく求められている。

4 ○ 正しい。全職員が連携して，子どもの安全対策を行う必要がある。

5 × まず保護者に連絡をとった後，嘱託医や子どものかかりつけ医と相談して，医療機関を受診する。

No.14の解説 **誤飲・窒息** →問題はP.300 正答 **1**

乳幼児の事故原因の多くを占めるのは窒息である。事故が起きた際は，誤飲物の性質により対応が異なる。

1 ◎ 正しい。

2 × 水か牛乳を飲ませて吐かせる。

3 × 灯油は吐かせることで食道に炎症を起こすため吐かせず，すぐに救急搬送する。

4 × ハイムリック法は内臓損傷の危険があるため腹部臓器の割合が大きい乳児には行わない。乳児は胸部突き上げ法を試みる。

5 × タバコが一番多い。家庭に対し，乳幼児の手の届くところに置かないよう指導が必要である。

No.15の解説 ノロウイルス　　　　　　　　　　→問題はP.300　**正答** **4**

　ノロウイルスは小児に限った疾患ではないが，乳幼児下痢症の原因として多く見られる。感染力が強いため集団保育での感染予防は必須である。

1 ✕　吐物や便からウイルスが手について口に入る経口感染もあるが，吐物が乾燥して舞い上がることにより，空気感染，飛沫感染もする。

2 ✕　丸めるだけでなく，ビニール袋に入れて口をしっかり結び，ほかの子どものオムツとは別にして捨てる。この際，施行者は使い捨て手袋を着ける。

3 ✕　ノロウイルスにはアルコールは効果が低い。水拭きの後，次亜塩素酸ナトリウムで消毒する。

4 ◎　正しい。個人情報保護のため名前を公表しなくても，他児の保護者に感染者発生状況は伝え，注意喚起をすべきである。

5 ✕　ノロウイルスは回復後も1週間程度便中に排泄し続けるといわれているため，排泄物の処理は引き続き注意する。

No.16の解説 心的外傷後ストレス障害（PTSD）　→問題はP.300　**正答** **4**

1 ✕　LD（Learning Disabilities）とは，学習障害である。基本的には，全体的な知的発達に遅れはないが，読む，書く，聞く，話す，計算する，推論するなど，特定の能力の習得と使用に著しい機能障害があると推定される。

2 ✕　ADHD（Attention Deficit Hyperactivity Disorder）とは，注意欠陥・多動性障害である。本質的な特徴は，不注意や衝動性，多動性という不適切な行動である。身体検査では，利き手の混乱，バランス，立体感覚，書画感覚，手指の運動などの障害の程度も高いとされている。

3 ✕　AS（Asperger Syndrome）は，アスペルガー症候群である。1944年にオーストリアの医師アスペルガーが初めて提唱したことから命名された。9割がIQ70〜120程度と知的発達の遅れはないが，社会生活の暗黙のルールが理解できず周囲と摩擦を起こしやすい。反面，特定の分野へのこだわりが強く，特殊な才能を発揮する。女子より男子に多い。

4 ◎　正しい。PTSD（Post Traumatic Stress Disorder）は，心的外傷ストレス障害である。自然災害，交通事故，火災，惨劇の目撃，犯罪の被害など衝撃的な出来事を体験し，数週間〜数か月（数年以上）を経て出現する障害。主な症状に，①出来事を心理的に再現し，苦痛を覚える，②出来事を思い出すことを避ける，③無感動・無感覚，④過覚醒（ちょっとした刺激に過剰な反応を示す）が挙げられる。ほかに，落ち込み，不安，集中力低下，罪悪感，パニック発作，幻覚などがある。

5 ✕　MSBPは，身代わりほら吹き男爵症候群（子どもを代理としたミュンヒハウゼン症候群）である。ミュンヒハウゼン症候群（MS）は，自分を病気と偽る心の病。18世紀ドイツに実在した「ほら吹き男爵」ミュンヒハウゼンと彼をモデルにした物語「ほら吹き男爵の冒険」（ビュルガー作）に由来する。

No.17の解説　自閉症 →問題はP.300　正答 **2**

　小児自閉症は，アメリカのレオ・カナーが「早期幼児自閉症」と名づけた小児の精神障害である。その後現在までに色々の説が出て，考え方・捉え方が変化してきた。自閉症の原因は色々ある。明らかに脳に器質的病変があって起こってくることもあるし，色々な環境的問題（特に親子関係の障害）で起こってきたと考えられるものもあるし，精神分裂病の始まりという考え方や生来の性格の偏りという考え方（アスペルガー）もある。最近では自閉症をカナーの報告した「早期幼児自閉症」に限って使うべきだという考え方もあるが，広い概念で考えていく立場が一般的で，自閉症状群，自閉状態像として理解されているようである。生活訓練と医療との協力による治療教育が，改めて必要とされている。

1✕　分離不安障害の症状について説明したものである。
2◎　正しい。
3✕　心気症の症状について説明したものである。
4✕　てんかんの症状について説明したものである。
5✕　統合失調症の症状について説明したものである。

No.18の解説　習癖障害 →問題はP.301　正答 **3**

1✕　夜驚症ではなく，概日リズム障害に関する記述である。夜驚症は，睡眠中に突然起き出し，叫び声をあげたり，泣き出したりといった症状を示す。
2✕　3歳以降も指しゃぶりが続いている場合には，不安や緊張などの情緒的な問題や発達障害を持っている可能性もある。
3◎　正しい。
4✕　遺尿症の児童に罰を与えるなどして強固な罪悪感を生じさせた場合，逆に遺尿症が慢性化する可能性もある。
5✕　概日リズム障害ではなく，チックに関する記述である。

No.19の解説　子どもを対象にした検査 →問題はP.301　正答 **2**

1✕　津守式乳幼児発達検査は，観察法ではなく，親や養育者への問診式である。
2◎　正しい。モノレが創った，集団内の個々の人の自発的選択，反発，無関心といった社会的関係を測定・分析する理論と方法をいう。
3✕　TAT（主題統覚検査）は，作業検査法ではなく，投影法。作業検査法には，ベンダー・ゲシュタルト・テストや内田クレペリン検査がある。
4✕　新版K式発達検査は，発達年齢（DA）と発達指数（DQ）が求められる。検査者と被検査者が対面で行う。姿勢－運動領域，認知－適応領域，言語－社会領域の3つの領域から項目が作成される。
5✕　WAISは，16歳以上の成人用の知能検査。児童用はWISC。言語性IQと動作性IQが求められる。

No.20の解説 発達障害 →問題はP.301 正答 **5**

1✕ 協調運動のつたなさは，ボタンはめがうまくできなかったり，靴紐をうまく結べなかったりといった細かい動作が苦手であることを指す。

2✕ 学習障害児は知的障害児ではない。すなわち，いわゆる精神遅滞による学習低下ではない。

3✕ アスペルガー症候群に関する記述。レット症候群は，女児に起こる進行性の神経疾患であり，生後18か月くらいまでは正常な発達を示した後に，知能や言語・運動能力が退行していくことが特徴である。

4✕ 一般に小児自閉症は3歳以前に明らかになる。

5◎ 正しい。

No.21の解説 5大栄養素 →問題はP.302 正答 **3**

1✕ 脳のエネルギー源となるのは，たんぱく質ではなく，糖質のみである。

2✕ 糖質は4kcal／g，食物繊維は0〜2kcal／gの熱を発生させる。

3◎ 正しい。

4✕ 亜鉛ではなく，銅のはたらきである。亜鉛は細胞の新生に必要で，味蕾の形成に不可欠である。不足すると味覚感度が低下する。

5✕ 乳幼児（特に新生児）はビタミンKを合成する腸内細菌が少なく，不足するため，経口投与する。

No.22の解説 乳幼児の水分摂取 →問題はP.302 正答 **4**

1✕ 幼児期は体重1kgあたりの必要水分量は2〜3倍であるが，1日の水分摂取は成人で約2.5L，子どもでは1Lを目安とする。

2✕ 10％ではなく，15％以上。

3✕ 下痢ではなく，便秘の原因の一つになる。

4◎ 正しい。脱水の場合，水分だけを補給すると体内の電解質が急激に薄くなり，熱いれんを起こす。子どもの場合の水分補給は，電解質を含んだ小児用イオン飲料などが望ましい。

5✕ 生体構成成分としては，たんぱく質（14〜15％）よりも水（50〜70％）の方が多い。

子どもの保健の 解説

No.23の解説 授乳・離乳 →問題はP.302 正答 **2**

1 × 満4か月頃ではなく，5，6か月頃を目安とする。

2 ◎ 正しい。哺乳反射の減弱過程でスプーンなどが口に入ることも受け入れられる。

3 × はちみつは乳児ボツリヌス症予防のため，満1歳まで与えない。

4 × フォローアップミルクは母乳の代替品ではない。9か月以降，離乳食が順調に進まず，鉄不足のリスクが高い場合などに使用する。

5 × ローレル指数ではなく，成長曲線のカーブに沿っているかどうかで確認する。

No.24の解説 幼児期の食生活 →問題はP.302 正答 **5**

1 × 1～2歳児では，箸やスプーンを正しく使えることではなく，スプーンやフォークを使って意欲的に食べようとすること。

2 × 20～25％ではなく，10～20％が適量である。これを1日1～2回に分けて与える。内容は食事の一部と考え，穀類・いも類・乳製品・果物などでバランスよく整える。

3 × やわらかく調理するのではなく，適切な硬さが必要である。やわらかいものとかみごたえのあるものを組み合わせることにより，咀嚼能力が発達し，かつ虫歯予防にもなる。

4 × 朝食の欠食率が低いのではなく，高い。平成17年乳幼児栄養調査では朝食欠食の低年齢化が見られ，「早寝早起き朝ごはん」（文部科学省）運動が展開されている。

5 ◎ 正しい。ただし，この頃の偏食は固定化しない特徴があり，調理法を工夫したり他の食品に置き換えたりするなど，多くの食品を経験させる。

No.25の解説 保育所給食 →問題はP.303 正答 **3**

　保育所給食は乳幼児期にふさわしい食生活が展開され，適切な援助が行われるよう，食事の提供も含む食育計画の実践を行うなど，食べることを保育の一環として位置づけている。

1 × 一律に決められているのではなく，各保育所の子どもの状況に合わせて設定する。

2 × 給食運営会議は，保育士間で開催するのではなく，給食関係者（栄養士・調理師），保育関係者（保育士），その他関係者（保健師，看護師，事務職員など）で開催する。

3 ◎ 正しい。

4 × バイキング形式の給食は，自分で自分の適量を選択する基礎を養い，食事を楽しむ側面があるため，適宜取り入れることは食育として有効である。

5 × 家庭にゆだねられているのではなく，入所時に聞き取り，給食に反映させて

個別に対応する。

No.26の解説 児童福祉施設給食の衛生管理 →問題はP.303 **正答 4**

1 × 70℃で1分間以上ではなく，75℃で1分間以上（二枚貝等ノロウイルス汚染
のおそれのある食品の場合は85℃で1分間以上）加熱をする。
2 × 冷たいものは5℃以下の冷蔵庫，温かいものは60℃以上，ではなく，冷たい
ものは10℃以下の冷蔵庫，温かいものは65℃以上で保管する。
3 × 1週間ではなく，2週間保存する。
4 ◎ 正しい。
5 × 殺菌方法に関する決まりは，特にない。

No.27の解説 障害のある児童の食生活 →問題はP.304 **正答 2**

A ◎ 正しい。
B × 飲み物や汁物はそのままでよいわけではない。水分状のものは誤嚥しやすい
ため，トロミ剤で調整する。
C ◎ 正しい。
D × 最大限の介助ではなく，できることは自分でさせ，できない部分を援助す
る。持っている機能を十分に育てるよう支援する。
よって，正答は**2**である。

No.28の解説 食物アレルギー →問題はP.304 **正答 1**

1 ◎ 正しい。表示義務は特定原材料の卵・牛乳・小麦・えび・かに・そば・落花
生・くるみの8品目である。大豆を含む20品目については，できるだけ表示
するよう奨励されている（任意表示）。
2 × 関連がないわけではない。食物アレルギーを合併していることが多い。
3 × 新生児でもアレルギーを起こす。育児用粉乳アレルギーではアレルギー用ミ
ルクを用いる。
4 × 動物性たんぱく質のみではなく，植物性たんぱく質でも起こる。
5 × 成長とともに改善する場合がある。

No.29の解説 子どもの疾患と食生活 →問題はP.304 **正答 1**

1 ◎ 正しい。
2 × すべての食事量を制限するのではなく，総摂取量を適正に保ち，間食や砂糖
入りの飲料を控え，運動量を増やすことが望ましい。
3 × 離乳の開始を早めるではなく，遅らせる。
4 × 飲食物は冷たいものではなく，体温に近いものが望ましい。
5 × 急性腎炎ではなく，慢性腎炎。無症状で蛋白尿と血尿が持続する。

幼稚園教諭専門試験

発達心理

No.1 次の文中の空欄A，Bに当てはまる語句の組合せとして最も適切なものはどれか。

　（　A　）の行った実験では，嫌悪刺激から逃れることができない状況を長期にわたって経験した犬が，次第に回避行動を取らなくなることを示した。このような現象は学習性無力感と呼ばれ，人の（　B　）傾向との関連が検討されてきた。

	A	B
1	ハル	自閉
2	ベック	抑うつ
3	スキナー	欲求
4	バンデューラ	自閉
5	セリグマン	抑うつ

No.2 心理検査の方法と検査の組合せとして最も適切なものはどれか。

1	面接法	TAT
2	質問紙法	MMPI
3	観察法	ソシオメトリック・テスト
4	作業検査法	バウム・テスト
5	投影法	ビネー式知能検査

No.3 幼児期の発達に関する次の記述のうち，最も適切なものはどれか。

1 ビューラーは，幼児期の子どもがいつも持ち歩き，特別の愛着を示す対象を，移行対象と呼んだ。

2 ２〜３歳頃になると，社会的自己の発達が見られ始めるが，性別の識別については３〜４歳になってからようやく可能となる。

3 ３歳頃になると，言語活動の活発化とともに質問期と呼ばれる時期になり，環境への積極的なかかわりが見られるようになる。

4 幼児期後半になると，養育者との間に安定した愛着が形成されるほど，子どもは強い分離不安を示す。

5 幼児期後半になると，仲間関係が発達し，排他性・閉鎖性の強い７〜８人の集団を形成する。

No.4 心理療法とその提唱者の組合せとして，適切なもののみをすべて挙げているのはどれか。

 A 行動療法   ロジャーズ

 B 箱庭療法   ローエンフェルド

 C 合理情動療法 ウォルピ

 D 遊戯療法   アクスライン

1 A，B

2 A，C

3 B，C

4 B，D

5 C，D

No.5 乳幼児の自己認知発達の研究方法として最も適切なものはどれか。

1 視覚的断崖

2 3つ山課題

3 保存課題

4 マークテスト

5 ストレンジ・シチュエーション法

No.1の解説　学習性無力感　　　　　　　　　　　　　→問題はP.316　正答　5

　セリグマンの行った，学習性無力感の実験に関する記述である。学習性無力感は抑うつの研究に大きく貢献した。よって，正答は**5**である。

　セリグマンの行った実験は，区切りのある部屋に入れられた犬に，ライトの消失とともに電気ショックを与えるというもので，区切りの向こう側へは移動することができるが，移動しても電気ショックを止めることはできない。このような条件下では，犬は次第に回避行動が減少し，ライトが消失してもあきらめたかのような行動が見られる。同時に，食欲不振や潰瘍といったストレス性の障害が認められた。セリグマンは，人の抑うつの形成過程にも類似したメカニズムを仮定した。

No.2の解説　心理検査法　　　　　　　　　　　　　　→問題はP.316　正答　2

1✕　TAT（主題統覚検査）は，投影法の検査である。マレーらが開発を行った。日常生活での葛藤場面を描いた絵を用い，被験者に過去・現在・未来にわたる物語を作ってもらい，その内容からパーソナリティを分析する。

2◎　正しい。MMPI（ミネソタ多面人格目録）は，ハサウェーとマッキンリーによって開発された質問紙法の検査で，550項目の質問で構成されている。

3✕　ソシオメトリック・テストは，質問紙法の検査である。モレノが開発した。特定の集団の成員である被験者に，親和感や反感を感じる他の成員とその理由を列記してもらい，集団の構造や成員間の人間関係などを分析する。

4✕　バウム・テストは，投影法の検査である。コッホが開発した。被験者に実のなる木を1本描いてもらい，樹木の形態や描き方等からパーソナリティを分析する。

5✕　ビネー式知能検査は，ビネーとシモンによって開発された知能検査，及びその基本思想を踏襲した知能検査の総称である。集団式のものは筆記形式の検査であるが，個別式のものは積み木などの道具も用いる。日本語版には，鈴木・ビネー式知能検査や田中・ビネー式知能検査などがある。

No.3の解説　幼児期の発達　　　　　　　　　　　　　→問題はP.316　正答　3

1✕　移行対象の提唱者は，ウィニコットである。移行対象は，毛布やぬいぐるみなどであることが多い。

2✕　2歳を過ぎると自我の芽生えが起こり，性別の識別が可能となる。3〜4歳になると，身の回りの品・衣服などについて性別による分類・選択を行うことができるようになる。

3◎　正しい。言語活動が活発化し，質問期に入る。また，この時期は第1反抗期でもある。

4✕　幼児期後半になると，愛着対象は内面化する。順調な愛着関係が構成されていくほど，分離不安が低下していくと考えられる。

5✕　排他性の強いギャング集団を形成するようになるのは，児童期である。

No.4の解説 心理療法とその提唱者　　　　　　→問題はP.317　正答　**4**

A ✕ 行動療法は，ウォルピが提唱した。ロジャーズは，クライエント中心療法の提唱者である。

B ◯ 正しい。箱庭療法は，ローエンフェルドによって始められ，その後カルフらによって発展・確立した。初めは子どものための心理療法として考案されたが，成人にも適用できる。

C ✕ 合理情動療法は，エリスによって提唱された。

D ◯ 正しい。アクスラインは，クライエント中心療法（来談者中心療法）の原理を，幼児・児童を対象にした遊戯療法に応用した。

よって，正答は**4**である。

No.5の解説 乳幼児の自己認知発達の研究法　　　　→問題はP.317　正答　**4**

1 ✕ 視覚的断崖は，乳幼児の奥行知覚の研究のために用いられる装置である。

2 ✕ 3つ山課題は，児童が他者の視点を取れるかを検討するための課題である。ピアジェの発達段階における前操作期の子どもは，自己中心的な視点を用いるため，この課題に失敗する。

3 ✕ 保存課題は，対象の形状などが変化しても，数量といった性質は変化しないという保存概念に関する課題で，ピアジェの発達段階における前操作期と具体的操作期にかかわる。保存課題には，コップを用いた液量や，数，長さの保存などがある。

4 ◎ 正しい。ルージュテストともいう。乳幼児の頬などの部位に，気づかれないように口紅やシールをつける。その後，鏡を見せて，自分の身体を触ることができるかを見る課題である。2歳前後になると，鏡に映っている像を見て自分の身体を触るようになる。

5 ✕ ストレンジ・シチュエーション法は，乳幼児の愛着形成の検討に用いられる方法である。

教育学

No.1 次の文章は，幼稚園教育要領の一部である。空欄A～Cに当てはまる語句の組合せとして最も適切なものはどれか。

（　A　）は，幼稚園教育において育みたい資質・能力を幼児の生活する姿から捉えたものであり，（　B　）は，（　A　）を達成するために指導する事項である。各領域は，これらを幼児の発達の側面から，心身の健康に関する領域「健康」，人との関わりに関する領域「人間関係」，身近な環境との関わりに関する領域「環境」，言葉の獲得に関する領域「言葉」及び感性と表現に関する領域「表現」としてまとめ，示したものである。内容の取扱いは，幼児の発達を踏まえた指導を行うに当たって留意すべき事項である。

各領域に示す（　A　）は，幼稚園における（　C　）を通じ，幼児が様々な体験を積み重ねる中で相互に関連をもちながら次第に達成に向かうものであること，（　B　）は，幼児が環境に関わって展開する具体的な活動を通して総合的に指導されるものであることに留意しなければならない。

	A	B	C
1	ねらい	内容	規範意識の獲得
2	ねらい	内容	生活の全体
3	ねらい	内容	集団行動
4	内容	ねらい	生活の全体
5	内容	ねらい	規範意識の獲得

No.2 次の言葉を述べた人物は誰か。

今日の親は，子どもの生活に干渉する努力を百分の一だけにとどめ，残りの百分の九十九を干渉でなく目立たない指導のために使用すべきである。

（『児童の世紀』）

1 城戸幡太郎

2 倉橋惣三

3 小原國吉

4 ケイ

5 ペスタロッチ

No.3 次の文章は，2002（平成14）年6月に出された報告書「幼稚園教員の資質向上について－自ら学ぶ幼稚園教員のために」の一部である。空欄A～Cに当てはまる語句の組合せとして最も適切なものはどれか。

　幼児は，自発的な活動である（　A　）を通じて，心身全体を働かせ，様々なことを経験しつつ，理解力，言語表現能力，運動能力，思考力，社会性，道徳性などの多様な能力や性質について，相互に関連させながら（　B　）な発達を遂げるものである。このような幼児の発達段階や発達過程を，その（　C　）から理解し，生活の中で幼児が示す発見の喜びや達成感を共感をもって受け入れる，といった幼児理解が，基本として重要である。

	A	B	C
1	遊び	個人的	行動
2	生活	個人的	行動
3	遊び	総合的	行動
4	生活	総合的	内面
5	遊び	総合的	内面

No.4 次の記述のような学校を何というか。

　公立学校の一種で，生徒をひきつける魅力のある教育課程を設置している。ニューヨーク，ワシントン，シカゴ，フィラデルフィアなどの大都市にその例が多く見られる。たとえば，ニューヨークやワシントンなどでは，ダンス，演劇，あるいは科学技術に重点を置いた教育課程を持つ学校が多く見られる。

1　チャーター・スクール
2　グラマー・スクール
3　マグネット・スクール
4　コンプリヘンシブ・スクール
5　インテリジェント・スクール

No.5 幼児教育に関する次の記述のうち，適切なもののみを挙げた組合せはどれか。

A　1989（平成元）年に幼稚園教育要領が改正され，保育内容の領域が5領域となった。

B　子どもの自由意思に基づく活動を重視した保育方法を一斉保育という。

C　幼稚園の教育課程の編成においては，1日の教育時間は6時間を標準とする。

D　集団協力型保育とは，複数の保育者がチームを組んで指導する形態をいう。

1　A，B

2　A，C

3　A，D

4　B，D

5　C，D

教育学の解説

No.1の解説　幼稚園教育要領（ねらいと内容）　　→問題はP.320　正答 **2**

　幼稚園教育要領における「ねらい」と「内容」について述べた箇所である。Aには「ねらい」，Bには「内容」，Cには「生活の全体」が当てはまる。よって，正答は**2**である。

　「ねらい」と「内容」の違い，また，幼稚園教育は子どもの「生活の全体」を通じて展開されていくことを押さえておきたい。

No.2の解説　ケイ　　→問題はP.320　正答 **4**

　『児童の世紀』は，スウェーデンの思想家ケイによって著された。ルソーの「消極教育」（子どもに干渉せず，子ども自らが気づきを得られるよう配慮する教育方法）に影響を受けたその教育思想は，20世紀初頭のいわゆる「新教育運動」の基盤となった。よって，正答は**4**である。

No.3の解説　幼稚園教員の資質向上について　　→問題はP.321　正答 **5**

　2002（平成14）年6月に出された「幼稚園教員の資質向上について－自ら学ぶ幼稚園教員のために」（幼稚園教員の資質向上に関する調査研究協力者会議報告書）の一部である。Aは「遊び」，Bは「総合的」，Cは「内面」が当てはまる。よって，正答は**5**である。

　幼稚園教員は，幼児が自発的な活動である「遊び」を通じて，さまざまな能力を「総合的」に発達させていく存在であることを踏まえ，子どもとかかわっていくことが求められている。また，共感の姿勢をもって，子どもの「内面」の深い理解に到達することも重要であるとされている。

No.4の解説　マグネット・スクール　　→問題はP.321　正答 **3**

　マグネット・スクールについての説明文である。マグネット・スクールはアメリカが発祥であるが，イギリスでも，アメリカでの取り組みを参考に商業・工業・デザイン工学など，特色のある教育課程を設置する学校が設立されている。教育に関心のある親の子どもがマグネット・スクールに集中する傾向にあることから，学校間格差が生じることが問題点として指摘されている。

No.5の解説　幼児教育　　→問題はP.322　正答 **3**

A○ 正しい。平成2年から施行された。なお，5領域が設定される前は，6領域（社会・自然・音楽・リズムなど）であったことに注意しよう。

B× 一斉保育ではなく，自由保育である。

C× 1日の教育時間は，6時間ではなく，4時間である。なお，保育所の保育時間は8時間を標準としている。

D○ 正しい。これに関連して，縦割保育・設定保育なども押さえておこう。

　よって，正答は**3**である。

保育原理

No.1 幼稚園に関係する諸規定に関する次の記述のうち，最も適切なものはどれか。

1 幼稚園に入園することのできる者は，満3歳〜満6歳までの幼児とする。

2 幼稚園の一学級の幼児数は，30人以下を原則とする。

3 幼稚園には，園長，教頭及び教諭を置かなければならない。ただし，副園長を置くときその他特別の事情のあるときは，教頭を置かないことができる。

4 幼稚園の学級は，園長の裁量の範囲で，同じ年齢にある幼児で編制するように努めることとされている。

5 幼稚園の教育課程その他の保育内容に関する事項は，関係する法規に従って都道府県知事が定める。

No.2 幼稚園の目標に関する次の記述のうち，適切なもののみをすべて挙げているのはどれか。

A 健康，安全で幸福な生活のために必要な基本的な習慣を養い，身体諸機能の調和的発達を図ること。

B 集団生活を通じて，奉仕する態度を身につけさせ家族や身近な人への感謝を深め，自主，自律及び協同の精神並びに規範意識の芽生えを養うこと。

C 身近な社会生活，生命及び自然に対する興味を養い，それらに対する正しい理解と態度及び思考力の芽生えを養うこと。

D 日常の会話や，絵本，童話等に親しむことを通じて，言葉の使い方を正しく導くとともに，美しい日本語を獲得すること。

E 音楽，身体による表現，造形等に親しむことを通じて，豊かな感性と表現力の芽生えを養うこと。

1 A，B，C

2 A，C，E

3 B，C，D

4 B，C，E

5 C，D，E

No.3 次の記述に最も関連が深いと思われる領域はどれか。

　様々な出来事と出会い，心を動かす体験をすると，幼児はその感動を教師や友達に伝えようとする。その感動を相手と共有できることで，さらに感動が深まる。しかし，その感動が教師や友達などに受け止められないと，次第に薄れてしまうことが多い。感動体験が幼児の中にイメージとして蓄えられ，表現されるためには，日常生活の中で教師や友達と感動を共有し，伝え合うことを十分に行えるようにすることが大切である。

1　健康

2　人間関係

3　環境

4　言葉

5　表現

No.4 幼稚園教育の基本に関する次の記述のうち，適切なものはいくつあるか。

　A　幼稚園では，幼児の生活や遊びといった直接的・具体的な体験を通して人とかかわる力や思考力，感性や表現する力などをはぐくみ，人間として，社会とかかわる人として生きていくための基礎を培うことが大切である。

　B　幼稚園は，家庭や地域と連携を図りながら，幼稚園でこそ得られる経験が実現できるようにする必要がある。

　C　幼稚園教育においては，教育内容に基づいた計画的な環境をつくり出し，その環境にかかわって幼児が主体性を十分に発揮して展開する生活を通して，望ましい方向に向かって幼児の発達を促すようにすることが基本となる。

　D　幼稚園に求められるのは，教師主導の一方的な保育の展開ではなく，一人一人の幼児が活動の主体となって，教師の援助のもとで主体性を発揮して活動を展開していくことができるような幼児の立場に立った保育の展開である。

　E　幼稚園教育で基本となる"環境を通して行う教育"は，遊具や用具，素材だけを配置して，後は幼児の動くままに任せるものである。環境に含まれている教育的価値を教師が取り出して，直接幼児に指導することもある。

1　1つ

2　2つ

3　3つ

4　4つ

5　5つ

No.5 幼稚園における教育課程の編成に関する次の記述のうち，最も適切なものはどれか。

1 幼稚園は，在籍園児とその保護者との関係がとても重要であるため，在籍園児とその家族の実態を考慮している限りにおいては，地域の実態と完全にかけ離れた保育をしていてもよい。

2 園児と地域に住む高齢者との交流は，豊富な人生経験に加え子どもたちに思いやりの心を育てるためには効果的だが，地域で働く人はあまり人生経験を持っていないので，それほど意義があるとはいえない。

3 近年自然環境の悪化が叫ばれており，地域にある自然とかかわるということはたいへん難しくなっている。したがって，自然とかかわるためには特別な行事として設定しなければならない。

4 地域の実態に応じた教育課程を編成するのは，その根底に子どもが喜んだり不思議さを感じながら体験を深めることがあるので，同じ地域であったとしても，園によって活動内容が異なることはおかしなことではない。

5 現在は，転勤族の増加などにより，地域に密着して暮らすことが難しいため，地域の伝統や行事には幼稚園として参加する必要性は小さくなってきている。

保育原理の解説

→問題はP.324 **No.1の解説** 幼稚園に関係する諸規定 **正答 3**

1✕ 満3歳〜小学校就学の始期に達するまで（学校教育法26条）。
2✕ 一学級の幼児数は，35人以下を原則とする（幼稚園設置基準3条）。
3◎ 正しい（学校教育法27条1項，3項）。
4✕ 幼稚園の学級編制は，学年の初めの日の前日において同じ年齢にある幼児で編制することを原則とする（幼稚園設置基準4条）。
5✕ 学校教育法22条及び23条の規定に従い，文部科学大臣が定める（学校教育法25条）。

No.2の解説 幼稚園の目標 →問題はP.324 **正答 2**

学校教育法23条に規定されている幼稚園の目標である。しっかりと確認しておくこと。それぞれ5領域の保育内容に対応している。

なお，Bは「奉仕する態度を身につけさせ家族や身近な人への感謝を深め，」ではなく「喜んでこれに参加する態度を養うとともに家族や身近な人への信頼感を深め」，Dは「美しい日本語を獲得すること」ではなく「相手の話を理解しようとする態度を養うこと」が正しい。よって，正答は**2**である。

No.3の解説 表現 →問題はP.325 **正答 5**

幼稚園教育要領の指導のねらい・内容のうち，領域「表現」の内容「（3）様々な出来事の中で，感動したことを伝え合う楽しさを味わう」に関する記述である。感じたことや考えたことを自分なりに表現して楽しむことは，「表現」のねらいの一つでもある。

No.4の解説 幼稚園教育の基本 →問題はP.325 **正答 4**

幼稚園教育の基本は，環境を通して行う保育である。幼児が活動の主体となるように，幼児が自ら興味をもって遊具や用具，素材についてふさわしいかかわりができるように，それらの種類や数量，配置を考えることが大切である。また教師も環境の一部であり，応答的な環境になるように配慮することが求められる。それは子どもの発達や特性を見極めつつ，遊びを通した総合的指導を可能にする計画を立案するが，実際の状況に応じて臨機応変に対応する柔軟性も持つということでもある。誤っているのはEのみなので，正しいものは4つ。よって，正答は**4**である。

No.5の解説 幼稚園における教育課程の編成 →問題はP.326 **正答 4**

幼稚園や地域の実態に応じてどのような教育課程を編成するかは，子どもたちの生きる力をはぐくむためにも，大切なことである。地域で暮らす人とかかわる，地域にある自然とかかわる，地域の伝統を体験してみる，といったことを，それぞれの園の創意工夫のなかで，日常的な活動として取り入れていけるかが重要であろう。

No.1 次の曲を，クラスで歌おうとした。

ところが，少し苦しそうに歌っている子がいたので，長2度下に移調して伴奏することにしたい。その場合，音符A・B・Cは，鍵盤ア〜ネのどこを弾けばよいか。

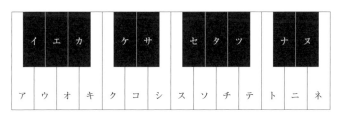

	A	B	C
1	カ	ケ	ソ
2	キ	サ	ソ
3	ク	シ	チ
4	コ	ス	テ
5	シ	ソ	ナ

No.2 色彩に関する次の記述のうち，適切なもののみをすべて挙げているのはどれか。

A 補色関係にある色を互いに混ぜると，有彩色になる。

B 色の三要素とは，色相・明度・彩度のことをいう。

C 灰色は，無彩色である。

D 赤・黄・青の光をそれぞれ1つに混ぜるように集めると，黒になる。

E 色相において，最も彩度が高い色を原色と呼ぶ。

1 A，D

2 A，E

3 B，C

4 B，E

5 C，D

No.3 次の文章は，伝承遊びの遊び方を説明したものである。この説明に当てはまる伝承遊びとして最も適切なものはどれか。

何人かで輪になる。全員が手を軽く握って小さな穴をつくり，歌を歌いながら，1人が順番に指を入れていく。ちょうど歌が終わったところで指を入れられていた人が負け。

1 おしくらまんじゅう

2 あわぶくたった

3 アルプスいちまんじゃく

4 ひらいたひらいた

5 ずいずいずっころばし

No.4 幼児期の仲間との人間関係と，その援助に関する次の記述のうち，最も適切なものはどれか。

1 生活の様々な場面で，自分なりに考えて自分の力でやってみようとする態度を育てることは，生きる力の獲得につながるが，協調性を損なう側面もあるので，注意が必要である。

2 教師は，幼児の行動や思いをありのまま認め，期待を持って見守りながら，幼児の心の動きに添って，幼児に伝わるように教師の気持ちや考えを素直に言葉や行動，表情などで表現していくことが必要である。

3 教師から教わった思考や方略の枠組みを理解し，的確に遂行できたと評価されたときの体験が，幼児が自分で考え行動する気持ちを持つ基盤となっていく。

4 幼児が自分で考え行動する気持ちを持つには，嫌なことを嫌と言うなど，自分の考えで行動することそれ自体にのみ目を向け追求することが大切である。

5 幼児が仲間とかかわる中で自分を主張し表現しようとしたときに，仲間から拒否されるという体験は，人間関係の形成に悪影響なのであってはならない。

No.5 幼児期において，自然の持つ意味は大きい。この自然を取り入れた保育の考え方に関する次の記述のうち，最も適切なものはどれか。

1 幼児は，自然を目にすれば，おのずと自然の姿に目を留め，心が動かされるものである。

2 園庭に植えられているりんごや栗の木は，秋になって実を落とすこともあるであろうが，その実を食べておいしかったという体験こそが，幼児にとって自然への念を強くさせる。

3 園庭で花を摘んでその汁を使って遊んだり，枝を拾って造形作品をつくったりするような取り組みは，物を大切にしない姿勢を育てるので，望ましくない。

4 花の種を土に埋め水をあげ続けるとどうして花が咲くのか疑問に思って，大好きなチョコレートを同じように埋めて水をあげ続ける子どもがいた。これは，自然への疑問や好奇心を通して，幼児が思考している一例である。

5 虫取りは立派な自然との接触であるから，それを十分幼児に楽しませることが大切で，虫や虫のいた環境にどんな特徴や変化があるか観察し考えさせるところまでは幼児期の教育としてする必要はない。

保育内容の解説

No.1の解説 鍵盤 →問題はP.328 **正答 3**

「しあわせなら手をたたこう」の楽譜であり，ト長調であることがわかる。長2度，つまり半音2つ分下の音程を選ぶ。鍵盤楽器では，白鍵・黒鍵にかかわらず，隣り合った鍵は半音の音の差があるので，この設問ではへ長調として2つ下に移動させた鍵盤を選べばよい。

No.2の解説 色彩 →問題はP.328 **正答 3**

A× 補色同士を混ぜると，無彩色になる。
B○ 正しい。
C○ 正しい。
D× 光の三原色は赤・緑・青でこれを混ぜると白になる。赤・黄・青は色の三原色である。
E× 各色相において最も彩度が高い色は純色であり，他の色を生み出せる独立した色を指す原色とは異なる。
　よって，正答は**3**である。

No.3の解説 伝承遊び →問題はP.329 **正答 5**

伝承遊び『ずいずいずっころばし』の遊び方の説明である。「ずいずいずっころばし　ごまみそずい……」と歌いながら，順に指を入れて遊ぶ。

No.4の解説 幼児期の人間関係とその援助 →問題はP.329 **正答 2**

領域「人間関係」の内容の一つとして，幼児が自分で考え，自分で行動する観点がある。この観点を育てるには，多くの場面で自分なりにやってみようと環境にかかわろうとする意欲，試行錯誤や失敗さえも教師や仲間から期待を持って認めてもらえる雰囲気，時には仲間から受け入れられたり拒否されたりしながら，自分とは異なる考えを持った仲間に気づいていく体験を重ねていくことが重要である。そして教師が，一人一人の幼児が存在感を持って生活する集団の育成に配慮することが大切である。

No.5の解説 自然を取り入れた保育 →問題はP.330 **正答 4**

幼児期において自然の持つ意味は大きく，自然の大きさ，美しさ，不思議さなどに直接触れる体験を通して，幼児の心が安らぎ，豊かな感情，好奇心，思考力，表現力の基礎が培われることを踏まえ，教師は，幼児が自然とのかかわりを深めることができるよう工夫することが求められる。そのために，自然の特徴や変化を教師自身も確認し，その感動を子どもたちに伝えていくことも大切である。

第3章 専門試験編

法規

No.1 義務教育に関する次の条文中の空欄A・Bに当てはまる語句の組合せとして最も適切なものはどれか。

すべて国民は，法律の定めるところにより，その（　A　）に応じて，ひとしく教育を受ける権利を有する。

すべて国民は，法律の定めるところにより，その保護する子女に普通教育を受けさせる義務を負ふ。義務教育は，これを（　B　）とする。

	A	B
1	門地	有償
2	門地	無償
3	能力	無償
4	能力	有償
5	欲求	無償

No.2 次の条文中の空欄に当てはまる語句として最も適切なものはどれか。

われらは，（　　　）の精神にしたがい，児童に対する正しい観念を確立し，すべての児童の幸福をはかるために，この憲章を定める。

児童は，人として尊ばれる。

児童は，社会の一員として重んぜられる。

児童は，よい環境の中で育てられる。

1 日本国憲法	**2** 教育基本法	**3** 学校教育法
4 児童の権利に関する条約	**5** 児童福祉法	

No.3 幼稚園教育の意義と目的に関する次の記述のうち，適切なもののみをすべて挙げているのはどれか。

A　学校教育法は，幼稚園教育の目的を「義務教育及びその後の教育の基礎を培うものとして，幼児を保育し，幼児の健やかな成長のために適当な知識を与えて，その心身の発達を助長すること」と規定している。

B　幼稚園教育要領は，「ねらい及び内容」について，健康，人間関係，環境，言葉，生活の5領域に分類し，これらを総合的に指導すべきであると規定している。

C　幼稚園教育要領には，「教師は，幼児との信頼関係を十分に築き，幼児が身近な環境に主体的に関わり，環境との関わり方や意味に気付き，これらを取り込もうとして，試行錯誤したり，考えたりするようになる幼児期の教育における見方・考え方を生かし，幼児と共によりよい教育環境を創造するように努め

るものとする」と述べられている。

D 幼稚園教育要領には,「幼児は安定した情緒の下で自己を十分に発揮することにより発達に必要な体験を得ていくものであることを考慮して,幼児の主体的な活動を促し,幼児期にふさわしい生活が展開されるようにすること」と述べられている。

1 A, B **2** A, C **3** B, C **4** B, D **5** C, D

No.4 教育委員会に関する次の文中の空欄A・Bに当てはまる語句の組合せとして最も適切なものはどれか。

教育委員会は,都道府県及び市町村等に置かれる合議制の執行機関であり,地域の学校教育,社会教育,文化,スポーツ等に関する事務を担当する。教育委員は,（　A　）が議会の同意を得て任命する。教育委員会の組織や委員の選任,資格については,（　B　）に規定されている。教育委員会は,専門的な行政官で構成される事務局を住民が指揮監督する,いわゆるレイマンコントロールの仕組みを採用している。これは,専門家の判断のみによらない,広く地域住民の意向を反映した教育行政を実現するという意図に基づいている。

	A	B
1	地方公共団体の長	地方教育行政法
2	文部科学大臣	地方教育行政法
3	地方公共団体の長	教育基本法
4	文部科学大臣	教育基本法
5	地方公共団体の長	学校教育法

No.5 「幼稚園設置基準」に関する次の記述のうち,誤っているものはどれか。

1 幼稚園における1学級の幼児数は,35人以下を原則とする。

2 学級は,学年の初めの日の前日において同じ年齢にある幼児で編制することを原則とする。

3 幼稚園設置基準が定める基準は,必要な最低の基準を示すものであるから,幼稚園を設置するにあたり,最低の基準を満たしてさえいればよい。

4 幼稚園には,園長のほか,各学級ごとに少なくとも専任の主幹教諭,指導教諭または教諭を1人置かなければならない。

5 幼稚園に置く教員等は,教育上必要と認められる場合は,他の学校の教員等と兼ねることができる。

法規の 解説

No.1の解説　憲法26条
→問題はP.332　正答 **3**

条文は，日本国憲法26条1項，2項である。能力に応じた教育，義務教育の無償性を規定している。Aは「能力」，Bは「無償」である。よって，正答は**3**である。

日本国憲法は，我が国における教育の精神的土台となっている。同法の教育に関する条文に，しっかりと目を通しておきたい。

No.2の解説　児童憲章
→問題はP.332　正答 **1**

児童憲章の前文である。1951（昭和26）年，日本国憲法の精神に基づいて，すべての児童の幸福を図るために定められた。選択肢の法規・条約については，その意義や特徴をしっかりと押さえておきたい。

No.3の解説　幼稚園教育の意義・目的
→問題はP.332　正答 **5**

A✕　「適当な知識」ではなく，「適当な環境」である。幼稚園教育では環境の整備が重要視されている（学校教育法22条）。

B✕　「生活」ではなく，「表現」である。5領域とは，「健康，人間関係，環境，言葉，表現」である。

C○　正しい。

D○　正しい。

よって，正答は**5**である。

No.4の解説　教育委員会
→問題はP.333　正答 **1**

Aは「地方公共団体の長」，Bは「地方教育行政法」が当てはまる。よって，正答は**1**である。

教育委員は，地方公共団体の長が議会の同意を得て任命する。また，教育委員会の組織などについては，「地方教育行政の組織及び運営に関する法律」（地方教育行政法）に規定されている。

No.5の解説　幼稚園設置基準
→問題はP.333　正答 **3**

1○　正しい（幼稚園設置基準3条）。

2○　正しい（幼稚園設置基準4条）。

3✕　設置基準は，幼稚園を設置するのに必要な最低の基準を示すものであるから，幼稚園の設置者は，幼稚園の水準の向上を図ることに努めなければならない（幼稚園設置基準2条）。最低の基準をいっそう上回るよう努力をすべきことがうたわれている。

4○　正しい（幼稚園設置基準5条1項）。

5○　正しい（幼稚園設置基準5条4項）。

第**4**章

論作文試験の
出題傾向とねらい

第4章では

論作文試験では何が見られるのか、どのように評価される
のか、どのような課題が出題されるのかを、採用試験や選
考の実際から解説します。また、課題の傾向ごとに対策を
アドバイスしています。

論作文試験で何が見られるか

公務員試験や民間の採用選考において、論作文試験が課される場合、そこで受験者の何が見られているのでしょうか。まず、評価の視点について理解した上で、論作文の準備に取り組むことが必要です。

1 基礎的な力がチェックされる・・・・・

　論作文試験では、「名文」を書ける文章力よりも、職務に必要な基礎的な力がそなわっているかどうかを見ることに、その目的があります。当然ですが、創作力をためすものではありませんので、奇抜な書き方、意外な展開などのエンターテイメントは不要です。課題が求めているものをしっかり理解し、応える姿勢が求められています。

　自治体の募集要項から論作文試験の目的の説明を拾うと、右のようになっています。

　こういった説明や、一般的な採用試験の重視ポイント、実際に出題されているテーマの傾向から判断して、保育士・幼稚園教諭の論作文試験の評価ポイントは、次のように整理できます。その理由も含めて説明しておきましょう。

【理解力・判断力・論理構成力】

➡ 与えられた課題を見てその意味・意図、何が求められているのかを判断する力、物事を筋道立てて考える力は、仕事を的確に進め、改善していくために必要な力です。

公務員試験での論作文試験の目的

論文試験の目的

▶ 与えられたテーマについて記述する筆記試験（千葉市）
▶ 課題に対する思考力や表現力等について（加西市）

作文試験の目的

▶ 郡山市職員として必要な能力、考え方等についての記述式による筆記試験（郡山市）
▶ 文章による表現力、構成力及び国語力についての試験を行います。（東かがわ市）
▶ 文章による表現力、課題に対する理解力、その他の能力に関する記述式試験（越谷市）
▶ 課題に対する理解力、思考力その他の能力について判断するため作文試験（ふじみの市）

作文試験の評価基準の例（三木市）

区　分	課題の捉え方	独自性	論理構成力	表現力	表記	合計点数
着眼点	課題に対する理解度を審査 ↓ コミュニケーションのスキルの有無に関連	考えの独自性を審査 ↓ ビジョン、分析力の有無に関連	話の構成、論点などの優劣を審査 ↓ 論理的思考力の有無に関連	具体性の有無、内容の重複、基本構文の乱れなどを審査	言葉の知識や教養、基本的な文章作法のルールを審査	
配　点	20	20	20	20	20	100

【独自性】

➡ 与えられた課題について自分なりの考え方ができる力は、仕事を工夫し成長する力となります。

【働くことへの意欲、志望の確かさ】

➡ 保育者として（あるいは公務員として）働くことに意欲をもっているかどうかは、非常に重要です。これは主に面接試験で評価されますが、論作文試験においても、これらを問うような課題の出題が多く見られます。

【社会性・バランス感覚】

➡ さまざまな考え方を受け止め、客観的な視点から考える柔軟性が求められています。公務員の場合は、職務遂行に中立性が求められます。（極端に攻撃的な記述、一方的な記述が見られた場合に減点となる）

【専門知識、専門分野への問題意識】

➡ 保育士・幼稚園教諭として備えているべき現状認識や視点をもっているかどうかが問う課題も多く出題されています。たとえば、現代の子育て環境の課題、子育て支援の必要性を述べさせるテーマなど。

【表現力・国語力】

➡ 標準的な国語力（文字づかい、言葉づかい、文章構成力）の有無、原稿用紙の使い方などの常識の有無は、課題にかかわらず評価される部分です。一般的に仕事に求められる基本的な文章力、保育士・幼稚園教諭として、記録を書いたり、指導計画を作成したりするための職務能力としても評価されます。

➡ 物事を整理して考え、言葉にできる力は、職務のいろいろな課題についての問題を把握し、それを仲間に伝えて、ともに解決を図る力につながります。

2 論文試験と作文試験の違い ・・・・・・

　公務員試験においても、民間法人の採用選考においても、論作文試験を課す場合には、論文試験と作文試験の両方の名称が見られます。

　論文試験と作文試験には、本来、次のような違いがあると言われています。

論文試験

自分の考えを、客観的な根拠などを示して論理的に述べることが求められる。

作文試験

自分の考えや感想を述べるが、直感的なものであっても、自己表現ができていればよい。

　保育士・幼稚園教諭の論作文試験の出題テーマを見ると、あまり厳格な区別があるようには見えませんが、公務員試験で大学卒程度の他職種と同じテーマ、特に行政課題に関するテーマなどが出題されている場合には、明らかに論文として書くことが求められています。

　これらは、次節で見るように、一定の出題パターンがあるので、こういった出題をされている自治体を受験する場合は、あらかじめ準備しておくことが必要です。

2 出題傾向と課題別のねらい

こ こでは、実際にどのような課題が出題されているのか、その課題は何を求めているのか（ねらい）について理解します。実際の保育士・幼稚園教諭の論作文試験で出題された課題を分析しました。

1 公務員試験と民間の採用選考での違い

　論作文が課される場合、公務員試験と民間法人の採用選考では、ややようすが異なります。

　公務員試験では必ず、試験会場で課題を与え、決まった時間で書かせる形をとりますが、民間法人の採用選考では、試験会場で書かせる形のほかに、自宅で書いた作文（レポートとも言う）を応募書類として提出させる形も見られます。

　試験会場で書く場合は横書きの解答用紙が配られます。自宅で書いて提出する場合には、特に指定がなければ、市販の縦書き原稿用紙を使います。

［論作文試験の実施方法］

公務員試験	制限時間内に試験会場で書く	600字〜1,200字	横書きの解答用紙
民間法人	①応募書類として提出する ②制限時間内に試験会場で書く	800字〜1,200字	①の場合は縦書きの原稿用紙で提出することもある。

2 よく出題される課題とねらい・・・・・・

　過去に出題された課題を分析すると、だいたい次のような領域に分類できます。

> ⑴ 保育士・幼稚園教諭を志望する意欲や専門性について書かせる課題
> ⑵ その自治体・法人職員として働く抱負などを書かせる課題
> ⑶ 働く上での責任感や心構えを問う課題
> ⑷ 自己PRをさせる課題
> ⑸ 社会の出来事や社会問題について書かせる課題

　公務員試験では、例年、⑴が全体の４割を占めて最も出題頻度が高く、次に⑵が２割程度で続きます。この２領域が頻出領域です。次に、⑷が１割半程度で比較的よく出題されており、⑶と⑸は同程度（約１割）で出題されています。

　民間の保育所・幼稚園での出題については、公表されておらず、全体傾向は把握できませんが、把握している出題では、やはり⑴の領域が目立っています。

　次に、それぞれの実際例を挙げながら、対策を考えていきましょう。

ⓐ めざす保育士・幼稚園教諭像 ・・・・・・・・・・・・

課題例

- 私がこの道を選んだ動機（奥州市）
- 保育士として心がけたいこと（名寄市）
- 保育士にとって大切なもの（調布市）
- 保育士として私ができること（甲賀市）
- 私はこんな保育士になりたい（大館市）
- あなたがめざす理想の保育士（安曇野市、類題：紀の川市、西条市）
- 保育士の役割とあなたの抱負（久慈市）
- 今、保育士に求められることは（白井市、類題：大町市、稲沢市）
- 保育士の専門性と役割について述べなさい（新宿区）
- 「保育士または幼稚園教諭として仕事をする上で、あなたが大切にしたいこと」について大切と思われる順に述べよ（燕市）

ねらいと対策

✎ これらのテーマでは、保育士・幼稚園教諭という仕事をどのようなものとして理解しているか、それに対して、どんな夢や意欲、将来像を描いているのか、を書くことが求められています。

✎ 共働き社会での保育の重要性や現代の子育て環境の課題などに結びつけて書くと、広がりが出ます。

ⓑ 自分の経験や資質と結びつけてⓐを語る ・・・・・・・・・

課題例

- 保育士として勤務する上で、あなたが他の人よりも優れていると思うこと、自信があることについて、あなたの理想の保育士像をふまえつつ、具体的に述べること（三条市）
- これまで一番印象に残った経験と、それを保育にどう生かしていくか（北名古屋市）

ねらいと対策

✎ 自分の具体的な体験を語りながら、それを保育士・幼稚園教諭への志望動機に結びつけていく書き方が求められています。

✎ 面接対策用の自己分析で、保育士・幼稚園教諭への志望動機につながる具体的な自分の体験（エピソード）を準備しておけば、論作文対策にもなります。

 ◎ 公立の保育士・幼稚園教諭の役割・志望動機 ･･･････

課題例

- 市民の求める保育士とは（犬山市）
- 市職員（保育士・幼稚園教諭）としての私の目標（高島市）
- 公務員である保育士として、挑戦してみたいこと（瀬戸内市）
- 子育てに関わる公務員になりたい理由（石巻市）
- 市立保育園の保育士の役割（西東京市）
- 市の保育士として何をしたいか（安曇野市）
- 公立保育園に求められる役割と課題について、あなたの考えを述べてください（目黒区）

ねらいと対策

✎ 「◎＋公務員としての心構え」を求めているテーマ。

✎ 公務員には住民の幸せのために働くミッション（使命）があることをふまえつつ、保育士・幼稚園教諭の役割や意欲を書きます。

✎ たとえば、◎や◎の領域、地域の行政の課題となっている子育て支援や虐待予防などにも話を広げ、公立職員の役割として語ることもできます。

 ◎ 子どものために実現したい保育 ････････････････

課題例

- 子どもが求めている保育とは（所沢市）
- 子どもの成長をサポートするためにあなたが取り組むこと（世田谷区）
- 子どもたちが心身ともに健康に発達していく上で重要なこと（鯖江市、類題：南丹市）
- 子どもたちの育ちについて（愛西市）
- 子どもを笑顔にするためにできること（所沢市）
- 子どもが輝くとき（社会福祉法人きょうか福祉会）
- あなたが今、子どもたちに教えたいことは何ですか（燕市）
- 保育士として子どもに伝えたいこと（向日市）
- 私はこんな保育をしたい（社会福祉法人たんぽぽ会）
- あなたが考える「理想の保育」とは何か。また、理想の保育のため、どのような心がけが必要であるか述べよ。（美濃加茂市）
- わたしの考える「生きる力」（本宮市）

- 逆境に負けない子どもを育むために私ができること（上田市）
- 「命を大事にすることの大切さ」を子どもたちに伝えるために保育士・教諭としてどのような取組みを行っていきたいか（米原市）
- 「思いやり」と「やさしさ」のある子どもが育つための保育士の役割について（千葉市）
- 子どもの自主性や協調性を養うため、保育士に求められる役割について、あなたの考えを論じなさい（仙台市）
- 園児に約束事を守る大切さを伝えるため、どのような取組みをしますか（小諸市）
- 躾についてあなたの考えを述べてください（三条市）
- 五歳児の担任になりました。立ち歩いたり物を投げたりして保育ができません。あなたはどうしますか。（湖西市）
- 遊びと養護と教育について（可児市）
- あなたが実践したい幼児教育とは（伊豆の国市）
- 子どもの可能性を伸ばす幼児教育・保育について（赤穂市）
- 今、幼児教育で一番必要とされること（米原市）
- 今の幼児教育について思うことと私の将来の夢（本宮市）
- いずみナーサリーで取り組んでみたい保育実践・研究（国立大学法人お茶の水女子大学）
- 子どもたちの体力低下が深刻な課題となり、幼児期からの外遊びが重要視されています。あなたは保育士として、園児の保護者に対し、その重要性をどのように啓発しますか（千曲市）
- 食育について（天理市）
- 保育環境に望むこと（東御市）
- きららおひさま保育園の保育目標『こどもの生きる力を育てる』『じぶんも他人も大切にできるこころを育てる』『すべてのこどもたちが地域の宝になるように』これらを実現するために、あなたは保育士としてどのような保育実践、保育環境設定が必要だと考えているかお書きください。（社会福祉法人吉田福祉会）

ねらいと対策

✎ 人格形成期である乳幼児期の保育の重要性、心身の健やかな育ちのために必要なことなど、「保育所保育指針」や「幼稚園教育要領」が示している内容をふまえ、望ましい保育（養護と教育）について自分なりに述べられることが求められています。

✎ 愛情を受け自尊心が培われること、外遊びで身体機能を育むこと、遊びを通して協調性やコミュニケーション力を培うことなどが、重要な保育課題になっていることを念頭におく必要があります。

e 子育て支援で求められていること・・・・・・・・・・・・・・・・・・

課題例

- 子育てについて（南足柄市）
- 子育てについて土岐市はどんな方向に進むべきか（土岐市）
- 子育てにおける親の役割と社会の役割について（光市）
- 乳児期における親子のかかわりについて（西条市）
- 健やかな子育てをめざして～保育所保育の役割は（向日市）
- 保育園の役割（館林市、田原市、類題：加賀市）
- 地域社会における保育士の役割（岩国市）
- 保育所における支援のあり方（山県市）
- 保育所における子育て支援で最も重要なことについて（稲沢市）
- 子育てを支援するため、保育士に求められる役割についてあなたの考えを述べなさい（養父市）
- 子育てを支えるこれからの保育サービスについて（千代田区、類題：安曇野市）
- 少子化社会の中において保育士としてあるべき姿とは（釧路市）
- 少子化と保育士の使命（大町市）
- 少子化社会と保育所（富良野市）
- 少子高齢化について（朝倉市、類題：宇城市）
- 「保育士（幼稚園教諭）として少子化対策についてどう考えるか」あなたの考えを述べよ（燕市）
- 私が考えるこれからの次世代育成支援（千代田区）
- 子どもを取り巻く環境の問題点とその問題に対する保育士としての関わり方（山県市）
- 子どもや保護者を取り巻く環境に保育士としてどう関わることができるか（養父市）
- 子育て支援における行政と地域社会の連携について（稲沢市）
- 子育て支援をするために「家庭」「地域」「職場」に求められる役割を述べなさい（湖南市）

ねらいと対策

✎現代の子育ての課題から、保育所・幼稚園の役割、保育士・幼稚園教諭の役割を語ることが求められています。

✎子育ては、第一義的には親の責任で行うものですが、地域関係が希薄化する中で家庭が孤立し子育てが困難になっている状況、共働き化が進み保育ニーズが高まっている状況、少子社会で子どもの集団による遊びが成り立ちにくくなっている状況などがあり、社会で子育てを支援していく必要性が発生していることをふまえる必要があります（第9章参照）。

f 専門的保育について ・・・・・・・・・・・・・・・・・・・・・・

- 障害を持った子どもに対して接するときに心がけること（桶川市）
- 他機関や保護者との連携について（可児市）
- 幼児虐待を防止するためには、地域、家庭、自治体のそれぞれがどのような役割を果たすべきか述べよ（岡崎市）
- 子どもの命を大切にする環境づくり（愛西市、東近江市）

ねらいと対策

- 障害児保育とその保護者の支援、子育て困難家庭の支援、虐待予防などにおいては、保護者との関係を密にし、関係機関と連携することが求められています（第9章参照）。

- 保育所・幼稚園が直面しているこれらの問題にふれることで、保育士や幼稚園教諭への志望の強さがアピールできます。

 g 保育と社会問題 ・・・・・・・・・・・・・・・・・・・・・・・

- 現在のわが国における保育を取り巻く課題を一つ挙げ、それを解決するために公立保育所、そしてあなたにできること（桶川市）
- 多様化する保育ニーズに応えるには（甲賀市）
- 幼保一体化の取り組みについて（本宮市、類題・下妻市）
- 現代社会における保育問題とそれに対する自分の考えを述べよ（小千谷市）
- 震災等に伴う区税収の減少等や増大する保育需要など、厳しい行財政環境の中で、公立保育園の新任職員としてどのような姿勢で仕事に取り組むか（目黒区）

ねらいと対策

- 共働き化が進行し保育所待機児童が増える一方、保護者の働き方が多様化して、保育所の延長保育や休日保育、幼稚園の預かり保育、幼保一体化など、ニーズに柔軟に応える施策が行政課題になっています（第8章参照）。

- このような保育関係の社会問題について常識的な知識をもち、保育所や幼稚園の役割と関係づけて述べられることが求められています。

（2）その自治体・法人職員として働く抱負などを書かせる課題

ⓐ 公務員に求められること ••••••••••••••••

課題例

- 公務員に必要な資質について（宜野湾市）
- 公務員として必要なこと（岩倉市）
- 公務員としての心構え（井原市）
- これからの市職員に求められるもの（田辺市）
- 今後求められる市職員の能力について（岩倉市）
- あなたがめざす公務員について（安来市、類題：周南市）
- 市民が市職員に求めること（川越市）
- 市民から期待される市役所と職員のあり方（栃木市）
- 市民に信頼される掛川市職員としての心構え（掛川市）
- 市民に信頼される公務員のあり方（御前崎市）
- あなたが考える公務員のプロ意識（川越市）
- 公務員に必要な倫理観について（岩国市）
- 公務員として働くにあたり、心がけたいことについて書きなさい（会津若松市）
- 公務員に求められる地域社会への貢献について（江南市）
- あなたが喜多方市民のためにできること（喜多方市）
- 喜多方市の将来像と公務員としての役割（喜多方市）
- 市職員として私のやりたいこと（田辺市、類題：川越市、喜多方市、大和高田市、周南市）
- 上尾市職員として1年目に取り組みたいこと（上尾市）
- 職員となった自分の役割と市民へのかかわり方（伊東市）
- あなたが職員として採用された場合、どのような仕事をしたいかを1つ挙げ、それをどのように進めていきたいかを述べなさい（常陸太田市）
- 常陸太田市民が市政にもっとも期待しているものは何だと考えますか。また、それを実現するためにどうすればよいか、あなたの考えを具体的に述べなさい（常陸太田市）
- 近年の社会情勢をふまえ、あなたが目指す志摩市職員像について考えを述べよ（志摩市）

ねらいと対策

✎ 公務員試験において、全職種共通で出題されるテーマです。

✎ さまざまな言葉で飾られてはいますが、要するに公務員として地域のため

に働く心構えを問われています。

このような課題がよく出題されている自治体を受ける場合は、あらかじめ志望動機をふくらまして準備しておく必要があります。地方自治体では、地域全体の利益を考えつつ住民のニーズにこまやかに応えること、地域関係を再生して安心で暮らしやすいまちをつくることが課題になっていることなども知っておくと書きやすくなります（第9章参照）。

 ⓑ 独自の地域振興・・・・・・・・・・・・・・・・・・・・・・・

- 鴻巣市の将来構想について、市の現状をふまえながらあなたの考えを述べなさい（鴻巣市）
- あなたが考える草加市の魅力と草加市を全国にPRする方法（草加市）
- 「日田の観光資源を生かしたまちづくり」についてどのような施策が考えられますか。そのために何が必要ですか（日田市）
- あなたが考える北本の特性と魅力について説明し、それをどのように魅力のあるまちづくりに活かせるか述べなさい（北本市）
- 亀岡市の魅力とは何か、またその魅力をさらに高めるためにどうすればよいかあなたの考えを述べなさい（亀岡市）

ねらいと対策

これらは、ⓐのテーマで書くことと重なる部分はありますが、市政の目玉施策・観光資源・産業などについてある程度知っていなければ書けません。地方公務員試験を受けるのであれば、志望自治体について、ひととおり調べおくことが必要です。

 ⓒ 地方行政の役割・・・・・・・・・・・・・・・・・・・・・・・

- 元気な街にするために何をしたいと思いますか（倉吉市）
- 子どもにやさしい「まちづくり」について（舞鶴市）
- 住んでよかったこと、これからも住み続けたいまちとは（犬山市）
- 安全で安心して暮らせるまちとは（岡谷市、類題：亀岡市）
- 「安心・安全な地域社会」を築いていくためには、どのようなことが必要だと考えますか（新城市）
- 環境保全のために行政や地域社会がなすべきこと（つくばみらい市）
- 私が最も関心をもつ行政サービスと、その充実のために必要なこと（下田市）

- 若者の地方への定住促進について（小浜市）
- 住民一人ひとりが健康で安心安全な生活を送るため、地方自治体が取り組むべき方策について、具体例を挙げてあなたの考えを述べなさい（飛騨市）

ねらいと対策

- このテーマでは、地方行政の役割について、やや具体的に、あるいは専門的に書くことが求められています。
- 受験する自治体のホームページなどで、市長の方針などを読んでおくことが有効です。
- もしも、よく知らないテーマが出題された場合は、❶や❷のようなテーマが出題されたときに書く内容で書き、出題テーマと関連づけるように努めます。

 ❹ 民間法人への志望動機 ·························

課題例
- 当法人の事業基本理念を踏まえて社会福祉に携わる者としての考え（社会福祉法人雲柱社）
- 雲雀ヶ丘学園の幼稚園教諭となって、私が挑戦したいこと（学校法人雲雀ヶ丘学園）
- 志望動機（エントリーシートに1000字以内で）（ベネッセスタイルケア）

ねらいと対策

- 民間法人でも、このようなテーマが出題されます。
- 素直に志望動機を書いてよいのですが、一番目のテーマ等は、法人の事業や理念を知っていなければ書けません。応募する法人については、調べておくことが必要です。

(3) 働く上での責任感や心構えを問う課題

ⓐ 職業人としての自覚 ●●●●●●●●●●●●●●●●●●●●●●

課題例

- 働くということ（長野市）
- 社会生活とルール（鹿嶋市、常陸大宮市）
- 社会生活におけるマナー（五泉市）
- 仕事をする上で大切なこと（いわき市、類題：江田島市）
- 仕事をするうえで、必要な心構えとは（水戸市）
- あなたにとって「仕事」とは（浦安市）
- 職場への思い（魚沼市）
- 職場での私の抱負（魚沼市）
- 職場でのチームワークについて（犬山市、類題：高浜市）
- リーダーシップとは（輪島市）

ねらいと対策

✎ 社会人として、プロとして、責任をもって仕事をする心構えや自覚が問われています。仕事の責任を果たすことや、仲間と連携して働くことなどについて、自分なりの展望や決意、期待などを書きます。

✎ これまでアルバイトをした体験、実習の体験、家族や身近な人の働く姿など、具体的なエピソードをまじえるとふくらみます。

✎ 職業人となれば、職場でのルールに従うことはもちろんですが、職場の外でも、社会のルールを守らなければなりません。違反すれば、自分を傷つけるだけでなく、職場の人にも迷惑をかけることになります。学生時代とは違うという覚悟を示すことが求められています。

ⓑ 将来の目標や夢 ●●●●●●●●●●●●●●●●●●●●●●●●●

課題例

- この先の自分自身の目標（テーマ）について述べなさい（亀岡市）
- 「10年後の○○」について述べなさい（○○は各自の自由）（山形市）
- 「 」年後の私（調布市）

ねらいと対策

✎ 前向きな姿勢、向上心などが問われています。

✎ ２番目のテーマは、「○○」に何を入れてもよいのですが、まったくかけ離れたことを書くよりは、保育の仕事と関連のあることや自分自身について書いたほうが書きやすいはずです。

✎ 保育士や幼稚園教諭として経験を積んでいる姿を書くのが順当でしょう。⑴で問われた「どんな保育士・幼稚園教諭になりたいか」というテーマに引きつけて考えると、書きやすいでしょう。

(4) 自己PRをさせる課題

ⓐ 自己PR

課題例

- 私のセールスポイント（上尾市）
- 私を成長させたこと（北上市、知立市、類題：江田島市、丸亀市）
- 私を成長させた出来事とその中から学んだこと（田辺市）
- いままでの人生で得た大切なこもの（本巣市）
- 今までで一番感動したこと（海老名市）
- 今までに自分をほめてあげたいと思ったこと（藤岡市）
- 私が今までにいちばん努力したこと（北上市、境港市）
- 私が困難を乗り越えて頑張ったこと（丸亀市）
- 失敗や苦労から学んだこと（山形市）
- 失敗から学んだこと（熊谷市、知立市）
- これまで一番印象に残った経験から学んだものについて（入間市）
- 「チャレンジ経験」から得たものをどのように生かしていくか（高浜市）
- 私が大事にしていること（所沢市、類題・朝霞市）
- 私が出会った素敵な人（さくら市）
- 身近な人との関わりから学んだこと（恵那市）
- 心に響いた一言（蕨市）
- 「忘れられない一言」について（津島市）

✎ これらのテーマはどれも、受験者の自己PRを求めるものです。

✎ 過去の体験・出来事・出会った人・言葉など、それぞれ指定されたジャンルの具体的なエピソードを挙げ、そこから自分が何を得て、どのように成長したか、将来につなげたかを述べます。

✎ 面接対策と重なりますが、自己PRになりそうな体験などの素材をあらかじめ考えておくと活かすことができます。

 ⓑ 拡大的自己PR •

> ● 私の生き方（宜野湾市）
> ● チェンジ（陸前高田市）
> ● 理想と現実（日光市）
> ● 本当の豊かさとは何か（佐伯市）
> ● 今、関心をもっていること（大川市）
> ● 勤務以外でまちづくりにどのような貢献ができるか（登別市）
> ● 私が社会に貢献できること（日立市）
> ● 私の社会貢献（鹿嶋市、常陸大宮市）
> ● あなたが誇りと自信をもっているものは何か、そしてそれを市職員としてどのように責任をもって活かしていきたいか（登別市）
> ● あなたは自分の資質、能力、経験をどのように評価し、ふじみ野市の職員として採用されたらどのような姿勢で仕事に取り組むか（ふじみ野市）
> ● 信頼を得るために必要なことは（桶川市、類題・津島市）
> ● 私が心がけるコミュニケーションについて（松山市、類題：対馬市）

✎ これらのテーマも、自分の信念や決意、自信、意欲などを語るという意味では、自己PRを書くテーマといえます。

✎ いろいろな問われ方をしていますが、自分のPRポイントをしっかりもっていれば、結びつけて語ることは可能です。

(5) 社会の出来事や 社会問題について書かせる課題

ⓐ 社会の出来事 • • • • • • • • • • • • • • • •

課題例

- 最近の報道から思うこと（室戸市）
- 最近のニュースで気になっていること（宮古市、日立市、類題・水戸市）
- 今の社会における課題とその解決策について述べなさい（豊見城市）
- コロナ禍社会で考えるべき事とは（下野市）
- 昨今の園児の置き去り死亡事故を受け、保育の現場における事故を防ぐために、保育士としてどのように行動すべきか、あなたの考えを述べなさい（越谷市）
- 大災害時のイベント自粛について（宿毛市）
- 災害とボランティアについて（うるま市）
- 「命がけの防災無線」の記事を読んで（蕨市）
- 災害対応について（市原市）

ねらいと対策

✎ これらのテーマでは、社会の出来事・社会問題についての理解力、社会的にものを考える力などが問われています。

✎ ふだんから新聞やニュースで話題になっていることについては、自分なりに感想をまとめる練習をしておくとよいでしょう。好き嫌いではなく、社会全体にとっての意義や影響を考えるようにします。

ⓑ 社会問題等について •

課題例

- 市役所が直接行っている事業や市民サービスを民営化する場合のメリット・デメリットについて（草加市）
- モンスターペアレントの背景について（山形市）
- 「小中学生に携帯電話をもたせること」について（津島市）
- 少子化に歯止めをかける有効な施策はなにか（角田市）

ねらいと対策

✎ 一番目のテーマは、公立保育所などの民営化問題も絡むので、非常にデリケートなテーマです。公務員を志望する立場としては複雑な思いがあるか

もしれませんが、客観的にメリット、デメリットを挙げて、住民にとっての利益を第一に考える姿勢で考察することが求められています。第9章の「民営化」の項も参考にしてください。

✎その他のテーマは、一般社会でいろいろな意見が出やすいテーマについて、バランスのよい考え方ができるかどうかが問われています。採用試験ですので、自分自身の考え方を絶対的なものとして強調するのは、あまり好ましくありません。反対の考え方の妥当性にふれて、冷静に述べる必要があります。

論作文の書き方
＜基礎＞

第5章では

論作文試験で失敗しないためには、どんな準備が必要なのかを実際の試験に即して考えます。これにそって、基本的な書き方のルール、内容の組み立て方、ネタ（素材）の集め方などを解説します。

本番での手順と事前の準備

論 作文試験を難しいと感じるかどうかは、事前の準備次第です。まず、本番での手順を思い浮かべ、どんな準備が、なぜ必要なのかを理解してから、具体的な準備に進んでください。

1 本番で困らないためには何が必要か

本番の論作文試験での手順は、右ページの図のとおりです。この手順をスムーズに進めるためには、下に示したような事前の準備が必要になります。

出題傾向を調べる

本書の第2章で、最近の出題傾向を分析しています。これに加えて、自分が受験する自治体や法人の過去の出題についても調べておきます。

ネタ（素材）集めをする

よく出題されるテーマ、自分の志望自治体や法人で出題されそうなテーマについて、知識、情報、自分のエピソード（面接対策の自己分析と兼ねる）、自分の意見などを整理しておきます。本章の4節に詳しく解説します。

「構想して書く」練習をする

本章3節で解説する構成をまず頭に入れ、実際に構想を立てていくつか書いてみると、コツが自然にわかります。

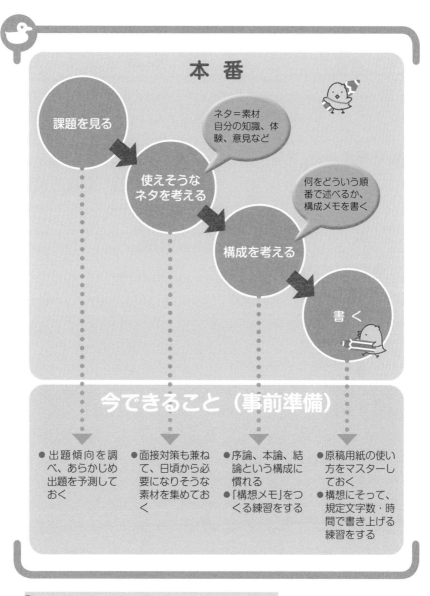

原稿用紙の使い方をマスターする

　常識的なルールを間違えて減点されると、せっかくの努力を無にしてしまいます。本章2節で詳しく解説します。

2 書く力を高める近道 ・・・・・・・・・・・

書く練習は、手当たり次第にたくさん書くのではなく、次のように、課題を選んで段階的に進めたほうが、むしろ効率よく準備ができます。

 ❶ 優先テーマを選ぶ

志望する自治体や法人で出題されているテーマの類題を、本書第2章や巻末情報の中から選びます。

 ❷ 調べながら書く

優先テーマについて、最初は時間を決めず、テキストや資料、インターネットなどで調べたり、自分の志望動機や自己分析などを参照したりしながら、じっくり書きます。このとき、文字数は規定どおりに収めます。

 ❸ 添削してもらう

学校の先生、親などに見てもらい、間違いやわかりにくい部分を指摘してもらいます。指摘されたことを修正して書き直しましょう。

 ❹ ネタ（素材）集めをする

実際に書いてみると、どのような素材が必要かわかるので、優先テーマ、その他の出題の可能性があるテーマについて、日頃から気がついたことはメモをとるなどして、素材集めをしておきます。

 ❺ 時間を計って本番通りに書く練習をする

優先テーマの類題、その他のテーマについて、時間を計って書いてみます。構想を立てるところから始めましょう。書き上がったら、添削してもらうとなお効果的です。模擬試験を受けるのもよいでしょう。「書けそう」と思えるまで、新しいテーマを選んで練習しましょう。

🎤 インターネットの活用について

　知りたいことはインターネットで調べればなんでもわかる時代になりました。しかし、「うのみ」は禁物。次のようなことに注意しましょう。

❶ 正しくない情報もある

　インターネット上の情報には、個人や団体が自分の考えで書いているもの、よく知らないで書いているものもあります。同じ事柄について複数の情報を見るようにし、食い違っている場合は、さらに広く調べて真偽を確かめます。

❷ 古くなっている情報もある

　検索をかけると、古い情報もたくさんヒットします。発信されたのはいつか、その後、事実が変化していないかに注意します。

❸ 行政情報を活用

　国（厚生労働省、文部科学省）、自治体の発信している情報は、基本的に確定した事実に基づいています。行政情報と、それに関する個人や団体の発信を合わせて読むと、何が論点なのかがよくわかります。

❹「丸写し」はしない

　インターネットに書かれていた文章を暗記して丸写しするのは×。評価者が気づけば、大減点になります。同じことを述べたくても、自分の文章にします（法律・行政が作成し公開した文書などは、出典を明らかにしてそのまま引用してもかまいません）。

原稿用紙の使い方・言葉づかい

前章でも見たように、論作文試験では、原稿用紙の記入方法や用字用語などの正しさについても採点されます。ここでは、基本的なルールをおさえておきましょう。

1 横書きの原稿用紙では・・・・・・・・・

　公務員試験の論作文試験では、通常、横書きの用紙が配られます。

　横書きでも縦書きでも、原稿用紙の使い方の原則は変わりません。マス目のない横ケイだけの解答用紙の場合も、マス目があるものと考えて書きましょう。

　なお、原稿用紙の使い方には明確な公式規定等があるわけではなく、あくまでも慣習的なものです。そのため学校によって指導されるルールが少しずつ違っている場合もありますが、だいたい次のような原則で書いておけば間違いないでしょう。

 カッコ類や句読点は原則1マスに入れる

は	、	「	保	育	所	保	育	指	針	」	、	「	幼	稚
母	は	よ	く	「	危	な	い	よ	。	」	と	言	っ	て

➡カッコ類、句読点は原則として、それぞれ1マスを割り当てます。これは、「」『』（ ）などでも同じです。

➡カッコ類の閉じと句読点は同じマスに入れるのが一般的です。上の例のように、カッコ類の頭の前に句読点がある場合については、特に決まりはありません。

カッコ類の閉じや句読点は行頭には置かない

✖ 教育内容は、「保育所保育指針
」、「幼稚園教育要領」

◯ 教育内容は、「保育所保育指針」

➡カッコ類の閉じや句読点が行末にくるときは、次の行に送らず、最後のマスに入れてしまいます。

カッコ類の頭はなるべく行末を避ける

✖ のような変化は文部科学省の「
学校基本調査」の数字

◯ のような変化は、文部科学省の
「学校基本調査」の数字

➡カッコ類の頭が行末にくる場合については、特に決まりがありませんが、行末におかないで1マスあけて次の行に送るか、文章を調節して行末にこないようにするのがよいとされています。

段落の冒頭は1マス空ける

○すべての子どもが、

➡段落の頭は、1文字下げます。

算用数字は原則2文字を1マスとする

100 年後どころか10 年

➡算用数字は2文字ずつ1マスに入れるのが原則ですが、3桁の場合は上のように1文字だけのマス目もあってかまいません。

アルファベットの大文字は1マス1文字、小文字は1マス2文字

SNSの Instagramを利用

拗音・促音・記号も1文字1マス

「だめっ！」と強く叱

➡拗音（「ゃ」など）、促音（「っ」）なども1マスに1文字入れます。横書きの場合は、マス目の左下に寄せます。

➡ ！　？　なども1マスに1文字入れます。また、そのあとすぐに文章が続く場合は、1文字空白を入れます。

8割は埋める、途中に空白行を入れない

　論作文試験では、なるべく規定の文字数ぎりぎりまで書くのが理想的です。最低でも決められた文字数の8割は埋めるようにします。反対に、文字数の超過はルール違反になります。

　内容のまとまりごとに改行して段落をつくることは必要ですが、その間に

空白行を入れてはいけません。

2 縦書きの原稿用紙では ・・・・・・・・・

応募時に市販の原稿用紙に作文を書いて提出する場合などは、縦書きになります。

基本的な使い方は、横書きの場合と同じですが、次のことに注意します。

題名から書くときの書き方

試験会場で横書きの論作文用紙に書く場合、題名や氏名は、マス目の外側に書く欄がありますが、市販の原稿用紙で書く場合は、それらを原稿用紙の中に書くことになります。その場合は、次のような様式が基本とされています。

　　○○○保育士に求められること

　　　　　　　□山　△子○○

　保育士の第一の使命は、一人ひとりの子どもに対して、質の高い保育を行うことである。専門知識・専門技術を活かし、子どもたちが安心して生活し、健やかに育つことを保障しなければならない。

　この第一の使命に加えて、保育士には子どもの保護者を支援することが、第二の使命として求められている。

　この二つの使命は、別個のものではない。

　まず、専門職として子どもに対してよい保育を行うことができなければ、保護者支援もできない。ただし、知識や技術をもって保護者の子育てを「指導する」という考え方では支援にはなりにくい。保護者の悩みや不安を理解し、共に育てる姿勢こそが求められている。

　私はこれから日々実践を積む中で、子どもと保護者への理解力を高め、二つの使命を果たす力をもった保育者に成長したいと思う。

363

数字は漢数字にする、英文字は…

縦書きでは、基本的に漢数字を用います。算用数字が含まれる固有名詞の場合は、算用数字でもかまいません。

英文字は、「ＵＳＡ」などの大文字の略号であれば１文字１マスで縦に記入してもよいのですが、「United States of America」と書く場合はアルファベットを横に寝かせ、小文字は１マスに２文字ずつ入れます。

 拗音・促音は右上に寄せる

縦書きでは、小さな「ゃ」「っ」は右上に寄せて書きます。

 3 「ですます調」か「である調」か

一般的には、

> **作文試験：**「ですます調」or「だ・である調」
> **論文試験：**「だ・である調」

がよいとされています。

しかし、公務員試験の場合は、「作文試験」となっていても専門分野や行政課題に関連した課題が出題される場合もあり、区別は曖昧です。論理的に述べる場合は「だ・である調」のほうが適切です。試験会場で迷わないために、公務員試験では「だ・である調」で書くと決めておいてもよいと思います。

ただし、「私の志望動機」「私が感動したこと」などのように、自分について語らなければならない課題である場合は、「ですます調」のほうが書きやすい場合もあります。この場合は、自分が書きやすいほうにしてよいでしょう。

どちらにしても、一編の論作文の中では、これらを混ぜて使ってはいけません。どちらかに表現を統一する必要があります。

4 用字・用語についての注意 ・・・・・・

 口語で書かない

次のような口語は、右のように言い換えたほうがよいでしょう。

✖		⭕
「しちゃいけない」	➡	「してはいけない」
「そういうのは」	➡	「そのような○○は」
「〜なんだと思った」	➡	「〜なのだと思った」
「見れない」	➡	「見られない」「見ることができない」
「食べれない」	➡	「食べられない」「食べることができない」
「だけど」	➡	「しかし」
「〜みたいでした」	➡	「〜のようでした」

 ？！を多用しない

？！がむやみに多いと、読む側は内容が誇張されているように感じることがあります。必要な場合のみに使用するようにしましょう。

 保育士・幼稚園教諭の論作文試験で望ましい用字用語

次に挙げるのは、日常的な場では普通に用いられる正しい言葉ですが、保育士・幼稚園教諭の論作文試験で用いる場合は、使い分けしたほうがベターと考えられるものです。

✖子供 ➡ ⭕子ども、こども

＊「子供」は間違いではありませんが、子どもの権利を尊重する考え方から、子ども関係の文書、専門書などでは「子供」という表記が用いられなくなってきています。教育・児童福祉の分野で文章を書く場合は、「子ども」「こども」と書いたほうがよいでしょう。

第5章 論作文の書き方〈基礎〉

365

✖ 親御さん　➡　⭕ 保護者、親

*園・保育者と親との関係を論じる文章の中では、「保護者」としたほうがすっきり読めます。発達心理学的な内容など、親子関係について専門的に論じる場合などは「親」と書いたほうがよい場合もあります。「親御さん」は保育所・幼稚園関係者が保護者のことをていねいに呼ぶ言葉ですが、論作文試験には不向きです。

✖ ご高齢の方　➡　⭕ 高齢者

*社会問題などを論じる場合は、「ご高齢の方」ではていねいすぎます。ただし、何かエピソードなどで具体的な個人を語る場合には、「ご高齢の方」でもかまいません。
　✖「今、ご高齢の方が人口に占める割合が高くなっており、」
　⭕「そこには、ご高齢の方もたくさん参加していました」

✖ （幼稚園・保育園の）先生　➡　⭕ 教諭、保育士、保育者

*自分のめざす職業として書く場合は、「教諭」「保育士」「保育者」などと書いたほうが適切です。自分がお世話になった学校の先生のことは「先生」と書いてもよいでしょう。
　✖「私は幼稚園の先生をめざしています」
　⭕「中学校の先生に教えられました」

⭕ 保育園、保育所

*「保育園」「保育所」はどちらも使われています。認可保育所の法律上の正式名称は「保育所」ですが、実際には、名称が「○○保育園」という認可保育所はたくさんありますし、地域内の園を「保育園」と呼んでいる自治体も少なくありません。
　論作文では、自治体や法人の呼び方に合わせましょう。一編の論作文の中で呼び方がいろいろになってしまわないように注意します。

内容の組み立て方

限られた時間で、決められた文字数の文章をまとめるためには、書き始める前に大まかな構想を立てる必要があります。ここでは、800字〜1200字程度の論作文の基本的な構成の考え方について解説します。

1　序論・本論・結論という組み立て

「論作文の構想を立てる」とは、課題について、どんなことを、どんな順番に述べて、どんな結論につなげるかを計画することです。通常は、

という三部構成で考えます。このように書くと難しく聞こえますが、要するに、論作文には導入部・中心部・まとめが必要だということです。

　本論のところが、もっとも重要な中心部分です。この中で、与えられた課題について、自分の体験を述べたり、因果関係を明らかにしたり、異なる複数の意見を検証したりして、課題についての考察を深め、結論へとつなげます。

　課題によって、作文的な内容が求められている場合と、小論文的な内容が求められている場合がありますが、どちらの場合も、この3段階での構成を考えます。

作文的な内容 （例「失敗から学んだこと」）

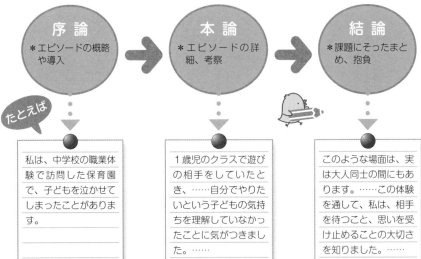

序論
＊エピソードの概略や導入

→

本論
＊エピソードの詳細、考察

→

結論
＊課題にそったまとめ、抱負

たとえば

私は、中学校の職業体験で訪問した保育園で、子どもを泣かせてしまったことがあります。

1歳児のクラスで遊びの相手をしていたとき、……自分でやりたいという子どもの気持ちを理解していなかったことに気がつきました。……

このような場面は、実は大人同士の間にもあります。……この体験を通して、私は、相手を待つこと、思いを受け止めることの大切さを知りました。……

小論文的な内容 （例「乳幼児期における親子のかかわり」）

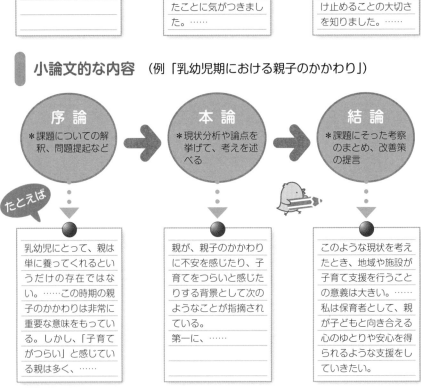

序論
＊課題についての解釈、問題提起など

→

本論
＊現状分析や論点を挙げて、考えを述べる

→

結論
＊課題にそった考察のまとめ、改善策の提言

たとえば

乳幼児にとって、親は単に養ってくれるというだけの存在ではない。……この時期の親子のかかわりは非常に重要な意味をもっている。しかし、「子育てがつらい」と感じている親は多く、……

親が、親子のかかわりに不安を感じたり、子育てをつらいと感じたりする背景として次のようなことが指摘されている。
第一に、……

このような現状を考えたとき、地域や施設が子育て支援を行うことの意義は大きい。……私は保育者として、親が子どもと向き合える心のゆとりや安心を得られるような支援をしていきたい。

「結論先行」の書き方

作文でも論文でも、「結論先行」で書くとわかりやすい場合があります。つまり、次のように、課題に対する答えを最初に書いてしまい、本論で、そのように考える理由を詳細に書き、結論でもう一度自分の考察やまとめをていねいに書くという方法です。

（例「○○市の魅力について」）

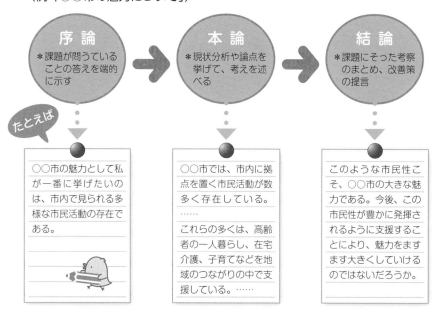

序論
＊課題が問うていることの答えを端的に示す

本論
＊現状分析や論点を挙げて、考えを述べる

結論
＊課題にそった考察のまとめ、改善策の提言

たとえば

○○市の魅力として私が一番に挙げたいのは、市内で見られる多様な市民活動の存在である。

○○市では、市内に拠点を置く市民活動が数多く存在している。……

これらの多くは、高齢者の一人暮らし、在宅介護、子育てなどを地域のつながりの中で支援している。……

このような市民性こそ、○○市の大きな魅力である。今後、この市民性が豊かに発揮されるように支援することにより、魅力をますます大きくしていけるのではないだろうか。

2 書き始める前の構想メモづくり・・・・・

試験会場で課題を見たら、マス目を埋め始める前に、大まかな論作文の内容構成を考え、メモにとります。ここでは、これを「構想メモ」と呼びます。構想メモをつくることで、内容がまとまらなくなったり文字数が合わなくなったりする失敗を防げます。

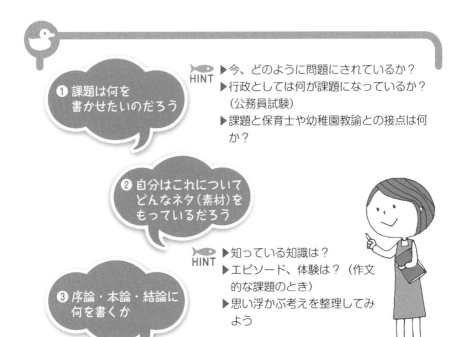

① 課題は何を書かせたいのだろう

HINT
▶今、どのように問題にされているか？
▶行政としては何が課題になっているか？（公務員試験）
▶課題と保育士や幼稚園教諭との接点は何か？

② 自分はこれについてどんなネタ（素材）をもっているだろう

HINT
▶知っている知識は？
▶エピソード、体験は？（作文的な課題のとき）
▶思い浮かぶ考えを整理してみよう

③ 序論・本論・結論に何を書くか

ただし、本章１節でも書いたように、この方法を活かすためには、実際にこのように書く練習を何回かしておく必要があります。練習で慣れることで、書きながら、分量の見当がつけられるようになります。

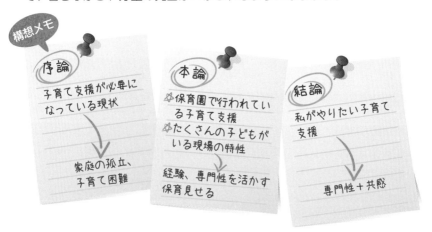

構想メモ

序論
子育て支援が必要になっている現状
↓
家庭の孤立、子育て困難

本論
✿保育園で行われている子育て支援
✿たくさんの子どもがいる現場の特性

経験、専門性を活かす保育見せる

結論
私がやりたい子育て支援
↓
専門性＋共感

3 よくある構成上の失敗 ・・・・・・・・・

実際に書かれた論作文を見ると、いくつかの共通する失敗が見られます。次のようなことがないように、気をつけましょう。

序論に困ってしまう

たとえば、「子育て支援」という課題が出題されたときに、

私 が 考 え る 子 育 て 支 援 に つ い て 書 き ま す 。

子 育 て 支 援 に つ い て 私 の 考 え を 述 べ た い 。

などと、冒頭で課題を繰り返している論作文が見られます。序論に何を書けばいいのか困ってしまったのかもしれませんが、課題の言葉を繰り返すだけの序論は不要です。

「子育て支援」という課題での書き出し（序論）としては、次のような内容が考えられます。

課題の定義や解釈を書く 保育士の子育て支援について、保育所保育指針や児童福祉法に書かれていることを説明する。──▷本論では、その具体的な内容をどう考えているかを書く。

課題の背景を書く 家庭や地域が変化して、子育ての負担が大きくなっていることを書く。──▷本論では、それに対して、保育士にはどんな役割が求められているかを書く。

エピソードの導入をする 本論で書くつもりのエピソードや体験の概要を軽く紹介する。──▷本論で、子育て支援について考えさせられたエピソードや体験を詳しく紹介し、そこから考えたことを書く。

結論で述べることの要約を序論に書いてしまう。
この課題ではたとえば、「子育て支援には保護者を保育の専門職として
支援する部分と、ともに子どもを育てるパートナーとして支援する部分
があると考えている」など。━━▷本論で、なぜそのように考えるか書
く。結論では、序論に述べたことを詳しく述べたり、その役割への意欲
を書く。

　なお、序論・本論・結論という構成は、まとめやすい構成ではあります
が、絶対にそうでなければならないというものではありません。もしも、本
番で序論を書き詰まってしまった場合は、書きたいことから書き始めてかま
いません。

「段落」を使いこなせていない

　実際に書かれた論作文の中には、改行がほとんどなかったり、改行が多す
ぎたりして、読みにくくなっているものが見られます。適切なところで改行
して「段落」をつくり、話題の流れ・切れ目をわかりやすくすることも、重
要な文章表現の技術です。

　段落の数にしばられる必要はありませんが、800文字の場合、4〜6段落
になるのが一般的です。たとえば、次のような形です。

序論	段落1 ━━▷	○○という問題の現状
本論	段落2 ━━▷	○○の原因
	段落3 ━━▷	○○について必要なこと
	段落4 ━━▷	○○についてほかにも必要なこと
結論	段落5 ━━▷	○○への対策として重要なこと（本論のまとめ）
	段落6 ━━▷	述べてきたことに対する自分の意欲や抱負

練習で書くときから、段落も意識しておきましょう。

書く素材を準備しよう

論作文対策は、書き方について理解することもさることながら、出題されそうなテーマに関して、自分なりに具体的に書ける素材を用意しておくことも重要です。

1 「ネタ」（素材）がなければ書けない・・・

論作文対策では、句読点の打ち方や文章の構成方法など、技術的なことに気を取られがちですが、いちばん大切なのは、内容として使える「ネタ」（素材）を用意しておくことです。

正しい文章が書けても、内容がなければ評価されません。

たとえば、

どんな保育士になりたいか

というテーマに対して、「明るくやさしい保育士になりたい」と書きたいとき、何も素材がなければ、

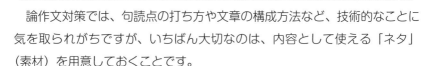

明るくやさしい保育士になりたいと思います。

で終わってしまいます。これでは、論作文になりません。ですから、

なぜそう考えるのか（なぜ明るくやさしいことが大切か）

それは具体的にどんな保育士なのか

そのためにどんなことが必要か

など、具体的な事柄（素材）を挙げて書いていく必要があります。

たとえば、この例について、どんな素材が集められそうかを考えてみると、

なぜそう考えるのか（なぜ明るくやさしいことが大切か）

→ 保育や子どもの発達についてこんなことがあるから
→ 子育ての現状について、こんなことがあるから
→ 子どもについて社会でこんなことが指摘されているから
→ 自分が子どものころ、こんなことがうれしかったから
→ 小さな子どもたちに接した体験でこんなことがあったから

それは具体的にどんな保育士なのか

→ 明るいとはどういうことか
→ やさしいとはどういうことか（子どもの言うなりになること？）
→ こんな場面でこう行動できる、考えることができる保育士

そのためにどんなことが必要か

→ こんなことを学んできて、これからも学んでいく
→ こんな心構えをもって努力している
→ 自分のこんなところを伸ばしたい
→ 経験を積み、こんなふうに成長したい

などが浮かびます。上記のほかにも書けそうな事柄が思い浮かぶ人もいるでしょう。上記の３項目にひとつずつ素材があれば、それを組み合わせて書くことができます。

このように、自分の知識・体験・考察・社会の出来事などからテーマに結びつけられる具体的な事柄（素材）を見つけ出すことが重要で、それができれば、論作文は半分書けたようなものです。

2 ふだんから「貯金」しておこう

　試験会場で焦らないためには、ふだんから素材を「貯金」しておくことです。

　素材は、専門領域で学んだことのほか、面接対策で準備する自己分析や志望動機等からも探すことができます。面接対策で書き出したことを、前節で見た論作文のテーマと照らし合わせてみると、「このテーマでこれが使える」というものがあるはずです。

　加えて、日々の生活の中の出来事、人から言われたこと、ニュースなどにも素材が含まれていることがあります。素材になると感じた事柄は、メモにとっておきます。「私はこんなときこんなふうに感じるんだ」という発見も大切にします。

　もちろん、子どもや子育てに関する情報には敏感になっておく必要があります。見聞きした内容で、自分がよく知らないことがあったら、インターネット検索などで調べる習慣をもちましょう。調べたことは、やがて仕事にも役立つ知識になりますので、ムダにはなりません。

3 使える素材は共通している

　前章で見たように、論作文試験ではさまざまなテーマが出題されていますが、よく見ると、求められている事柄は似たりよったりであることがわかります。

　出題テーマの領域が、どのように関連し合っているか示したのが、次ページの図です。関連し合っている領域では、出題テーマが違っても同じ素材をつかって書けることが多いはずです。出題テーマに合わせて、まとめ方を変える必要はありますが、よい素材が見つかったら、柔軟に活用することも考えましょう。

　たとえば、自分にとって、保育士をめざすきっかけになった出来事を素材

にして、「保育士への志望動機」というテーマも書けるし、「こんな保育がやりたい」というテーマも書けます。地域のために働くことと結びつけられれば、「公立保育士をめざす理由」も書けます。

　これから試験までの間、このような出題テーマの関連を意識して、素材探しのアンテナを張りましょう。

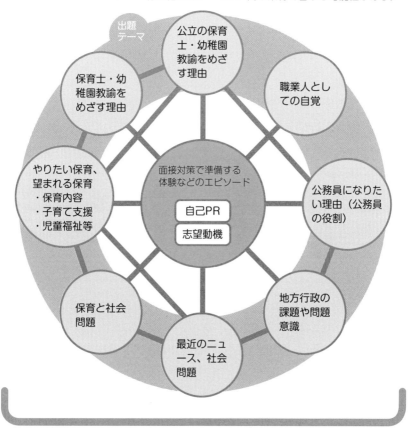

[出題テーマと素材の関連]

＊■■■線で結んだテーマは、同じ素材で書ける可能性がある。

出題テーマ

公立の保育士・幼稚園教諭をめざす理由

職業人としての自覚

保育士・幼稚園教諭をめざす理由

面接対策で準備する体験などのエピソード

自己PR

志望動機

公務員になりたい理由（公務員の役割）

やりたい保育、望まれる保育
・保育内容
・子育て支援
・児童福祉等

地方行政の課題や問題意識

保育と社会問題

最近のニュース、社会問題

第6章

論作文の書き方
<文例指導>

第6章では

よく出題される代表的な課題について、ねらい、構想の立て方、模範的な文例とそのポイント、同じような課題への対策などを解説します。また、文章表現がうまくいかないときの立て直し方を、文例を示しながら指導します。

文例指導

「私がめざす理想の保育士」

このテーマでは、保育士・幼稚園教諭という仕事をどのようなものとして理解しているか、それに対して、どんな夢や意欲、将来像を描いているのか、を書くことが求められています。

1 構想の立て方 ・・・・・・・・・・・・・・・・

このテーマの場合、次の2つのアプローチが考えられます。

（1）自分が保育士になりたいと思ったきっかけなどの体験談エピソードを盛り込んで作文的にまとめる。

（2）保育士の役割として保育所保育指針が規定していることなどを盛り込んで論文的にまとめる。

どちらでも自分の保育士像やそれに対する意欲が伝えられればOKです。ただし、どちらの場合も、結論のところには、本論で述べたことをまとめる形で自分自身のめざす保育士像がまとめられていなければなりません。

構想例1	自分の体験から作文的にまとめる

序 論	「子どもが好き」から「専門職としての保育士になりたい」へ
本 論	・保育補助のアルバイトで見た保育士の姿 　➡子どもと心を通わせる力 ・保育士になるための学校で学んだこと 　➡子どもを理解し育ちを支えるための知識や技術 ・保護者の支援との関係

	・一人ひとりの子どもを理解できることが、保育の力の土台。 　その力は保護者支援にも生きる。 ・子どもの心を理解し、一人ひとりを大切にできる保育士になりたい。
結論	

構想例2　保育士の役割論から論文的にまとめる

	・家庭の子育てが困難になる背景 　➡子育てのノウハウが伝わらない、家庭の孤立 ・児童相談所の児童虐待相談対応件数が増加
序論	

	・子育て支援が急務 ・保育所で保育士ができる保護者支援は何か ・保育の技術を伝えるとともに、保護者の不安に応える相談技術も必要
本論	

	・子どもを保育する専門職であるとともに、保護者の子育てのパートナーでもある保育士になりたい
結論	

2　合格文例に学ぶ・・・・・・・・・・・・・・・

構想例1

「私がめざす理想の保育士」(800字)

合格

序論

保育士像が変わった体験エピソードへの導入。

本論

3つの段落で構成している。
❶心を動かされた保育士の保育。
↓
❷そんな保育士に近づくために、今学んでいること。

　私は「子どもが好き」という単純な理由で保育士を目指すことを決め、大学を選びました。しかし、大学1年生のときに保育補助のアルバイトをしたことで、私の保育士像は大きく変わりました。❶3歳児クラスを手伝っていたとき、担任の保育士の子どもへの接し方に、強く心を動かされました。特に、子ども同士のもめごとや、気に入らないことがあって泣いてしまう子どもがいたときに、やさしく声をかけて子どもの話を聞くのですが、

そのようすから、本当に子どもの気持ちを理解して接していることがわかりました。そうして子どもが泣きやみ、保育士の言葉にうなずいている姿を見て、私も子どものことをもっと理解できるようになりたい、と思うようになりました。

❷私は今、大学で保育についての専門知識や技術を学んでいます。子どもの発達や心理について学ぶうちに、保育補助のアルバイトで見た保育の考え方が突然理解できたこともあります。こうして身につけたひとつひとつの事柄が、子ども一人ひとりを理解することや、発達を支えることにつながっていると実感しています。

❸一人ひとりの子どもを理解する力は、保護者支援においても大切だと思います。はじめての子育てでは、保護者は子どもにどう対応したらよいのかわからなくて困ってしまう場面も多いと思うからです。このとき、保育士が専門知識や技術を伝達することも必要ですが、一人ひとりの子どもの発達や気持ちを保育士が理解して、保護者が安心できるように伝えることも必要だと思います。

私がめざす理想の保育士は、高い専門性とともに子どもを見る目、受け止める力をもった保育士です。そして、その力を活かして、保護者に成長する子どもの姿を伝え、子育ての喜びを共感できる保育士になりたいと考えています。

↓
❸保護者支援も原点は同じ。

保育士の役割について語る場合は、子どもの保育のみでなく、保護者に対する支援も求められていることも意識してまとめるとよい。

結論

課題に対応するように、ここまでに述べたことを整理する。

このように、結論に課題の言葉を書き込むと、結論が的外れになることを避けられる。

3 このような課題への対策・・・・・・・

　このようなテーマは、保育士や幼稚園教諭への志望動機だけでまとめることもできますが、現代の子育て環境や、それを背景に社会から求められてい

る役割にふれることで、社会性・専門性をアピールできます。

　次のような素材候補、類題からもイメージをふくらませてみましょう。

＊は第9章に解説があります。

● 自分の志望動機
● 保育に関係する体験、エピソード
● 保育士・幼稚園教諭の職務や役割についての定義……＊
● 子どもの育ちについて社会で話題になっていること……＊
● 子育て支援の必要性についての定説……＊

 同じような素材で書ける類題

🌸 私がこの道を選んだ動機

🌸 保育者として心がけたいこと

🌸 保育士・幼稚園教諭として仕事をする上で大切にしたいこと

🌸 私はこんな保育士になりたい

🌸 保育士の役割とあなたの抱負

🌸 今、保育者に求められることは

🌸 保育士の専門性と役割について述べなさい

文例指導

「子どもの健やかな育ちの ために取り組みたいこと」

　このテーマは、保育内容についての考察、子どもの育ちについての問題意識などを述べることが求められています。保育士や幼稚園教諭として「子どものために何ができるか」という視点で考えることが必要です。

1 構想の立て方 ・・・・・・・・・・・・・・・

　一見やわらかい感じがするテーマですが、保育の専門的な視点が盛り込まれることが期待されています。次の2つのアプローチが可能なテーマです。

（1）志望動機、自分の体験のエピソードなどから、取り組みたい保育のイメージを作文的にまとめる。

（2）現代の子どもの育ちへの問題意識や、保育のねらいとして重視したいことなどを論文的にまとめる。

　どちらで書いても、結論のところでは、自分が取り組みたい保育についての考えがまとめられていることが必要です。

構想例1	自分の体験談から作文的にまとめる

序論	（結論先行）体を動かすことを大切にする保育に取り組みたい。
本論	・自分の子ども時代、走り回って遊んだ記憶。 　➡乳幼児では、体・筋肉と神経・脳の発達が互いに触発する。 ・体と心はつながっている 　➡精神的に落ち込んでいるとき、体を動かすと解消できる。

<table>
<tr><td>結 論</td><td>・ゲームなどバーチャルな遊びが多い時代
　➡乳幼児期に体を動かし五感で感じることの重要性が増している。
　➡子どもが楽しみながら思いっきり体を動かせる環境、その中で心も健やかに育つ保育を工夫したい。</td></tr>
</table>

| 構想例2 | 子どもの育ちについての問題意識から論文的にまとめる |

<table>
<tr><td>序 論</td><td>・日本の子どもは、他国と比較して自尊感情が低い
　➡乳幼児期から培えるのではないか。（問題提起）</td></tr>
<tr><td>本 論</td><td>・保育所保育指針、子どもの自発性を大切にする必要性
　➡周囲の大人たちの対応はどうか。
　➡多様な育ちや個性を認めること、ほめることの大切さ。
　➡子ども一人ひとりを尊重する保育が自尊感情を育てる。</td></tr>
<tr><td>結 論</td><td>・自分を大切に思う心が育つ保育に取り組みたい。
・保護者とともに、子どもを認める視点をもちたい。</td></tr>
</table>

2 合格文例に学ぶ ・・・・・・・・・・・・・・

構想例2

「子どもの健やかな育ちのために
取り組みたいこと」（1,000字）

　大学の授業で勧められて、青山学院大学の古荘純一教授の『日本の子どもの自尊感情はなぜ低いのか』という本を読んだ。この本には、他国に比べて日本の子どもの自尊感情が低いという調査結果が紹介されている。自尊感情が低いということは、人生の充実感が少なく、困難に立ち向かって行く力が弱いということにもつながる。著者は学校教育の課題として問題提起していたが、私は、

序論

読んだ本の話から問題提起している。

子どもの育ちに関する話題で気になるものは、積極的に読んだり調べたりしておくとよい。

乳幼児の保育に携わる立場にも、重要なメッセージが発信されていると感じた。

❶保育所保育指針は、子どもが自発的・意欲的に活動する保育環境をつくることを保育士に求めている。乳幼児期は、子ども自身が自分の思いで遊んだり、生活したりすることによって、自分という存在を確立していく時期だからだ。つまり、自分からいろいろなことにチャレンジして、成功したり失敗したりしながら、だんだんに自信をつけ、できることを増やしていくことで、自尊感情も育っていくのである。

❷このとき、親や保育士などの周囲の大人の接し方も重要である。

❸乳幼児期は特に発達の個人差が大きい時期である。また、子どもはそれぞれに多様な個性をもって生きている。このことを理解しないで、保育士や親が子どもを否定するような対応ばかりしていると、子どもの心はどんどん自己否定的になってしまうのではないだろうか。子どもができなかったことを厳しく叱ったり、他の子どもと比べて優劣をつけたりすることは、子どもの自信を失わせるおそれもある。

❹大切なのは、子ども一人ひとりの育ちや個性を認めて、その子どもなりにできたことはほめ、子どもが自信をもてるように助けていくことである。こうして自尊感情の土台をしっかりつくらなければならないのであって、規律や協調性を教えるのは、その次のステップではないかと思う。

　日本の子どもの自尊感情が課題となっている今、私は子ども一人ひとりの発達や個性を尊重し、子どもが自信をもち自分を大切に思う心をもてるよ

本論

4つの段落で構成している。
❶子どもが自発的・意欲的に活動することの大切さ。
↓
❷大人の接し方も重要。
↓
❸子どもの発達差や個性を認めない対応は、子どもの自信を失わせる。
↓
❹子どもを認めることの大切さ。

子どもの自発性を大切にするという指針の内容を、自分が具体的にどのように理解しているかを述べることで、自分の意見にできる。

結論

課題に対応するように、ここまでに述べたことを整理する。

序論と結びつけると、全体がまとまって見える。

うな保育に取り組んでいきたいと思う。このとき、保護者にも、子どもを理解し認める視点を伝え、ともに子どもの成長を喜び合える関係になりたい。

 ## 3 このような課題への対策・・・・・・・・

　このように保育内容について書くテーマでは、これまで学んできた保育の理論や実践を念頭におく必要があります。奇抜なアイデアや手法を述べようとすると、保育の理論に基づかない危うい内容になってしまうこともあります。すでに保育所保育指針やテキストに書かれていることであっても、自分がそれを具体的にどのような保育として理解したかを書くことで、自分の意見にすることができます。

　次のような素材候補、類題からもイメージをふくらませてみましょう。

> 🎤 **こんなことを素材に書けないか考えてみよう**

＊は第9章に解説があります。

- 保育に関するテキスト、保育所保育指針、幼稚園教育要領……＊
- 実習やアルバイトでの保育体験
- 志望する保育園の保育方針や保育課程、実践報告
- 子どもの育ちについて社会で話題になっていること……＊

 ## 同じような素材で書ける類題

- 🌺 私はこんな保育をしたい
- 🌺 子どもが求めている保育とは
- 🌺 あなたが今、子どもたちに教えたいこと
- 🌺 わたしの考える「生きる力」
- 🌺 今、幼児教育でいちばん必要とされていること
- 🌺 幼児期からの外遊びの重要性について

3

「子育て支援における保育士の役割」

こ のテーマでは、子育て支援として何が求められているのか、保育士として何ができるか、何をすべきなのかという認識、それらへの積極的な姿勢や専門性のある見識などが問われています。

1 構想の立て方 ・・・・・・・・・・・・・・・・・

このテーマの場合、課題の言葉から考えて、自分の体験や感想だけを語る作文的な書き方ではなく、テーマに関係する知識を盛り込んで論文的に述べることが期待されていると考えられます。

構想例	具体的な支援の内容を考える

序論	・子育て支援はなぜ求められているか ➡就労家庭の増加 ➡在宅子育て家庭の孤立 ➡児童相談所虐待対応相談件数の増加
本論	・親が安心して働ける保育の提供 ・在宅子育て家庭の子育て不安や悩みへの支援 ・養育困難家庭への支援
結論	・保育士に期待される役割は広がっている ➡求められる役割を担える保育士になりたい

構想例

「子育て支援における保育士の役割」(1,200字)

　共働き家庭やひとり親家庭など、親が就労する家庭は増加しており、保育ニーズが膨らんでいる。このため、都市部の保育園の待機児童は大きな社会問題になっている。先進諸国では、子育て期も女性が働き続けている国ほど出生率が回復する傾向が見られており、両立支援は重要な少子化対策と考えられている。

　一方で、在宅子育て家庭では、核家族化や地域関係の希薄化により、「母子カプセル」といわれる孤立状態が増えており、子育ての不安や負担感が増している。

　さらに、児童虐待の顕在化という現状がある。痛ましい児童虐待事件の報道が後を絶たないが、実際に児童相談所虐待相談対応件数は増加の一途をたどっており、早急な対応を求められている。

　このような子どもをめぐる状況をふまえ、社会全体で子育て支援を充実させることの必要性が指摘されてきた。とりわけ保育士に期待される役割は大きい。

❶保育士はまず、保育所に通ってくる子どもに対し、その専門性を活かして充実した養護と教育の環境を提供しなければならない。子どもが質の高い保育を受けられてこそ、保護者は安心して働くことができる。また、保育士は在園児の保護者と

序論

子育て支援の必要性について、どうとらえているかを説明。

いくつもの論点を述べる場合、このような接続詞でつないでもよいが、「第1には」「第2には」「第3には」としたり、「次のような背景がある」として、箇条書き列挙してもよい。

本論

序論に対応させて、3段落で構成している。
❶就労家庭への支援
↓
❷在宅子育て家庭への支援
↓
❸養育困難家庭への支援

保育士 & 母親

十分な連携をとり、相談に応え、子どもをともに育てるパートナーとして支援することが求められている。

❷在宅子育て家庭に対しては、保育園は一時預かり、園庭開放、ひろば事業、発達や離乳食などに関する講習会などの場や機会を設けている。これらの場で、保育士は自らの専門性や経験を活かして保護者の相談に乗ったり保育の実践を見せたりしながら、子育ての安心感を高める役割を担っている。

❸これらの活動の中で、保護者の極度の不安、孤立、虐待懸念などを発見した場合、保育士は保護者に寄り添って支えつつ、専門機関等と連携して、子どもを守っていかなくてはならない。

以前は、保育士には子どもの保育に関する専門性のみが求められていたが、現在は、このように役割が広がり、幅広い専門性が求められるようになっている。

現在、子育て支援は、保育園だけではなく、さまざまな機関、民間団体等によっても担われている。そんな中にあって、保育園の保育士は、多くの子どもが生活し育っている現場の専門職として、より高い知識・技術・経験を身につけ、子育て支援に活用していくことが期待されていると考えられる。加えて、地域の支援をつなぐソーシャルワーク的な仕事の技術も身につけなければならない。

私はまだようやく必要最低限の知識と技術を学んでいるところだが、将来、子どもからも保護者からも頼りにされる保育士を目標に、これからさらに学び、現場の経験を積んでいきたいと願っている。

結論

まとめとして、保育士の専門性を活かした子育て支援が期待されていることを述べ、抱負につなげている。

最後はなるべく将来への抱負でまとめる。

3 **このような課題への対策**・・・・・・・

　このような課題では、どのような背景のもとで子育て支援が行われるように
なったのか、保育所では実際にどのような支援を行っているのかについて
理解していないと書けません。事前準備として、学校で習ったことを復習し
たり、上記の文例のような内容を、自分なりの理解や言葉で書き直してみる
とよいでしょう。

　次のような素材候補、類題からもイメージをふくらませてみましょう。

こんなことを素材に書けないか考えてみよう

*は第7章に解説があります。

- 実習やボランティア活動で保護者に接した経験
- 少子高齢化や合計特殊出生率についての知識……*
- 子育て困難・子育て不安……*
- 児童虐待……*
- 子育て支援事業……*
- ケアワークとソーシャルワーク……*

 ### 同じような素材で書ける類題

- 🌸子育てについて
- 🌸保育園の子育て支援
- 🌸地域社会における保育士の役割
- 🌸保育所における支援のあり方
- 🌸子育てを支えるこれからの保育サービス
- 🌸少子化社会の中において保育士としてあるべき姿とは
- 🌸これからの子育て支援

4

文例指導

「公務員に求められること」

公務員試験では、このようなテーマがよく出題されます。公務員は、民間企業などと違い、地域のために働きます。保育士や幼稚園教諭の場合は、公立の保育所や幼稚園の役割も意識して書く必要があります。

1 構想の立て方 ・・・・・・・・・・・・・・・・・

　このテーマは、具体化して書くのが難しいテーマです。地域のために公共性の高い仕事をするということは、実際にはどんなことなのか、あらかじめ考えておく必要があります。

　公務員一般の「あるべき論」から、公立施設での保育士・幼稚園教諭の役割までつなげるつもりで構成を考えると書きやすいでしょう。

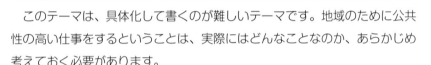

| 構想例 | 公立の保育者の役割までつないで論文的にまとめる | |

序 論	・「公から民へ」という時代だからこそ、公務員の役割は重要になっている。
本 論	・民間にならい、住民のニーズに柔軟に対応する必要性。一方で、地域全体の利益を考える視点も求められる。たとえば、子ども支援・子育て支援では、 ➡民間との協働も大切になっている。 ➡地域関係を再生していくことが求められている。
結 論	・公務員だからこそ求められることがある。 ➡○○市の一員として

2 合格文例に学ぶ・・・・・・・・・・・・・

構想例

「公務員に求められること」(1,200字)

1 「公から民へ」の時代の公務員

「公から民へ」とは、行政府が大きくなりすぎて国民・住民の負担が重くなっている場合に、公でやっている仕事のうち民間でもできることを積極的に民間に任せていこうという考え方である。今まで自治体が直接行っていた仕事を外注したり、事業ごと委託することも増えている。しかし、そんな時代だからこそ、公務員の役割は、むしろ重要になっているのではないだろうか。

2 公務員にこそ求められること

❶公務員は、住民の税金から給料が支払われ、住民のために働く立場にいる。法令等に基づいた公平性を重んずる仕事が多いこともあり、硬直的・融通がきかないなどの批判を浴びることも少なくない。批判を受けて、窓口業務などは各自治体ともずいぶん改善されたと聞いている。民間サービスに負けないように、住民の目線になって、求められていることに親身に迅速に対応していくことが必要であることは言うまでもない。

❷一方で、民間サービスとは異なる視点が必要な部分もある。公務員の仕事では、民間のサービスのように対価を払える人だけを対象とするのではなく、すべての住民を対象に、安心して生活でき

序論

公務員だからこそ求められることがあるのではないかという問題提起。

1,200字の場合、全体が長いので、このように見出しを入れると読みやすい。

本論

民間サービスとの比較で次のように展開している。

❶民間サービスを見習うべき部分。
↓
❷民間サービスとは異なる視点が求められる部分（地域全体の利益）。
↓
❸地域のつながりをつくり出す仕事も公務員ならではの仕事。

る地域環境を提供することが求められている。目先のことだけでなく、将来にわたって地域のためになることを見通すことにも責任を負っている。これらは、公務員だからこそ求められる、幅広く地域全体の利益を考える視点である。

❸地域の重要な施策のひとつ、子ども支援・子育て支援についても同様である。現在、さまざまな子どもにかかわる公的な施設・機関に加えて、子育て支援のＮＰＯなど民間の力が育ってきている。行政は、このような民間団体や地域とも連携し、それらの間につながりをつくれる立場にいる。地域のさまざまな団体や住民相互の交流を促し、地域のつながりを強くすることは、子育て世代のみならず、高齢者や子どもたちにとってもメリットが大きい。このような役割も、公務員だからこそ考えられるのではないか。

公務員一般についての話から子ども施策に特化した話に移り、具体的に述べている。

3　公務員の保育士として

このように公務員の仕事には、民間サービスと同様に考えられる部分もあるが、地域全体の利益を考えられる立場にいるからこそ期待される部分も大きい。

私は、○○市で公務員として働くことをめざしている。行政機関の一員として、地域の子どもを健やかに育むという広い視野に立ちつつ、目の前の親子の支援も親身に考えられるようでありたい。また、さまざまな意味で弱い立場にある親や子どもを守るのも、公立施設の重要な役割であると考えており、そのために適切な仕事ができるよう、専門性を高め、経験を積んでいきたいと思う。

結論

まず序論を受けてまとめたあと、公務員の保育士としての抱負を述べている。

本論で述べた「親身な対応」「地域全体の利益を考える」ということを、保育士の仕事に即して具体化している。

3 このような課題への対策 ・・・・・・・・

　このように公務員としての使命感を問う課題や、自治体の施策を問う課題は、地方行政について勉強しておかないと書けません。志望する自治体に関するニュースや市長の方針などには目を通しておくことが必要です。このジャンルで１本書いておけば、類題が出ても、加工して書ける場合が多いでしょう。

　次のような素材候補、類題からもイメージをふくらませてみましょう。

こんなことを素材に書けないか考えてみよう

- 行政サービスを利用したときの感想、エピソード
- 志望する自治体に関するニュース・話題
- 志望する自治体のホームページの情報
- 市長の施政方針
- 公務員を取材した記事

同じような素材で書ける類題

- 公務員に必要な資質について
- これからの市職員に求められるもの
- 市民に信頼される市職員のあり方
- あなたが目指す市職員
- 行政がなすべきこと
- 地方主権時代の公務員として何をなすべきか

5

文例指導

「失敗や苦労から学んだこと」

このテーマは、過去の具体的な体験を述べて自己PRすることが求められています。エピソード自体は大げさなことでなくてもよいので、自分が夢中になったこと、一生懸命頑張ったことを伝える必要があります。

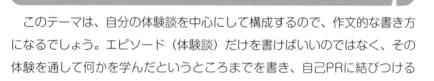

1° 構想の立て方

このテーマは、自分の体験談を中心にして構成するので、作文的な書き方になるでしょう。エピソード（体験談）だけを書けばいいのではなく、その体験を通して何かを学んだというところまでを書き、自己PRに結びつける必要があります。

あらかじめ、面接試験用の自己分析も兼ねて、自分の成長につながった体験エピソードを見つけ出しておけば、作文試験で出題されてもあわてずにすみます。

構想例1 失敗談を題材に作文的に書く

序論	自分の明るい性格を反省した出来事があった。
本論	・高校のときの親友が悩みを打ち明けてくれなかった。 ➡相手の話を聞く姿勢がなかったことに気がついた。 ➡カウンセリングを学んで、さらに反省した。
結論	・相手の話を聞くことの大切さを学んだ。 ➡保育者に求められる資質である。 ➡努力して、聞く姿勢をもっと身につけたい。

構想例2	苦労話を題材に作文的に書く

序論	（結論先行）部活を通して、チームで頑張る力が身についた。
本論	・中学で吹奏楽部に入った。 ➡思った以上に体育会系で、県大会をめざしてきびしい練習があった。やめそうになったが、友人に「頑張ろうよ」と言われて続けた。いつの間にか、みんなと同じ目標をもてるようになっていった。
結論	・部活で、チームが団結して頑張ることの素晴らしさを知った。 ➡励まし合えば苦しいことも乗り越えられる。 ➡保育者になっても、この経験を活かして、チームの一員として、よい仕事ができるように頑張りたい。

2 合格文例に学ぶ・・・・・・・・・・・・・

構想例1

「失敗や苦労から学んだこと」（800字）

　私は、小学生のころから明るい性格で、友だちを笑わせるのが得意でした。ところが、中学のとき親友との間に起こった出来事から、そんな自分の性格を反省することになりました。

　その友だちとは、部活のあと毎日一緒に下校する間柄でした。私が冗談を言えばいつも楽しそうに笑ってくれたので、私は彼女を「息の合う親友」と思っていました。ところが、中学2年生の夏、その友だちが突然転校してしまいました。他の友だちから、家族の複雑な事情で遠くへ引っ越したことを聞かされました。とても悩んでいたはずな

序論

体 験エピソードの導入。

本論

エ ピソードを時系列で正確に書こうとすると、文字数が足りなくなる。「学んだこと」につながるように、必要最低限の要素に絞り込もう。

395

のに、どうして話してくれなかったのだろうと、一度は不信感でいっぱいになりました。でも考えるうちに、私はいつもふざけてばかりいたので、そんな話をする機会がなかったのかもしれないと思い当たるようになりました。

その後、彼女とメールをやりとりするようになると、以前は聞けなかった悩みも書いてくれるようになりました。メールなら、会話がキャッチボールになるので、彼女もゆっくり書きたいことを書けたのだと思います。私は自分のおしゃべりで相手を笑わせることで自己満足していました。夢中で話しているとき、相手のことなど眼中に入っていなかったのかもしれません。

この出来事を通して、私は相手の話を聞くことの大切さに気がつきました。その後もつい話しすぎる性格は変わりませんが、話すときは相手と目を合わせ、相手の言葉を受け止めるように努力しています。

先日、学校でカウンセリングの授業を受けたとき、この出来事を思い出して、あのときもっと彼女の話を聞いてあげられたらと、とても後悔しました。

「傾聴」する姿勢は保育者にも求められます。私は子どもや保護者と向き合い、話を聞き、受容できる保育者となれるよう、これからも努力をしていきたいと思います。

こ のように自分の欠点を客観的に分析できることを示すことは、自己PRになる。

結論

体 験から学んだことを明確にし、保育者への志望と結びつける。

 3 このような課題への対策 ・・・・・・・

このように過去の体験エピソードを題材にして自分自身を語る課題では、

題材にするエピソードを見つけられるかどうかに成否がかかっています。

　本番でいきなり考えても、語れる体験が浮かばない場合もありますので、こういった課題が出題されそうな場合は、何かひとつ、自分にとって成長の機会となった体験を見つけておくとよいでしょう。

　何も題材がないと感じる人もいるかもしれません。人が驚くような大事件である必要はありません。日常的な場面でもよいので、自分がそこで成長したと感じられる体験を選びます。これは面接対策とも重なるはずです、なお、面接で作文に書いたことを聞かれる場合もありますので、書いたことは説明できるように準備をしておきます。

　次のような素材候補、類題からもイメージをふくらませてみましょう。

🎤 こんなことを素材に
書けないか考えてみよう

- 勉強・部活・生徒会などを頑張った経験
- 友だち関係で気づかされたこと
- 自分の短所を直した経験
- 尊敬する人の言動
- 身近に起こった出来事

🗑 同じような素材で書ける類題

- 🌸 私のセールスポイント
- 🌸 私を成長させたこと
- 🌸 私を成長させた出来事とその中から学んだこと
- 🌸 今までの人生で得た大切なこもの
- 🌸 今までで一番感動したこと
- 🌸 今までに自分をほめてあげたいと思ったこと
- 🌸 私が今までにいちばん努力したこと
- 🌸 私が困難を乗り越えて頑張ったこと

文例指導
「最近の報道から考えたこと」

このテーマは、社会の出来事を題材に自分の考えを述べることが求められています。一方的な主張ではなく、社会性をもってバランスのよく意見をまとめることが必要です。

1 構想の立て方

このテーマは、感想程度の内容を作文的にまとめることもできますが、書ける人は社会問題として論じて論文的にまとめましょう。

本論では、取り上げる題材に関して、

(1) その背景や原因を考察する

(2) 賛否など異なる複数の見方を取り上げ考察する

(3) 社会的な影響や問題点について考察する

といった書き方のバリエーションが考えられます。これを受けて結論では、解決方法、望ましい方向性などを自分の意見として書く必要があります。

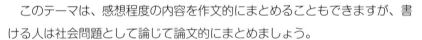

構想例	社会問題として論じて論文的に書く	

序論	子どもを放置して死なせた事件に衝撃を受けた。(事件の概要)
本論	・無責任な母親への批判ばかりが聞こえてくる。 　➡しかし母親だけの責任にしてよいのか。 　➡社会はどのような支援をすべきだったのか。

結論	・養育困難への支援の難しさ。
	➡子どもを守るためには、まず親の支援から。
	➡保育者となってその一端を担いたい。

2 合格文例に学ぶ・・・・・・・・・・・・・・・・・

構想例

「最近の報道から考えたこと」(1,000字)

　先日、3歳と1歳の子どもを自宅に放置して死なせた母親に30年の懲役の判決が出た。母親は離婚して2人の子どもを1人で育てていたが、子育てが嫌になり、子どもを部屋に閉じ込めたまま外泊して遊びまくっていたというのだ。子どもが飢えてしまうことはわかっていたはずなのに帰宅しなかった母親の冷酷さに、事件を知った当時、私は大きな衝撃を受けた。

❶30年という懲役が過去の同様の事件と比べて異例に重いということで、今、いろいろな議論が起こっている。しかし、私はこの事件が防げなかったものなのかどうかのほうが気になっている。

❷母親が虐待している疑いがあることは、周辺住民などから再三通報があったにもかかわらず、警察が何もできなかったことが大きな波紋を呼んでいた。虐待の通報があったときの児童相談所や警察の対応について、議論が必要だと思った。

❸さらに私が気になるのは、母親がこのような異常な行動をとる前に何か支援ができなかったのかということだ。離婚してから母親は孤立し、周囲

序論

報道の内容を要約する。細かく書きすぎると、本題を述べる文字数が足りなくなるので、注意。

本論

社会で起こっている議論に目配りしながら、自分が述べたいことに絞り込んでいる。

❶刑罰についての議論
↓
❷警察や児童相談所の対応についての議論
↓
❸母親の孤立状態に着目
↓
❹子どもを助ける社会の体制に問題提起

に支援を求めなかったという話だが、裁判で母親は「母親失格」になりたくないという気持ちがあったと話していた。そんな気持ちから孤立を深め、つらくなり、現実逃避をしてしまったのだとしたら、その前に誰かが無理にでも手助けをすればよかったと思う。あるいは保育園に入園させていれば、子どもを助けられたかもしれない。

❹これは結果論にすぎない。事件が進行中のときには、誰にも支援の必要性がわからなかった。しかし、こういったケースが再びあったときのために、社会は子どもを助ける体制をもっと整えなければならないのではないだろうか。

結論

本論で述べた自分の問題意識に対して、結論で自分なりの提言をまとめている。

　私は、本当に危うくなる前に、親を支援することがもっと必要だと思う。今回のように、いざというときに頼ってくれないのであれば、ひとり親家庭など親の負担が大きい家庭には、何もなくても最初から保育園やその他の子育て支援者がかかわることにして、いつもあたたかく応援するしくみをつくれるとよいと思う。

　このように考えると、保育園においても、困っている親、子育てが苦手な親にこそ、親身になって寄り添う姿勢が保育士に求められていることがわかる。この事件から、多くのことを考えさせられた。

3 このような課題への対策・・・・・・・・

　このような課題では、最近の報道（新聞記事、テレビニュース）を知らないと書けません。ふだんから報道にふれることが大切ですが、これはという報道があれば、メモにとったり切り抜いたりして素材として確保しておくと

安心です。「最近の」と書いてあっても、試験前1～2年間くらいのものならばよいでしょう。保育士・幼稚園教諭をめざす人は、子どもに関連する題材が書きやすいかもしれませんが、別の分野でもかまいません。

　社会問題として論じる場合は、背景や関係する制度なども調べると、書けることが広がります。

　次のような素材候補、類題からもイメージをふくらませてみましょう。

🎤 こんなことを素材に書けないか考えてみよう

- 新聞やテレビで報道された事件
- 新しく始まった制度やサービス
- 話題になった社会の風潮や流行
- 話題になった有名人・スポーツ選手等のエピソード

📥 同じような素材で書ける類題

🌸 最近のニュースで気になっていること

🌸 最近関心をもったこと

🌸 今の社会における課題とその解決策について述べなさい

🌸 大震災について思うこと

文例で学ぶ文章術

論 作文の書き方の基本をおさえ、素材を用意できても、実際に書く作業には困難がつきまといます。ここでは、よくありがちな文章作成上の失敗を指摘し、すっきりまとめる文章術を指導します。

1 文章を短く切る

　書いているうちに、どんどん文章が長くなって読みにくくなってしまうことがあります。自分でも、わかりにくいなと思ったときは、文書を短く切ってみるとすっきりします。

　たとえば、次のようなケースです。

✖ 修正前 ‥‥‥‥‥‥‥‥‥‥‥‥‥‥‥‥‥‥‥‥‥‥だらだら続く文章

> 乳幼児期は特に発達の個人差が大きい時期であるし、子どもはそれぞれに多様な個性をもって生きているのだが、このことを理解しないで、保育士や親が子どもを否定するような対応ばかりしていると、子どもの心はどんどん自己否定的になってしまうのではないだろうか。

● 修正後 合格文例 ‥‥‥‥‥‥‥‥‥‥‥‥‥‥‥‥‥‥短く切った文章

> 乳幼児期は特に発達の個人差が大きい時期である。また、子どもはそれぞれに多様な個性をもって生きている。このことを理解しないで、保育士や親が子どもを否定するような対応ばかりしていると、子どもの心はどんどん自己否定的になってしまうのではないだろうか。

このとき、必要に応じて適切な接続詞を補います。

2 文末に変化をつける ・・・・・・・・・・

　論作文では、何かの必要性について述べたり、自分の考えを主張したりする内容が多いため、文末に同じ表現が重なってしまいがちです。このとき、いろいろな表現のバリエーションを知っておくと、変化をつけられます。

✖ 修正前 ・・・・・・・・・・・・・・・・文末の表現が重複している文章

　保育士はまず、保育所に通ってくる子どもに対し、その専門性を活かして充実した養護と教育の環境を提供する必要がある。子どもが質の高い保育を受けられてこそ、保護者は安心して働くことができる。また、保育士は在園児の保護者と十分な連携をとり、相談に応え、子どもをともに育てるパートナーとして支援する必要がある。
　在宅子育て家庭に対しては、保育園は一時保育、園庭開放、ひろば事業、発達や離乳食などに関する講習会などの場や機会を設けている。これらの場で、保育士は自らの専門性や経験を活かして保護者の相談に乗ったり保育の実践を見せたりしながら、子育ての安心感を高める必要がある。

● 修正後 合格文例 ・・・・・・・・・・・・・文末に変化をつけた文章

　保育士はまず、保育所に通ってくる子どもに対し、その専門性を活かして充実した養護と教育の環境を提供しなければならない。子どもが質の高い保育を受けられてこそ、保護者は安心して働くことができる。また、保育士は在園児の保護者と十分な連携をとり、相談に応え、子どもをともに育てるパートナーとして支援することが求められている。
　在宅子育て家庭に対しては、保育園は一時保育、園庭開放、ひろば事業、発達や離乳食などに関する講習会などの場や機会を設けている。これらの場で、保育士は自らの専門性や経験を活かして保護者の相談に乗ったり保育の実践を見せたりしながら、子育ての安心感を高める役割を担っている。

3 重複を避けたいときの 表現バリエーション

以下の言い換え言葉は、すべてまったく同じ意味なのではなく、少しずつ意味やニュアンスが違うものもあるので、その状況に合う言葉を選ぶ必要があります。

🐰 ～する必要がある

～しなければならない	
～すべきである	
～することが求められている	
～することが望まれる	➡ やややソフトなニュアンス
～する役割を担っている	➡ 社会や組織に求められている場合
～する使命がある	➡ 社会的な責任を負っている場合
～することが急務である	➡ 切迫した必要性がある場合
～することが課題となっている	➡ 必要性が一般的に言われている場合

🐰 ～が重要である

～が大切である	
～が大事である	
～は重視しなければならない	
～は欠かせない	
～は不可欠である	
～に力を入れる必要がある	➡ 行為・施策などについて言う場合

😊 ～したい

～しようと思う	
～していきたいと考えている	
～することができればうれしい	
～できることを願っている	➡ 自分では決められない要素があるとき
～することが私の夢だ	➡ 将来への抱負を語る場合
～することを目標にしている	➡ 将来への抱負を語る場合
～に努めていきたい	➡ 将来への抱負を語る場合

😊 ～してはならない

～することがあってはならない	
～することは許されない	
～というわけにはいかない	
～すべきではない	

😊 ～と考える

～と考えられる	
～と思う	
～だろう	
～ではないだろうか	➡ 問題提起的に述べる場合
～と考えるのはまちがっているだろうか	➡ 問題提起的に述べる場合

4 論旨のねじれを整理する・・・・・・・・

　論理的な文章を書いているとき、「しかし」が続いてしまうことがあります。これは、論旨のねじれが原因であることがあります。前後の内容を整理して、「しかし」を１回ですませられないか考えてみましょう。

✖ 修正前 ・・・・・・・・・・・・・・・・・・・・・・・・・論旨がねじれている文章

　これは結果論にすぎない。しかし、社会は子どもを助ける体制をもっと整えなければならない。しかし、事件が進行中のときには、誰にも支援の必要性がわからなかったのだ。しかし、こういったケースは再び起こるかもしれない。

● 修正後 ・・・・・・・・・・・・・・・・・・・・・・・ねじれを修正した文章

　これは結果論にすぎない。事件が進行中のときには、誰にも支援の必要性がわからなかった。しかし、こういったケースが再びあったときのために、社会は子どもを助ける体制をもっと整えなければならないのではないだろうか。

　修正前の文脈では、次のように、筆者が「しかたのない部分もあった」と考える部分と、「このままではいけない」と考える部分を交互に書いたため、「しかし」が３回も入ってしまいました。

これは結果論にすぎない。	➡ ●しかたのない部分もあった
しかし	
社会は子どもを助ける体制をもっと整えなければならない。	➡ ○このままではいけない
しかし	
事件が進行中のときには、誰にも支援の必要性がわからなかったのだ。	➡ ●しかたのない部分もあった
しかし	
こういったケースは再び起こるかもしれない。	➡ ○このままではいけない

この●と○を固めて述べるように整理したものが、合格文例です。

このように、何を言おうとしているのかという方向性がそろうように並べると、論旨のねじれが解消してわかりやすい文章になります。

5 主語と述語を一致させる・・・・・・・

主語と述語の一致は、文章術というよりも基本的な文法の問題ですが、結構まちがっている論作文が多いので、最後に指摘しておきます。

読んで「どこかおかしい」と感じたら、主語と述語が一致しているかどうかをチェックしてください。たとえば、次のようなケースです。

✕ 修正前・・・・・・・・・・・・・・・・・・・・・・・・・・主語と述語がずれている文章

> 私がめざす理想の保育士は、高い専門性とともに子どもを見る目、受け止める力をもった保育士になりたいと思っています。

● 修正後 合格文例 ・・・・・・・・・・・・・・・・・主語と述語を一致させた文章

> 私がめざす理想の保育士は、高い専門性とともに子どもを見る目、受け止める力をもった保育士です。

この文章の主語は「私のめざす理想の保育士」ですが、上の文章では、述語が「なりたいと思っています」と、主語が「私」になってしまっています。

次の文章は完全に誤りとは言えませんが、対比関係にある2つの文節の主語が異なっているために、わかりにくくなっている例です。

✖ **修正前** ……………………………………並列した文節の書き方が違う文章

　このように公務員の仕事には、民間サービスと同様に考えられる部分もあるが、地域全体の利益を考えられる立場にいるからこそ期待している部分も大きい。

● **修正後** 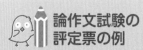……………………並列した文節の書き方をそろえた文章

　このように公務員の仕事には、民間サービスと同様に考えられる部分もあるが、地域全体の利益を考えられる立場にいるからこそ期待される部分も大きい。

上の文章は、次の２つの内容をつないだものです。

(A)　公務員の仕事には、民間サービスと同様に考えられる部分もある。
(B)　公務員の仕事には、（公務員が）地域全体の利益を考えられる立場にいるからこそ（私たちは）期待している部分も大きい。

　これらは、〜〜〜線を引いたそれぞれの主語節「〜部分」の中の述語が受動態 **(A)** と能動態 **(B)** になっているために読みにくくなっています。合格文例では、これを両方とも受動態にそろえて読みやすくしています。

　こちらのほうは、少し高度な推敲ですが、こんなことにも気を配ると、読みやすい文章が書けるようになります。

論作文試験の評定票の例

評価の観点	評価段階			小計
	a	b	c	
①課題を正しくとらえているか	10 9 8	7 ⑥ 5 4	3 2 1 0	
②題材の選び方は適切か	10 9 8	7 6 ⑤ 4	3 2 1 0	
内　③関連知識や情報は正確で、十分か	10 9 8	7 6 ⑤ 4	3 2 1 0	34
容　④主題に添って論旨は一貫しているか	10 9 8	7 6 ⑤ 4	3 2 1 0	60
⑤主張に論理性・独創性が見られるか	10 9 8	7 6 ⑤ 4	3 2 1 0	
⑥訴求力や意欲（姿勢）は十分か	10 9 8	⑦ 6 5 4	3 2 1 0	
構　⑦構成はよく練られ，整っているか	10 9 8	7 6 ⑤ 4	3 2 1 0	9
成　⑧文章量は十分で，全体の印象は好感が持てるか	5 ①	3 2	1 0	15
表現・表記　⑨語彙力・表現力は十分か	10 9 8	7 ⑥ 5 4	3 2 1 0	17
⑩用字・用語・文法は適切で，誤字・脱字はないか	10 9 8	⑦ 6 5 4	3 2 1 0	25
⑪文字は読みやすく，丁寧に書かれているか	5 ④	3 2	1 0	
総合点	60/100			

第 7 章

面接試験のねらいと
基本マナー

第7章では

面接試験では何が評価されるのか、どのような質問がさ
れ、それぞれに対してどのような心構えや準備が必要なの
かを考えます。また、面接本番での基本マナーや言葉づか
いについても解説します。

面接試験で何が見られるか

面接は、公務員試験においても民間の採用選考においても重視されています。面接で何が見られるのかを理解した上で、その対策について考える必要があります。

1 保育士や幼稚園教諭採用における 面接の重要性

　面接試験のことを、「人物試験」と呼んでいる自治体もあるように、面接試験は、受験者の「人物」を見る試験です。「人物」とは、主に人柄のことですが、加えて仕事に対する意欲や態度、適性も、ここで言う「人物」に含まれます。

　最近の公務員試験は、１次合格者を多くして、２次でしぼりこむ傾向があり、２次での倍率が高くなっています。それだけ、面接が重視されるようになっているということです。民間法人の採用選考においても、面接には大きな比重がおかれています。

　保育士や幼稚園教諭の採用の場合、「人物」を見ることは特に重要と考えられます。保育士や幼稚園教諭は、人格形成期の子どもの保育に携わり、子どもの発育に大きな影響を与える存在となるからです。

　保育所保育指針や幼稚園教育要領には、乳幼児は保育者を含む周囲の環境とかかわりつつ、心身を発達させていくと記されています。つまり、保育者や幼稚園教諭自身が、子どもにとっては成長過程における重要な環境の一部なのです。

2 保育士・幼稚園教諭の 面接で評価されること

保育士・幼稚園教諭の面接では、次のような視点からの評価が行われていると考えられます。

(1)	志望の確かさ、意欲
(2)	誠実さ、前向きな態度、積極性
(3)	コミュニケーション能力、聞く力、伝える力（表現力）
(4)	人間関係をうまくやっていく力、協調性
(5)	継続性、ねばり強さ
(6)	受容性、感受性（子どもに接する態度が推測される）
(7)	専門領域に関する認識の確かさと応用力

(1)～(5)は、保育士や幼稚園教諭に限らず、採用面接全般で重視されるポイントです。(6)と(7)は子どもを保育する専門職としての適性を問われるものといえます。

一般の就職面接では、人よりも目立つための自己PRを求める傾向がありますが、保育士・幼稚園教諭の面接では、実際の保育の現場にふさわしい人物であるかどうかという点が最も重視されますので、一般就職の場合とは少し視点が異なります。

面接試験に備えるためには、これらの評価のポイントを頭において、聞かれそうな質問に対して準備をしておく必要があります。本章3節および次章では、この準備のポイントを解説しています。

面接試験の３つの形式

面接の基本は個別面接ですが、公務員試験では、集団面接があわせて行われることもあります。それぞれどのような目的で、どのように行われるのか、理解しておく必要があります。

個別面接・集団面接・集団討論 ・・・・・

　通常、面接が１回だけ行われる場合は、個別面接である場合が多いでしょう。２回以上行われる場合は、個別面接と集団面接もしくは集団討論を組み合わせているところが多数です。

　公務員試験の場合は、自治体によって、

- ２次で個別面接のみ行う
- ２次で個別面接と集団面接もしくは集団討論を行う
- ２次で集団討論もしくは集団面接、３次で個別面接を行う
- ２次でも３次でも個別面接を行う。

などのパターンが見られます。

　以下、それぞれの面接形式の特徴と気をつけたいことについて解説します。

個別面接

　個別面接は、受験生を個別に面接する方式です。一人ひとり面接室に呼び入れて、３人程度の面接官が面接します。時間は10分〜20分程度である場合が多いでしょう。

［個別面接の席の配置例］

 面接官

時間は
10分～20分程度

 受験者

　個別面接は、採用者と向き合って話ができる貴重な機会です。自分を理解してもらえる機会と考えて、相手の目を見ながら、落ち着いて受け答えしましょう。面接官との会話のキャッチボールになりますので、相手の言葉をよく聞きとり、質問の意図がわからなければ聞き返して確かめるくらいの気持ちで臨みます。

集団面接

　集団面接は、複数の受験者を面接する方式です。受験者の人数は3～8人程度です。面接官も3人以上になります。時間は短い場合は10分、長い場合は1時間と開きがあります。受験者の人数にもよるでしょう。

　集団面接と次の集団討論は、実施方法がまったく異なります。集団面接は面接官の質問に対して受験者が順番に答えていくという形なので、基本的に面接官と受験者の間のやりとりになります。

［集団面接の席の配置例］

 面接官

時間は人数による
10分～60分程度

     受験者

集団面接では、他の人の回答を聞いてから答える形になるので、気後れして自分が考えてきたことを述べられなかったり、他の人の回答を掘り下げる形での質問をされて動揺してしまうこともあります。他の人の回答は耳に入れつつ、自分の答えたいことは、たとえ繰り返しになってもきちんと述べることが必要です。

　自分が言いたかったことを先に言われてしまったときは、「私も○○さんと同じですが…」と前置きをしながら、前の人につられないように、勇気を出して自分の言葉で語りましょう。「人と違うことを言わなければならない」という思い込みは不要ですが、「私も同じです」とだけ言って自分の言葉で語らずに終わるのは、よくありません。

集団討論

　集団討論も、集団面接と同じく複数の受験者を面接する方式です。面接といっても、受験者同士のグループディスカッションを基本とし、面接官はそのようすを評価するという形になります。時間はさまざまですが、30分～60分程度のところが多いようです。

［集団討論の席の配置例］

面接官

時間は人数による
30分～60分程度

受験者

集団討論の進め方にはさまざまな形がありますが、最初にディスカッションのテーマが知らされ、10分程度の考える時間が与えられたあと、一人ひとり順番に自分の考えを述べ、そのあと、自由な討論を行うという形が多いようです。

　この方式では、通常の面接での評価ポイントに加えて、集団の中での協調性や問題を整理する力などが評価されますので、討論の時間になったとき、積極的に発言することが望まれます。ただし、次のような点に注意しましょう。

(1)	他の人をさえぎって発言しない。挙手など、その場のルールを守って発言する。また、納得できない意見が出ても、感情的に反応せず、落ち着いて自分の考えを述べる。
(2)	討論だからといって、対立する意見を出さなければならないわけではない。意見が同じ場合は、「Aさんに賛成です」と述べたうえで、賛成する理由を述べたり、自分なりの補足や追加意見を述べたりするとよい。
(3)	反対意見を述べる場合も、賛成意見を述べる場合も、他の人の意見と自分の意見のどこが同じでどこが違っているのか、整理して発言できるとよい。そのためには、他の人の発言もよく聞いておく必要がある。「他の人の意見を聞いているかどうか」は、集団討論の評価ポイントの１つ。
(4)	その場の議論の全体像にも注意を払う。互いの意見に集中するあまり、そのテーマにとって大切な視点が抜けていることもあるので、そのことに気がついたときは、「これまで出たご意見に加えて、ほかに〜ということも大切ではないかと思います」などと指摘するとよい。

よく聞かれる質問と求められる姿勢

こ こでは、保育士・幼稚園教諭の面接でよく聞かれること、それぞれについての心構えや注意事項を解説します。あらかじめ質問を想定して、自分なりの考えを整理しておくことが必要です。

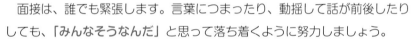

基本 どんな質問にも誠実に答える・・・・・

面接は、誰でも緊張します。言葉につまったり、動揺して話が前後したりしても、「みんなそうなんだ」と思って落ち着くように努力しましょう。

質問されて頭が真っ白になったら、「はい」「そうですね…」「(沈黙)…申し訳ありません。それは…」ととりあえず声を出してみると落ち着ける場合があります。

まったく知らないことを聞かれたときは、正直に「申し訳ありません。わかりません」「それは知りませんでした。勉強しておきます」と言ってかまいません。

面接官の質問に、誠実に、一生懸命答えようとする姿勢こそ大切です。

チャンスがあれば、笑顔も見せたいものです。理由もなくヘラヘラするのはよくありませんが、雰囲気が和らぐ言葉をかけられたときや、自分の話に面接官が微笑んでくれたときなどは、笑顔で応えましょう。

まれに、受験者の答えに対して面接官があからさまに意地悪な反応をすることもあります。そんなとき感情的になって反発しないように気をつけます。そんな反応も評価の対象になります。「そうかもしれません」「それは気がつきませんでした」「私の言葉が足りませんでした」など、言われたこと

を受け止めたうえで、自分の発言の真意、言い足りなかった部分を誠実に説明するようにします。

 ## 自治体や法人の志望動機について

面接で必ず聞かれるのが志望動機です。志望動機には、

(1) その職種を志望する動機（次項参照）

(2) その自治体や法人を志望する動機

があるので、面接官がどちらを聞いているのか、聞き分けて答えます。

 「当市（法人）を志望する動機を述べてください」

と言われたときは、(2)について聞いています。

事前に提出した書類などに記入した志望動機と面接で答える志望動機は一致したものでなくてはなりません。また、面接の本番では、述べたことについて面接官からさらに具体的に聞く質問がされる場合が多いので、説明できるようにしておく必要があります。

自治体や法人を志望する動機をまとめるためには、志望する自治体や法人の施設をあらかじめ見ておくことも大切です。実習でお世話になった園を志望する場合は、そこでの体験が重要な志望動機になるでしょう。

自治体（公立）の場合は、どこの園・施設に配置されるかわかりませんので、ひとつの園に限定した志望動機を述べることは的外れになりますが、その園に魅力を感じた体験を自治体の志望動機につなげるのはよいと思います。その地域が自分の生まれ育った土地であれば、ふるさとへの愛着も十分に志望動機になります。加えて、自治体の保育・教育施策、子育て支援施策などを調べ、自分がその一端を担うという自覚をもっておくことも必要です。

 ## 保育士・幼稚園教諭の仕事の魅力

前項の志望動機の(1)、保育士や幼稚園教諭への志望動機もよく聞かれる質

問です。たとえば、

「なぜ保育士を志望したのですか？」

「なぜ幼稚園教諭を志望したのですか？」

「保育士・幼稚園教諭の仕事の魅力は何ですか？」

などの質問です。

　これに対しては、「子どもが好きだから」という答えが多いと思います
が、これまで保育士・幼稚園教諭になるための勉強をしてきたのですから、
それだけでは物足りない感じがします。「子どもが好きだから」と答えるに
しても、その後、その仕事に必要とされる知識や技術を学んで、意欲が高ま
ったことがあれば、そのことも述べましょう。

「なぜ幼稚園教諭ではなくて保育士を選んだのですか」

「なぜ保育士ではなくて幼稚園教諭を選んだのですか」

と聞かれることもあります。それぞれの特色を考えて、自分なりの理由を述
べられるように準備します。民間法人でどちらか一方を運営している場合
は、運営している園への志望動機と重ねてしまってよいでしょう（保育所か
幼稚園かよりも、その園の保育方針に共感した、など）。

　自治体や法人の方針にもよりますが、今後、幼保一体化が進んだときに、
認定こども園の保育者になる可能性もあります。保育士も幼稚園教諭も子ど
もの健やかな成長のために必要なことを追求していく専門職であることは変
わりません。幼保一体化に質問が及んだ場合は、この点を念頭においた答え
方ができたほうがよいでしょう。

 自己PR

　保育士・幼稚園教諭の採用面接では、「自己PRをしてください」というよ

うな質問は一般の就職面接ほど多くないかもしれません。しかし、次のような質問がされる場合は少なくないでしょう。

「自分の長所・短所はどんなところですか？」

「あなたが得意なことはなんですか？」

「自分が保育者に向いていると思うのはどんなところですか？」

　これらの質問に対しては、なるべく具体的に答えられるように考えておきます。たとえば、「性格が明るいところが、私の長所です」と答えるとしたら、友人や家族に言われていること、自分で「明るい」と感じる場面などを説明して、面接官にふだんのあなたの姿をイメージしてもらう必要があります。

　なお、短所については、短所を補うために気をつけていることなどがあれば、説明したほうがよいでしょう。

これまでの体験について

　これも自己PRと関連しますが、勉強、学校生活、アルバイトなどについて、次のような質問がされる可能性があります。

「勉強で得意科目、不得意科目はなんですか」

「これまでの学校での部活、サークル活動はどんなことをしましたか」

「アルバイトはしましたか。どんなアルバイトですか」

「スポーツは何かしていますか」

「今までにたいへんだったこと、つらかったことはどんなことですか。どのように乗り越えましたか」

どのような体験が語れるか、心づもりをしておきましょう。

不得意科目が保育の専門領域に関するものである場合は、どのように努力しているかも補足したほうがよいでしょう。

　特に頑張った体験があれば、積極的に話します。

　人が驚くほど頑張った体験がないという人であっても、部活やアルバイトで責任をもって行動してきたのであれば、そのことを話せばよいでしょう。地道に責任を果たせるということは大切なことです。

　保育者は、健康であることも重要な資質なので、健康のために努力していることがあれば、話しましょう。

　今、養成校で学んでいる人は、保育者になるための勉強に頑張っていることを話せるように、今からでも毎日を大切に過ごしてください。

　なお、つらかったこと、頑張ったことを語るときに、「この体験を通して私は忍耐力（決断力、協調性）を身につけました」など抽象的な言葉をつかってまとめる人もいますが、体験を通して自分の考え方や生活が変化したのであれば、そのことを具体的に話したほうが、面接官には伝わりやすいと思います。

 （転職者に）前職の退職理由について

　転職者には必ず聞かれる質問です。

　前の職場でトラブルがあったという場合でも、そのことを恨みをこめて話すのはあまり印象がよくありません。自分なりに整理して、冷静・客観的に説明します。

　転職後の継続性に不安をもたれないように、志望先で努力する覚悟のほうをしっかり伝えることが必要です。

 保育内容・技術について

　保育士・幼稚園教諭の面接では、その専門性に関係するような質問もされています。

たとえば、次のような質問です。

「０歳児の保育で特に気をつけなければならないこと
は何ですか？」

「水遊びをするときに注意しなければならないことは
何ですか？」

「絵本の読み聞かせで大切にしたいのはどんなことで
すか？」

「保育内容で得意なことは何ですか？」

「３歳児がけんかをして、一方が泣き出してしまいま
した。あなたはどうしますか」

「保護者との連携で大切なことはなんですか？」

「モンスターペアレントについてどう思いますか」

　授業や実習で学んだこと、「保育所保育指針」・「幼稚園教育要領」などを
復習しておくことが必要です。本書の第９章も参考にしてください。

　その場で、絵を描いたり、歌、手遊び、ピアノ演奏、絵本の読み聞かせを
やってみるように言われることもありますので、とっさに困ってしまわない
ように準備をしておきましょう。

面接の基本マナー

本番の面接試験に備えて、おさえておくべき基本マナーがあります。養成校に在学している方は学校でも指導される内容ですが、ここに整理して示しておきます。

1 服装・身だしなみ

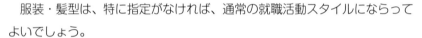

　服装・髪型は、特に指定がなければ、通常の就職活動スタイルにならってよいでしょう。

　清楚なイメージにすることは大切です。保育士や幼稚園教諭は、小さな子どもたちに直接ふれて保育をするので、清潔感が必要だからです。自信がなければ、家族や学校の先生にチェックしてもらい、アドバイスしてもらいます。

　民間の採用面接では「スーツではなく普段着できてください」と言われることがあります。これは、「楽にしてください」という意味もあるかもしれませんが、ふだんの生活態度を見たいという意図がある場合もあります。採用後、露出度の高い服装、じゃらじゃらギラギラした服装など、子どもや保護者の視線で見て違和感のあるような服装で出勤するようでは問題があるからです。そのような服装を避ければ、カジュアルな服装でもかまいません。実技試験がある場合は、動きやすい服装にします。

　服装は、ときにその人の考え方や生き方を表現するものです。流行だからと思って着ていても、周囲には、それ以上のメッセージを伝えている場合があることを認識する必要があります。

2 面接室でのマナーと姿勢・・・・・・・・

●面接室への入室・着席までの流れ

面接室のドアをノックする

「どうぞお入りください」と言われたら、

「失礼します」
と言ってから、ドアを開けて中に入る。

部屋に入ったら、そっとドアを閉め、面接官のほうに向き直って、おじぎ。

きちんと体を起こしてから椅子のほうに進み、椅子の横に立って、

「○山 ○子です。
よろしくお願いします」
とあいさつをし、おじぎをする。

「どうぞおかけください」と言われてから、

「ありがとうございます」
と言って、椅子に座る。

●面接終了後から退室まで

「これで面接を終わります」など、
面接官の言葉があったら立ち上がり、
「ありがとうございました」
と言ってから、おじぎをする。

体を起こしてから、
ドアのほうを向いて歩く。

ドアの前で面接官のほうへ向き直り、
「失礼します」
と言っておじぎ。

ドアのほうを向き、ドアを開けて退室。
ドアをそっと閉める。

●おじぎの姿勢

おじぎは、背筋を伸ばした姿勢から斜め45度まで上半身を倒す。

このとき、女性は手を前で合わせるようにし、男性は手を脇につけてまっすぐ伸ばす。

●座る姿勢

椅子の背にもたれかからないように、浅めに座る。

女性は足をそろえ、両手をひざの上で合わせる。男性は少し足を開きぎみに座り、手は軽くにぎってひざの上に乗せる。

次のような言葉づかいが自然に出てくるように、口に出して練習をしておくとよいでしょう。

「はい」
「いいえ」

▶名前を呼ばれたら「はい」、イエス・ノーで返事をする質問をされたときは「はい」「いいえ」とはっきり答えます。

「○山○子さん」
「はい」
「今日は電車できましたか？」
「はい。山手線と丸ノ内線でまいりました」
「電車は混んでいましたか？」
「いいえ。それほどでもありませんでした」

▶ほめられたら、お礼を言います。
「あなたの作文はよく書けていますね」
「ありがとうございます」

「ありがとう
ございます」

「申し訳ありません」
「失礼しました」

▶行き違いがあったり言いまちがいをしたときは、お詫びを言います。
「質問と答えが合っていませんね」
「申し訳ありません。もう一度お願いします」
「それは当市の保育園ではないのでは？」
「失礼しました。まちがえました」
「当市の〜について知っていますか？」
「申し訳ありません。知りませんでした。勉強したいと思います」

「～いただく」
「～される」
「～くださる」

▶目上の人、相手側の人には、尊敬語をつかいます。

「実習のときに、園長先生が直接、指導してくださいました」

「さきほど質問されたことについてですが…」

「係の方から教えていただき、迷わずにこられました」

▶家族には、謙譲語をつかいます。

「父は会社勤めで、母は小学校の教員をしております」

「父は」
「母は」
「～おります」

子どもや保護者についての望ましい表現

✘「子どもには、運動をたくさんやらせたいです」
 ➡ ◯「子どもがたくさん体を動かせるように保育を工夫したいです」
 ＊子どもの意志や自発性を大切にする言い方にする。

✘「保護者に理解させるために、保育内容の説明が必要だと思います」
 ➡ ◯「保護者に理解していただくために、保育内容の説明が必要だと思います」
 ＊保護者を尊重する言い方にする。

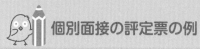
個別面接の評定票の例

第1次試験地	試験の区分	受験番号	受験者氏名
人物試験の試験地	試験室 第　　　室	実施年月日 平成　年　月　日	試験官氏名

［必須評定項目］　必須評定項目の評定に当たっては、次の尺度にしたがって該当する箇所に∨印をつけてください。

評定項目		着　　　眼　　　点	評　　定
積極性	意　欲 行動力	○　自らの考えを積極的に伝えようとしているか ○　考え方が前向きで向上心があるか ○　目標を高く設定し、率先してことに当たろうとしているか ○　困難なことにもチャレンジしようとする姿勢が見られるか	優　　普通　　劣
社会性	他者理解 関係構築力	○　相手の考えや感情に理解を示しているか ○　異なる価値観にも理解を示しているか ○　組織や集団のメンバーと信頼関係が築けるか ○　組織の目的達成と活性化に貢献しているか	優　　普通　　劣
信頼感	責任感 達成力	○　相手や課題を選ばずに誠実に対応しようとしているか ○　公務に対する気構え、使命感はあるか ○　自らの行動、決定に責任を持とうとしているか ○　困難な課題にも最後まで取り組んで結果を出しているか	優　　普通　　劣
経験学習力	課題の認識 経験の適用	○　自己の経験から学んだものを現在に適用しているか ○　自己や組織の状況と課題を的確に認識しているか ○　優先度や重要度を明確にして目標や活動計画を立てているか ○　他者から学んだものを自己の行動や経験に適用しているか	優　　普通　　劣
自己統制	情緒安定性 統制力	○　落ち着いており、安定感があるか ○　ストレスに前向きに対応しているか ○　環境や状況の変化に柔軟に対応できるか ○　自己を客観視し、場に応じて統制できることができるか	優　　普通　　劣
コミュニケーション力	表現力 説得力	○　相手の話の趣旨を理解し、的確に応答しているか ○　話の内容に一貫性があり、論理的か ○　話し方に熱意、説得力があるか ○　話がわかりやすく、説明に工夫、根拠があるか	優　　普通　　劣

［プラス評定項目］　次の評定項目について該当するものがあればその箇所に∨印をつけ、プラスの評価として判定に反映させてください。

☐　問題発見能力　　　　　　　　　　　　　　☐　リーダーシップ
☐　企画力　　　　　　　　　　　　　　　　　☐　バランス感覚、視野の広さ
☐　決断力　　　　　　　　　　　　　　　　　☐　創造性・独創性
☐　危機への対応力　　　　　　　　　　　　　☐　高い倫理性、社会的貢献への強い自覚

判 定	［自由記入欄］	［対象官職への適格性］ 該当する箇所に∨印をつけてください。 大いに　　かなり ある　　ある　　ある　劣る　　ない A　　B　　C　　D　　E

【主任試験官の記入欄】

［総合判定の理由］	［総合判定］ 該当するものを○で囲んでください。 A　　B　　C　　D　　E 合　　　格　｜不合格

第**8**章

論作文と面接のための
ヒントノート

第8章では

論作文対策と面接対策では、あらかじめ、自分自身のことや専門領域で学んだことなどを整理したり言葉に表したりして準備しておく必要があります。本章では、そのためのヒントをノート形式で示します。別にノートを用意すると、なおよいでしょう。

自治体や法人への志望動機について

① **志望する自治体や法人について、どんなことがよいと思っているか。**

☐ その自治体・法人の園の保育の方針や理念

☐ その自治体・法人の園の実習で体験したこと、学んだこと

☐ 自治体の政策、めざしていること、取り組んでいること

☐ 法人の歴史、現在果たしている役割（事業内容）

☐ 自分との関係（ふるさとである、卒園した園である、その他）

☐ その他（　　　　　　　　　　　　　　　　　　　　　　　）

② **上で選んだことについて、「何がどんなふうにいいのか」説明してみよう。**

③ **②に書いたことについて、面接官に「それはどういうことですか？」と聞かれたら説明できるか考えてみよう。**

🍓 自治体のホームページ（子育て、市政情報など）、私立園のパンフレットなどは、必ず目を通すこと。
そのとき、理解できないことがあれば、調べたり人に聞いたりしよう。インターネットも駆使しよう。

2 保育士・幼稚園教諭になりたい理由

❶ 保育士・幼稚園教諭のどんなところに魅力を感じているか。その魅力は、「➡」以下のような事柄から説明できるか考えてみよう。

☐ 子どもが好き
　　➡子どもにかかわることで、自分が感じるもの
　　➡子どもにかかわることで、自分が発見すること

☐ 専門職としての保育士・幼稚園教諭の魅力
　　➡これまで保育について学んできて関心が深まったこと
　　➡どんな保育士・幼稚園教諭になりたいか
　　➡子どものために保育士・幼稚園教諭ができること

☐ 社会的な役割を果たすやりがい
　　➡保育士・幼稚園教諭に今求められていること
　　➡子どもに関係する社会問題で、解決のために役立ちたいこと

☐ その他 (　　　　　　　　　　　　　　　　　　　　　　　)

❷ ❶で選んだことについて、自分の言葉で語ってみよう。専門性や社会的な役割について、あやふやなことがあったら、調べて書こう。

❸ 保育士・幼稚園教諭のどちらかを選ぶ理由についても説明してみよう。

自分のよいところ悪いところ
について

❶ **自分について、長所と思うところを書き出してみよう。**

HINT こんなことも長所かもしれない→子どもと遊ぶのが好き／人からやさしいと言われる／世話好き／感動しやすい／よく笑う、場を明るくする／活発、行動的／人の話を聞くのが得意／健康／運動が得意／etc.

[

]

❷ **❶と関連する体験、出来事があれば、思い出しておこう。**

[

]

❸ **自分の性格で短所として反省しているところを書き出してみよう。短所を小さくするために努力していることがあるだろうか。**

短所の裏返しが長所になる。あるいはその逆も考えてみよう。
例 決断が遅い→慎重である

[

]

❹ **上のことも含め、保育士や幼稚園教諭になったとき、自分の特長をどんなふうに活かせるだろう。**

[

]

これまでの体験について

❶ 頑張ったこと、つらかった体験で、自分のためになったと思うことを書き出してみよう。人が驚くような事柄でなくても、自分自身にとって頑張った、つらかったと感じたことでかまわない。

> ....
> ....
> ....
> ....
> ....

❷ 上のほかにも、自分の成長に結びついた体験を書き出してみよう。

> 🐟 こんなことも成長のきっかけかもしれない→アルバイトでの体験／部活動での体験／
> HINT 受験を頑張ったこと／学園祭でイベントをやりとげたこと／友人とのトラブルで反省したこと／実習で叱られたこと／今までで一番ほめられたこと／今までで最高にうれしかったこと／ etc.

> ....
> ....
> ....
> ....
> ....

❸ 上記の体験の前と後で、自分の生活、考え方、能力が変化したことはあるだろうか。人にわかるように説明しみよう。

> ....
> ....
> ....
> ....
> ....

保育を学んだことについて

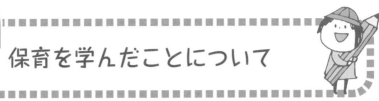

❶ 実習も含め、保育について学んだことによって、保育の仕事についての感じ方や考え方はどのように変化しただろうか。考えてみよう。

☐ 保育士や幼稚園教諭の仕事についての理解が変わった。

➡どんなふうに変わったか、説明してみよう。

[   ]

☐ 子どもに対する見方が変わった。

➡どんなふうに変わったか、説明してみよう。

[   ]

☐ 社会や子どもをとりまく状況に対する見方が変わった。

➡どんなふうに変わったか、説明してみよう。

[   ]

☐ その他（   ）

❷ 学んだことをふまえ、今、保育士・幼稚園教諭としてどんな仕事がしたいと考えているか、まとめてみよう。

[   ]

保育の専門性に関連することについて

❶ 保育士・幼稚園教諭としてどんな保育をしたいか、考えを短くまとめてみよう。

HINT 子どもにとって大切だと思うこと、必要だと思うことなども考えてみよう。

[
....
....
....
....
]

❷ 次の事柄について、保育の専門職としてできること、必要と考えることを説明してみよう。

☐ SIDS（乳幼児突然死症候群）

....

☐ 子どもの自発性の尊重

....

☐ 子どもの運動機能の発達

....

☐ 子どもの社会性の発達、思いやりやルールを理解すること

....

☐ 子どもが自分を大切にできる心

....

☐ 食育

....

☐ 親子関係

....

☐ 児童虐待

....

第8章 論作文と面接のためのヒントノート

社会に対する意識について

❶ 最近のニュース、出来事で関心をもったことについて、自分の意見も含め、説明してみよう。

🍓 うろ覚えのことはインターネット等で調べて、説明できるようにしておこう。

[
....
....
....
....
]

❷ 少子化社会において保育所・幼稚園に期待されているのはどんなことか、考えてみよう。

[
....
....
....
]

❸ 公立志望者は、公務員の役割について重要と思うことをまとめてみよう。

[
....
....
....
]

❹「社会人としての自覚」とはあなたにとってどんなことが説明してみよう。

[
....
....
....
....
]

第 **9** 章

論作文・面接対策で知っておきたい重要事項

第9章では

論作文や面接で、問われたことついてきちんと述べるためには、正確な知識や情報が必要になります。最終章には、論作文対策と面接対策として理解しておきたい重要事項をまとめます。

1 保育所や幼稚園の背景にある社会問題

女性が当たり前に働く時代だから…①

お母さんたちは意欲的!② 早く仕事に復帰したい!!

子どもを預けたいな〜③

④そして待機児童が問題に 保育施設 満員です!

ワーク・ライフ・バランス

check ☐

　日本は欧米と比較して男性の家事・育児時間が極端に少ない。このように仕事中心社会であることも少子化の原因のひとつとされており、2007（平成19）年、政府は「仕事と生活の調和（ワーク・ライフ・バランス）憲章」を策定し、労働時間の見直しなどを促している。

　ワーク・ライフ・バランスが広がれば、子育て世代の子育てを助けることはもちろん、その他の世代も仕事を離れた交流や趣味、地域活動などにもっと時間を使えるようになり個人生活が充実すると考えられているが、経済状況もあり、ライフスタイルはまだあまり変化していない。

🚍 M字カーブ

check ☐

女性の**労働力率**（働いている人の比率）を年齢別に並べたときに、日本では子育て期が凹んだ形、つまりM字形になることから、これを「M字カーブ」と呼んでいる。M字を台形に近づけるように両立支援をしていくことが、少子化対策にとっては重要とされている。

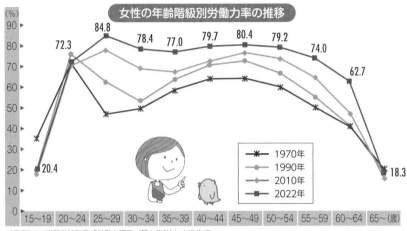

女性の年齢階級別労働力率の推移

（備考）1. 総務省統計局「労働力調査（基本集計）」より作成。
　　　　2. 労働力率は15歳以上人口に占める労働力人口の割合である。

🚍 待機児童問題

check ☐

待機児童とは、入園を希望したものの保育所が満員のため入れず空き待ちをしている児童のこと。現在、都市部では保育所不足、つまり「待機児童問題」が深刻になっている。

不安定な経済状況が続き、子育て家庭は経済的安定を求めて共働きを選ぶ傾向が広がっている。安心して子育てができる地域づくりのためには、待機児童解消は最重要課題のひとつとなっている。

ただし、2021 ～ 2022年と待機児童数が大幅減となったことから、保育のニーズ増はようやく一段落したと見られている。

🚍 幼保一体化

check ☐

「**幼保一元化**」ともいう（19ページ参照）。

戦後、保育所と幼稚園は２つの制度として発展してきたが、両者の機能が似通ってきたことを踏まえ、政府は幼保一体化に着手した。2006（平成18）年には認定こども園制度を創設した。しかし、この制度は幼稚園認可と保育所認可が複雑に組み合わされたものであり、期待されたほど広がらなかったため、2015年から実施された「子ども・子育て支援新制度」では、**幼保連携型認定こども園**という単一の認可制度が新設され、幼稚園と保育所の両方の基準を満たした施設が認可されることになった。この結果、幼稚園や保育所から幼保連携型認定こども園に移行する施設が増加している。2022年度の調査数値では、全国の幼稚園（幼稚園型認定こども園を含む）は9,111園、保育所（保育所型認定こども園を含む）は23,899園、幼保連携型認定こども園は6,657園（保育所は厚生労働省調査、他は学校基本調査）となっている。

　「幼保連携型認定こども園」は今後も増えることが予測される。「幼保連携型認定こども園」で働く保育者は「保育教諭」と呼ばれ、保育士資格と幼稚園資格に両方を取得する必要がある。ただし、2025年度末までは片方だけでも保育教諭として働ける特例制度が設けられている。

> 🍓 これから保育士・幼稚園教諭になる人は、両方の資格を併有することが望まれる。また、法制度にかかわらず、両者とも子どもの健やかな成長を支え、家庭の子育てを支える役割を担うことに変わりはないことを念頭においておこう。

🐣 こども基本法・こども家庭庁　　check ☐

　2022（令和４）年、こども基本法、こども家庭庁設置法が成立した。

　こども基本法は、すべての子どもが権利を保障され、健やかに成長することができ、将来にわたって幸福な生活を送ることができる社会の実現をめざして、こども施策を推進する国や自治体の責務などを定めている。

　こども家庭庁は、2023年4月に開設され、こども施策を総合的に推進する。従来、保育所等を管轄していた厚生労働省子ども家庭局の業務と、幼保連携型認定こども園を管轄していた内閣府子ども・子育て本部の業務は、こども家庭庁に統合される。幼稚園を管轄する文部科学省はそのまま残り、こども家庭庁と連携する。保育士に関係のある分野としては、母子保健、児童相談所、社会的養護（乳児院、児童養護施設など）もこども家庭庁の管轄に

なっている。

児童手当 check ☐

児童手当は母子・父子家庭に給付される**児童扶養手当**と名称が似ているが、別の制度。児童手当は、中学生以下の子どもを育てる家庭に、子どもの年齢によって1人1万円～1.5万円が支給されるもの。2024年10月より、所得制限を撤廃し、支給対象を高校生まで広げ、第三子以降は年齢にかかわらず1人3万円支給されることが閣議決定している（2024年2月16日現在）。

地方分権 check ☐

国から自治体に権限や財源を移譲し、地方自治体が地域の事情に合わせた施策をもっと自由に行えるようにしようという考え方。

地方公務員試験の論作文では、過去に地方分権時代の自治体はどうあるべきかを問うものも出題されている。地方分権が進めば自治体の裁量が大きくなるため、これまで国任せだった部分も、自治体として地域のためによりよい施策を工夫し、作り上げていかなければならない。地方分権により、自治体職員の創造性や行動力がいっそう求められるようになることをおさえておかなくてはならない。

なお、地方分権のデメリットとしては、自治体の財政力などによる格差が広がることが挙げられる。財政事情や自治体の方針によって、従来、国の法律や財源が支えてきた制度が後退する現象も見られている。地方分権が住民の利益に反することのないよう、住民の生活や権利を守る高い倫理観が地方行政には求められている。

民営化 check ☐

「公から民へ」という流れによって、これまで公立施設で公務員が行ってきた業務を民間に外注したり、業務委託したり、指定管理者の運営にしたりすることがふえている。このうち、業務委託や指定管理者制度による運営にすることを公設民営化といい、完全に民間立として移管する民営化を民設民営化という。公立保育所についても民営化が進んでおり、現在、保育所全体の数が増加する中で、公設公営の保育所の数は減少する傾向にある。

一般に民営化には、次のようなメリット・デメリットがある。

メリット　人件費コストの抑制、民間事業の柔軟性の導入への期待

デメリット　公共性（地域全体の利益を考えられること）が保たれるか、職員の定着率が低下しないかなどの懸念

　保育所の民営化の場合は、職員が入れ替わることによる子どもや保護者への影響が大きいというデメリットもある。

　しかし、公立施設で公務員によって業務が行われていることのメリットが明確にならなければ、今後もさまざまな分野で民営化が進む可能性がある。

　公立（公設公営）の保育所については、自治体の機関として公共性の高い仕事ができること、地域の利益・子どもの利益を考えて保育や子育て支援を行えること、さまざまな公的機関や民間事業とも連携をとりやすいこと、職員の身分が安定しており経験を積んで専門性を高めていけること、多様化する民間の保育施設を支援したり、指導したり、役割を担いうることなどに存在意義がある。これらの存在意義は、そこで働く職員自身が生み出すものでもある、公務員の保育者をめざす人は、このような存在意義を自ら生み出すために努力していく覚悟を示すことが必要である。

🖥 地域のつながり　　　　　　　　　　　　check ☐

　今、さまざまな意味で地域関係、地域のつながりの重要性が言われるようになった。**地域関係の希薄化**により、高齢者の生活、核家族の子育て、子どもの戸外での安全、災害への備えなどの不安が大きくなったと考えられるからだ。

　福祉や治安などの行政サービスだけですべてを満たすことは難しく、地域社会の人と人とのつながり、助け合いなどが、これを補うことが期待されている。そこで、公的な機関、社会福祉協議会、NPOなどの民間団体などが、地域の交流のための場所や機会をつくる活動を行っている。高齢者のための「いきいきふれあいサロン」、乳幼児と親のための「**ひろば**」なども、当事者への支援であると同時に、人と人とをつなぐ活動でもあると言える。保育所や幼稚園、学校などの施設にも、地域とつながり、地域をつなぐ役割が期待されている。

2 保育士と幼稚園教諭

幼保連携型認定こども園の役割・保育内容 check☐

　幼保連携型認定こども園は、幼稚園と保育所の機能を併せ持つ施設として2015年に創設され、保育所や幼稚園が幼保連携型認定こども園に移行する形で数が増えてきた。少子化が進み、それぞれ園児確保が課題になる中、保育所にとっては親が働いていない家庭の3歳以上児を受け入れられ、幼稚園にとっては親が働いている家庭の長時間保育や3歳未満児保育を実施できるようになるというメリットがある。

　その役割や・保育内容は、保育所と幼稚園の両方の性格を併せ持つものなので、次項以下を参照してもらいたい。

　なお、幼保連携型認定こども園で働く保育教諭になるは、保育士と幼稚園教諭の両方の資格・免許が必要であるが、現在は特例経過措置で片方の資格

でも許容されている。

　また、同じ認定こども園の他の類型のうち、保育所型認定こども園はおおむね保育所と同じ、幼稚園型認定こども園は幼稚園と同じと考えてよい。地方裁量型認定こども園は認可外保育施設である。

🌙 保育所と保育士の役割・保育内容　　check ☐

　保育所の保育は、養護と教育を一体的に行うものとされている。

養護 ➡ 生命の保持と情緒の安定

教育 ➡ 健康、人間関係、環境、言葉、表現の5領域

　保育所は、0歳児から受け入れ、子どもが一日の大半を過ごす場所であるため、養護についても大きな比重がおかれており、また、日々の子どもの保育のために家庭との連携が欠かせないものとなっている。

　長時間の保育となるため、園外保育なども取り入れて、一日の流れの中での保育の工夫が行われ、食育や生活習慣の指導なども行われている。

　児童福祉施設として、障害児保育、養育困難家庭の受け入れ、地域の子育て支援なども多くの園で実施している。このような保育所の児童福祉機能は、地域にとってますます重要なものとなることが予測される。

🌙 幼稚園と幼稚園教諭の役割・保育内容　　check ☐

　幼稚園は、学校教育法の「学校」に位置づけられている。教育の専門機関であり、3歳以上の幼児を対象に、5領域（健康、人間関係、環境、言葉、表現）のねらい・内容をもって保育を行っている。

　幼稚園教育要領には「養護」は記されていないが、上記の「1.」には、情緒の安定が基本となることが記されており、この点では、保育所と同じ配慮が求められていると考えられる。

　幼稚園の保育時間は平均5時間程度（標準4時間保育）であり、午前中の時間が幼稚園教育の中心的部分となっている。午後は、私立は預かり保育を実施したり、希望者対象に別料金の教室を開いたりしている場合もある。教諭は、午後の時間を翌日の準備などにあてている。

　公立と私立で違いが大きく、公立は遊びを主体とした幼稚園教育要領に忠実な保育が行われている場合が多いが、私立は保護者のニーズに合わせて、

独自の教育を取り入れているところも多い。私立幼稚園を志望する場合には、教育方針への共感が重要になる。

 ## 保育士と幼稚園教諭の違い　　　check☐

　上記のように、保育所と幼稚園の役割や保育内容には多少の違いがある。整理すると、

① 　幼稚園の保育は1日4時間〜5時間で、夏休み、冬休み、春休みなどもあるため、合計保育時間は保育所よりも短い。そのため、研修や保育の準備にあてる時間がとりやすい。

② 　保育所の保育では、食事・おやつや午睡などの生活面の活動が多く含まれ、子どもの生活全般に関わる保育を行うが、幼稚園の保育は基本的に教育に特化されている。

③ 　保育所では0歳児から就学前までの子どもを保育するが、幼稚園では3歳以上の幼児の保育を原則としている。

　しかし、前述のように幼稚園・保育所から幼保連携型認定こども園への移行が進んでいるほか、幼稚園でも正規保育時間終了後に夕方までの預かり保育を実施したり、2歳児の受け入れをする園もふえていて、保育士と幼稚園教諭の仕事の実質的な差異はどんどん小さくなっている。養成校も、両方の資格・免許を取得できるところが増えている。

　しかし、採用面接などで「なぜ幼稚園教諭？」「なぜ保育士？」と聞かれる場合もあるので、それぞれの従来からの特徴については理解しておいたほうがよいだろう。

　なお、保育士については、活躍する現場は保育所に限らず、放課後児童クラブ、児童相談所、児童養護施設などの職場もある。それらの施設をもつ自治体や法人の場合には、採用の際に希望を聞かれることもあることを心しておこう。

3 子育て支援と児童福祉

子育て支援　　　　check ☐

<背景>

　1990（平成2）年の1.57ショック以降、国は少子化対策に力を入れてきた。当初は、乳児保育の拡充や延長保育の普及など、両立支援を図る保育施策が中心であったが（1994年策定の**エンゼルプラン**など）、やがて在宅子育て家庭の支援にも目が向けられるようになった。

　子育ての負担感を調べた調査で、保育所に預けて働いている母親よりも在宅で乳幼児を育てて働いている母親のほうが子育ての負担感が大きいという結果が出ている。この背景には、次のようなことがあると考えられる。

①　核家族化や地域関係の希薄化などにより、親子が孤立している。

②　このため子育てに必要な情報・技術の伝達が乏しくなっている。同年

齢の子どものモデル、子育てのモデルが周囲に少なく、いろいろなことが直感的にわかりにくく、不安が大きくなりがちという状況もある。
③　親子が24時間密着する状態になっており、親は息が抜けない。少しの間も手を貸してくれる人がいない場合も多い。
④　このように孤立している環境では、親自身、他者と交流したり集団の中で役割を果たしたりすることによって得られる社会的存在としての満足感を得にくい。
⑤　子どもも周囲に子どもがいない環境ではきょうだいや仲間とともに過ごす場合よりも大人に依存しがちとなり、親の負担感が大きくなる。

1990年代後半に子育て困難が言われた当初は「最近の母親はがまんが足りない」という個人の責任に帰するような批判も聞かれたが、現在は、前述のような子育て環境の変化に着眼し、社会や地域は積極的に家庭の子育てを支援していかなければならないと考えられるようになった。

子育て支援の必要性は、国の少子化対策、保護者のニーズにとどまらず、親が安定した心で子育てを楽しめることが子どもの健やかな育ちのために何よりも重要であるという、子どもの視点からの必要性において考えられなくてはならない。

＜在宅子育て支援の施策＞

こども家庭庁は現在、次ページの図のような**地域子育て支援拠点事業**を展開している。

これらの事業では、場を設けて、子育てに関する相談を受けたり、講習を行ったり、親子での交流や遊びの場を開いたり、子育てサークルの支援を行ったりなどの活動を行っている（事業によって実施する内容はさまざま）。あわせて一時預かり事業を実施する場合もある。

令和4年度の実施箇所数（交付決定ベース）は、7,970か所である。これらの半数近くが、保育所・認定こども園で実施されている。

保育所の在宅子育て支援は、上記の補助金などを活用しながら、それぞれ自園にあった事業を実施している。たとえば、育児相談、園庭開放、体験保育（親子で保育に参加する）、ひろば（親子で交流する場）事業、各種の公開講座の開催、一時預かりなどである。

地域子育て支援拠点事業の概要

	一般型	連携型
機能	常設の地域の子育て拠点を設け、地域の子育て支援機能の充実を図る取組みを実施	児童館等の児童福祉施設等多様な子育て支援に関する施設に親子が集う場を設け、子育て支援のための取組みを実施
実施主体	市町村（特別区を含む。） （社会福祉法人、ＮＰＯ法人、民間事業者等への委託等も可）	
基本事業	①子育て親子の交流の場の提供と交流の促進　②子育て等に関する相談・援助の実施 ③地域の子育て関連情報の提供　④子育て及び子育て支援に関する講習等の実施	
実施形態	①～④の事業を子育て親子が集い、うち解けた雰囲気の中で語り合い、相互に交流を図る常設の場を設けて実施 ▶地域の子育て拠点として地域の子育て支援活動の展開を図るための取組み（加算） 　一時預かり事業や放課後児童クラブなど多様な子育て支援活動を拠点施設で一体的に実施し、関係機関等とネットワーク化を図り、よりきめ細かな支援を実施する場合に、「地域子育て支援拠点事業」本体事業に対して、別途加算を行う。 ▶出張ひろばの実施（加算） 　常設の拠点施設を開設している主体が、週１～２回、１日５時間以上、親子が集う場を常設することが困難な地域に出向き、出張ひろばを開設 ▶地域支援の取組みの実施（加算）※ ①地域の多様な世代との連携を継続的に実施する取組み ②地域の団体と協働して伝統文化や習慣・行事を実施し、親子の育ちを継続的に支援する取組み ③地域ボランティアの育成、町内会、子育てサークルとの協働による地域団体の活性化等地域の子育て資源の発掘・育成を継続的に行う取組み ④家庭に対して訪問支援等を行うことで地域とのつながりを継続的に持たせる取組み ※利用者支援事業を併せて実施する場合は加算しない。 上記に加え、右表★部分が共通	①～④の事業を児童館等の児童福祉施設等で従事する職員等のバックアップを受けて効果的に実施 ▶地域の子育て力を高める取組みの実施（加算） 　拠点施設における中・高校生や大学生等ボランティアの日常的な受入・養成の実施 ┌─────────────────────┐ ▶配慮が必要な子育て家庭等への支援（加算） 　配慮が必要な子育て家庭等の状況に対応した交流の場の提供等ができるよう、専門的な知識等を有する職員を配置等した場合に加算を行う ▶研修代替職員配置（加算） 　職員が研修に参加した際、代替職員を配置した場合に加算を行う ▶育児参加促進講習の休日実施（加算） 　両親等が共に参加しやすくなるよう休日に育児参加促進に関する講習会を実施した場合に加算を行う └─────────────────────┘
従事者	子育て支援に関して意欲があり、子育てに関する知識・経験を有する者（２名以上）	子育て支援に関して意欲があり、子育てに関する知識・経験を有する者（１名以上）に児童福祉施設等の職員が協力して実施
実施場所	公共施設空きスペース、商店街空き店舗、民家、マンション・アパートの一室、保育所、幼稚園、認定こども園等を活用	児童館等の児童福祉施設等
開設日数等	週３～４日、週５日、週６～７日／１日５時間以上	週３～４日、週５～７日／１日３時間以上

こども家庭庁発表資料より

幼稚園でも、子育て支援活動が広がっており、その実施メニューは保育所とほぼ同様である。育児相談は幼児の教育相談として実施している。在園児対象の預かり保育が広く行われており、在園児のきょうだいを対象に一時預りを実施する園も増えている。

　認定こども園は、地域の子育て支援を実施することを義務づけられており、保育所や幼稚園と同様の活動を行っている。

　ちなみに、親子が交流する場を開くひろば事業は、子育て中の母親たちがボランティアで始めた活動が先駆となっている。このように、子育て支援では、ボランティアやNPOの活躍もめざましく、地域ごとにこれらの子育て支援者が連携していくことが望まれている。

 ## 児童虐待　　　　　　　　　　　　　　check☐

＜児童虐待防止法＞

　2000（平成12）年に児童虐待防止法が制定された。この法律により、児童虐待が明確に定義され、児童虐待を発見した者に対する通告義務、都道府県の強制捜査や警察の介入についてもその権限が定められた。

　児童虐待とは、18歳未満の子どもに対する保護者の次のような行為とされている。

① 　身体への暴行
② 　児童へのわいせつ行為と、わいせつ行為をさせること
③ 　心身の正常な発達を妨げる減食・長時間の放置（ネグレクト）
④ 　保護者以外の同居人による前記の行為と、その行為を保護者が放置すること
⑤ 　著しい暴言・拒絶的対応・著しい心理的外傷を与える言動を行うこと

　児童虐待防止法第6条は、児童虐待を受けたと思われる児童を発見した者は、速やかに福祉事務所・児童相談所に通告しなければならないとしている。この場合、通告は保育士などに課せられている守秘義務違反とはならない。

　2019（令和元）年、しつけを理由とした体罰による子どもの虐待死事件が相次いだことを受けて児童虐待防止法が改正され、親権者は、児童のしつけに際して体罰を加えてはならないことと定められた。また、親権者であ

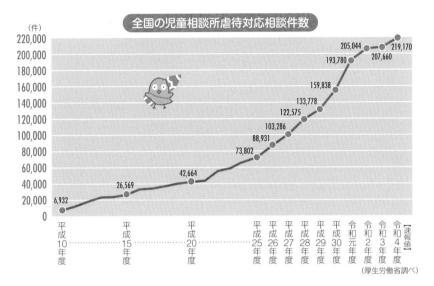

全国の児童相談所虐待対応相談件数

（件）

6,932　26,569　42,664　73,802　88,931　103,286　122,575　133,778　159,838　193,780　205,044　207,660　219,170

平成10年度　平成15年度　平成20年度　平成25年度　平成26年度　平成27年度　平成28年度　平成29年度　平成30年度　令和元年度　令和2年度　令和3年度　令和4年度【速報値】

（厚生労働省調べ）

っても、児童虐待への暴行罪、傷害罪の適用を免れることはできないことも示された。

＜児童相談所虐待対応相談件数＞

　児童虐待について通告や相談を受けて児童相談所が対応した件数は、年々増加している（上図参照）。

　この数値は、調査開始以降、増加が続いている。虐待事件の報道等で国民の意識が敏感になり通告や相談が増えていることも考えられるが、痛ましい虐待事件の防止のため、すべての大人が注意を払っていく必要がある。

＜保育所や幼稚園での対応＞

　重大な児童虐待を未然に防ぐためには、子どもの異変を早期に発見することが重要であり、保育所、幼稚園、学校など、子どもが日々通う施設が果たす役割は大きい。児童虐待防止法は、市町村に対して、養育に懸念のある家庭について、保育所、認定こども園、幼稚園の利用を優先させるなどの配慮をするよう求めている。

　保育所や幼稚園では、登園の際に、子どもの体の状態を見て、異常がないかどうか確認することが求められている。たとえば、埼玉県が作成した『教職員・保育従事者のための虐待防止マニュアル』の「早期発見のためのチェックリスト」には、次ページのようなチェック項目が挙げられている。

早期発見のためのチェックリスト
＜子どもの様子：保育所・幼稚園＞

☐ よくケガをしてくるが、原因がはっきりしない、手当が十分でない

☐ 打撲によるあざ、火傷などの不自然な傷がよく見られる

☐ 特別な病気もないのに、身長や体重の増加が悪い、あるいは次第に低下している

☐ 着衣が薄汚れていたり、季節や気温にそぐわない服装をしていたりする

☐ 長期間入浴していない

☐ 服装や顔、髪の毛、手足、口腔内が不潔である

☐ 表情や反応が乏しく、元気がない

☐ 基本的な生活習慣が身に付いていない

☐ おやつや給食をむさぼるように食べる、おかわりを何度も要求する

☐ 理由のはっきりしないまたは連絡のない遅刻や欠席が多い

☐ 転んだりケガをしたりしても泣かない、助けを求めない

☐ おびえた泣き方をする

☐ 身体接触を異常にいやがる（抱こうとすると逃げる、身を固くするなど）

☐ いつもおどおどしていて、何気なく手を挙げても身構える

☐ 職員を試したり、独占したりしようとし、まとわりついて離れない

☐ ささいなことでもすぐカーッとなり、友人への乱暴な言動がある

☐ 親が迎えに来ても帰りたがらない

☐ 年齢不相応な性的な言葉や、性的な行動が見られる

　児童虐待の背景には、家庭の経済状態、家族の人間関係、健康状態などに問題をかかえている場合も少なくない。虐待の事実が明白な場合は、すぐに児童相談所に通告しなければならないが、その前の段階での予防にも注意を払う必要がある。生活や子育てに困難をかかえている保護者については適切な職員が相談にのり、信頼関係を築き、必要であれば外部の支援ともつなぐなど、園として対応していかなければならない。

　なお、厚生労働省では、2004（平成16）年の児童福祉法改正により、**要保護児童対策地域協議会**（子どもを守る地域ネットワーク）の設置を推進している。これは、地域で子どもや家庭に関わる関係者がネットワークし情報

を共有することにより、児童虐待の早期発見や予防に役立てることを目的としている。

🐜 ひとり親世帯の貧困　　　　　　　　　　　check ☐

　ひとり親世帯の貧困が問題になっている。こども家庭庁が発表する令和3年度全国ひとり親世帯調査によれば、推計値での母子世帯数は119.5万世帯、父子世帯数は14.9万世帯であった。特に、母子世帯の場合の母親の就業の半数近くがパート・アルバイト等であり（父子世帯は7割近くが正規雇用）、その手当等も含めた年収の平均は272万円、親の就労による年収の平均は236万円となっており、経済的に厳しい家庭が多いことがわかっている。

　ひとり親の場合、仕事と子育ての両立の負担がより大きく、経済的に不安定になりがちであるため、周囲の支援を必要としている場合が多い。保育者は、ひとり親にとって子育ての重要なパートナーとなる存在であり、子どもをともに見守り、その成長を喜び合う関係となって支援していくことが求められる。

　ひとり親家庭の公的な支援や制度としては、次のようなものがある。

①　経済的支援：児童扶養手当
②　子育てと生活支援：保育所の優先入所、ヘルパー派遣など
③　就業支援：母子家庭等就業・自立支援センター、ハローワーク
④　養育費の確保：養育費支払いの努力義務化

🐜 看護休暇　　　　　　　　　　　　　　　check ☐

　子どもが病気のときに親が看護することを支援するために、育児・介護休業法は小学校就学前の子どもを育てる労働者に看護休暇を付与することを事業主（勤務先）に義務づけている。子どもが1人であれば年間5日、2人以上であれば年間10日の看護休暇が認められる。無給ではあるが、社員が申請すれば、事業主は拒否することはできない。

特別資料

合格体験記

先輩受験生の合格体験記は、受験対策のヒントが盛りだくさん。ぜひ参考にしてみてください。
合格へのエールがもらえます。
そして、次はあなたの合格体験記が載るかもしれません。

保育士

川越市 保育士 合格

川越市 に採用内定

髙木 伶夏

文京学院大学
人間学部児童発達学科

得意科目／判断推理，保育原理
不得意科目／社会福祉

採用時の年齢	1週間の平均学習時間
22歳	**30**時間

学習期間			
延べ**7**か月	現役合格	独学	学内セミナー

併願状況
板橋区 福祉：最終合格
さいたま市 保育士：最終合格

　私が保育士をめざした理由は，年少の時に優しく寄り添ってくれた先生に憧れて，子どもと関わる仕事がしたいと思っていたからです。また実際に公立の保育所実習と私立の幼稚園実習に行き，実際の業務や雰囲気を知り，公立保育士への思いが強くなりました。

　3年生の後期から学校の公務員講座に参加していましたが，具体的にはあまり考えられていませんでした。4年生の6月に実習が終わってから，進路についてとても悩み，実習経験を踏まえて受験することを心に決めました。

　第1志望の川越市は一般教養がないため，専門科目に力を入れて学習しました。学習方法は初めに「スイスイわかる保育士採用専門試験問題集」を使って一通り保育士の知識とイメージを掴みました。しかし，実際のテストや問題を解いてみると上記の書籍に書いていない内容も多くあり，もっと詳しく学ぶ必要があると感じたため，「ゴロ合わせでらくらく暗記保育士要点ブック」を使い知識を深めました。また，保育所保育指針の穴埋めに対応できるように，保育所保育指針をコピーして重要なキーワードに線を引き，いくつかに分けて毎日寝る前に音読しました。単語を完璧に暗記はできませんでしたが，四択問題で出題されたら答えられる程度に内容理解と言い回しを覚えました。暗記した知識がテストで実

	12月	1月	2月	3月	4月	5月	6月	7月	8月	9月	10月	11月
学習スケジュール			専門読み込み，暗記					大学講座(一般教養)				
					論文対策						面接対策	
試験・就職活動・その他のスケジュール			保育所実習(3週間)	公務員試験勉強開始			幼稚園実習(3週間)	受験する各自治体へ出願	板橋区一次 8/27	さいたま市一次 9/24	川越市二次面接 10/10	板橋区最終合格 11/14
							特別区幼稚園一次(6/16)		川越市一次 8/20	川越市一次 9/17	板橋区二次面接 10/10 / さいたま市集団討論 10/15 / さいたま市二次面接 10/19 / 川越市二次面接 10/29 25	さいたま市最終合格 11/11 / 川越市最終合格 11/22

⏰ 一日のタイムスケジュール

時間	行動・勉強内容
9：00	起床
10：00	テキスト読み込み（暗記，専門科目，苦手科目）
13：00	テキスト読み込み（午前の復習，暗記，専門科目，得意科目）
15：00	自由時間
18：00	学内公務員講座
19：00	自由時間
21：00	入浴，夕食
23：00	保育所保育指針音読，一問一答問題集
24：00	就寝

📖 使用してよかった参考書・問題集

書名	著者名	発行元（出版社）
専門試験関連（記述式含む）		
ゴロ合わせでらくらく暗記！保育士完全合格要点ブック	サンライズ保育士キャリアスクール	翔泳社
スイスイわかる保育士採用 専門試験問題集	保育士採用試験情報研究会	TAC出版
保育所保育指針解説	厚生労働省	フレーベル館

際に使えるようにするために，保育士試験のテストを教科別に過去3年分解いて，4択の問題に慣れるようにしました。スマホでもできるので，移動時間や空き時間で何周もできるようになるまでやりました。

一般教養は学校の公務員対策講座を受講し，その中で出来なかった問題やわからなかったものを復習しました。

面接では，最初にあった板橋区で上手くいかず，とても落ち込みました。今考えれば，自分の実力を把握しておらず，情報収集も不足していたと思います。この経験から第1志望の面接までに何回も学校のキャリアセンターで面接練習をしてもらいました。自信をつけるために両親や友人に頼み，面接の練習をしてもらったこともありました。加えて，先輩が書いてくださった記録から，受験する市だけではなく他の市で聞かれていたこともメモし，答えられるように準備しました。実際に他の市で聞かれていた質問内容が受験した市で聞かれたときに，落ち着いて答えることが出来ました。想定外のことを聞かれて焦ってしまわないためにも，さまざまな市の面接の質問にも目を通しておくといいかもしれません。

また，川越市では集団討論，さいたま市では実技試験がありました。それぞれどのようなことを今までにしていたか，事前に先輩が書いてくださった記録を元に情報を集めました。手遊びでは実習で学んだ，笑顔と声の大きさ，目線に注意して行いました。

私の息抜き方法は友達と遊ぶことです。遊ぶ日はおもいっきり遊ぶ，勉強の日は集中する。メリハリをつけて生活しました。

就職活動で1番苦労したのは，受験後の合格発表前でした。自信がなく，合格しているか毎日不安でした。気持ちが落ち込んだ時にはキャリアセンターに行って先生と話すことで気持ちがとても落ち着きました。また面接は必ず練習が必要です。大変だと思いますが頑張ってください。

中央区 福祉（保育士等）合格

中央区 に採用内定

採用時の年齢	1週間の平均学習時間
22歳	**21**時間

学習期間		
延べ**14**か月	現役合格	学内セミナー

木村 雪乃

十文字学園女子大学
教育人文学部幼児教育学科

得意科目／子どもの保健
不得意科目／判断推理，子ども家庭福祉

併願状況

さいたま市 保育士：二次辞退

　私が保育の世界に進みたいと思ったきっかけは，通っていた幼稚園の先生でした。どんな時でもあたたかく寄り添ってくれた「保育者」という存在に次第に憧れを持ち，自分もいつかそのような存在になりたいと思うようになりました。そして，大学に入学し，学びを深めるなかで，乳幼児期の保育のニーズを強く感じ，保育士になりたいと明確に意識しました。

　また，大学の部活動で出会った同じ学科の先輩が公務員保育士を志望しており，試験準備時期から合格するまでの姿を見て，公務員保育士に興味を持ち始めました。保育士を一生の仕事にしたいと思っていた私にとって，平均勤続年数が長く安定性のある点に強く魅力を感じ，進路を公務員保育士に定めました。

　自分の持っている知識だけでは試験対策は難しいと考え，学内の学修支援センターを利用しました。3年生の夏頃から，まずは一般教養の対策を始めました。特に苦手と感じていた数学と英語は，数的推理や長文読解など具体的な科目をいきなり始めるのではなく，基礎学力の向上を目標にして学内の講座を受講しました。3年生の秋からは受講科目を増やし，専門科目の対策も始めました。

　苦手科目は，わかるまで先生に聞くことと自分が安心できるまで繰り返し解くことを大切にしました。試験本番に向けて一つでも不安要素を潰しておくことで

	9月	10月	11月	12月	1月	2月	3月	4月	5月	6月	7月	8月	9月	10月
学習スケジュール	数学基礎，英語基礎													
				人文科学，理科										
		文章理解，文章整序					社会（政治経済）	数的推理，判断推理，英文（長文読解）						
											社会（公民，歴史）			
											面接対策			
		専門科目，教養科目，論作文												
試験・就職活動・その他のスケジュール											中央区一次（8／27）	さいたま市一次〈筆記〉	中央区二次 さいたま市二次〈論作文・適性試験〉 中央区最終合格（10／17） さいたま市一次〈筆記〉（10／23）	
				大学春休み						大学夏休み			
			幼稚園実習						幼稚園実習	保育所実習			

🕐 一日のタイムスケジュール

時間	行動・勉強内容
8：00	起床
9：00	授業，卒論，学内公務員講座
12：00	昼食
13：00	学内公務員講座，自習
17：00〜20：00	入浴，夕食
21：00	自習
23：00	就寝

📖 使用してよかった参考書・問題集

書名	著者名	発行元（出版社）
教養試験関連		
スイスイわかる保育士採用 教養試験問題集	保育士採用試験情報研究会	TAC出版
専門試験関連（記述式含む）		
スイスイわかる保育士採用 専門試験問題集	保育士採用試験情報研究会	TAC出版
論文・面接試験関連		
保育士・幼稚園教諭 論作文・面接対策ブック	保育士試験研究会	実務教育出版

少しずつ自信をもてるようになったのではないかと思います。

　論作文の対策では，問題文に沿って文章を展開できるように，さまざまなタイプの問題を練習しました。同じ問題を繰り返し書いてみることで，語彙力や問題に対する自分の理解がより深まりました。

　面接の対策では，自分自身のことを理解することから始めました。また，自分が希望する自治体の研究も同時に進めました。基本構想を読んだり子育て支援に関する情報を集めたりするなど，多方面から自治体を見ることで，よりその自治体で働きたいという思いが強くなっていくと思います。私は自治体研究の一環として，志望する自治体を1日かけてゆっくりと巡ったことがあります。保育施設や公園を訪れている子育て家庭の様子など，保育に関することからその土地の雰囲気まで幅広く見ることによって，自分はどのようにその自治体に貢献したいかというイメージもつきやすくなりました。実際の面接練習では，決まった文言を言おうとするのではなく，キーワードを決めて試験官の雰囲気に合わせて自由に話す練習をしておくことで，本番でも緊張せずにいられたと思います。私が志望した自治体では「普段の私」が重視されました。言葉遣いや態度に気を付けつつ自分をいかに表現できるかが重要だと感じました。アルバイトで一番苦労したことを質問された時には，自分の失敗談とそれをどう乗り越えたかを話しました。面接官の方からは乗り越えた過程についてさらに詳しく聞かれました。その時，面接官は私のことを知ろうとしているのだと思え，より一層，緊張がほぐれました。面接官と聞くと緊張すると思いますが，目の前にいるのは，自分のことを知ろうとしている1人の人間だということを意識して，自分の思いや意見を伝えることが大切だと思います。

　試験対策を行うなかで最も大切にしていたことがあります。それは生活にメリハリをつけることです。試験のために何もかも我慢するのではなく，自分の好きなことをする時間も作って息抜きをすることで，最後まで試験に向かって努力を続けられたと思っています。みなさまの合格をお祈り申し上げます。

特別区 幼稚園教員 合格

文京区 に採用内定

北島 莉央
東京家政大学
家政学部児童学科

得意科目／模擬保育
不得意科目／キーボード伴奏付き歌唱

採用時の年齢	1週間の平均学習時間
22歳	**30**時間

学習期間			
延べ**8**か月	現役合格	独学	学内セミナー

併願状況
なし

　私が特別区立幼稚園教員を志望した理由は，研修などがあり自分自身の保育の質を高め続けながら働き続けることができると思ったからです。また，特別区の幼稚園には障がいがある子どもや海外にルーツを持つ子どもが多く在園しています。日々の生活の中で障がいの有無や人種に関係なくお互いのよさを認め合い，友達との関わりを楽しんでほしいという私のめざす保育ができる場所だと感じ，志望しました。

　受験を決めた大学3年の12・1月は主に先輩の報告書を読み，何から勉強すべきか計画を立てました。

　2月には本格的に試験勉強を始め，過去問を5年分解き，傾向を掴むことから始めました。幼稚園教育要領や関係法規から多く出題されていた為，この2つの暗記をしました。幼稚園教育要領解説の本文の語句に線を引き，赤シートで隠す勉強法で4月末までに一周し，関係法規はYouTubeにあった読み上げの動画を，移動中に0.5倍速で聞いていました。勉強をするにつれ，この勉強法であっているのかと不安になりますが，そのような時は過去問を解くことがおすすめです。正答率がグンと上がっていて，モチベーションの維持に繋がります。

　小論文は何度も書くことで自分の型ができていきます。子どもたちの発達を理

	12月	1月	2月	3月	4月	5月	6月	7月	8月	9月	10月	11月
学習スケジュール	学内セミナーなどで情報収集、学習計画を立てる		過去問5年分を解く（1回目）	専門科目対策			過去問5年分を解く（2回目）					
							模擬保育の対策					
			「幼稚園教育要領解説」の読み込み、暗記							志望自治体の情報収集		
			関係法規（教育基本法、学校教育法など）の暗記							面接対策		
				小論文の対策								
					ピアノ・面接対策							
試験・就職活動・その他のスケジュール				特別区立の幼稚園でボランティア								
		春休み			特別区立の幼稚園で実習（2週間）	特別区一次試験（6/18）	特別区二次試験合格発表（7/21）	特別区二次試験（8/12・13）	文京区面接（9/27）／特別区二次試験合格発表（9/7）	文京区内定（10/2）	

458

🕐 一日のタイムスケジュール

時間	行動・勉強内容
9：00	起床，朝食，支度
11：00	図書館で教育要領，関連法規の暗記
15：00	昼食，休憩
16：00	専門試験の勉強，小論文を書く
18：00	図書館を出る
19：00	帰宅，夕食，入浴，自由時間
22：00	友人とGoogle meetをつなげて勉強
24：30	就寝

📖 使用してよかった参考書・問題集

書名	著者名	発行元（出版社）
教養試験関連		
最新保育資料集	大豆生田啓友，三谷大紀（編）	ミネルヴァ書房
専門試験関連（記述式含む）		
幼稚園教育要領解説	文部科学省	フレーベル館
特別区の公立幼稚園教諭（過去問題集）	協同教育研究会	協同出版

解し，「友達関係」「動植物との関わり」など保育の場面で考えられる事例に対して，自分が担任ならどのように関わっていくか考えました。さまざまな場面を想定することで本番も焦らずに書くことができると思います。

二次試験のピアノの弾き歌いは，4月に課題曲が提示されるので自分のレベルに合う楽譜を探し，練習を始めました。私はピアノの弾き歌いが1番苦手だったので簡単な伴奏のものを選び，たくさんの人に聞いてもらうことで，人前で弾くことに慣れるよう努力しました。

模擬保育は，自分が担任なら何をしたいかを軸に，実習等で見た子どもたち・先生方の姿を参考にしながら，年齢や発達ごとに「ボール」や「ルールのある遊び」などのテーマで考えました。緊張しますがまずは自分が楽しむことが重要です。短い実演の中で指導のポイントを絞り，目の前に幼児がいるような生き生きとした言葉がけを意識するとよいと思います。

面接対策は大学の講座などを活用し客観的に自分を捉え，自己分析を行いました。7月から毎晩友達とビデオ通話を行い，1日に1つの模擬保育，3問の面接練習をしました。友達に出題してもらうと予想していない問題に触れることができ，実践力が向上したと思います。毎回動画を撮影し，振り返ることで自分のクセを直す事ができました。

長期間の試験ではありますが，ともに夢に向かって頑張る友人と励まし合いながら，時には気分転換などもして勉強を続けました。また，特別区立幼稚園でのボランティア等も強くおすすめします。実際の保育の様子を見ることで模擬保育や面接で活かすことができました。試験を通して得た知識は本当に将来役立つものばかりです。今までの学びを最大限に活かし，子どもたちへの愛情を持ちながら試験に臨めば，きっと素敵な結果が待っていると思います。「絶対勝つぞ！」という気持ちで最後まで自信を持って頑張ってください！

板橋区 福祉（保育士・児童指導）合格

板橋区 に採用内定

採用時の年齢	1週間の平均学習時間
20歳	**25**時間

学習期間			
延べ**3**か月	現役合格	独学	学内セミナー

山本 杏奈

東京家政大学短期大学部
保育科

得意科目／判断推理
不得意科目／文章理解（英文）

併願状況
川越市（保育士）：二次辞退
さいたま市（保育士）：二次辞退

　私はまず先輩方の就職活動報告書を閲覧しました。多くの先輩方が使用していた「スイスイわかる保育士採用」の教養・専門試験それぞれの問題集を購入し，試験勉強を始めました。

　教養・専門試験勉強は，問題集で間違えたところを数日ごとに解いて，答えを覚えるのではなく，確実に理解できるまで繰り返しました。正解の選択肢だけを理解するのではなく，その他の選択肢もなぜ誤りなのかを説明できるようになったら，問題に印をつけました。専門試験は授業をしっかり受け，理解することが効率的だと思います。そうすることで，教養試験やその他の試験対策に時間を割くことができます。苦手科目はほとんど勉強せずに，得意科目や好きな科目に時間を割いて勉強しました。試験の科目数が多い場合，科目ごとの問題数は少ないため，全科目を中途半端にするよりは，特定の科目で確実に得点を取る方がよいと思います。文章理解・判断推理・数的推理・資料解釈は解き方を覚えることで，数字や問題の形式が変わったとしても早く正確に解けると思います。

　論文試験・面接試験対策は進路アドバイザーの方と授業でお世話になった先生方に添削や練習をしていただきました。さまざまな先生方からアドバイスをいただくことで，誰が試験官であっても対応できると思います。

	12月	1月	2月	3月	4月	5月	6月	7月	8月	9月	10月	11月
学習スケジュール			一般知識				一般知能					
						専門分野						
								論文対策				
									面接対策			
試験・就職活動・その他のスケジュール									川越市一次（8／20）板橋区一次（8／27）	さいたま市（9／24）	板橋区二次（10／3）	板橋区最終合格（11月下旬）
	大学冬季休業			大学春季休業					大学夏季休業			

🕐 一日のタイムスケジュール

時間	行動・勉強内容
8：00	起床
10：00	一般知能
12：00	昼食
14：00	専門分野
18：00	夕食
19：00	入浴
22：00	復習
23：00	就寝

📖 使用してよかった参考書・問題集

書名	著者名	発行元（出版社）
教養試験関連		
スイスイわかる保育士採用 教養試験問題集	保育士採用試験情報研究会	TAC出版
専門試験関連（記述式含む）		
スイスイわかる保育士採用 専門試験問題集	保育士採用試験情報研究会	TAC出版
ゴロ合わせでらくらく暗記！保育士完全合格要点ブック	サンライズ保育士キャリアスクール	翔泳社

　論文試験は就職活動報告書に書かれていたテーマに沿ってワードで書きました。基本的な論文の書き方を把握した上で，自分なりの構成を大まかに決めておくとどんなテーマでもその構成に沿って書くことができます。いきなり書き始めるのではなく，どんなことを書くか整理してから書くことをおすすめします。

　面接カードは伝えたいことのみを読みやすい大きさで書くことで，面接官も読みやすく，面接時にも面接カードに書いてないことをプラスで話すことができます。保育士の場合，まずは笑顔で明るく面接に望むことが大切です。正解はないので，自分らしく自信を持って答えるとよいと思います。質問に対する答えを覚えるというよりは，どんな質問でも答えられるように引き出しをたくさん作っておき，キーワードを準備しておくことで，本番で頭が真っ白になることや予想外の質問に焦ることも少なくなると思います。質問に応える際には，結論ファーストで，一文は短めにすることを意識していました。

　集団討論は学内の講座を1度だけ受け，そのほかにはYouTubeで関連の動画を視聴することで対策しました。司会や書記など役割が合否を左右するのではなく，自分の役割をしっかりとまっとうすることが大切だと思います。たとえ役割がなかったとしても，アイデアをたくさん出すことや雰囲気を明るくすることなど，目に見える役割以外にも自分なりの役割を持っていることが必要だと思います。自分だけが合格するスタンスではなく，討論しているすべての人が協力しあってみんなで合格するスタンスが大切だと思います。

　2年制の大学に通っていたため授業数が多く，実習も約9ヶ月の間に5回あったので，試験勉強にじっくりと取り組む時間を取れませんでした。電車の中や空きコマなどの隙間時間を利用して少しずつ試験勉強に取り組みました。

　食事と睡眠を十分にとり，休憩を挟みながら勉強しました。そうすることで，体調を崩さずにできたと思います。正直，毎日勉強していたわけでもなく，随時息抜きはしていました。不安や焦りを感じることも多々ありましたが，そんな時は話しやすい人に話を聞いてもらうことや，そんな時だからこそ，合格する未来を信じて対策することが心の安心につながっていました。

■ 執筆者紹介（第 1 章，第 4 章～第 9 章）

普光院 亜紀（ふこういん　あき）

保育園を考える親の会顧問。
浦和大学非常勤講師。
保育所職員の研修講師のほか、保育所保育指針改定に関する検討会委員、子どもの預かりサービスの在り方に関する専門委員会委員など、国や自治体の委員を多く務める。著書に、『よくわかる保育所保育指針』（ひかりのくに）、『保育園は誰のもの』（岩波書店）、『「保育」の大切さを考える』（共著、新読書社）、『教育原理』（共著、光生館）、『「小 1 のカベ」に勝つ』（保育園を考える親の会編著、実務教育出版）、『後悔しない保育園・こども園の選び方』（ひとなる書房）ほか多数。

● 本書の内容に関するお問合せについて

本書の内容に誤りと思われるところがありましたら，まずは小社ブックスサイト（jitsumu.hondana.jp）中の本書ページ内にある正誤表・訂正表をご確認ください。正誤表・訂正表がない場合や，正誤表・訂正表に該当箇所が掲載されていない場合は，書名，発行年月日，お客様のお名前・連絡先，該当箇所のページ番号と具体的な誤りの内容・理由等をご記入のうえ，郵便，FAX，メールにてお問合せください。

〒163-8671　東京都新宿区新宿 1-1-12　実務教育出版　第二編集部問合せ窓口
FAX：03-5369-2237　　E-mail：jitsumu_2hen@jitsumu.co.jp

【ご注意】
※電話でのお問合せは，一切受け付けておりません。
※内容の正誤以外のお問合せ（詳しい解説・受験指導のご要望等）には対応できません。

2025年度版

保育士・幼稚園教諭　採用試験問題集＆論作文・面接対策

2024年 3 月25日　初版第 1 刷発行　　　　　　　　　　　　　　〈検印省略〉

編　者──保育士試験研究会
発行者──淺井　亨
発行所──株式会社 実務教育出版
　　　　　〒163-8671　東京都新宿区新宿 1-1-12
　　　　　☎編集 03-3355-1812　販売 03-3355-1951
　　　　　振替　00160-0-78270

本文デザイン──パラゴン　　マンガ──坂木浩子（ぽるか）
組　版──明昌堂
印　刷──文化カラー印刷
製　本──ブックアート

2024年度

保育士就職模擬試験
【オプション】幼稚園教諭専門試験

公立の保育所・児童福祉施設に勤務する保育士／公立幼稚園に勤務する幼稚園教諭等の志望者対象

●試験の特色

1　採用試験の傾向に即した出題構成
2　採用実績の詳細が判明している自治体の合格可能度を第3希望まで判定
3　「試験対策ブック」で本試験までの学習をサポート

●試験の構成

教養試験（100分・45題）

社会科学/人文科学/自然科学/文章理解/
判断推理/数的推理/資料解釈

保育士専門試験（60分・40題）

社会福祉/子ども家庭福祉/保育の心理学/
保育原理/保育内容/子どもの保健

オプション 幼稚園教諭専門試験

公立幼稚園への就職を志望されている方は、保育士就職試験に加えて「幼稚園教諭専門試験」
をご受験いただくことで、希望する自治体の幼稚園教諭の合格可能度を判定いたします。

●試験の構成　※上記、教養試験・保育士専門試験に加え、
幼稚園教諭専門試験（60分・40題）：発達心理/教育学/保育原理/保育内容/法規

［成績資料］

個人成績表（学生用・学校用）**/ 学内成績表**（学校用）

●実施期間　2024年 4/1～7/31

●受験料　保 育 士 の み（オプションなし）：1,800円
（税込）　保育士＋幼稚園教諭（オプションあり）：2,100円

◆付録　作文試験（60分・800字）

課題1「今までの自分とこれからの自分」　　課題2「子育て支援に対する保育士の役割」
（＊作文の課題は、上記の2題から1題を選んでください。作文の添削指導は別途料金がかかります。
添削期間は、作文が当社に到着後3～4週間かかります。）

●作文添削料　1,500円（税込）

申込方法

・本模擬試験および作文試験は、学校での団体受験用です。個人の方のお申込みはお受けしておりません。
・受験をご希望の方は、学校の就職課などのご担当の先生にご確認の上、先生を通じてお申し込みください。
・「幼稚園教諭専門試験」のみ、「教養試験＋幼稚園教諭専門試験」でのご受験はできません。

実務教育出版　〒163-8671　東京都新宿区新宿1-1-12　TEL 03-3355-1801